21世纪司法警官高等职业院校规划教材

服刑人员个案矫正技术

Inmate individual correctional technology

主　编｜宋　行

副主编｜连春亮　唐新礼

撰稿人员｜宋　行　彭元春　唐新礼
（按章节先后顺序排列）｜杨春平　刘满兴　李玉成
连春亮

法律出版社

始创于1954年

好书，全体师生一起分享

www.lawpress.com.cn

出版说明

目前,全国各司法警官类院校,基于高职教育的特点,正深入和深化课程改革,依据高职教育培养目标,重新编制专业各课程标准。使专业教育由学科式教学向模块教学转变,突出学生的职业能力的教育和训练,强化职业技能,已成为当前各司法警官职业类院校新课程标准和课程教学改革的一项重要内容。然而,传统法学教材在学科建设上突出各自理论的系统性的建构,而忽视各学科课程的模块化,造成法律课程教学中重理论轻实践、重理论素养的全面养成而轻能力训练的现象,而且也使各课程教学内容之间存在着大量的重复、交叉的现象。这种现象的存在,不利于高职培养目标的实现,也造成一定教育资源的浪费,使教育效能降低。为此,我社组织全国部分省市司法警官职业教育类院校的教师,遵循司法警官高职教育的规律,立足司法警官法律相关专业高职教育的培养目标,依据突出能力教育和强化职业技能训练的课程改革需要,组织编写适应性较强的法律教材。

该套教材有以下一些特点:

其一,既注重理论介绍,重视对学员将来在各实务工作中必要的内涵素养的培养。

其二,在传统教材重视理论知识的基础上,本套教材更加重视突出学生技能的训练,在编写体例上,使理论教学的内容和实验实训的内容有机结合起来。

其三,在突出学生调解技能训练的同时,又考虑学生个性化的能力可拓展的空间,适应学生将来就业可能的知识迁移。

本套教材的编写是一次创新式的探索,定会存在这样或那样的不当或错漏,我们将在以后的教材中编写中,结合教学与就业的需要,不断调整,使其更加契合司法警官高职类院校教学的需要。

法律出版社秉承“为人民传播法律”的以一贯之的宗旨,希冀在全法学教材领域做好出版工作,做到“好书,全体师生一起分享”。

法律出版社

修订说明

2012年8月17日，由司法部预防犯罪研究所主办、江苏省司法厅、江苏省监狱管理局协办的“循证矫正方法及实践与我国罪犯矫正工作”研讨班在江苏省宜兴市开班。司法部领导在出席会议讲话时提出，把刑释人员重新犯罪率作为衡量监管工作的首要标准，是新形势下对教育改造工作提出的新的更高要求。在总结我国传统经验和吸收借鉴国外犯罪矫正成功经验基础上，司法部将在一些经济条件好、矫正经验丰富、研究基础好的监狱和社区矫正机构进行循证矫正试点工作，为最终形成一套符合中国实际的循证矫正体系奠定坚实基础。目前，已有江苏等省市九个监狱正积极开展循证矫正试点工作。循证矫正是指依据罪犯的个别化犯因，采用已有的最新证据或方法、措施，依靠矫正工作工作者的经验，结合罪犯的矫正需求和意愿而开展的矫正活动的总称。新中国监狱建立以来，在强制的前提下，依靠监狱工作者的热情，对罪犯开展以思想转变为内容的改造，在改造战犯、反革命犯方面，取得了巨大的成就，积累了丰富的经验。循证矫正是一项专业化和技术化很强的矫正活动。改革开放后，随着我国社会的全面发展，无产、无权和无知的社会低层人口，已成为我国监狱押犯的主要构成；家庭功能不全和个人社会功能不全，已成为当代我国重新犯罪的主要原因。不可否认的是以往改造战犯、反革命犯时积累的经验，已不能满足当代中国监狱关押的罪犯的矫正需要。范式化的经验模式的改造，也已难以适应当代矫正工作个别化、专业化和技术化的要求。在我国要开展循证矫正，就必须首先采用科学的工具，去科学认识罪犯的犯因、重新犯罪的因素，把握罪犯的矫正需要，就需要突破以往经验积累型的理论研究成果，多视域采用社会学、心理学、教育学、医学等最新学科的理论研究成果，架构科学的矫正理论体系，为矫正提供最新和有效的方法和措施；需要积累规范的矫正个案，从中归纳出最有效的矫正方法和措施，为提高矫正效率和实效提供必要的证据；需要由强制矫正向助人与自助的矫正转变，提高罪犯的矫正意愿。基于个别化，立足于规范化、专业化和技术化的个案矫正，是循证矫正的基础。

《服刑人员个案矫正技术》一书，自出版以来，已先后加印过三次。为满足循证矫正试点工作的开展，基于循证矫正的理念，在听取各方意见的基础上，对全书作了认真修订。本次修订主要是修改了第一版中的错误之处，并基于循证矫正的理念，对书中相关内容进行了一此调整和补充。本书修订后，仍存在这样或那样的不当之处，敬请读者批评指正，以便今后进一步修订完善。

宋 行

二〇一二年十二月二十二日

目　　录

序

技术是人类为实现社会需要而创造和发展起来的手段、方法和技能的总和。技术史与人类史一样源远流长。现代科学的发展离不开技术,技术的需要往往成为科学研究的目的,而技术的发展又为科学研究提供必要的技术手段。现代技术的发展,同样离不开科学理论的指导,已在很大程度上变成了“科学的应用”。可以说科学回答的是“是什么”和“为什么”的问题,那么技术则回答的是“做什么”和“怎么做”的问题。矫正工作的科学化,实际上就包含着矫正科学和矫正技术两个层面的问题。在探讨矫正科学的同时,探求矫正技术,无疑具有重要的意义。

我国的服刑人员矫正工作,长期以来,无论是理论还是实践均不太注重矫正技术尤其是个案矫正技术的研究和应用。本书以监狱和社区个案矫正工作为基础,对个案矫正所涉分类、沟通、分析、目标确定、方案编制、方案实施、督察、激励、结案、评价、跟进和重新犯罪预测等技术,进行了全面探讨和描述。全书由三部分组成。第一部分主要是对刑事个别化、矫正个别化和服刑人员个案矫正进行了理论概述;第二部分对服刑人员个案矫正中的相关环节要素及基本技术、实务技术进行了研究和描述;第三部分对服刑人员个案矫正的主要介入范式进行了介绍。

理论的前瞻、实践的创新和可操作性,是本书的特点。当然,作为第一本专门研究个案矫正技术的书,无论理论还是应用上,无疑还不太成熟,但能为监狱人民警察、社区矫正工作者和其他关注矫正理论与实践的同志有所启迪和关注，是作者的最大心愿。我国的司法体制和监狱体制的改革正处在深化阶段，社区矫正试点工作正稳步推展，现代刑事法律制度也正在构建，相信在不久，服刑人员个案矫正，将成为我国服刑人员矫正工作的基本模式，个案矫正技术的理论和实践研究将系统和深入。

本书是以教科书的形式编写的。这是因为，一门成熟的学科，可能教科书是一种最好的先行探导方式。它可以引导教师在教学工作中去进一步思考和研究；可以使学员从中学会思考；更可为理论研究者提供一个样本，哪怕是批判的样本；也可为实践工作者提供一个可以实践探索的范式，进而去大胆实践。因为这些都将有助于服刑人员个案矫正技术真正成为一门科学并走向成熟。

胡一丁

2006年8月5日

第一章 服刑人员个案矫正概述

本章核心提示

- 个别化是指承认和尊重人的差异性。
- 刑事个别化是指刑罚立法设置、刑罚适用和刑罚实现,必须依据犯罪人的犯罪原因的差异,进行立法、裁判和执行的问题。
- 现代刑事个别化肇始于实证刑事法学派的犯罪原因的多因论。
- 服刑人员个案矫正是指基于刑事个别化原则,监狱和社区矫正机构依据服刑人员产生犯罪的不同犯因性问题,采用有针对性的治疗、调适、干预和教育等技术,达到特定矫正目的的专门活动。它属于社会工作的范畴。
- 个案社会工作方法是服刑人员个案矫正的工作模式。它有自身特定的任务和要求。

第一节 认识刑事个别化

一、刑事个别化的内涵

个别化(individualization),简单地说就是指承认和尊重人的差异性。法律上的个别化,主要指分析法学理论中的法律个别化和刑事法学理论中的刑事个别化。分析法学理论中的法律个别化可解释为一个国家的法律体系中各法律或者法律规范的存在方式,以及法律规范与法律规范之间、法律规范与法律之间、法律与法律之间存在的联系性、差异性问题。刑事个别化是指刑罚立法设置、刑罚适用和刑罚实现,必须依据犯罪人的犯罪原因的差异,进行立法、裁判和执行的问题。

刑事个别化具体包括刑事立法、司法和行刑个别化。法学家萨累伊(R. suleilles)在其所著《刑罚的个别化》一书中就指出,从时间的先后顺序性上说,个别化有法律上的、裁判上的和行政上的三种个别化,只有把这三种个别化综合起来，才能对个别化有一个完整的理解。

法律上的个别化即刑事立法个别化，是指刑法预先着重以行为为标准，细分其构成要件，规定加重或减轻等情节。具体说，刑事立法的个别化，就是要在刑事立法时，对各种具体犯罪行为、犯罪构成要件、犯罪的情节、刑罚种类等，依据具体犯罪行为标准，加以明确的细化规定。刑事立法的个别化，是刑事司法和行政个别化的前提和基础。

裁判个别化即刑事司法个别化，是指在刑事司法程序上的个别化，主要表现为法官必须根据犯罪人的主客观情况所做出的刑事制裁的选择和决定之中的个别化。简单地说，具体的犯罪性质、事实和情节等，要与具体的明确的刑罚相均衡。

行政个别化也称之为行刑个别化、矫正个别化或处遇个别化，是行刑机关对罪犯的矫正和处遇个别化。[①] 这里要注意的是，行政个别化是从行刑机构的国家权力属性涉指的刑罚实现的个别化；行刑个别化则突出了刑罚实现方式的个别化；矫正和处遇个别化，则是从刑罚实现的内容和目的上的个别化。但，矫正个别化和处遇个别化有所不同，前者更强调是对犯罪人的治疗个别化，后者尽管也有治疗之意，但更强调的是对犯罪人采取的各种处理和对待措施的个别化。

刑事个别化是罪刑均衡、人道主义和实体正义、公平等刑法基本原则和本质的具体化。刑法的罪刑均衡、人道主义原则，只有通过个别化的罪刑均衡和个别化的人道主义，才能得以实现。刑法的一般公平和正义的本质，也只有通过个别化的公平和正义，才能达到刑法的一般公平、正义与个别的公平、正义的高度统一。

二、刑事个别化的认识论和方法论基础

刑事法学理论是刑事认识论和方法论的总体看法。刑事认识论，即指如何认识犯罪和犯罪人的理论；刑事方法论是指如何对待犯罪和犯罪人的理论。刑事个别化的产生和发展的历史，表明人道主义是刑事个别化认识论和方法论的共同理论基础，刑事个别化可以说是人道主义在刑事法律中的具体化。

人道主义起源于欧洲15世纪的文艺复兴运动，它的最初形式是人文主义运动。人道主义的实质就是提倡人学，反对神学；提倡人权，反对神权；提倡人性，反对神性；提倡科学，反对迷信；提倡理性，反对愚昧；提倡人道，反对神道。其核心思想是对人的价值、尊严、权利的尊重。人道主义运动，动摇了中世纪

---

① 陈兴良：《刑法的价值构造》，中国人民大学出版社1998年版。

欧洲封建统治的基础,促进了科学的发展和人的解放,为资本主义的发展奠定了思想基础。人道主义对人性的认识,后来成为社会科学诸多理论的基础,也是现代刑事法律的理论基础和发展的动力。但是,刑事个别化作为人道主义在刑事法律中的具体化,则由于不同刑事法学派对犯罪和犯罪人的认识不同而不同,并由此导致如何处理和对待犯罪和犯罪人的方法不同。

(一)古典刑事法学派的理论

在人道主义的影响下,古典刑事法学派在对欧洲中世纪刑事法律的残酷和野蛮进行猛烈批判的同时,基于自由主义的犯罪观,就以何种标准评价犯罪,提出了世俗化、法定化或不法性、自主性等具体理论。正是基于自由主义,无论是以贝卡利亚为首的早期古典刑事法学派,还是以黑格尔为代表的后期古典刑事法学派,在对犯罪的认识上,均把犯罪看成是人的一种自由意志,是人的自由意志的结果,把犯罪界定在违反社会契约的行为、违反法律的行为或是一种自主的危害社会的客观行为。正基于此,无论是早期古典刑事法学派提出的功利性刑罚价值观,还是后期古典刑法学派提出的报应主义刑罚价值观,认为刑罚作为为制止犯罪的一种策略,必须能给予犯罪人适当的和必要的,或者是等量的、等质的刑罚,以给予犯罪人痛苦,从而达到刑法的目的。尽管古典刑事法学派出于人道,对刑罚给予犯罪人的痛苦表现出同情,正如贝卡利亚认为"只要法律还没有采取在一个国家现有条件下尽量完善的措施去防范某一犯罪,那么,对该犯罪行为的刑罚,就不能说是完全正义的(即必要的)"。康德更是基于"人是目的"的原则,提出了对罪犯的人格给予充分的尊重和罪犯是人应具有人的基本权利的观点。但是,由于古典刑事法学派注重的是刑法作为制止犯罪的一种策略,关注的只是犯罪与刑罚之间的适当、必要或相等的关系;同时,由于强调人的自由意志性,并把这种自由意志的人看成是一种抽象的和空洞的理性人,没有涉及罪犯的具体人格和犯罪的具体原因。贝卡利亚在其刑法改革建议里,论述了矫正的基本哲理:"刑罚应适应罪行,而不是罪犯。"他预见到这一哲理可能难以贯彻于实践,进一步提出:"对贵族和平民适用同样的刑罚并不是真正一样,因为这里有教育的不同,而且富有荣誉的家庭遭受耻辱。对这样一种反对观点的人,我的回答是衡量刑罚不是凭罪犯的感受,而是对公众的危害,当一个恶棍犯下罪行时,这种危害总是更为严重。由于实际上刑罚对不同个体的效果不同,刑罚的公平只是一种外表性的东西。"①显然,基于实现整个社会的公平,

① 参见[美]理查德·霍金斯、杰弗里·P.阿尔珀特:《美国监狱制度——刑罚与正义》,孙晓雳、林遐译,中国人民公安大学出版社1991年版。

贝卡利亚并不关心罪犯个体的差异。因而,刑事古典学派未能明确提出刑事个别化并给予充分的关注。

以贝卡利亚为代表的早期古典刑事法学派并没有直接考察监狱环境,但是,他们的理论为那些从事监狱改革的人们提供了建立他们的理论的氛围和基础。后期古典刑事法学派,则基于刑罚的功利性价值,提出刑罚不能仅通过威慑控制,达到减少犯罪的目的,而应通过转化罪犯来进行控制。矫正是后期古典刑事法学派的重要理论之一。后期古典刑事法学派的重要代表人物边沁设计的圆形监狱,即充分表明了其矫正控制的思想。

刑罚应适应罪行,而不是罪犯,导致了刑罚走向监禁,行刑由施加于罪犯的肉体,而转向为罪犯的行为,正如马布利所言:由"不在运用于肉体,而是运用于灵魂"①。这为矫正提供了可能。累进制、奥本制、手工场或边沁的圆形监狱的设想等等狱制改革,无不是以分类监禁控制和矫正罪犯的行为为内容。这成为早期资产阶级国家监狱矫正的最重要的特征和行刑模式。控制和矫正罪犯行为的主要方式,犹如英格兰的著名监狱改革家约翰·霍华德所言:"单纯的刑罚难以控制罪犯,严格的纪律才能训导他们。"为此,他提出建立感化院纪律的途径是:人道的狱内环境、规范罪犯和看守的日常性行为及活动的规则、罪犯的安全、道德教育、独居和有组织的劳动。

古典刑事法学派的认识论及与此对应的方法论模式,可用下图示之:

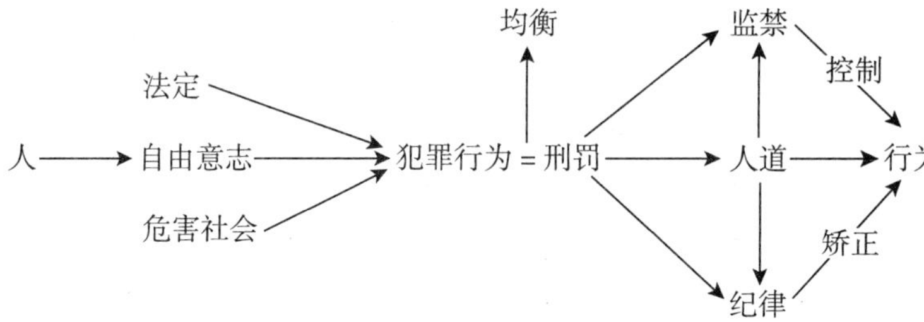

(二)实证刑事法学的理论

实证刑事法学派对古典刑事法学派自由意志论的一元化犯罪认识论进行了批判。他们认为"古典派犯罪学者把犯罪现象视为一种已经完成的事实。……他们的理论基础是自由意志论,……一旦承认自由意志是事实,行为的发生取决于犯罪人的命令即自愿选择,而其他任何原因都是多余的。但另

① [法]米歇尔·福柯:《规训与惩罚》,刘北成、杨远婴译,三联书店2003年版,第111页。

一方面,如果实证派科学的生理心理学的研究成果,否定人类意志是自由的……那么,对犯罪起源问题进行初步分析,刑法便步出了专门的法律科学的狭窄而又枯燥的范围,成为真正名副其实的社会和人类的科学。"①

实证刑事法学派的创始人龙勃罗梭在其代表著作《犯罪人论》中,利用人类学的理论,采用实证的方法,提出了犯罪的多因观。他认为:犯罪既有隔代遗传的原因,也有自然和社会原因。在自然原因中,他认为气温以及月份、季节、地势构造、虐疾发病率、甲状腺地区、死亡率、种族、性别、年龄等,均是对犯罪产生影响的重要自然因素。在社会原因中,他认为文明程度、人口、新闻媒介、生活状况、酗酒、吸烟、教育、宗教、经济条件以及家庭出身等,是产生犯罪的重要社会因素。为此,龙勃罗梭提出了心理和生理鉴别犯罪人的方法,并把犯罪人分为生来、激情、精神和偶然犯罪人四类。针对不同的犯罪原因和类型的犯罪人,要在刑事立法上分别确定不同的刑罚方法,刑事司法上对不同类型的犯罪人采用不同的刑罚,在行刑方面要给予恰当的矫治或隔离,"人们还应当竭力实现所谓的刑罚'个别化';也就是说,针对具体的个人采用特殊的惩处和照管方式,就像医生针对不同的病人开出特殊的禁食配方和治疗处方一样"。②

实证刑事法学派的另一重要代表人物菲利,则从社会学的角度明确提出犯罪原因可分为人类学的、自然的和社会的原因三类。认为"无论哪种犯罪,从最轻微的到最残忍的,都不外乎是犯罪者的生理状态,其所处的自然条件和其出生、生活或工作于其中的社会环境三种因素相互作用的结果"。③ 为此,菲利反对古典刑事法学派把刑罚作为治疗犯罪疾患的唯一方法,认为应当根据不同的犯罪原因,采用不同的刑罚措施,甚至是不定期刑或"刑罚的替代措施",并明确提出"由于犯罪原因的不同,对各种人格的罪犯则需要采取不同的治疗方案"。④

实证刑事法学派基于犯罪原因的多因论,着力推动了刑事立法、刑事司法的个别化,而且从犯罪对策的角度,明确提出了行刑的个别化,并为个别化矫正,提出了种种具体的方法设计。实证刑事法学派的认识论及与之对应的方法论模式,用下图示之:

---

① [意]菲利:《实证派犯罪学》,郭建安译,中国政法大学出版社 1987 年版,第 25 页。

② [意]切萨雷·龙勃罗梭:《犯罪人论》,黄风译,中国法制出版社 2000 年版,第 358 页。

③ [意]菲利:《实证派犯罪学》,郭建安译,中国政法大学出版社 1987 年版,第 27 页。

④ 同上,第 40 页。

无论是刑事立法、司法还是行刑个别化，无不是建立在犯罪原因的多样化认识论的基础之上的。正因为犯罪原因具有多维的特性，不同的犯罪人犯罪原因存在着差异性，决定了个别化的必然性。

（三）矫正思想与矫正模式

早期古典刑事法学派理论的重要贡献之一，是把刑罚变成了监禁，为矫正提供了可能。后期古典刑事法学派理论的重要贡献，在于提出了对罪犯训练的赎罪力量。尽管边沁的圆形监狱设计，并没有变为现实，但其在形式上已承认了这一矫正思想。霍华德的狱制改革建议在欧洲并未得到当局的认可，但“单纯的刑罚难以控制罪犯，严格的纪律才能训导他们”的观点，无疑是刑法的一个重大进步。它使刑罚由消极的惩罚，走向了积极的建设性的教育目的。美国的宾夕法尼亚监狱，通过隔离和圣经，最早开始实践这种在监禁期间帮助罪犯矫正，使之适应社会的矫正思想。它“将罪犯置于宗教的氛围中，将使犯人转向一条直接和狭窄的道路，在出狱时成为一位准备在社会从事建设性角色的自愿劳动者”①。

在宗教没有达到矫正效果时，实证刑事法学派的理论为知识或者说科学矫正提供了依据。正如福柯所言：“人们建构了各种概念，划分了各种分析领域：心理、主观、人格、意识等等。围绕着它，还形成了具有科学性的技术和话语以及人道主义的道德主张。”②

1870 年在美国纽约召开了第一届世界监狱大会，其会议宣言第 37 条规定了不定期刑、实行犯罪人分类管理制度、推行矫正方案和假释制度等将矫正思想适用于实践的矫正基本原则。这些矫正思想 10 年后，在美国纽约的埃尔米拉的泽布伦·布罗克韦的教养院第一次变成了制度。③

① ［美］理查德·霍金斯、杰弗里·P. 阿尔珀特：《美国监狱制度——刑罚与正义》，孙晓雳、林遐译，中国人民公安大学出版社 1991 年版，第 219 页。

② ［法］米歇尔·福柯：《规训与惩罚》，刘北成、杨远婴译，三联书店 2003 年版，第 32 页。

③ ［美］理查德·霍金斯、杰弗里·P. 阿尔珀特：《美国监狱制度——刑罚与正义》，孙晓雳、林遐译，中国人民公安大学出版社 1991 年版，第 219 页。

一般认为实证刑事法学派的罪犯分类思想是矫正个别化的肇始。正是基于罪犯分类的思想，在西方国家，基于人道和不同的犯罪原因论，引进不同的矫正技术，对罪犯进行个别化矫正，成为现代监狱的一项重要的实践，并由此形成了不同的矫正模式。福柯在其《规训与惩罚》一书中指出："事实上监狱被要求成为'有益'的，剥夺自由——法律对想像财产的征用——从一开始就必须起一种积极的技术作用，即对人进行改造。而为了进行这种运作，'监狱'机构诉诸三种重大模式，实行个人隔离和建立等级关系的政治——道德模式，把力量用于强制工作的经济模式，进行医治和使人正常化（规范化）的技术——医学模式。"①目前，各国监狱基本上"形成了两种矫正功能的转化模式：一是医疗模式或康复模式，该模式的核心是对犯罪人的个别化治疗，②它包括心理疗法、交往分析、现实疗法、行为矫正和集体疗法等多种具体治疗方式；一是经济模式，强调犯罪产生的经济和社会条件，它认为罪犯缺乏适宜的生活技能和缺乏正常的就业机会而形成了一种促发犯罪行为的动力，而矫正的经济模式针对这一原因提出了如下方案：第一，为罪犯提供可以在劳动力市场上进行竞争的工作技能；第二，帮助罪犯释放后取得正常就业的机会"③。

第二节 认识服刑人员个案矫正

一、服刑人员个案矫正的概念

矫正一词为正曲使直、匡正和纠正之意，在《汉书·严安传》中就有"矫箭控弦"之说。在西方国家，矫正（correction）一般是指适应、装备、配备、训练、教育和治疗等意。服刑人员个案矫正，是指基于刑事个别化原则，监狱和社区矫正机构依据服刑人员产生犯罪的不同问题（犯因性问题），采用有针对性的治疗、调适、干预和教育等技术，达到特定矫正目的的专门活动。服刑人员个案矫正具有下列特点：

第一，矫正机构具有特定性。这里的矫正机构，依据我国现行法律法规的规定，特指监狱、未成年犯管教所和社区矫正机构。

第二，矫正对象具有特定性。个案矫正的对象只能是人民法院依法判决有罪的，并在矫正机构服刑或接受矫正的人员，其他公民不能成为矫正

---

① [法]米歇尔·福柯：《规训与惩罚》，刘北成、杨远婴译，三联书店2003年版，第277页。

② 吴宗宪：《当代西方监狱学》，法律出版社2005年版，第141页。

③ 参见钟安惠：《西方刑罚功能论》，中国方正出版社2001年版。

对象。

第三，矫正工作人员具有特定性。矫正工作人员必须是矫正机构中的具有专业知识和技能的专职工作人员，其他公民可自愿参与其中，为矫正工作提供物质、知识、技术、情感等支持，成为矫正的辅助力量，但不能成为个案矫正的主导力量。

第四，矫正关系具有特定性。服刑人员个案矫正是以矫正关系为基础进行的一项专门活动。但服刑人员个案矫正关系是建立在矫正机构执行刑罚的前提和基础之上形成的，即是以强制为前提和基础的。它是在强制为前提和基础上，服刑人员由非自愿到自愿接受和参与矫正机构及其工作人员的矫正活动而形成的专业矫正关系。

第五，矫正目的具有特定性。服刑人员个案矫正的目的是以服刑人员成为守法公民为目的。尽管对每名服刑人员采用的个案矫正内容和技术不同，其直接目的和任务也各不相同，但使其成为守法公民，是矫正机构的根本目的。

第六，矫正的内容具有特定性。服刑人员需要矫正的具体项目可能很多，但这里的个案矫正的内容具有特定性。这种特定性表现为它主要是以服刑人员产生犯罪行为的问题——犯因性问题为主要内容，即通过对其存在的引发或可能引发犯罪行为的生理生物、心理和环境等问题而进行的矫正。

二、服刑人员个案矫正的性质

（一）服刑人员个案矫正属社会工作的范畴

服刑人员个案矫正，从其性质上说，应属于个案社会工作方法。个案社会工作是社会工作三大方法之一，是由专业社会工作者通过直接的、面对面的沟通方式，运用有关人和社会的专业知识和技术，对个人或家庭提供心理调适和环境改善等方面的支持和服务。其目的在于协助个人和家庭充分认识自身拥有的资源和潜能，完善人格和自我，增进其适应和解决困难的能力，从而达到个人或家庭的良好状态。有学者认为，随着社会工作的发展和社会需求的增加，其服务范围日益扩大，产生了新的社会工作的工作领域，如医院社会工作、学校社会工作、矫治社会工作等。① 当然也有学者认为矫正社会工作是社会力量参与预防犯罪工作的一种重要形式。②

以个案社会工作方法为服刑人员个案矫正的模式，是建立在监狱和社区矫正机构矫正工作属社会工作范畴的假设之上。服刑人员个案矫正是以社会

---

① 参阅翟进、张署编：《个案社会工作》，社会科学文献出版社 2001 年版。

② 参阅宋林飞、朱力主编：《社会工作概论》，南京大学出版社 2002 年版，第十四章。

工作的基本理论为基础,吸取心理学的技术的一种特定的以人为对象的活动。因而,服刑人员个案矫正,与个案社会工作方法一样,同样具有服务、救助、帮助等基本属性。

（二）服刑人员个案矫正的社会工作性质的理由

把服刑人员的个案矫正工作归为社会工作的范畴,其理由在于:

1. 认识对象的相同性。有效的矫正必须是认识到服刑人员为什么会实施犯罪行为,在什么样的情景下实施的犯罪。“社会工作者必须对如下这一点有清晰的认识,即他们应该如何系统地去评估、测量或者描述案主的特征及其各种各样的生活问题。”[①]矫正工作和社会工作一样,都是以人的行为为研究基础,通过对人的行为分析、解释和概念化,寻求影响人的行为问题,并以此为基础,进行回应式的活动。

2. 目标的相同性。“处遇上的个别化是以犯罪人重返社会为目的的,这里的重返社会就是再社会化。”[②]“再社会化是指改变原已习得的价值标准和行为规范,建立新的价值标准和行为规范,确立新的生活目标的过程。”[③]再社会化同样属人的社会化过程,“其目标是人的改造,而不是人的形成。”[④]服刑人员的再社会化,实质上就是服刑人员在多样化的背景中,能有效地回应生物、心理和社会需要。“社会功能是社会工作者在人类发展取向上的一个主要侧重点。社会功能采用个人——环境视角,该视角认为要使社会中的个体有效发挥功能,人类共同的需求必须被满足。”“社会工作中的人类行为通常被视为人们对资源和环境的适应。”人类行为是人类满足生物、心理和社会需要的有效反应。这种反应的能力即适应。社会工作“即着重使那些包括社会功能在内的问题有所好转”。[⑤] 显然,完善人类的社会功能,促使人类生长和发展,是社会工作的目的之一。

3. 任务的相同性。预防是矫正工作的重要任务。它包括在矫正中对服刑人员刚出现的某种苗头性问题或影响安全和秩序的行为倾向前的预防;对服刑人员因矫正中的各种变量影响,已产生某种可能导致其行凶、自杀或其他严重违

---

① ［美］乔斯·B. 阿什福德、克雷格·温斯顿·雷克劳尔、凯西·L. 洛蒂:《人类行为与社会环境:生物学、心理与社会学视角》,王宏亮、李艳红、林虹译,中国人民大学出版社2005年版,第13页。

② 陈兴良:《刑法的价值构造》,中国人民大学出版社1998年版,第482页。

③ 周晓虹:《现代社会心理学》,上海人民出版社1997年版,第161页。

④ 同上,第161页。

⑤ ［美］乔斯·B. 阿什福德、克雷格·温斯顿·雷克劳尔、凯西·L. 洛蒂:《人类行为与社会环境:生物学、心理与社会学视角》,王宏亮、李艳红、林虹译,中国人民大学出版社2005年版。

规行为的问题,且问题已相当严重前的预防;对已知的服刑人员所产生犯罪的问题,且该问题可能导致重新犯罪进行预防。“预防科学正成为社会工作实践中一个关键的组成部分。许多社会工作者参与初级预防、二级预防和三级预防……初级预防指的是在问题或情况刚刚出现的时候就采取行为。它包括在一个心理的或社会的失调、疾病或问题产生之前所运用的各种干预方法……二级预防的目标是在问题变得严重或无药可救之前尽早地进行预防。三级预防指的是根据预防障碍或者伤害——已知问题的已知后果——来减少问题的负面后果或者降低复杂性。”①显然,他们的预防任务具有相当的一致性。

4. 属性的相同性。监狱和社区矫正机构作为国家机构之一,具有公共用品的天然属性。公共用品的属性,即指它的服务具有公共性,为社会也为服刑人员提供服务。服刑人员的矫正工作具有国家福利性,表现为监狱和社区矫正机构的行政福利性。这种福利性的内容,既包括为公众提供安全和秩序的福利,也包括为服刑人员提供各种资源,帮助服刑人员向善。就监狱而言,福柯在其名著《规训与惩罚》一书中,从权力解剖入手,揭示了监狱的发展史。由肉体转为人的灵魂,从血淋淋的权力展示转向用知识矫正,是现代监狱人道化发展的显著标志。② 服刑人员矫正的福利性表现为监狱和社区矫正机构用知识矫正服刑人员,使监狱和社区矫正机构由单纯的惩罚服刑人员转为矫正人的专门场所。矫正的福利性,使得矫正工作成为了现代监狱和社区矫正机构的基本职能和责任。而社会工作起源于个人的慈善事业,发展为一种由政府或私人社团举办的服务事业。③ 福利和服务,可说是社会工作的基本属性和特点。这已成为社会工作理论和实践的共识。

5. 方法的相同性。个别化矫正的产生和发展,表明了以多维的系统视角认识服刑人员的犯罪原因,并以开放的系统选择与个性化的犯罪原因相对应的一种或数种理论和技术,对服刑人员进行矫正,即综合矫正模式。这已成为现代矫正机构矫正服刑人员的发展总趋势。同样,现代社会工作在认识人类行为和社会环境时,也广泛采用多维的系统视角和个案的方法对人的行为进行干预。“为了理解一个人的总体功能,社会工作者应对人的生活和经历的所有方面作出评价。对各个主要的维度及其潜在功能采取一种假设方法会有

---

① [美]乔斯·B. 阿什福德、克雷格·温斯顿·雷克劳尔、凯西·L. 洛蒂:《人类行为与社会环境:生物学、心理与社会学视角》,王宏亮、李艳红、林虹译,中国人民大学出版社 2005 年版,第 31 ~ 32 页。

② 参阅[法]米歇尔·福柯:《规训与惩罚》,刘北成、杨远婴译,三联书店出版 2003 年第 2 版。

③ 参阅宋林飞、朱力主编:《社会工作概论》,南京大学出版社 2002 年第 2 版。

所裨益……当你选择一种假设作为解释个人行为的途径时,那么假设也应帮助你选择一种恰当的干预方法。"①

在我国,影响人们把服刑人员的个案矫正工作纳入社会工作领域的主要因素,是基于矫正关系的建立。基于犯罪是阶级对立关系的哲学上的本质认识和矫正在刑罚执行中的嵌入,认为强制是矫正关系的本质属性。社会工作尤其是个案社会工作关系的建立,是基于工作对象的自愿为前提和基础的。仅有压力源,是无法获得有效矫正的。这是因为,人类行为总是在其动机的驱动下进行的。无论服刑人员基于自由、物质、精神还是其他需要的满足,只有其形成矫正的内驱力,才能自觉地接受矫正和达到有效矫正。据报道,上海市在社区矫正工作试点中,开始试行矫正机构提出矫正意见、服刑人员自愿接受矫正和法院在此基础上做出相应刑事判决的样式。刑事和解也在我国刑事司法实践中开始试用。这无疑突破了人们传统的司法理念,为建立以"信任"和"自我"为基础的矫正关系,提供了实践支撑。

(三)服刑人员个案矫正的社会工作方法模式

个案社会工作方法已形成较为完善的理论和相对成熟的技术。因此,在服刑人员个案矫正工作中运用个案社会工作方法,可将其作为服刑人员小组(社团)、社区(包括基于一所监狱就是一个特殊社区的假设)工作方法的基础,并使个别化矫正实践化。这对调用矫正资源,实现最大化的有效矫正,具有重要意义。服刑人员个案矫正模式,可用下图示之:

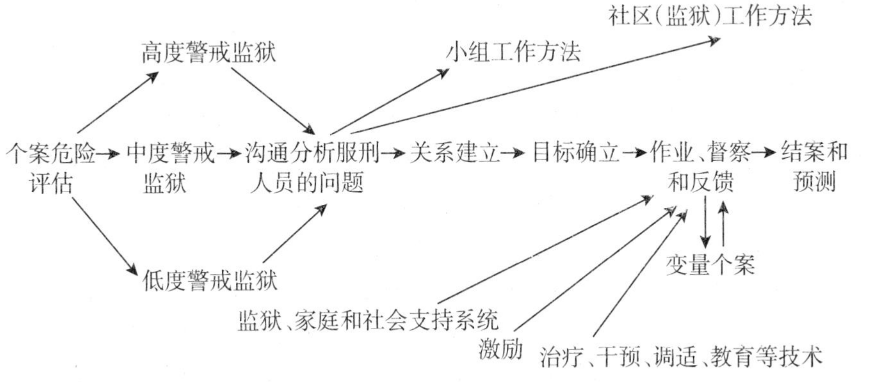

① [美]乔斯·B.阿什福德、克雷格·温斯顿·雷克劳尔、凯西·L.洛蒂:《人类行为与社会环境:生物学、心理与社会学视角》,王宏亮、李艳红、林虹译,中国人民大学出版社2005年版,第35~39页。

三、服刑人员个案矫正的任务

服刑人员个案矫正的任务是由矫正机构的性质、目的和职能所决定的。尽管监狱和社区矫正机构,在行刑方式上有所差异,但在矫正方面,其任务有其共性,均必须实现以下任务。

(一)消除犯因性问题

消除犯因性问题是个案矫正的根本任务。改造人是我国监狱工作的宗旨。我国监狱法第三条明确规定:将服刑人员改造成守法公民。可以说,使服刑人员成为守法公民是我国监狱的根本任务。同样,社区矫正机构的任务也不例外地要把矫正对象矫正成为守法公民。使矫正对象成为守法公民,是我国社区矫正机构的根本任务,也是社区矫正的价值所在。使服刑人员成为守法公民,从广义上说,就是使服刑人员成为遵守国家一切法律的公民。使服刑人员成为能遵守国家一切法律的公民,无论是对矫正机构也好,还是服刑人员也好,显然要求过高,也是不现实的。这里,只能狭义理解,使服刑人员成为守法公民,即使服刑人员不因同样的问题再次犯罪和不因服刑而产生新的可能引发犯罪问题而再次犯罪。一名服刑人员即使在服刑期间受到良好的和有效的矫正,但是,社会生活的复杂和多样,难以确保他回归社会后,由于各种生命历程中的生物生理、心理和环境变量的影响而不再次犯罪。无论是监狱还是社区矫正机构,受权力边界的限定,它只能在服刑人员服刑期间对服刑人员进行矫正,对服刑人员刑满后的社会生活则无权去进行矫正或改变,而只能通过社会化的机构或组织,在他们自愿的基础上进行。基于狭义的守法公民的定义,监狱和社区矫正机构,通过沟通分析技术,正确认识每名服刑人员引发其犯罪的问题,通过对这些问题的矫正,使服刑人员生理健康、健全人格和具有适应社会生活的能力,从而防止服刑人员由于同样的问题再次犯罪,实现刑罚预防犯罪的目的,维护社会的安全和秩序。这是服刑人员个案矫正的根本任务,也是核心任务,更是监狱和社区矫正机构的基本价值。

预防犯罪,是我国刑罚的目的。刑罚的特殊预防目的的实现,则是通过监狱执行刑罚和矫正以及社区矫正机构的矫正实现的。就矫正而言,除要通过矫正消除已知的引发服刑人员犯罪的犯因性问题,防止其刑满或解矫后因同样问题再次犯罪外,还包括要通过对服刑人员服刑期间、矫正期间可能出现的生物生理、心理和环境问题进行矫正,防止这些问题成为服刑人员刑满后或解矫后可能引发犯罪的新的犯因性问题。现代监狱和社区矫正机构,既不能成为服刑人员犯罪的传习所,更不能成为犯罪的滋生地。通对对服刑人员个案矫正,防止服刑人员产生新的可能引发犯罪的犯因性问题,同样是监狱和社区矫正机构的一项重要的任务。

(二)安全和秩序

服刑人员在服刑或矫正期间,也必然会遇到各种各样的生活事件或服刑生活变量影响,诸如生理生物危险、环境影响和心理困惑、困难及困境等,使服刑人员产生新的不良应激行为反应。这些应激反应,往往以打架斗殴、不服管理、抗拒刑罚执行或自杀、脱逃、行凶等方式表现出来。显然这些应激性反应,一方面会影响监狱和社区矫正机构的安全和正常的秩序;另一方面可能由此而形成新的引发服刑人员犯罪的犯因性问题。安全和秩序是监狱和社区矫正机构执行刑罚和正常矫正的前提和保障。因此,监狱和社区矫正机构,针对服刑人员在服刑、矫正期间出现的生物生理、心理和环境问题,进行必要的治疗、干预、调适和教育等,防止服刑人员产生不良应激行为反应,维护监狱和社区矫正机构的安全和秩序,是监狱和社区矫正机构对服刑人员进行个案矫正的一项首要任务。

(三)发展性

个案矫正是以服刑人员再社会化为内容的。"再社会化是指改变原已习得的价值标准和行为规范,建立新的价值标准和行为规范,确立新的生活目标的过程。"[①]再社会化同样属人的社会化过程,"其目标是人的改造,而不是人的形成。"[②]对服刑人员进行再社会化,是基于其社会化的失败,表现为生命发展历程与社会化过程的不一致,形成社会功能的缺陷。社会功能的缺陷的变量,是人的生物、心理和社会需要不能得到有效回应,而把犯罪行为作为了有效回应的方式。服刑人员个案矫正就是要通过相应知识和技术,完善服刑人员的人格,激发其自身潜能,改善资源利用,进而改变其行为方式。服刑人员的再社会化,实质上就是服刑人员在多样的背景下,能以新的价值标准、行为规范和新的生活目标,有效地回应生物、心理和社会需要。显然,对服刑人员个案矫正,是促使其发展的过程。只有通过促使其发展,才能有效地改善引发其犯罪的犯因性问题,防止产生新的能引起其犯罪的犯因性问题,达到使其成为守法公民的目的。促使服刑人员发展,可以说是服刑人员个案矫正的核心任务。

四、服刑人员个案矫正的种类

依据我国刑事法律和有关法规规定,服刑人员个案矫正可分为监狱服刑

---

① 周晓虹:《现代社会心理学》,上海人民出版社1997年版,第161页。

② 同上,第161页。

人员个案矫正和社区服刑人员个案矫正两类。

(一)监狱服刑人员个案矫正

监狱服刑人员个案矫正,是指在监狱①这一特定社区,由监狱人民警察中的专业矫正工作者对被判处有期徒刑、无期徒刑和死刑缓期二年执行的服刑人员,根据他们存在的不同的引发或可能产生的新的可能引发犯罪及影响安全和秩序的生物生理、心理和环境问题,所制定的有针对性的治疗、干预、调适和教育等方案和把方案付诸实施的活动。它有以下特点:

1. 监狱服刑人员个案矫正的环境是特定的。监狱服刑人员个案矫正,只能在监狱这一特定社区进行。这意味着监狱服刑人员是在被监禁和丧失人身自由的前提下所进行的矫正活动。这是监狱服刑人员个案矫正与社区个案矫正、个案社会工作方法的重要区别之一。

2. 监狱服刑人员个案矫正关系的特定性。自愿是其他个案矫正和个案社会工作方法中关系建立的基础,监狱服刑人员的个案矫正关系则是建立在强制的前提和基础之上的一种非自愿到自愿与服务的关系。

3. 监狱服刑人员个案矫正的性质具有特定性。改造服刑人员是我国法律规定的刑罚内容和行刑方式之一,体现了惩罚与改造相结合,以改造人为宗旨的方针。监狱服刑人员个案矫正是改造服刑人员的具体化和技术化。因而,在法律属性上,监狱服刑人员个案矫正属于刑事法律活动和行刑处遇的范畴。

4. 监狱服刑人员个案矫正的主体是特定的。依据我国宪法、刑法、刑事诉讼法、监狱法和其他法律法规的规定,行刑权只能由监狱这一国家的专门刑罚执行机关行使,其他机关、社会团体和机构以及个人不享有行刑权。因此,监狱服刑人员个案矫正中的矫正工作者只能是依法履行职务的监狱人民警察。其他机关、社会团体和机构以及个人只能以自愿者的身份参与其中,属监狱服刑人员个案矫正中的支持性资源范畴。同样,依据我国宪法、刑法、刑事诉讼法、监狱法和其他法律法规的规定,被矫正对象只能是被人民法院依法判处有期徒刑、无期徒刑和死刑缓期二年执行的服刑人员。

(二)社区服刑人员个案矫正

社区服刑人员个案矫正是指社区矫正机构以社区为依托,由社区矫正工作者对被判处管制、缓刑、单处剥夺政治权利、假释和监外执行的犯罪人,根据他们存在的不同的引发犯罪的或可能引发再次犯罪的生物生理、心理和环境

---

① 事实上还包括未成年犯管教所和看守所。拘役和余刑在一年以下的有期徒刑犯由看守所执行。对拘役和余刑在一年以下有期徒刑犯进行个案矫正,也属服刑人员个案矫正的范畴。

问题,所制定的有针对性的治疗、干预、调适和教育等方案和把方案付诸实施的活动。它有以下特点:

1. 社区服刑人员个案矫正的环境是社区。社区(Community)是社会学中一个从空间形式反映人们社会生活的概念。对社区的各种定义达140种以上。比较普遍的是把它作为和一定区域相联系的社会生活的共同体。它的核心要素是有一套相互配合的、适应社区生活的制度和相应管理机构;一套相对完备的生活服务设施;基于一定的经济、社会发展水平和历史文化传统的社区文化、生活方式,以及与之相连的社区成员对所属社区在情感上和心理上的认同感和归属感。[①] 目前我国社区矫正中的社区,在城市是以由若干个居民委员会构成的街道为基本社区;在农村是以若干个村民委员会构成的乡镇为基本社区。社区服刑人员个案矫正即是将服刑人员置于社区,对其人身自由进行一定程度的限制的前提下进行的。

2. 社区服刑人员个案矫正关系向自愿建立发展。目前,我国社区矫正仍是在一定强制的前提下建立的非自愿与服务的关系。从社区矫正的性质和西方国家社区矫正的实践看,对犯罪人进行评估和犯罪人愿意接受社区矫正,是社区矫正关系建立的基础。我国在社区矫正试点期间,一些试点省市也开始试行法院对犯罪人进行危险性评估,犯罪人自愿接受社区矫正,由此决定犯罪人是否进入社区进行矫正的样式。江苏省监狱系统业已试行对拟假释或监外执行的服刑人员,在拟提请假释建议或决定监外执行前,对服刑人员进行改造质量评估和重新犯罪预测,以决定是否提请法院对服刑人员进行假释,或决定是否予以监外执行。犯罪人是否有人身危险性和是否愿意接受社区矫正,是社区矫正关系建立的前提条件和基础性条件,缺一不可。自我性的矫正,是犯罪人接受矫正的动力源。只有在矫正关系中,使犯罪人具有自我性,才能使其积极参与、配合和实践。"只有当人从灵魂深处真正爱上了另一个人,并且同时非常敬仰和崇拜他的时候,才能够把他的文化传统变成自己的。"[②]而"向人类灌输一种错误的、只受操纵者欢迎的价值观是危险的。……人性的发展的确受到了阻碍。"[③]同样,在以权力压力为唯一动力源下的矫正,也是危险的,亦会使人性发展受到阻碍。"必须让囚犯提高自己的自信,让他们相信自己

① 鲁洁主编:《教育社会学》,人民教育出版社2001年版,第329~330页。

② [奥地利]康拉德·洛伦茨:《文明人类的八大罪孽》,徐筱春译,安徽文艺出版社2000年版,第159页。

③ 同上,第190页。

能够重新获得外界的尊重，以上述情感激发他们弃旧图新的愿望；如果不对上述情感加以疏导，它们可能会使这些人变得更坏。”[①]一种缺乏自我性的矫正，其弊端是不言而喻的。以自愿为基础建立社区服刑人员个案矫正关系，将是我国社区矫正发展的方向。

3. 社区服刑人员个案矫正具有非刑罚化处遇的特性。社区矫正的产生和发展史表明，将犯罪人置于社区进行矫正，通过必要的监督限制犯罪人人身自由，是其外在表征；作为监禁的替代措施和非监禁刑的非刑罚化处遇，应是其基本属性。目前，我国社区矫正试点工作中，一般是把社区矫正定位于刑种和行刑方式。[②] 但随着我国社区矫正理论研究的深入和积极的实践探求，以及相关法律的构建和完善，作为监禁的替代措施和非监禁刑的非刑罚化处遇，亦将是我国社区矫正的合理定性。这是社区服刑人员个案矫正与监狱服刑人员个案矫正的区别所在。

4. 社区服刑人员个案矫正主体具有专门性和特定性。社区矫正工作者是社区矫正机构中的专职社会工作者。接受矫正的主体，即矫正对象是被依法判处管制、缓刑和单处剥夺政治权利的犯罪人，以及假释、监外执行的犯罪人。显然，目前我国社区矫正尚未构建起专门的矫正机构，未形成一支专门的职业化的矫正工作者队伍，矫正对象相对范围较少，矫正项目也比较简单。但随着我国刑罚制度的日趋现代化，行刑理念的变革，司法体制改革的加快，社区矫正试点的扩大，通过法律设置专门的社区矫正机构，扩大社区矫正对象，完善社区矫正项目，将是我国社会主义法律制度和体系近期改革和发展的一项重要任务。主体的专门性和特定性，亦将是社区服刑人员个案矫正的特点之一。

第三节　服刑人员个案矫正的基本要求

一、自助与助人相结合

自助与助人相结合是由服刑人员个案矫正的本质和功能所决定的。服刑人员个案矫正不是监狱、社区矫正机构及其民警、社区矫正工作者直接替服刑人员解决引发或可能引发犯罪的犯因性问题，而是通过和服刑人员一起寻求改善或消除问题的途径和方法，使服刑人员自主决定并按矫正方案进行自觉

① ［意］切萨雷·龙勃罗梭：《犯罪人论》，黄风译，中国法制出版社2000年版，第352页。

② 郭建安、郑霞泽：“略论改革和完善我国的社区矫正制度”，载《法治论丛》2003年第3期。

行动，促进其身心健康，增强社会适应能力，改变不良行为。自助是服刑人员个案矫正的本质特征之一。引发或可能引发服刑人员犯罪的犯因性问题，是服刑人员在生命历程和社会生活中的各种变量引起的，受个人情感和心理因素的支配，具有个性主体化的特征，因而不能由别人包办替代。无论是监狱还是社区矫正机构直接解决引发服刑人员犯罪的犯因性问题，是无法从根本上消除引发犯罪的犯因性问题。强制矫正是必要的，但自决和自觉接受矫正，则是实现使服刑人员成为守法公民这一目标的重要内在因素。同样，只有在服刑人员自决和自觉的前提下，监狱和社区矫正机构通过帮助，才能激发服刑人员的内在的解决问题的潜能，从根本上消除其引发或可能引发犯罪的犯因性问题。正如美国宾州大学教授奥多雷恩克所主张的，人的行为受个人意志的影响，一个人如果有了坚强的意志，他就可以控制和组织他的行为。[①] 自助是获得服刑人员个案矫正效果必备的条件。

助人是服刑人员个案矫正的另一重要本质特征，也是服刑人员个案矫正的重要功能之一。服刑人员之所以会犯罪，往往是因为其在社会生活中，生理生物、心理或环境等方面存在先天或后天的疾病、心理失调或对环境的不适等问题。因此，监狱和社区矫正机构应当通过建立起专业的职业化矫正工作者队伍，建立相应的制度、物质、精神等支持系统，在服刑人员自决自愿的前提和基础上，通过提供相应的资源、方法和技术，治疗其疾病，矫正其心理，改善其生活环境，从而改变他们的生活态度、行为方式或心理动机，强化社会生活适应能力，促进再社会化。目前，有些监狱和社区矫正机构建立了帮助服刑人员解决家庭困难的帮抚解困基金，开展帮助服刑人员解决家庭困难的活动等，实践表明，这些措施和活动只能一时缓解服刑人员引发犯罪的问题，或仅能缓解服刑人员服刑期间一时的心理危机。如果将服刑人员的心理危机，转化为提高自身认知水平和增强自身社会生活能力的愿望，进而进行相应的能动行动，无疑将有助于服刑人员从根本上解决心理危机，并由此达到消除引发其犯罪的犯因性问题，预防其产生新的可能引发犯罪的犯因性问题。服刑人员个案矫正是一项授人以渔而不是授人以鱼的活动。

二、专业化与社会化相结合

服刑人员个案矫正是一项专业化工作。这种专业化首先是由服刑人员个案矫正的科学性和技术性决定的。服刑人员个案矫正是以法学、犯罪学、监狱学、社区矫正理论、心理学、教育学、伦理学、社会学和社会工作方法理论等学

---

① 翟进、张曙编：《个案社会工作》，社会科学文献出版社 2001 年版，第 13 页。

科知识以及技术、方法为基础的一项开放性活动。这就要求监狱和社区矫正机构必须建立起一支专门的受过良好专业教育和培训的专业化矫正工作者队伍。只有建立起一支专业化和职业化的矫正工作者队伍,才能使矫正工作者在特有的职业道德的规范下,运用专业知识和技术,以服刑人员为中心,为服刑人员提供专业的矫正服务工作,实现矫正的目标。其次是由监狱和社区矫正机构职能决定的。监狱和社区矫正机构是我国刑罚执行和矫正服刑人员的专门机构。服刑人员个案矫正工作者不仅是监狱、社区矫正机构的代表,更是依法享有行刑权的执法者和履行矫正职能的工作者,在矫正工作中具有特定的角色和职责。这决定了服刑人员个案矫正工作者具有特定的职业性。最后是由服刑人员个案矫正关系决定的。服刑人员个案矫正关系不是一种私人关系,而是一种专业关系。服刑人员个案矫正工作者与服刑人员之间的矫正关系,是为达到使服刑人员成为守法公民这一特定目标而结成的专业关系。这种专业关系体现在关系的建立只是实现目标的手段而不是目的,一旦目标达到且服刑人员刑满、解矫,关系即告结束。同时,服刑人员个案矫正关系,也不同于其他个案工作关系,它尽管也强调服刑人员的自愿是建立关系的基础,但行刑的法律关系,决定了服刑人员个案矫正关系具有特定的法律性的特征。因此,建立起一支专业化和职业化的服刑人员矫正工作者队伍,是实现矫正目标的保障。

监狱和社区矫正机构矫正资源的有限性和法治要求下的权力边界的有限性,客观要求服刑人员个案矫正还必须重视社会化。要提高服刑人员个案矫正的有效性,必须建立起有效的社会支持系统,为监狱和社区矫正机构的个案矫正提供必要的资源。受监狱和社区矫正机构权力边界的限制,监狱和社区矫正机构不能直接改变服刑人员个案矫正的外部环境,因而需要一定的国家福利机关、社会福利机构或团体给予必要的支持。监狱和社区矫正机构不能直接在宏观方面改变社会的大环境,就必须要有国家的专门机关通过立法加以改变,为服刑人员个案矫正创造良好的制度环境支持。在服刑人员个案矫正中,服刑人员家庭支持也是不可少的,服刑人员家庭的情感、接纳和精神支持,对服刑人员自愿和自觉接受矫正具有积极的促进意义。建立一支服刑人员个案矫正自愿者队伍,为服刑人员个案矫正提供必要的人员支持,是拓展矫正资源的重要途径,也是社会宽容、接纳和保护服刑人员以及社会对现行刑事法律认同的重要表征,更是反映国家政治文明尤其是刑事法律制度文明的重要参照点。

服刑人员个案矫正的专业化是监狱和社区矫正机构为社会提供有效公共

服务的重要表现，体现了国家福利性。服刑人员个案矫正的社会化，是司法开放和司法权向社会回归，实现社会资源网络对国家司法的可调用性、支持性和认同性。服刑人员个案矫正既重视专业化，又重视社会化，实现专业化和社会化的有机结合，是现代刑事法律制度和矫正制度发展的总趋势。

三、信任和尊重并重

服刑人员个案矫正，往往在矫正工作之初，服刑人员并非是一个自愿接受矫正服务的主体。因为，监狱和社区矫正机构的矫正活动，总是以服刑人员放弃为主要内容的，诸如，放弃原有的行为习惯、放弃原有的价值观等。但是，自愿是建立良好服刑人员个案矫正关系的基础。因此，服刑人员的信任是建立良好的矫正关系的必要条件。没有服刑人员的信任，是不可能有服刑人员的自愿的。信任是建立良好矫正关系和获得有效矫正的重要策略之一。在现实中，许多监狱和社区矫正机构的矫正工作者，常抱怨为服刑人员做了很多有利其向善的事，可他们总不领情，似乎矫正关系的对立性成为了内在的不可克服的本质属性。对立的矫正关系是难以获得有效的矫正效果的。假如服刑人员是一名生病的病人，如果病人不信任医生而不愿接受治疗的话，那么任何治疗都难以保证其疗效。信任是服刑人员对监狱和社区矫正机构以及矫正工作者的矫正能力、矫正目的、矫正效果、矫正意义和矫正的社会价值，有明晰的了解认识，并对矫正效果的前景充满积极的期待。要让服刑人员信任，就要求监狱和社区矫正机构的矫正工作者，在矫正关系建立前，向服刑人员客观解释矫正的目的、效果、意义和价值，并对矫正效果充满自信；在分析沟通中，保持价值中立，用相关理论客观概括服刑人员存在的引发或可能引发犯罪的犯因性问题；对了解到的服刑人员的隐私进行保密，并作为职业操守向服刑人员予以说明；在矫正过程中应以一个指导、帮助、督促、激励和效果的客观评价者的身份出现，而不是裁判员。概括地说，最大限度地防止矫正关系的权力游戏化，才能让服刑人员信任，从而建立起以自愿为基础的良好的矫正关系，获得有效的矫正效果。

尊重服刑人员，也是建立良好矫正关系和获得有效矫正的一项重要策略之一。尊重服刑人员，就是在矫正过程中尊重服刑人员的人格，保障和维护服刑人员的权利；在关系建立时要尊重服刑人员的自主自决性；在分析沟通中要注重服刑人员个人对问题的看法和感受；在矫正技术和方法的确定中，要让服刑人员参与讨论和选择；在矫正方案的制定中，不仅要让服刑人员参与，而且要让服刑人员自主决定阶段性矫正作业和阶段性矫正目标；矫正过程中，要用激励的策略激发服刑人员的主观能动性。

尊重服刑人员，是与服刑人员的信任密切联系在一起的。没有矫正工作者对服刑人员的尊重，就不可能有服刑人员的信任。因此，在服刑人员个案矫正活动中，必须既注重服刑人员的信任，也要重视对服刑人员的尊重。

四、个别与综合并重

服刑人员个案矫正是行刑个别化原则的具体体现。因而，在服刑人员个案矫正中，必须承认服刑人员的个体差异性，即承认服刑人员生命历程、社会生活经历、犯罪史和引发犯罪的犯因性问题等方面的差异，基于差异性为服刑人员选择适当的矫正技术和方法，量体裁衣地制定和实施矫正方案。

"行为是个人与环境之间互动的结果，一个人的生物构成会以一定的形式限制他对环境的反应能力。不能仅靠单个因素来解释一个行为反应的原因。多种因素在复杂的系统中通过互动产生了特定的行为。"[①]因此，在承认和注重差异性的同时，还必须注重服刑人员个案矫正的综合性。这要求在沟通分析中，要全面了解服刑人员的生命历程、社会生活经历和犯罪史等，以多维度的综合分析视角认识引发或可能引发服刑人员犯罪的问题及其产生问题的各种因素；在矫正方案的制定、实施和效果评价时，必须立足人的全面发展的视野，满足服刑人员的全面素质的提高和发展。这是实现使服刑人员成为守法公民矫正目标的最可靠的保证。

服刑人员个案矫正注重差异性，不是一种头痛医头、脚痛医脚式的矫正，而是建立在综合分析、治疗、调适、干预、教育和评价基础上的个别化活动。在服刑人员个案矫正中，既注重个别又注重综合，是矫正工作科学化的客观要求和外在表征。

本章重要概念

- 个别化
- 刑事个别化
- 服刑人员个案矫正
- 个案社会工作

本章思考题

1. 简述服刑人员个案矫正属于个案社会工作的理由。
2. 服刑人员个案矫正有哪些特征？
3. 监狱服刑人员个案矫正与社区服刑人员个案矫正有哪些异同点？
4. 简述服刑人员个案矫正的基本要求。

---

① ［美］乔斯·B.阿什福德、克雷格·温斯顿·雷克劳尔、凯西·L.洛蒂：《人类行为与社会环境：生物学、心理与社会学视角》，王宏亮、李艳红、林虹译，中国人民大学出版社2005年版，第34页。

第二章　服刑人员个案矫正的认识论基础和运行模式

本章核心提示

- 科学认识人的行为。
- 人类行为具有多面性。
- 要正确认识服刑人员的犯因性问题，必须从生理生物、心理和环境的多维视角进行，建立起多维的认识论框架。
- 服刑人员个案矫正有其特定的要素和介入范式。

第一节　服刑人员个案矫正的认识论基础

一、多维框架的认识论

科学矫正服刑人员，包含如何认识服刑人员和如何矫正服刑人员两个方面，是一个由认识论和方法论所构成的科学模型。

科学认识服刑人员是科学矫正服刑人员的前提和基础，没有科学的认识论，就不可能有科学的方法论，即没有对服刑人员的科学认识，就不可能有对服刑人员的科学矫正。“在实践中，人们也发现人自身问题的产生有相当复杂的因素，并不仅仅是道德问题，对人的问题的理解以及处理应建立在对人的科学认识的基础上。”①服刑人员个案矫正是建立在引发服刑人员犯罪的犯因性问题的差异性、多样性的假设上。因而，如何认识引发服刑人员犯罪的犯因性问题的差异性和多样性，直接决定着服刑人员个案矫正的科学性和有效性。

我国监狱的服刑人员改造工作，基本上是以组织服刑人员参加生产劳动

① 翟进、张署编：《个案社会工作》，社会科学文献出版社2001年版，第10页。

为基础运行平台,以体现安全和秩序首要价值的管理为主要运行机制,以隔离和思想教育为主要方法的一种改造模式。尽管在服刑人员改造工作中也追求个别管理和个别教育,但在同质主义的认识论影响下,与服刑人员犯罪相关的社会功能、适应能力和需求等多样化的问题,已被“过度概化”为法律上的同质,即一种主观恶习和客观危害行为统一的本质问题。[①] 和哲学上的同质,即“犯罪是孤立的个人同统治关系的斗争”。[②] 因此,监狱的行刑,不仅是对行为的惩罚和对人的隔离,而且必须通过强制的改造,才能转变服刑人员的主观恶性——思想,只有思想转变了,才能转变犯罪人的本质,实现消灭和预防犯罪的目的。可以说,本质主义认识论是建构我国现行改造理论的核心,是对服刑人员产生犯罪行为的犯因性问题的概化描述。我国现行三大法定改造手段,也正是基于此而设置和运行。如劳动改造的首要价值在于改变服刑人员好逸恶劳的思想,形成集体、协作和守纪的意识;教育改造手段中,思想教育是核心,文化和职业技术教育不过是为思想教育服务的。显然同质主义认识论下的改造,是一种在对服刑人员隔离矫正的前提下,注重德化教育的模式,其核心是以精神的改变作为解决犯罪问题的方案。

犯罪是人的问题行为或病态行为。矫正服刑人员的关键是寻求服刑人员实施犯罪行为的原因,即犯因性问题。假设产生犯罪行为的犯因性问题可概化为人的社会功能的欠缺,但,引起人的社会功能欠缺的原因或因素是多方面的,“人类行为具有多面性。”[③]人具有自然和社会双重属性。从个体的生物生理因素上说,人的行为受他从受孕起的整个生命历程中先天和后天的各种因素的影响,“遗传似乎同样影响诸如越轨或者犯罪行为。”[④]颞颥突是人的颅骨的组成之一。“颞颥突处理人的情感和动机。‘颞颥突受到伤害会导致无故发笑、欣喜和焦虑或者暴力行为’。”[⑤]“生物生理过程,特别是在中枢和表皮神经系统中的生物生理过程,影响人类行为的诸多方面。……任何器官和生理系统中的损伤都对社会功能产生重大影响。”[⑥]显然,对由此而引起犯罪的犯罪人,仅依赖于本质的认识和思想的转变,是无法从根本上预防其犯罪的再次

---

① 陈兴良:《刑法哲学》,中国政法大学出版社 2000 年第 2 版,第 157 页。

② 马克思、恩格斯:《马克思恩格斯全集》第 3 卷,第 379 页。

③ [美]乔斯 · B. 阿什福德、克雷格 · 温斯顿 · 雷克劳尔、凯西 · L. 洛蒂:《人类行为与社会环境:生物学、心理与社会学视角》,王宏亮、李艳红、林虹译,中国人民大学出版社 2005 年版,第 34 页。

④ 同上,第 60 页。

⑤ 同上,第 63 页。

⑥ 同上,第 81 页。

发生。他必须依靠心理矫正和临床治疗，才能防止问题行为的再次发生。

“人无法离开社会而生存”，“社会行为并非是单纯的个人行为，它直接或间接地受到个人之外的诸多主客观因素的影响与制约。一般来说，影响人类行为的因素及相应的主要概念：社会、文化和人格。”①“行为是个人与环境之间互动的结果，一个人的生物构成会以一定的形式限制他对环境的反应能力。不能仅靠单个因素来解释一个行为反应的原因。多种因素在复杂的系统中通过互动产生了特定的行为。”②因此，由于每个人的生命历程的不同、心理特征的不同以及所处的社会环境的不同，无疑导致了每个服刑人员产生犯罪的原因不同。矫正活动作为人类的一项有目的活动，从文化角度解析的话，其本身无疑就是人类的专门文化活动之一，具有文化的品格。“如果文化不能和满足人的需要的‘那一点’相契合，它的价值就不能实现；文化不能被人的心理得到某种满足，也就不能建构人的价值意识。”③“一旦废除了特异性选择，社会行为方式发生蜕变的速度多么快。”④近年来我国许多监狱对服刑人员开展的心理咨询工作，从心理维度解析服刑人员的问题行为并进行治疗，无疑从理论和实践上突破了同质主义认识论的禁锢，开始从服刑人员的心理去揭示犯罪原因和提出改造或矫治的方案。但是，调查表明，同质主义认识论仍深深地影响着我国的服刑人员改造工作。现行的心理咨询工作的重点依然只局限在服刑人员服刑期间的心理危险上。

一元化的本质认识论，无疑制约着我国监狱的改造工作，他不仅扩大了精神改造的作用，导致改造工作针对性不强，改造资源配置不合理和有效性差，而且阻碍了有用的不同理论和技术在改造工作中的运用，形成重经验轻理论、重说教轻技术化改造的格局，正如奥地利著名学者康拉德·洛伦茨所言：“许多人倾向于这种看法，认为人类的理智以及学习拥有无限的威力，甚至是万能的。但事实上，这种障碍的产生比他们所想像的要更加容易”⑤，导致了我国监狱重“现在时”行为干预，而轻犯罪原因的改造。

目前我国监狱的管理改造手段的改造功能主要表现为两个方面，一是针对服刑人员的犯罪和服刑期间的问题行为进行的，即通过刑罚、处罚、严管等形式

---

① 周晓虹：《现代社会心理学》，上海人民出版社1997年版，第15页。

② ［美］乔斯·B.阿什福德、克雷格·温斯顿·雷克劳尔、凯西·L.洛蒂：《人类行为与社会环境：生物学、心理与社会学视角》，王宏亮、李艳红、林虹译，中国人民大学出版社2005年版，第34页。

③ 司法云杰：《文化价值论》，陕西人民出版社2003年版，第27页。

④ ［奥地利］康拉德·洛伦茨：《文明人类的八大罪孽》，徐筱春译，安徽文艺出版社2000年版，第123页。

⑤ 同上，第118页。

而形成的压力源，强化服刑人员对正面行为及能力的关注，从而使服刑人员形成遵守规范的习惯；二是以服刑人员的自由、物质和精神上的某种需求为驱动力，通过计分考核，对正面行为不断奖赏，激发服刑人员对正面行为和能力的关注。由此可见，管理改造的功能，除刑罚外，均是通过对服刑人员的“现在时”行为的干预，强化服刑人员对正面行为的认知。同样，在教育改造上，则主要表现为对服刑人员服刑期间的问题行为发生后的教育，即“后发性”教育，这种“后发性”教育也是以“现在时”问题行为为内容的，其目的是通过教育手段的干预，使服刑人员形成对正面行为的认知。由于心理咨询和矫正的“首要的重点是现在”[①]，显然，也是针对“后发性”的现在时问题行为而进行的。“守法公民”是我国监狱改造工作的概化目标。由这一目标，不难看出改造工作的预防价值。改造工作的预防价值的实现，是通过对服刑人员产生犯罪的犯因性问题，即“前发性”问题进行矫正、治疗、干预或改善实现的，防止服刑人员因同样的问题而再次犯罪。同样，对服刑人员在服刑期的问题行为的矫正、治疗、干预和改善，不仅是监狱的安全和秩序所必要的，也是改造工作的预防价值的重要组成。

“所有个体和他们的情境都服从多样化的原则，具有独一无二的特征。多样性涉及任何一个导致个人与环境发生变化的过程。”[②]“人类行为发生在生理、心理和社会因素交织起来的具有多样性的背景中。”[③]服刑人员在服刑期间产生的心理危险，可能与其原有的引起犯罪行为的犯因性问题有着密切的关联性，是其前发性问题的延伸，但也可能是受服刑期间的变量影响而形成多样性的新的问题。事实上，服刑人员在服刑期间仍受着各种突发的或偶然的生活事件的影响，在新的危机面前形成新的不适应，产生心理异常或问题行为。显然，服刑人员一进入监狱就成为一个新的社会角色，面临新的环境，但其依然是一个由个体的生理和心理、群体、监狱和监狱外的社会而构成的生态系统。系统内的任何一个因素的变化，均可能使服刑人员产生相应的反应——行为。对服刑人员服刑期间产生问题行为的问题进行矫正是必要的，在客观上有利于矫正服刑人员产生犯罪的犯因性问题，但，只重视服刑人员“现在时”问题的矫正是不够的。这主要是“现在时”问题与产生犯罪的“前发性”问题间只存在着“可能性”的联系，同时，只重视“现在时”问题及行为的改

---

① ［美］Judith S. Beck：《认知疗法：基础与应用》，翟书涛等译，中国轻工业出版社 2001 年版，第 7 页。

② ［美］乔斯·B. 阿什福德、克雷格·温斯顿·雷克劳尔、凯西·L. 洛蒂：《人类行为与社会环境：生物学、心理与社会学视角》，王宏亮、李艳红、林虹译，中国人民大学出版社 2005 年版，第 7 页。

③ 同上，第 9 页。

造,则更倾向于监狱的安全与管理的价值。更重要的问题是,监狱仅仅通过处罚、严管和个别谈话的方式和心理咨询中的宣泄,对“现在时”行为进行干预,同对产生犯罪的犯因性问题一样,并未对产生问题行为的问题进行相应的技术矫治。只重视“现在时”问题行为的干预而忽视产生问题行为的问题矫正,无论是矫正的预防价值,还是监狱的安全和秩序的预防价值,均是难以实现的。

无论是刑事立法、司法还是行刑个别化,无不是建立在犯罪原因的多元化认识论的基础之上的。正因为犯罪原因具有多维的特性,不同的犯罪人犯罪原因存在着差异性,决定了个别化的必然性。第一届世界监狱大会明确了个别化矫正原则。这一原则已成为各国监狱机构的普识。在承认犯罪原因的多维性和差异性的前提下,如何鉴别个体犯罪人的具体犯罪原因,实际上是在此基础上如何应用个别化的问题。如何鉴别个体犯罪人的具体犯罪原因,实际上是解决如何科学认识犯罪人的问题,即认识论的问题。“要确定服刑人员个体的具体矫正目标,就必须首先要科学认识服刑人员。”①科学认识服刑人员是个别化矫正的前提和基础。

“当我们使用个案式解释时,会觉得完全了解案例之所以发生的所有因素。”②但是,犯罪是人的行为,“我觉得人类的各种知识中最有用而又最不完备的,就是关于‘人’的知识”。③ 因此,解释人的犯罪行为,远比对一个案例解释困难得多。前面已分析,仅从人的精神本质解释犯罪原因,只能导致犯罪问题的同质化和矫正样式一元化。可以说,任何企图从一维的视角来解释犯罪行为,都不可避免使矫正样式一元化。龙勃罗梭提出了从人的生物和心理两个维度鉴别犯罪人的方法,但是,在他承认大多数犯罪由环境和交往造就的同时,而又在鉴别犯罪人时忽视了文化和环境等。因为人的“行为是基因、文化、环境相结合的产物。”④人的犯罪行为是人的社会行为之一。因此,要解释人的犯罪行为,就必然要立足多维的视角。

现代社会心理学认为“社会行为并非是单纯的个人行为,它直接或间接地受到个人之外的诸多主客观因素的影响与制约。一般来说,影响人类行为的因素及相应的主要概念:社会、文化和人格。”⑤习性学认为“如果一个人学

---

① 于爱荣主编:《服刑人员改造质量评估》,法律出版社 2005 年版,第 36 页。

② [美]艾尔·巴比:《社会研究方法》,邱泽奇译,华夏出版社 2005 年版,第 22 页。

③ [法]卢梭:《论人类不平等的起源和基础》,李常山译,商务印书馆 1962 年版,第 62 页。

④ [美]乔斯·B.阿什福德、克雷格·温斯顿·雷克劳尔、凯西·L.洛蒂:《人类行为与社会环境:生物学、心理与社会学视角》,王宏亮、李艳红、林虹译,中国人民大学出版社 2005 年版,第 51 页。

⑤ 周晓虹:《现代社会心理学》,上海人民出版社 1997 年版,第 15 页。

会从生物学角度思考问题，既知道本能驱力的威力，又了解伦理道德、责任义务以及美好意图的软弱无力，并且还能用一些精神病学以及深刻的心理学知识来看待社会行为失常的形成原因，那么他就不会像一个情感炙热的纯情少女似的，用一种自以为是的愤怒来严厉谴责‘违法违纪’分子了。”①社会工作的理论同样主张“人类行为发生在生理、心理和社会因素交织起来的多样性的背景中。”②那么，“不能仅靠单个因素来解释一个行为的反应的原因。多种因素在复杂的系统中通过互动产生了特定的行为。”③文化价值论学者则认为：“人类虽然有共同的需要，但就个体的人来说，其心理机制则永远对它所需要的那一点感兴趣，符合需要的则选择、吸取，不符合需要的则抑制、排斥。”④很显然，实证犯罪学派的犯罪多因和多因素论，以及社会心理学、习性学、社会工作理论和文化价值理论等，说明了没有任何一种理论或方法能够说明导致人产生犯罪行为发生的所有力量。因此，要认识犯罪行为就必须立足多维的视角。只有从多维的视角，才能较系统的去评估、测量、描述、概念犯罪人的特征和产生犯罪行为的问题行为的问题，即达到“完全了解案例之所以发生的所有因素”。从多维的视角系统地认识服刑人员，才能使我们在多维的框架中，从每个维度建立理论假设，用简洁的方法把服刑人员犯罪或其他问题行为的“问题”进行分类，并在个案系统分析的基础上，为假设提供支持的证据，再从多维的框架中寻求有针对性的系统解决“问题”的干预、治疗、调适和教育等具体的矫正技术及策略，达到矫正的有效性。

我国的社区矫正工作，在试点之初就深受现行犯罪认识论的影响，导致了我国社区矫正工作刑事化特征彰显，而非刑罚化的替代属性并不显著。建立多维的认识论，也是社区矫正机构科学矫正服刑人员所必要的。

二、多维认识论框架的要素

认识犯罪行为的多维框架，是“把人类发展的生物学、心理学和社会视角的知识和理论加以综合。”⑤在这一多维的框架里，生物生理、心理和社会维度

---

① ［奥地利］康拉德·洛伦茨：《文明人类的八大罪孽》，徐筱春译，安徽文艺出版社2000年版，第122页。

② ［美］乔斯·B. 阿什福德、克雷格·温斯顿·雷克劳尔、凯西·L. 洛蒂：《人类行为与社会环境：生物学、心理与社会学视角》，王宏亮、李艳红、林虹译，中国人民大学出版社2005年版，第9页。

③ 同上，第34页。

④ 司马云杰：《文化价值论》，陕西人民出版社2003年版，第7页。

⑤ ［美］乔斯·B. 阿什福德、克雷格·温斯顿·雷克劳尔、凯西·L. 洛蒂：《人类行为与社会环境：生物学、心理与社会学视角》，王宏亮、李艳红、林虹译，中国人民大学出版社2005年版，第41页。

是被组织在一个等级结构之中的持续互动的系统。

(一)生理学维度

生理学维度主要是指通过对服刑人员受孕和生命历程的全面了解,寻求可能产生犯罪问题的生理病因及相关的解释。这里的重点是通过对服刑人员受孕过程的内外部状态、家庭遗传史、遗传异常、染色体异常、生命的不同历程的特征、成瘾物品的使用及动机、各种疾病等进行全面认识和分析,寻求遗传、创伤、生理缺陷、成瘾物品的使用和健康状态等与犯罪行为之间的关系。

(二)心理学维度

心理学维度主要是通过人格测量、行为观察等方法了解服刑人员心理与犯罪行为之间的关系,从中寻求发生犯罪的心理学病因和解释。这里的重点是认识服刑人员的注意力、记忆力、学习能力、自我觉察、情绪反应、自我陈述、对他人的觉察、对他人的认知、同情能力、认知功能、思想及觉察的内容、社会知识和技能、精神病史以及对重大生活事件不适的行为模式等。这些心理现象可能是服刑人员犯罪的决定性要素或是其直接后果,因而是认识的重点。

(三)社会维度

社会维度主要是在社会层面认识服刑人员的犯罪是否是一定环境要素决定的或是其直接的后果,寻求犯罪行为的社会病因和对此做出解释。“人无法脱离环境而存在。”“环境是个体同化和顺应这一发展过程所必不可少的基础”,[①]社会维度的重点,包括认识服刑人员的家庭结构和模式、服刑人员在家庭中的角色、家庭关系、服刑人员所处的互动群体、资源获得的情况、社会生活中的易产生困惑、困情或困难的重大生活事件、多样化文化背景和状态及期望等。

认识服刑人员产生犯罪问题的生物学、心理学和社会维度的多维框架,其核心要素,可概括为下表:

生物学、心理学和社会维度的多维框架的核心要素表[②]

维度	生物学	心理学	社会
核心要素	生物生理成长与发展、生物生理危险	认知发展和信息处理、交流、态度与情感、社会认知和调节、心理危险	家庭、群体、支持系统与社会环境,多元文化与性别、社会危险

① ［荷兰］J. J. F. ter 拉克:《心理诊断》,陈会昌译,华文出版社 2000 年版,第 199、203 页。

② 参见［美］乔斯·B. 阿什福德、克雷格·温斯顿·雷克劳尔、凯西·L. 洛蒂:《人类行为与社会环境:生物学、心理与社会学视角》,王宏亮、李艳红、林虹译,中国人民大学出版社 2005 年版。

第二节　服刑人员个案矫正的运行模式

一、认识服刑人员个案矫正的应用模式

如何应用个别化的问题,实际上就是个别化矫正的方法论的问题。这是科学认识服刑人员的落脚点和归宿。个别化矫正应用模式,实际上是个别化的方法模式。在多维框架下认识服刑人员的犯罪行为,其目的是为了解决服刑人员存在的产生犯罪的犯因性问题,即矫正服刑人员。因此,有必要对个别化矫正的应用模式进行研究。

(一)分类模式

德国学者施奈德指出,分类是对囚犯进行治疗的基础,是一个持续不断的过程。治疗的目的在于改变囚犯的人格。在此目的达到之后,必须进行新的分类(即活力分类)。这一分类的前提是对囚犯人格的研究,即对囚犯身上出现的任何一种带有活力的变化的研究。因此,要进行这一分类,必须经常注意到囚犯在关押期间出现的变化和认识。人格既然是一种过程,那么人格研究当然也是一种过程,所以,必须不断检查和修正治疗诊断。那种将分类理解为静止的犯罪类型学是非常错误的。只有当专家们(心理学家、精神病理学家、社会学家、教育学家与社会工作者)在安置、观察与诊断设施中不间断地反复进行分类,所有的分类才能取得丰富的成果。① 这种分类模式,最具代表性的是美国的分类模式。

美国矫正协会对服刑人员分类的定义,是一种给予服刑人员不同的矫正活动分配,以提供最有效的、适应服刑人员需要的矫正活动的方式。它是依据矫正目的,对服刑人员做出甄别、鉴定,然后做出相应对等反应的方法。在这里,服刑人员分类被看成是一种矫正活动、矫正方式,其本身也是一种管理或处遇。分类的目的、作用和效果都与矫正本身融为一体。

美国的服刑人员分类经历了三个发展阶段:一是管理分类。20 世纪前,美国在古典刑事法学思想的影响下,也以隔离的惩罚和控制为矫正思想。这一时期的服刑人员分类是以管理为目的。奥本制和累进制成为最重要的个别化的行为矫正技术。二是精神治疗式分类。进入 20 世纪 20 年代后,在实证犯罪学思想的影响下,美国的矫正思想开始强调科学研究和认识服刑人员,提出了医疗矫治模式,即视服刑人员为病人,通过对服刑人员行为的病源诊断,

---

① 陈兴良:《刑法的价值构造》,中国人民大学出版社 1998 年版,第 481 ~ 482 页。

对服刑人员进行分类,施以相对应的行为治疗。三是康复式分类。20 世纪 70 年代,在人权运动的推动下,面对重新犯罪率的不断增长,美国对治疗模式进行了反思,提出了康复式分类。这种分类的理论假设是:服刑人员之所以犯罪,是因为对社会的不适应。因此,矫正服刑人员就在于使他们适应社会。康复式分类是一个全过程活力分类,也是一个依据不同目标构成的分类体系。首先是危险性或个性分类,通过对新收犯作一系列的检查和测定,确定服刑人员的危险系数,将服刑人员分类到不同警戒等级的监狱。其次对服刑人员所需要的监管水平进行分类,即安全分类。最后依据服刑人员所需要的矫正活动的内容和矫正工作等进行分类,即需要分类。在康复式分类中,危险性量表、心理量表、服刑人员生活史量表、服刑人员矫正适应量表、服刑人员需要量表、服刑人员行为特征评定表等,是基本的评估和鉴定的工具,也是分类的依据。除这些量表和评定表外,还对服刑人员进行现状态调查。无论是量表、评定表,还是现状态调查报告,其认识服刑人员的视角,不例外地在生物生理学、心理学和社会这一多维框架之中。美国康复式分类体系,可用图示:

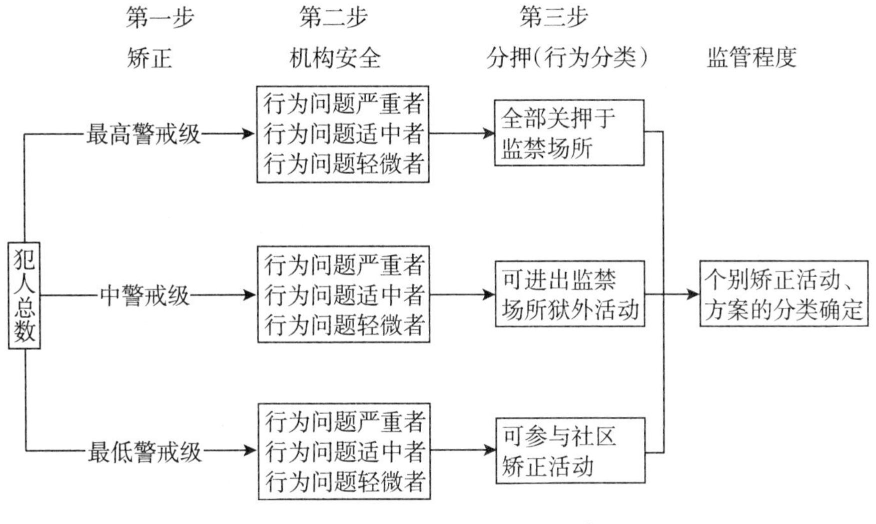

联邦监狱署的分类体系图[①]

美国的个别化矫正理论和实践相对比较完善和成熟。由于采用了多学科理论和技术评估和鉴定服刑人员的行为,大大提高了其科学化水平。但是,由

① 参阅孙晓雳编:《美国矫正体系中的服刑人员分类》,中国人民公安大学出版社 1992 年版。

于美国把人的思想自由看成是人的自由权利的重要组成，矫正过于侧重于技术，因而导致矫正效能并不高。同时，由于美国的分类模式把保障服刑人员、矫正工作者和社会安全作为分类的首要目标，重监禁技术的倾向彰显。

（二）个别化方案改造模式

我国的个别化矫正研究，受我国现行刑法理念、改造思想和监狱体制、机制及改造模式的影响和制约，社区矫正尚处在试点之初，理论上基本还是零散的思辨研究，实践上主要集中在个别教育的理论和方式方法的探求层面。

2004 年，江苏省监狱管理局“罪犯改造质量评估”课题组，对服刑人员改造质量评估进行了系统的理论描述和实践构思。该课题的基本思路是把服刑人员改造设定为一个目标控制的活动过程。“守法公民”为改造的总目标，总目标的实现依赖于个体服刑人员改造的具体目标的实现。为科学设定个体服刑人员的具体改造目标和对目标实现状态评估，则必须通过心理、认知和行为量表，来认识服刑人员个性化的犯罪特性，并依据量化的特性，通过服刑人员个别化改造方案，实现个体服刑人员具体改造目标的量化和控制。“所谓服刑人员个别化改造方案，又称之为服刑人员个体改造（矫正）方案，是指监狱在服刑人员改造过程中，为实现‘改造人’的宗旨，运用科学的检测评价方法，分析服刑人员个性化特性，并依此为矫治、消除犯罪要因的依据，制订且付之于实施的具有一定改造手段、矫正技术等为内容的改造目标实现规划和要求。”[①]可见图示：

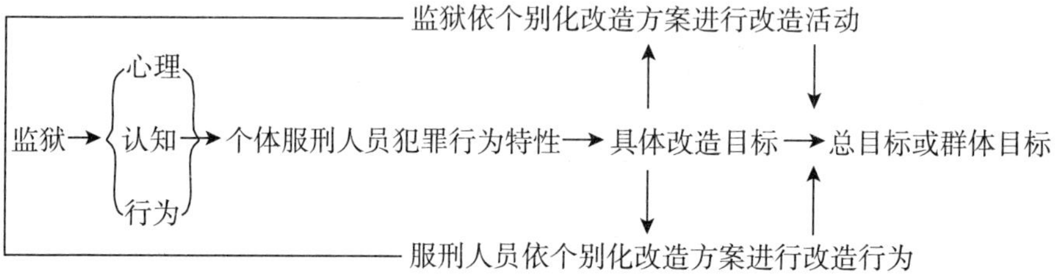

显然，该模式把个别化矫正原则通过个别化改造方案实践化了。由于其主张认识个体服刑人员犯罪的心理、认知和行为特征，强调服刑人员的主动参与、力求改造目标的具体化、量化、可控化和目标实现的方案化，使改造工作具有了人文、计划和互动等特征。但该模式也存在着下列不足：

首先是分类不足。尽管提出了危险性分类和女犯、未成年犯和文盲犯的

① 于爱荣主编：《罪犯改造质量评估》，法律出版社 2004 年版，第 136 页。

分类检测，但并未能设计出对犯罪特性相同或相似服刑人员进行分类，从而更合理配置管理和改造资源，提高改造效能比。

其次是认识维度不够。尽管其危险性简评表，考虑了服刑人员的生物生理、心理和社会维度，但其设计的以心理、认知和行为为核心的认识服刑人员犯罪特性和设定服刑人员改造目标的量表，即 XRX 和 WXRX 量表，用于认识服刑人员的犯罪特性和评价服刑人员的改造状态，显然维度不够。因该量表也仅仅是采用了健康心理学、认知心理学和行为主义理论知识所进行的构建，从整体上未能摆脱心理量表的基本属性，有心理一维认识论之嫌。

再次是对改造中的变量回应不当。尽管在改造方案的运行过程中考虑到了改造中的变量，但仅通过改造目标修正来回应，显然是不当的，也是不够的。诸如各种服刑生活事件，具有复杂、多样和突发、偶然等特点。它对服刑人员的影响统归到以心理量表检测结论而设定的改造目标中，进行相应的改造或矫正，可能无助于监狱或服刑人员对事件进行正面回应。

最后是操作性不足。由于该课题的重点是解决如何评估服刑人员的改造质量，因而，尽管提出了个别化改造方案，并对方案的实施进行设计，但并未对个别化改造的相关技术做系统假设，使个别化改造方案缺少了必要的技术支撑，操作性明显不足。

二、服刑人员个案矫正模式

对服刑人员进行矫正，则必须“实行个人隔离和建立等级关系的政治—道德模式，把力量用于强制工作的经济模式，进行医治和使人正常化（规范化）的技术—医学模式。”①即服刑人员个案矫正作为个别化矫正的应用或实践模式，应包括分类、管理和治疗，并以下列步骤和技术运行。

（一）危险性评估

基于矫正机构的安全和秩序的价值，必须首先对服刑人员进行危险性评估。危险性评估，是合理配置关押资源、矫正资源和制定科学的危险干预预案的重要依据。由于以服刑人员危险性为监狱和服刑人员分类的标准，有着标准的唯一性，近年我国监狱理论和实践工作者，开始重视服刑人员危险性评估的研究。目前研究相对科学的是江苏省监狱管理局“罪犯改造质量评估”课题组。他们在借鉴美国、日本和我国台湾等国家和地区的服刑人员危险性评估方法和标准的基础上，设计了我国危险性评估的方法和标准。该方法是通过谈话、阅卷（判决书和相关档案）、问卷调查和心理测量，全面了解服刑人员

① ［法］米歇尔·福柯：《规训与惩罚》，刘北成、杨远婴译，三联书店 2003 年版，第 277 页。

的犯罪、社会化、恶习、生理和心理、成瘾物品使用和犯罪归因等状况，对照危险性检测表，计算出相应危险性值，以危险值决定服刑人员应关押的监狱警戒等级。[①] 但该方法还有不完善之处，如危险性的过度概化，缺乏对服刑人员进行危险性行为倾向的分类评估，易造成相对应的危险干预预案难以制定。因此，有必要在危险性检测的基础上，通过对服刑人员的行为特征观察、个性需要分析和自杀测量等方法，对服刑人员的危险性倾向行为进行分类评估。

危险性评估还包括法院在对有罪的刑事被告人的评估，通过评估决定服刑人员是否适合进入社区进行矫正和决定给予何种矫正项目。

（二）沟通分析

这是认识服刑人员的过程，其核心是从多维的视角解释服刑人员的犯罪行为，寻求产生犯罪的犯因性问题。服刑人员服刑初始，矫正机构应组成具有社会、心理、教育、病理学等方面知识的矫正工作者，通过谈话，辅之测量等技术方法，全面了解服刑人员的情况，并基于价值中立，对服刑人员的犯因性问题进行对应理论知识的简洁概念化。谈话是沟通的关键技术，是全面和真实地认识服刑人员的基础。要全面和真实地认识服刑人员，矫正工作者应采用详细准备、安抚等策略。在谈话前，应事先通过阅读有关服刑人员的相关材料，简要列举谈话提问要点和做好谈话场所的布置。正式谈话前，要基于服刑人员刚服刑时角色的改变而引起的恐惧、焦虑、掩饰、生活信心不足等心理，通过服刑指导等进行安抚。这主要是让服刑人员了解监狱和社区矫正机构的相关法律、规范、政策、服刑人员的权利和权利救济的方式及义务、谈话的意义和作用等。在谈话时，要注意倾听，让服刑人员讲话和讲完话，并可同时采用开放式或封闭式的提问。如需心理测量的应在谈话结束后进行。分析的概念化，切忌用道德败坏、恶习很深等已有价值评判服刑人员。这里值得一提的是，实践工作者更习惯于从服刑人员的行为入手而对行为特征进行概然性的简单描述，并以此寻求矫正对策。这种方法无助于对服刑人员犯因性问题的真正改善或改变。尤其是要防止服刑人员犯因性问题的表象化，而不能真正寻找出引起服刑人员犯罪的犯因性问题，使矫正无效。如一个服刑人员犯罪与其文化水平有关，其实只是一个表象，其文化水平低的实质是认知水平的低下，而其认知水平低下，可能与其遗传、外部创伤、生理缺陷、学习环境、家庭状况、资源情况等诸多自变或因变量有关。在沟通中，要真正全面和真实地认识

① 参阅于爱荣主编：《服刑人员改造质量评估》，法律出版社 2005 年版。

服刑人员,必须创设一个尊重人、理解人和给人予以必要安抚的宽松和友好的环境,“在这种环境中,人们相互之间毫无保留。”①防止沟通的权力游戏化。分析的核心技术是价值中立。只有基于价值中立,才能根据服刑人员犯罪的犯因性问题存在的维度,用相关知识进行简洁的概念化。沟通分析中,矫正工作者的“共情”是至关重要的。“共情是体察另外一个人的能力。能够感受到他们的体验,但同时也不丧失自己对现实的体验。这就要求我们必须尽可能地接近另外一个人,但却并不与他们融合或结合,不成为他们的一部分。”②

（三）分类

这里的分类是一个活力分类的过程。在第一次谈话后,应根据服刑人员存在的问题、行为特征和可能采取的矫正技术,基于相同或相似性,对服刑人员进行小组分类。除对服刑人员进行初次小组分类外,还应考虑服刑人员犯因性问题的改善和改变的状态、服刑人员在矫正期间的各种自变量和因变量,对服刑人员进行不间断的分类。监狱、社区矫正机构在分类的基础上,通过小组(团体)和社区的工作方法,提高矫正效率。分类模式架构可用下图示之:

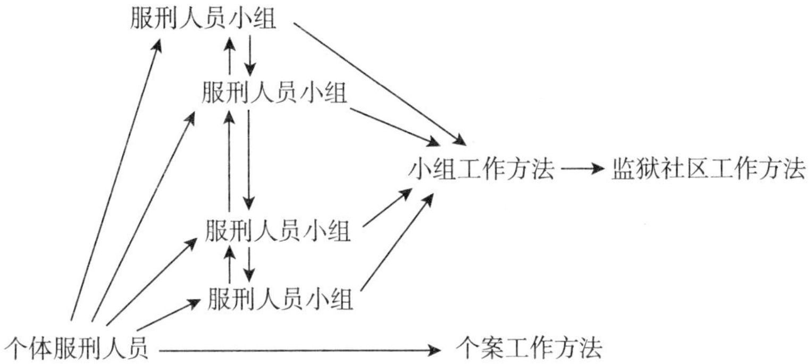

（四）关系建立

在对服刑人员分组后,应尽快会同负责服刑人员小组的管理工作者一起对服刑人员进行第二次谈话,建立矫正关系。在谈话中,要让服刑人员明白自身的问题和在与环境交互中的优势和能力,了解监狱或社区矫正机构将采取哪些矫正措施和技术及矫正的意义。在谈话中,一方面矫正工作者必须保持“自我”;另一方面要调动和激发服刑人员的“自我”。就矫正工作者而言,在

① ［英］Christine Lister-Ford:《咨询和治疗中的沟通分析技术》,黄峥译,中国轻工业出版社 2005 年版,第 58 页。

② 同上,第 25 页。

谈话中要表现出对服刑人员进行矫正的职业信心和达到矫正效果的信心。同时也要让服刑人员认识到“我能矫正好”和“矫正工作者能帮我矫正好”的信心,并对监狱、社区矫正机构和矫正工作者充满信任和对矫正结果充满积极的期待。在这一基础上,双方可用协议的形式,建立起矫正关系,并用协议约束双方今后的矫正活动和矫正行为。

(五)确定矫正目标

在沟通分析后,应入手确定服刑人员的矫正目标。矫正目标应依据服刑人员犯因性问题存在的维度来设定,可能是一个目标,也可能是多个目标。如果存在多个目标的情况下,应根据问题的严重程度及问题对当前行为的影响程度,确定达到目标的顺序。在目标的实现过程中,还必须充分考虑矫正中的变量,针对变量出现的问题,分别采用不同的技术和策略处理,比如是危险,就应采用危险干预技术;生理疾病,应及时采用相应的临床治疗;由问题而可能引起一定的心理问题,则视问题分别决定采用认知疗法还是行为疗法或格式塔治疗技术等。由变量而引发的问题对服刑人员、他人或社会,往往具有即时性影响,甚至是严重的影响,因而,要把变量而引发的问题的改善目标置于优先级,并对原有矫正目标的优先顺序进行必要调整。矫正目标可以在定性的基础上定量,也可在定量的基础上定性,并要依据服刑人员矫正状态进行不断的调整。在矫正目标中,还应依据犯因性问题选择相应的一项或数项或综合的矫正技术。这些技术包括一般性教育和社会化、危险干预、个体技能或行为训练、矫正治疗、临床治疗、调适、情景调节、资源支持等技术。

(六)作业和激励

自助是个案社会工作方法的基本属性。在矫正中,没有服刑人员自身的主动参与和自我行动,是无法达到有效矫正的。但服刑人员的自助不能是无目的、无计划的随意行为。服刑人员的自助矫正依赖于监狱、社区矫正机构的矫正工作者与服刑人员讨论达成共识后布置的矫正作业。矫正作业是矫正工作者依据矫正目标为服刑人员设计的,具有很强的技术性,并由服刑人员在规定的时间内自我完成的循序渐进或不断反复的矫正行为,目的是为了实现矫正目标。为鼓励服刑人员主动完成矫正作业,激励是必不可少的。

(七)督察和反馈

在矫正中,应保持经常对服刑人员的作业情况、目标实现情况、矫正技术或方案等,进行督促和检查。督察的目的,是全面了解、分析服刑人员的矫正现状,便于督促服刑人员接受矫正,增强服刑人员矫正信心,修改和完善矫正目标、矫正措施和技术等。督察必须以现在和发展的视角进行。对服刑人员矫正作业不是简单的检查或督促，还包括对服刑人员未能完成作业或完成困难，进行系统的分析，找出问题所在，及时反馈。反馈包括对服刑人员的反馈，目的是让服刑人员了解自我矫正现状；也包括对个案工作方法系统内的反馈，目的是修正、完善矫正活动。

（八）重新犯罪预测、结案和跟进

个案工作有一定的时间性。因此，在结案之前必须对服刑人员进行重新犯罪预测。预测的一项重要功能是对矫正效果的检验。重新犯罪预测是以服刑人员的社会功能或适应力为核心，从生物生理、心理和社会维度，对服刑人员可能或潜在的犯罪倾向所作的评估。江苏省监狱管理局“罪犯改造质量评估”课题组设计的服刑人员重新犯罪预测简评表（CT 简评表），基本上考虑到了服刑人员的犯罪史、社会环境情况和心理状态。但由于其对犯罪问题的认识，可归为心理这个维度上；同时简评表中的某些社会情景，也应归属在矫正期间需要改善的，而表中则设为问题的存在，因此，预测的准确性可能会降低。[①] “一种思考预防的好方法是以需要预防的最终状态为根据：犯罪、离婚、HIV 感染等。”[②]重新犯罪预测也必须置于一个多维的框架中进行认识，他既要立足导致已知犯罪的犯因性问题是否改善的评价，也必须基于发展的视角，在框架维度内，“了解使个体面临走向负面生活目标的风险的各种因素。”[③]通过重新犯罪预测，如果服刑人员重新犯罪的可能性大，则意味着其产生犯罪的犯因性问题未能改善或未能立足系统的视角对服刑人员进行矫正。无论服刑人员矫正状态如何，均应当结案。结案是一个总结经验和教训的活动。对重新犯罪可能性大的服刑人员，应根据预测中察觉的问题，进行新的一轮个案矫正工作。对犯因性问题得到有效矫正的服刑人员，则应建立跟进机制。跟进的目的是巩固矫正效果。

（九）支持系统

如果说人的犯罪行为受生物生理、心理和社会环境的影响，反过来说，生物生理、心理和环境的改善或改变，同样可以改变人的行为。矫正可以说是改善或改变服刑人员生物生理、心理和社会环境的活动，但这离不开必要的支持系统。支持系统是矫正活动的重要组成，其本身亦具有重要的矫正功能。同

---

① 参见于爱荣：《服刑人员改造质量评估》，法律出版社 2004 年版。

② ［美］乔斯·B. 阿什福德、克雷格·温斯顿·雷克劳尔、凯西·L. 洛蒂：《人类行为与社会环境：生物学、心理与社会学视角》，王宏亮、李艳红、林虹译，中国人民大学出版社 2005 年版，第 31 页。

③ 同上，第 32 页。

时，拓展服刑人员的资源网络，满足其合理需要，也是个案矫正工作的一项重要任务，和矫正的一项具体技术。支持系统的构成要素主要包括以下几个方面：

- 支持系统
  - 服刑人员家庭
    - 精神（情感、接纳等）
    - 物质
  - 监狱
    - 组织机构（教育、心理咨询、医院等）
    - 环境
    - 制度
    - 物质
    - 技术
    - 专业人员
  - 社会
    - 自愿者（物质、技术和精神支持）
    - 社会团体（专业协会、学校、医院、科研及公共服务或福利性组织的人员、物质、技术和精神的支持）
    - 国家公共福利机关和其他职能机关（物质、技术支持）
    - 制度（保险、救助、安置帮教、帮抚解困等）
    - 自然生态环境

支持系统是一个互动的系统。事实表明，许多成功的矫正个案，都是基于监狱或社区对服刑人员家庭状况的改善，从而使服刑人员家庭能有效地支持服刑人员的矫正，促使服刑人员的行为发生了根本的改变。而一些地方重新犯罪率的低下和服刑人员有较高的矫正自觉性，则得益于安置帮教制度和社会保障制度的完善。受权力边界的制约，监狱、社区矫正机构只能通过倡导和社会行动推动国家宏观制度的完善，间接完善外部支持系统。因此，监狱、社区矫正机构应着力于完善和改善自身的支持系统。这是极为重要的。因为这是矫正功能充分发挥和获得有效矫正所必须具备的条件，也是矫正依赖的一项基础性技术。诸如监狱环境是监狱矫正支持系统的重要组成，服刑人员的居住环境又是监狱环境中的一个具体要素。“众多人紧挤在狭小的空间里，它不仅会间接地导致人际关系的衰竭，继而出现丧失人性的现象，也直接导致了侵犯行为的发生。”①监房拥挤，是我国许多监狱存在的不争事实。这是我国许多监狱，服刑人员在服刑期间行凶、打架斗殴等问题行为发生的直接原因，并对服刑人员原有的犯因性问题起到了负面强化的作用。危险干预和预案、心理咨询和矫治、临床治疗、教育、管理等技术支持系统的不完善甚至缺

① ［奥地利］康拉德·洛伦茨：《文明人类的八大罪孽》，徐莜春译，安徽文艺出版社2000年版，第30页。

失，矫正工作的技术化程度低，可说是导致我国监狱改造工作质量不高的一个重要原因。矫正工作人员的专业化程度不高，可说是制约我国监狱和社区矫正机构矫正能力的一个重要因素。因此，监狱、社区矫正机构完善自身支持系统，积极拓展和建构外部支持系统，对有效矫正服刑人员，无疑具有重要的意义。

三、服刑人员个案矫正的介入范式

“范式是我们用来组织我们的观察和推理的基础模型或是参考框架。”①这里，之所以用服刑人员个案矫正的介入范式，是基于服刑人员个案矫正模式的假设、多维认识论框架下服刑人员“犯因性问题”的回应式方法、理论和技术的选择性和服刑人员个案矫正概念的开放性考虑的。服刑人员个案矫正服务，亦即矫正工作者如何介入的问题。由于社会工作理论和不同心理学流派的技术及方法、其他学科理论、技术和方法的存在，矫正工作者可采用自己最为熟悉的或偏爱的理论及不同的矫正方法、矫正技术对服刑人员进行矫正，由此可形成不同的工作模式。但基于多维框架的认识论，结合我国监狱和社区矫正机构的实际，无论采用何种工作模式，矫正工作者可考虑采用以下服刑人员个案矫正介入范式，为服刑人员提供必要的矫正服务。

（一）临床治疗范式

这是依据引起服刑人员犯罪的生理疾病、生理创伤、成瘾物使用或精神疾病等犯因性问题，采用的一种个案矫正介入范式。一些服刑人员犯罪，往往是其先天或后天疾病、大脑受创伤、药物依赖、酒精依赖、网络依赖、毒品成瘾、精神障碍或轻度精神疾病等引发的。对这些服刑人员必须由专业的医务工作者和受过专业培训的矫正工作者，采用相应临床治疗技术进行治疗。目前，我国在一些社区试行对毒品依赖人员采用美沙酮替代疗法，为预防潜在的危害社会的行为，稳定社会秩序，具有积极的意义。这为服刑人员个案矫正采用临床治疗范式，提供了值得关注的样式。但是，引发或可能引发服刑人员犯罪的生理生物问题，往往伴随着服刑人员心理异常或认知水平低下的问题。因此，在采用临床治疗时，就矫正工作者而言，对服刑人员进行心理疗法是核心任务。

（二）心理治疗范式

一个人心理异常，往往导致人的生活态度和行为方式异常。心理异常是一些服刑人员犯罪的重要原因。因此，对服刑人员采用明尼苏达、艾森克、

① ［美］艾尔·巴比：《社会研究方法》，邱泽奇译，华夏出版社2005年版，第33页。

16PF 或 SCL—90 等量表测量和沟通技术，认识服刑人员存在的引发或可能引发犯罪的心理犯因性问题，并针对该问题进行相应心理治疗，是实现使服刑人员成为守法公民这一目标的一个重要的个案矫正介入范式。由于心理学流派的繁多，监狱和社区矫正机构的矫正工作者接受的心理学理论教育和接受的心理技术训练不同，本书中将专门介绍相应的心理治疗模式，这里不再重复。总之，矫正工作者，可依据自己偏好的理论和技术，针对服刑人员的心理问题，给予相应的心理治疗服务。

（三）调适范式

能引起服刑人员犯罪的环境问题，主要有多元文化、群体、家庭结构和模式、生态环境等。在人—环境的认识论下，环境的影响主要是对人的心理影响，制约人的人格完善或产生相应的心理疾病，产生不良的行为。监狱和社区矫正机构受权力边界和资源有限性的制约，不可能去直接改变社会环境和为每一名服刑人员建立适宜的矫正环境。故对矫正工作者而言，环境调适范式的核心是心理调适，通过对服刑人员进行必要的心理调适介入，促进服刑人员形成正确的认知，改善行为，促进人格发展和再社会化，使服刑人员去积极地适应环境，而不是消极地去等待环境来适应服刑人员。

（四）干预范式

“危机是一种认识，当事人认为某一事件或境遇是个人资源和应付机制所无法解决的困难。除非及时缓解，否则危机会导致情感、认知和行为方面的功能失调。”①服刑人员在服刑期间，往往丧失一定资源或对资源的有效利用，因而在面临生病、家庭变故、人际关系等各种服刑生活事件时，出现自杀、行凶或犯罪等危险性应激反应。干预即是在服刑人员面临危机时而可能产生危险性行为时，利用咨询、沟通、倾听或救助、支持、替代等技术和方法，提高服刑人员的适应性进而得到个性品格的健全发展，达到维护监狱、社区矫正机构管理安全和秩序及预防犯罪的目的。

（五）个案教育范式

认知水平低下，是许多服刑人员犯罪的一个重要原因。但是许多服刑人员认识水平低下，一般是由其学习障碍造成的。个案教育即是指矫正工作者，依据服刑人员存在的不同的学习障碍，制定有针对性的教育服务方案并付诸实施的活动，提高服刑人员认知水平，达到使服刑人员成为守法公民的目标。

---

① ［美］B. E. Gilliland、R. K. James：《危机干预策略》，肖水源等译，中国轻工业出版社 2000 年版，第 4 页。

本章核心理论框架

- 建立多维视角的认识论，是科学矫正服刑人员的前提和基础。
- 多维的认识框架包括生物生理、心理和社会环境三个核心要素。
- 服刑人员个案矫正是由分类、管理和治疗要素构成的实践模式。
- 服刑人员个案矫正由临床治疗、心理治疗、干预、调适和教育等介入范式组成。

本章思考题

1. 为什么说建立起多维视角的认识论才能科学认识服刑人员？
2. 多维框架的认识论包括哪些核心要素？
3. 服刑人员个案矫正是由哪三个要素构成的实践模式？
4. 简述服刑人员个案矫正的基本步骤。
5. 简述服刑人员个案矫正的介入应用范式。

第三章　服刑人员个案矫正中的沟通与分析技术

本章核心提示

• 服刑人员个案矫正中的沟通是指矫正工作人员与服刑人员之间的信息、情感、需要、态度、价值观等要素的传递、反馈、交流、相互影响的一个互动过程。沟通是服刑人员个案矫正必不可少的要素和技术，具有认识和矫正服刑人员的重要功能。

• 沟通过程由沟通发起者、信息、载体、服刑人员、反馈、障碍和情境等七个环节组成。

• 沟通技术具体包括建立关系的技术、交流的技术、影响的技术、沉默与多话的应对技术等。

• 分析技术对正确认识服刑人员具有重要的意义。它主要包括收集与整理资料的技术、判断技术。

第一节　服刑人员个案矫正中的沟通技术

一、认识服刑人员个案矫正中的沟通

（一）沟通的概念

沟通原指开沟使两水相通，引申为双方能够通连。沟通是人际交往中必不可少的一种方式和手段，是相互交往中的信息传递和交流的过程。沟通有很多种方式，从沟通的方式而言包括：一对一的沟通（个别谈话）、一对多的沟通（集体教育）、多对一的沟通（帮助会），多人相互之间的沟通（座谈会、讨论会等）；从沟通的载体而言，有口头、书面、肢体语言；从沟通的途径而言，包括面对面的、电话、网络、电视、广播等各种途径。服刑人员个案矫正中的沟通是

指矫正工作者与服刑人员之间的信息、情感、需要、态度、价值观等要素的传递、反馈、交流、相互影响的一个互动过程。

（二）沟通的特征

服刑人员个案矫正中的沟通，有以下特征：

1. 主体的特定性。沟通的主体是矫正工作者与服刑人员，双方在沟通中处于平等的沟通地位，没有主次之分。沟通主体的特定性是个案矫正中沟通的最主要的特点。

2. 内容的限定性。沟通的内容是与矫正相关的信息、态度、情感、需要、价值观等各种资源。这些内容都是为把服刑人员“改造成为守法公民”的最终目标而确定，不是不加限制、漫无目的、随心所欲的主观臆意。内容的限定性是与其他沟通相区别的一个显著特点。

3. 过程的互动性。沟通是双方互动的过程，强调两个方面的积极性，强调相互之间的交流互动，强调反应、反馈和反复。单向的沟通是很难有良好的沟通效果的，“我说你听，我打你通”的僵化模式根本就不能算沟通，更谈不上有预期的矫正效果。

4. 操作上的技术性。个案矫正中沟通与一般意义上的交往和交流不同。这种沟通有着一定的心理学理论基础，有较为全面的操作规程，各环节之间的规范和流程程序，并有不同的技术项目，如建立关系的技术、倾听的技术、交流的技术、积极影响的技术等。所以在具体操作上有很强的技术性。随着沟通过程的推进，沟通双方相互之间了解的增多、认识的深入，各种信息资源的反馈等，沟通的功能逐渐增强，对服刑人员和矫正目的具有重要的影响和实现作用。

（三）沟通的功能

沟通由一般意义的交往方式，成为一种矫正技术，是因为其具有特定的功能，主要体现在以下几个方面：

1. 信息传递功能。服刑人员服刑伊始，对监狱、社区矫正机构的工作方针、政策、刑罚执行的法律法规、执法程序和流程、监狱和社区矫正机构的各项规章制度、权利义务等大多是陌生的、无知的。在一个全新的、陌生的、特殊的矫正环境中，他们需要了解很多的生活和服刑信息。这些必需的信息的获得，离不开必要的信息沟通和传递。另一方面，矫正工作者要保证监狱或社区的安全稳定，就必须要对服刑人员进行全面的了解和掌握，要知道犯罪的原因、犯罪的情节、犯罪的性质、服刑人员的成长经历、心理特征、认知水平、行为特点、情感历程、亲情关系、社会关系、是否认罪服法、是否有矫正的信心、是否有余罪等。这些信息仅仅靠档案是不能全面、准确地提供的，需要与服刑人员进行沟通交流才能得以实现。在服刑过程中，矫正工作者对服刑人员的行为表现，矫正状态，作业完成情况，遵守规章制度的情况，思想认识的转变等各种信息，必须进行有效的沟通和交流才能了解掌握。服刑人员对各种要求、矫正目标、矫正作业、遇到的各种困难和困惑，对自己权利权益的实现和保障等也必须与矫正工作者进行有效的沟通交流，才能知道自己该干什么、怎么干、干到什么程度、如何进行调整修正等，才能更加清楚地了解自己的矫正意义、矫正成绩和矫正目标的实现状况。

2. 思想交流和情感分享的功能。对服刑人员的矫正是按照一定的原理，用正确的思想和方法，有目的、有计划、有组织的系统的影响和转化的过程。思想和情感的转变不是单向的简单的改变，而是一个经过强制、内化和同化的过程。主流文化，道德观念，价值观念，规范意识等要使服刑人员认同和内化，仅仅靠说教、灌输、强制等外在的方式方法是难以奏效的，必须进行有效的沟通交流，特别是思想的交流和情感的分享。思想交流和情感分享的最根本的途径是沟通交流，离开沟通简直是难以想像的。

3. 满足需求、稳定情绪的功能。著名心理学家马斯洛把人的需要分为五个层次，即生理的需要、安全的需要、归属和爱的需要，尊重的需要和自我实现的需要。当生理和安全的需要得到基本满足时，对归属和爱的需要开始支配人的行为和动机，人们就开始追求与他人建立友情、渴望群体的温暖，希望得到所在团体和组织的认同。这种需要如果得到满足就会产生良好的归属感，否则便会引起强烈的孤独感和被抛弃的感觉。服刑人员在服刑期间，交往受限，社会支持系统需要重构，心理归属和对爱的需要特别强烈。这种需要的满足只有在群体内、在团体内才能得到真正的满足。满足这种需要的一个重要途径是服刑人员与矫正工作者进行有效的沟通。在沟通中使服刑人员能够倾诉自己的苦恼和困惑，能够获得矫正工作者的理解和支持，能够感受矫正工作者的关心和温暖，能够体会被接纳和尊重，从而有效地满足需要，稳定情绪。如果矫正工作者忽视了这一点，服刑人员要么在非正式群体和亚文化中寻求补偿和替代，这容易对监管、社区安全造成强大的冲击；要么自己压抑自己，许多心理需求得不到满足，许多心理郁结得不到疏导和宣泄，容易对服刑人员自己造成伤害，且与国家的矫正工作方针和工作宗旨相悖。

4. 减少对立，改善矫正关系的功能。不可否认矫正工作者和服刑人员是一对矛盾的双方。在实际工作中有管理和被管理，矫正与被矫正的对立。同时在世界观、人生观、价值观、认知水平、思维方式、工作目标等各个方面存在巨大差异。这种差异容易引起彼此的对立、冲突、甚至抵触和对抗。面对矛盾、对立、差异，仅仅靠强制、靠权力、靠一切外在因素难以从根本上克服，只有进行有效的沟通，矫正工作者才能理解服刑人员种种的错误观念，种种的不良习惯，种种的扭曲情感，种种的犯罪心理结构，都是有原因的，都是可以理解的，都是符合事实发展逻辑的。同样，在沟通中，服刑人员也能真切地体会到矫正工作者的良苦用心和真切希望，从而减少对立，改善矫正关系。

5.实现矫正的功能。沟通的过程实际上是沟通双方相互影响的过程。矫正工作者在沟通过程中，能够全面地了解和认识服刑人员的各种情况，特别是犯罪的犯因性问题；能够细心捕捉服刑人员的心理需要；能够发现服刑人员的矫正信心、动机和动力；能够观察到服刑人员的情绪变化、心理状态、思想脉搏；能够掌握在矫正过程中服刑人员所面临的危机，针对认识和发现的实际情况，制定矫正目标和矫正方案。同时，在沟通过程中，能够有目的、有计划、有针对性地对服刑人员施加影响；可以在沟通中指出服刑人员在矫正过程中付出的努力，取得的成绩，存在的问题，努力的方向，今后矫正的目标；也可以在沟通过程中为服刑人员答疑解惑，疏导心理压力，解决困难，指明道路等。对服刑人员来说，通过与矫正工作者的沟通，才能通过自我思考，认识自身存在的问题、潜能和优点，树立矫正信心，增强矫正的内驱力等。在这一过程中，实际上已内含着对服刑人员的矫正。总之，沟通具有很好的矫正功能。

二、沟通的过程

沟通过程由沟通发起者、信息、载体、信息接受者、反馈、障碍和情境等七个环节组成。

1.沟通发起者。沟通发起者启动沟通过程，确定沟通对象，选择沟通目的。在个案矫正中的沟通发起者可以是矫正工作者，也可以是服刑人员。沟通发起者一般具有一定的主动性，有较强的沟通欲望，有明确的沟通目的，并会为沟通做必要的准备。

2.信息。信息是传递给他人的观念、情感、感受等。但个体的观念、情感、感受等必须转化为各种不同的可以为他人觉察的符号。在各种符号的系统中，最重要的是词语。词语可以是声音符号，也可以是形象符号(文字)。面对面的沟通中除了词语本身以外，还有沟通双方的心理状态的信息，如表情、姿态、动作、笑声等，使沟通双方产生情绪的互相感染。矫正工作者在与服刑人员的沟通过程中，要充分注意服刑人员的心理状态信息。因为服刑人员的语言信息大多是经过精心准备或经过层层过滤筛选的，所以有许多信息容易使矫正工作者误解。在沟通的过程中有一个信息衰减规律，即信息付出者所发出的信息,不能为接受者完全感受到、理解全、接受到,造成发出的信息总是大于所接受的信息。接受信息者总是按照自己内在的参考框架对信息进行选择、过滤、理解、接受和做出反应。所以在沟通过程中,无论发出信息,还是接受信息,都要对这些有充分的了解。

3. 载体。沟通常用的载体是语言和声音等视听信息,个体的感官均可接受。沟通是以视听沟通为主的沟通。在沟通的载体中除了语言、文字外,还有其他大量的沟通载体。美国著名的心理咨询师 Sherry Cormier 和 Paula S. Nurius 曾把这些沟通载体归纳为:在"交流中具有重要意义的非语言行为存在五个维度:身体动作、副语言、空间效应、环境因素和时间。躯体运动(或动作行为)包括手势、身体动作、面部表情、眼部运动和姿势。"①在与服刑人员的沟通过程中也同样大量存在非语言的沟通信息。但在实际沟通过程中,矫正工作者一般对此不太重视,有的根本没有意识到这些,更没有对此做过多的了解和运用。事实上,在沟通交流中,非语言信息更能反映人的真实心态,更能反映人最本质的心理需要,有利于矫正工作者做出正确全面的判断。任何一个谈判专家、沟通高手,对非语言信息都非常重视。在国外,非语言信息已经成为一个专门的学科。在与服刑人员的沟通交流中,矫正工作者经常遇到的服刑人员常出现的非语言信息载体主要有:

(1)眼睛。眼睛是心灵的窗户。眼睛是最有效的显露内心世界的途径。这是因为人对目光很难作到随意控制。医学心理学已经证明:个体情绪的变化首先表现在瞳孔变化上,人的情绪由中性向愉悦改变,瞳孔会不自觉地变大。对使人厌恶的刺激物,瞳孔反应首先明显缩小。情绪状态的起伏亦有同样的反应,这些反应是自发的,不是人的主观意识可以控制的。可以说眼睛是内心情感的灵敏指示器。人的情绪、态度和情感变化都可以从眼睛中随时显示出来。在沟通交流中,目光接触可以表达情绪,与之交流的意愿,是想进一步地深入,还是想回避、逃脱、停止这次谈话等。在与服刑人员的沟通中要注意其目光的投向、眨眼的次数和频率、目光接触、对视的状态和时间的长短等。这些都会有不同的信息内容,都真实地反映出当时服刑人员的心境、情绪、态度、体验和沟通的效果。因此,矫正工作者不能只凭服刑人员的语言来收集信息。目光显示的信息往往更真实。

(2)面部表情。面部表情是另一种可以完成精细信息沟通的体语形式。

---

① Sherry Cormier、Paula S. Nurius:《心理咨询师的问诊策略》,张建新译,中国轻工业出版社2004年版,第51页。

人的面部有数十块肌肉,可以正确地表达极其丰富的情绪情感,传达各种不同的心境和态度。面部表情可表现为肯定和否定,接纳和拒绝,积极和消极,强烈和轻微等情感。面部表情是人们运用较多的体语形式之一。但是面部表情不像目光那样,不受人的主观意识控制,经过训练,个体能较为自如地控制自己的表情肌肉。因而面部表情表达的情绪状态有可能与现实情况不一致。所以对下列几类服刑人员的面部表情所表达的信息要认真全面地思考:

一是“多进宫”,有着丰富的监狱生活经验者;

二是社会阅历复杂,有特别丰富的社会生活经验者;

三是年龄较大,历尽沧桑者;

四是长期从事服务行业,与人打交道过多者;

五是犯诈骗罪,或有过行骗经历的服刑人员。

(3)身体运动。身体运动是一种体语,其中手势占有重要的位置。聋哑人借助手语与人沟通。正常情况下,个体用手语表达心态的机会也是较多的。

触摸是人际沟通的有力体语方式,在触摸和身体接触时情感体验最为深刻,也是人们表达某些强烈情感的有效方式。触摸在矫正工作者与服刑人员的沟通中一直是禁忌,几乎没有哪个服刑人员在沟通中敢对矫正工作者触摸,矫正工作者也很少与服刑人员进行身体的接触。事实上,在适当的时候,矫正工作者与服刑人员一些适当的身体触摸和接触,可能会有意想不到的沟通效果。例如:矫正工作者在服刑人员发烧时用手接触其额头,谈话结束时拍拍服刑人员的肩膀等。心理学研究证明,每一个个体都有被触摸的需要,这是一种本能。这是因为个体的人不仅对触摸感到愉快,而且对触摸对象易产生感情依恋。

姿势是个体运用身体或肢体动作表达某种情感以及态度的体语。在矫正工作者与服刑人员的谈话中,最早是服刑人员跪着,后来蹲着,现在大多是矫正工作者做大椅子,服刑人员坐小板凳。规定服刑人员不同的姿势,不仅反映了矫正工作者对其的不同态度,折射出不同的行刑理念,而且服刑人员在不同的姿势下,会有不同的心理体验和感受,也会带来不同的沟通效果。在与服刑人员进行沟通的过程中一般应注意其以下动作的变化:

一是身体僵硬、动作单一呆板。

二是身体动作显示的意义与语言表达的意义有明显的差异,例如,当某服刑人员在谈到他与妻子的关系时,虽然口中说关系很好,非常想念她,但却牙关紧闭,并握紧拳头。

三是服刑人员的呼吸明显反常。呼吸直接反映一个人的情绪变化,如果在与服刑人员的谈话中，突然出现紧紧地屏住呼吸，呼吸较快、较浅、呼吸的频率很高，对此应该高度警惕，最好立即结束谈话。

（4）类语言。类语言是指语言内容以外的因素，主要有：谈话中语言的音量、音调、说话的速度、节奏、停顿、沉默、言差语误、是否流利等。一般情况下每个人都有相对稳定恒常的类语言风格，如有的人说话嗓门大，好像吵架一样；有的人总是轻声慢语等等。矫正工作者平时就要做个有心人，大体了解掌握自己负责矫正的服刑人员的类语言风格。如果在与其谈话交流中，其类语言中的任何一个因素发生变化，都要引起足够的重视，例如一个说话速度慢、节奏缓，总是轻声细语的服刑人员突然在说话时变得音量加大，语速加快，这里肯定有不正常的情绪反应。在日常的沟通交流中要从这些类语言的各种因素中，觉察出声音的差异，从而有效判断服刑人员的基本情绪。

（5）空间效应。空间效应是由环境、个人空间距离、家具摆放、座位的安排、各种随机因素的参与或干扰等因素在沟通中综合起作用的结果。

在沟通、交往中，双方的空间距离，由于人际关系不同，人际的距离也就不同。美国学者霍尔根据对美国白人中产阶级的研究提出四种人际距离：一是公众距离，即在正式场合，演讲或其他公共场合的人际距离，此时的沟通往往是单向的；二是社交距离（1.2 米到 3.6 米），即彼此相识的人们交往的距离，许多商业交往多发生在这个距离上；三是个人距离（0.45 到 1.2 米左右），即朋友之间交往的距离，此时人们说话温柔，接受大量的体语信息；四是亲密距离，即亲人、夫妻之间的距离，在此距离上双方均可感到对方的气味、呼吸、体温等私密性感觉刺激。一般情况下，矫正工作者与服刑人员，在沟通谈话中，以 0.8 米到 1.5 米的距离较为合适。

在座位的安排上主要有相向、相对、斜对、向背四种形式。从心理防御和安全的角度考虑，选择斜对的形式更合适。这样容易使双方在谈话交流中自然地表达，也有利于比较顺畅地发挥非语言信息。

矫正工作者在与服刑人员的沟通中，环境也有非常重要的作用。这是因为同样的问题在不同的环境下会有不同的沟通效果，有时差异很大。例如在特优会见室内，服刑人员一家人坐在一起，氛围温馨祥和，矫正工作者在这时对服刑人员提出的目标、要求、提醒和希望，一般都会有非常理想的效果。与环境相关的因素主要有：沟通场所空间的大小、光线的强弱、温度的高低、噪音的有无、是否有电话等意外因素的打扰等。

4. 信息接受者。信息接受者是沟通的另一方。个体在接受带有信息的各种音形符号后，根据自己的已有经验把它理解为对方试图发出的信息。信息的接受者和信息的发出者总是在沟通过程中相互转换的。世界是感知中的世界，所以信息的接受者一般都会根据自己的愿望、需要来选择、筛选、过滤信息，无论是服刑人员还是矫正工作者，都容易发生这种现象。

5.反馈。在沟通中，双方都会不断地把信息回送给对方。这种信息回返的过程是反馈。反馈能使沟通成为双向的互动过程。反馈可以告知信息发送者，接受者所接受和理解信息的多少、理解的程度、个体的感受、沟通的态度等各种状态。这种反馈不仅仅是靠语言，更多的是各种非语言信息。“水因地而制流，兵因敌而制胜”。要取得良好的沟通效果，矫正工作者必须根据服刑人员反馈的信息做相应的调整和改变，如果执著拘泥，过于以自我为中心，是难以取得良好的沟通效果的。

6.障碍。人际沟通常常发生障碍，例如信息源的信息不充分或不明确，编码不正确，信息没有正确地转化为沟通符号，误用载体及沟通方式，接受者的误解以及信息自然的衰减等。此外，沟通双方的主观因素也可能造成障碍，例如彼此缺乏共同的信任，也难以有效沟通。矫正工作者与服刑人员沟通中常见的沟通障碍主要有：

（1）沟通双方的地位不平等。矫正工作者和服刑人员在管理关系中的地位是不平等的，甚至是对立和矛盾的。服刑人员往往对矫正工作者有不同程度的防御、戒备、抵触等各种不良情绪和态度；矫正工作者也往往对服刑人员有不同程度的偏见或认知上的误区。这些都与沟通双方在地位上的不平等有很大的关联。作为有效沟通的双方，平等的地位是一个重要的前提和基础。没有这个前提和基础作保障，是很难实现有效沟通的。

（2）目标差异。监狱、社区矫正机构和矫正工作者的根本目标是把服刑人员矫正成守法公民，实现刑罚的预防目的，在实际的工作中一般把维护监狱、社区的安全与稳定，准确有效地执行刑罚，不断提高服刑人员矫正质量作为具体目标。从矫正工作者的个体来讲，通过自己的努力和具体的工作行为，实现自己的价值，满足自己的需要，从而完善自己的人格，是其人生目标。服刑人员的目标显然与矫正工作者的目标相差甚远，具有很强的功利性，往往以快乐主义为原则，企图尽量摆脱监狱、社区和矫正工作者的控制，获得自由。他们在实际的矫正过程中表现为尽量、尽快、尽多地如何谋求在严格的监管或监督下，逃避责任，冲破管束，规避纪律，满足各种不正当的需要，寻求最大限度的时间和空间，谋取最大可能的自由。目标的差异，决定沟通中双方在对待信息的接受中，必然要进行过滤，或根据自己的需要进行理解、判断、接受和反馈，由此造成信息衰减，甚至形成冲突和抵触。

(3)认知、价值观念的差异。绝大多数矫正工作者经过系统的、规范的、专业的教育和培训,有着较为完善合理的知识结构、理论素养、专业技能,有着崇高的敬业精神,较强的责任感、使命感,特别是对法律的忠诚,对党和人民的感情和奉献精神。服刑人员的认知水平普遍较低,文化水平偏低,理解能力较差。对矫正工作者发出的信息有时难以理解,或误解。尤其是已经形成的价值观、人生观和世界观很难与矫正工作人员协调共鸣。就事论事、话不投机,很少深入交流、没有共同语言,是矫正工作者与服刑人员在沟通中常见的现象。

7. 情境。情境是发生沟通时的主要背景。情境可能影响沟通的每一个因素以及整个沟通过程。这是因为沟通的许多意义是背景提供的,同时沟通中的词语意义也会随着背景不同而改变。在实践中,沟通中的情境主要以三种形式存在:一是客观情境。服刑人员严重违规,受到禁闭处理,在禁闭室谈话是一种场景;受到法律奖励后,在谈话室谈话是一种场景;与亲人团聚,在会见室又是一种场景,生产现场、学习现场、生活现场等都是不同的客观情境。二是沟通时双方的心境。不同的心境不仅会影响沟通的愿望、投入程度,而且会带来不同的沟通效果,甚至在恶劣的心境下有时会做出始料不及的伤害沟通关系的事情。三是沟通双方的关系背景。尽管矫正工作者与服刑人员的关系是一种工作上的关系,是一种职业关系,但双方在心理上、感情上总会有不同程度的对立卷入,这种卷入的深浅直接影响沟通效果。矫正工作者与服刑人员进行沟通交流前,如果能注意到这三种情境,并做必要的准备,应该会有良好的沟通效果。

三、服刑人员个案矫正中的沟通技术

(一)建立沟通关系的技术

有效的矫正必须要有一个良好的矫正关系,而良好的矫正关系是建立在一个具有良好的沟通关系的基础上的。同样,一个有效的沟通必须有一个良好的关系,只有在良好的沟通关系氛围中,沟通的双方才有沟通的愿望、兴趣,才能较好地表述、传递和相互交流,才能心平气和地理解、认同和接受彼此的情感、态度、思想和相关信息。否则,没有良好的沟通关系,甚至关系紧张、冲突、矛盾,彼此反感、戒备、抵触和敌对,沟通的双方就会筛选、误解沟通中的各种信息。同样的信息在不同的沟通关系中,会有根本不同的理解,带来完全相反的效果,甚至导致矫正不能。所以建立良好的沟通关系是一项十分重要的沟通技术。

建立沟通关系的技术具体包括承认接纳、尊重、共情技术。

1. 承认接纳。服刑人员个案矫正关系与其他个案社会工作关系的一个重要区别就是非自愿性。这种非自愿性主要表现为服刑人员是在法律强制要求下接受矫正机构的矫正服务的；同时矫正服务往往又是以服刑人员必须放弃为内容的。因此，矫正工作者在初次与服刑人员接触和面谈时，往往遇到的是一个充满敌意、对立、怨恨等情绪的服刑人员。矫正工作者要和他们建立起良好的沟通关系，进而形成良好的矫正关系，促使他们积极改变，是一个非常艰巨的任务。矫正服刑人员是矫正机构和矫正工作者的职能和责任。矫正工作者面对非自愿的服刑人员，要建立良好的沟通关系，就必须要接近服刑人员，只有接近了服刑人员，才能形成沟通关系，进而建立起良好的矫正关系。矫正工作者首次与服刑人员接触和面谈时，就应采用承认接纳的技术。

承认接纳是指矫正工作者把服刑人员作为一个有独立意志和权利、受到尊重的人来接受，承认其有独特的个性、气质、观念、态度等。当然，承认接纳不是要求矫正工作者赞同。“赞同是一种价值判断，而接纳是中性的，既不表示同意，也不表示反对。”①承认接纳实际上就是矫正工作者要持一种包容的态度，去包容服刑人员的感受、想法、优缺点、积极和消极的情绪、建设性和破坏性的态度和行为等。矫正工作者承认接纳的态度可以创造一种和谐的、自由的和轻松的气氛，缓解服刑人员的敌意、对立、抵触、紧张等情绪，使服刑人员能畅所欲言，坦诚地披露个人的观点和看法，说出问题。

承认接纳是矫正工作者的一种价值中立的态度。但这种态度往往需要矫正工作者的行动来表明和证明，从而达到接近服刑人员，建立起良好的沟通关系的目的。这要求：

矫正工作者在初次面谈前应布置一个整洁、明快和氛围轻松的谈话室，使服刑人员心情感到愉悦。

初次面谈时要态度和蔼地做自我介绍；真诚地说明矫正机构职能和自己的职责，以及矫正机构和自己对服刑人员的期望；服刑人员必须接受矫正的法律依据和缘由，并请服刑人员更正或澄清；指明不合作、不接受矫正所要承担的法律责任和其他后果，合作和接受矫正将给服刑人员带来什么样积极的未来。

在面谈中，允许服刑人员发泄不满、抱怨等情绪。例如服刑人员认为法院判决不公、自己是受冤枉的等。矫正工作者对服刑人员的不满、抱怨等应表示理解，适时说明服刑人员有什么权利和义务、矫正机构对他有什么要求和有什

① 翟进、张署编：《个案社会工作》，社会科学文献出版社 2001 年版，第 121 页。

么义务，能为他提供哪些帮助，假如服刑人员抱怨法院判决不公，应允许他说出自己对法院判决的看法和想法，哪怕是错误的看法或想法，也应让他说完。矫正工作者不要轻易打断甚至简单粗暴地予以批评性裁判。因为对此矫正工作者并没有法定的裁判权。简单粗暴地予以批评性裁判，只能增强服刑人员的对立。矫正工作者可以向服刑人员说明：矫正机构依法执行法院有法律效力的判决，这是矫正机构的职责。如果你认为法院判决有错误，有法定的申诉权利，矫正机构保障服刑人员依法行使权利；如果矫正机构认为法院判决确有错误，依法只能向法院提出建议，无权改变法院的判决。在法院没有新的判决或裁定之前，只能依法执行。

在初次面谈中，矫正工作者的一个中心工作，是要找到服刑人员个人积极意义的目标，使守法公民这一法定的强制目标与其个人目标能很好地结合，同时还要注意从服刑人员身上挖掘出其积极的因素，指出他有哪些优点，这些优点对他实现矫正目标有什么样的意义，激发他想接受矫正的愿望和信心。例如服刑人员自认为自己犯罪是由于没有一技之长，有强烈的学习职业技能的愿望，这一愿望是其犯因性问题的话，那么，服刑人员个人目标就与守法公民这一法定的目标具有了一致性。

科利斯和霍尔（Kirst&Hull）提出的对付有敌意的社会工作的案主的十条建议，对矫正工作面对非自愿接受矫正的服刑人员，建立良好的沟通关系，具有重要的参考价值。科利斯和霍尔的建议如下①：

（1）不要生气或持防卫性的态度，要清醒地认识到自己的反应，要记住，这是工作上的问题，而不是个人的问题。

（2）专注于案主的敌对性行为，而不是给案主贴上敌人的标签，要分析这些敌对性的行为及其发生的原因。

（3）允许案主在短期内发泄自己的愤怒。有同情心，能从案主的角度去理解其处境。

（4）强调案主自身的力量，不要攻击案主。你想要在沟通中弥合你们之间的裂口而不是拉得更大。

（5）了解案主真实情形，帮助案主来面对现实，因此你必须首先知道这个现实是什么。

（6）关注现在和未来，避免案主沉湎于过去。应从正面强调能做些什么，而不是从负面来说已经发生了什么和什么不能改变。

① 朱眉华、文军：《社会工作手册》，社会科学文献出版社 2006 年版，第 43 页。

(7)把各种不同的选择呈现给案主,告诉他们其结果。帮助案主去评估每一种选择的优与劣。

(8)不要说教(回想别人在教训你该如何去做时你是何等的厌烦,将是十分有帮助的)。

(9)小结一下在面谈中已经发生的事情,以及你有一些什么建议。有时,这样做能帮助案主不偏离正道。因为你试图帮助案主解决其现实生活中的问题,而不是转移到情感爆发的岔道上来。

(10)建立一个短期的初始目标,这也许包括了使案主平静下来,对讨论特定的问题和案主达成意见上的一致,这些短期的目标和介入过程中强调的主要问题还是有很大的差别的。

2. 尊重。一名合格的医生不会歧视自己的病人,不会对病人的各种病症厌弃,不因病人的地位、身份、学识、财产状况开处方。同样,作为矫正工作者,面对服刑人员,面对其人性中的消极、阴暗、龌龊、扭曲、丑陋和危机;面对其背离主流文化和道德的各种价值观、人生观、世界观等,尽管矫正工作者不认同、不同意,甚至还会特别反感、厌恶。但是,矫正工作者反感厌恶的不应该是服刑人员本人,同时还要深刻认识到:许许多多的负面的东西,在服刑人员身上发生应该有其必然的规律,有其自然的轨迹,在他们身上发生是正常的,是完全可以理解的。尊重服刑人员的意义在于可以给服刑人员创造一个安全、温暖的氛围。这样的氛围使其可以最大限度地开放自己,可以使他们感受到自己被尊重,被接纳,获得一种自我价值感。尊重意味着把服刑人员作为有思想感情、有内心体验、有生活追求和独特性与自主性的活生生的人去对待。美国著名的心理学家卡尔·罗杰斯认为:使人格产生建设性改变的关键性条件之一是无条件地尊重。沟通中双方一般根据对对方了解的程度决定是否透露自己的情感和要求。矫正工作者与服刑人员在沟通的过程中,使服刑人员感到矫正工作者要居高临下地矫正他们,大多数的情况下服刑人员因感到压力而会拒绝与矫正工作者深入地交流。矫正工作者要做到对服刑人员恰到好处的尊重,首先要转变观念。矫正工作者要真正在实际的工作中和日常的行动中,践行现代行刑理念,坚持改造人的根本宗旨不动摇,始终以人为本,实行人性化管理和矫正。其次,对服刑人员要以礼相待。矫正工作者要严格规范自己的行为和语言,在与服刑人员的接触中,不歧视、不羞辱、不嘲笑、不迁怒、不贬损,严格按照国家和矫正机构规定的职业规范操作,“言必中矩,行不离仪”,以职业规范操守严格约束自己。第三,尊重要以真诚和客观为基础。“精诚所至,金石为开”,矫正工作者要对服刑人员有真诚的态度,并要通过各种方式让服刑人员感受到这种真诚。这是对服刑人员尊重的一个非常重要的内容。对服刑人员的尊重从某种程度上也是对矫正工作者自己的尊重。但是，尊重并不是对服刑人员没有原则，没有是非，姑息迁就，养虎遗患。对服刑人员的各种不正确思想、言语、行为、不健康的心理等，对此表示理解，只是说明承认这种事实，认识到这种现象存在的事实逻辑，并不表示认同，更不能回避和掩饰，否则，就失去了矫正工作者最起码的原则和立场。对服刑人员消极的、负面的、错误的各种言行，一旦发现，矫正工作者都不能听之任之，都要以真诚的态度、恰当的方式予以指出，并帮助服刑人员分析原因，促使其予以全面改正。

3. 共情。共情是指矫正工作者运用沟通技巧，准确全面地理解、感受、体验、把握并反馈服刑人员内心的感受、体验、情绪、情感等心理和思想的一种技能。它包括三个方面的含义：矫正工作者借助服刑人员在沟通中反馈得来的各种信息，深入对方内心去体验他们的情感、思维；借助知识、经验，把握服刑人员的体验与他的经历和其违法犯罪之间的联系，更好地理解服刑人员的心理特点、人格特质、行为倾向、思维模式，更好地把握其违法犯罪的渐变过程、发展轨迹、恶习程度、思想趋向等；利用沟通技巧，把自己对他的理解、情感、体验、想法反馈给服刑人员，以影响对方并取得反馈。共情在矫正工作者与服刑人员的沟通中是必要的，有着非常重要的意义。它能够使服刑人员感到自己被理解，被接受、关心和关注，可以有效地解除服刑人员的观望、怀疑、防御、戒备等各种有碍于沟通的心理障碍；能够在最短的时间内，缩短与矫正工作者的心理距离；能够取得服刑人员的信任、信赖和心理归属，从而为建立良好的沟通关系奠定坚实的基础。如果在沟通交流中缺乏共情，就会使沟通变得困难重重。这主要表现为：一是服刑人员感到失望，认为矫正工作者对自己不了解，不关心，从而对矫正工作者、对监狱或社区矫正机构产生冷漠、隔膜、敌意等各种负面消极情绪，由此封闭、隐蔽自己的思想情感，减少甚至停止自我表达；二是会使服刑人员感到受伤害，由于缺乏共情，矫正工作者没有进入服刑人员的参照框架，过多地立足于自己，过于自我中心，在沟通中面对服刑人员的千头万绪、错综繁复的问题，必然会表现为不耐烦，反感甚至批评和指责，使服刑人员感到受伤害，影响服刑人员接受矫正的信心；三是自我悔悟、自我探索是服刑人员成长、进步的必要步骤，缺乏共情，对服刑人员的体验、感悟、探索不加注意，就会影响服刑人员的自我探索。缺乏共情，矫正工作者就不能真正了解和掌握服刑人员的问题和需要，因而做出的反应也常常缺乏针对性，影响对服刑人员的矫正。

矫正工作者使用共情时应注意以下几点：

(1)学会换位思考。矫正工作者要走出自己，站在服刑人员的角度，充分考虑他们当时的环境、情境、特定的条件，充分考虑他们的认知水平、人格特质、思维特点、情绪情感的变化等，把自己放在服刑人员的处境，来尝试感受他们的喜怒哀乐。矫正工作者对此的感受越准确、越深入、越透彻，就越容易有较好的共情，共情的层次也就越高。在沟通中，矫正工作者要时刻提醒自己："自己是否能感受到当时的情境？是否能走进当时服刑人员的情感世界？是否摆脱了自己的各种成见，各种思维习惯？是否能不受或者少受自己的各种观念和价值的影响？""我是否太主观武断、是否没有让服刑人员充分地表达就妄下判断和评价？""我对服刑人员是否有开放接纳理解的态度？""我是否做到了设身处地地进入到服刑人员的内心世界中去？"

(2)力戒模式化，坚持因人而异。不同的服刑人员在需要、愿望、满足自己的方式、对事情的反应模式等方面存在着很大的差异性。矫正工作者在与服刑人员沟通交流中，在做出共情的反应时，就不能一个模式，要体现差异性、针对性、有效性。一般来说，情绪反应强烈的与情绪反应稳定的，表达比较杂乱的与表达比较清楚的，寻求理解愿望强烈的与理解愿望平平的，应给予前者更多的共情。此外，共情要适时适度，不宜在会谈中随便插入，否则容易破坏情绪。共情反应的程度应与服刑人员的问题严重程度、感受程度相适应。过度会使人感到小题大做，不足会让人感到理解不够。

(3)善于利用非语言信息。共情的表达除了语言以外，还有非语言的行为，有时运用非语言行为来表达共情比用语言表达更简洁有效，矫正工作者应该把两者有机地结合起来。如目光、表情、身体姿势、动作变化等等。

(4)能进能出，恰到好处。"共情是指体验求助者的内心'如同'体验自己的内心，但永远不能变成'就是'，这是共情的真谛"[①]。在与服刑人员的沟通过程中，最容易出现两种不恰当的现象：一是不能走进服刑人员的内心，难以体验其真实的情感反应，总是以自己的标准来揣摩、理解、衡量、判断、指导，甚至是指责、批评等，与服刑人员仿佛在完全不同的世界里；二是完全丧失了自己的立场，完全忘记了自己的角色，被服刑人员的情绪、情感、思想同化；有的被服刑人员搞得悲悲凄凄、眼泪汪汪；有的完全丧失了谈话的主动权，不能控制谈话的方向，被服刑人员牵着鼻子走。矫正工作者表达共情，走进服刑人员

---

① 中国就业培训技术指导中心、中国心理卫生协会组织：《国家职业资格培训教程心理咨询师》，民族出版社2005年版，第61页。

的内心不是目的，仅仅是一个途径、一种手段。因此，矫正工作者在表达共情时，一定不能失去客观性，失去主动性，失去共情的最根本的目的，要能进能出，出入自如，恰到好处。

4. 积极关注。积极关注是对服刑人员的言语和行动的积极面给予关注、指出、强化，从而使其拥有正向的价值观。积极关注往往能帮助服刑人员走出自己的阴暗心理和负面评价，全面地认识自己和周围，看到自己的长处、光明面和对未来的希望，从而树立矫正信心，消除迷茫。这涉及对人的基本认识和基本情感。毛泽东认为："人是可以改造的。"人本主义心理学也一贯强调人是可以改变的。矫正工作者必须牢固树立一种观念，即服刑人员是可以改变的，每名服刑人员身上也有这样或那样的长处和优点，都有潜力存在，都存在着一种积极向上的成长动力，通过自己的努力，外界的帮助，都可以比现在更好。

矫正工作者有效地使用积极关注的技术，必须做到以下几点：

(1)避免盲目乐观。对服刑人员的过分乐观，会淡化其在矫正过程中存在的问题，同时表现出对服刑人员缺乏共情。所以，在使用积极关注的时候，一般不要泛泛而谈，而应该针对服刑人员存在的实际问题，客观地分析现有的不足，同时帮助他们分析拥有的资源。有些服刑人员在面对挫折时往往只看到失败、缺点，并把它们放大、泛化，陷入其中不能自拔，这时矫正工作者的工作就是帮助服刑人员从只注意失败面转向客观分析形势，立足于自己的长处和拥有的资源上来。

(2)反对过分消极。与过分乐观相反，也不能走向另一个极端。比如面对一个多次服刑，而且在现实的服刑过程中又总是制造麻烦的服刑人员，矫正工作者如果对其彻底丧失信心，就会认为这样的服刑人员无可救药。如果有了这种成见，在以后进行的沟通交流中，必然会对服刑人员冷漠、拒斥，甚至以敌视的态度相对。矫正工作者的这种心理，服刑人员早晚会感受到，由此会促使他们变得越来越消极，更加沮丧、困惑或绝望，从而使他们对自己、对家人、对社会会更加不负责任，在与社会对立、敌视、破坏的道路上越走越远。

(3)立足实事求是。积极关注应建立在客观实际的基础上，不能无中生有，否则，服刑人员就会感到矫正工作者在用虚言安慰自己，感到矫正工作者虚伪，这样的关注会适得其反。矫正工作者应善于发现和挖掘服刑人员身上的闪光点，不仅要让服刑人员更多地关注自己的光明面，也要关注其潜力和价值，这是建立对服刑人员乐观态度的基础，由此促进服刑人员自我发现和开发潜能，树立接受矫正的信心。

矫正工作者应该把积极关注贯穿于整个沟通过程。

（二）服刑人员沟通中的交流技术

1. 积极倾听。积极倾听是沟通交流的第一步，有非常重要的作用和意义。倾听首先强化了服刑人员的自我暴露、自我剖析和自我探索，否则矫正工作者就难以了解服刑人员的基本情况、具体问题和个别性的差异，做出不切合实际的判断和矫正个案。其次，积极有效的倾听表示了对服刑人员的关注和理解，使之感受到被接纳、理解、尊重，使之在比较宽松和信任的氛围中述说和表达自己，从而产生必要的安全感和归属感。第三，矫正工作者可以通过倾听技巧将服刑人员的思路引领到正确的方向，把问题逐步引向深入。有效的倾听是积极主动的，绝不是被动的。倾听不仅用耳，更要用心。不但要听懂服刑人员通过语言、表情、动作所表达出来的东西，还要听出在交谈过程中所省略的和没有表达出来的内容和隐含的意思，甚至是服刑人员自己都不知道的潜意识。有时服刑人员说的和实际并不一致，或者服刑人员避重就轻，自觉或不自觉地回避本质性的问题。积极的倾听要求矫正工作者以机警和共情的态度深入到服刑人员的感受中去，细心地注意他们的言行，注意他们如何表达问题，如何谈论自己及他人的关系，以及如何对所遇到的问题做出反应。还要注意他们在叙述时的犹豫和停顿、语调的变化以及伴随语言出现的各种表情、姿势、动作等，从而对言语做出更完整的判断。在倾听中，矫正工作者要做到以下几点：

（1）保持目光接触。当你说话时对方不看你，就会感到对方的冷漠和不耐烦。在沟通中，服刑人员一般是通过矫正工作者的眼睛来判断矫正工作者是否在倾听。与服刑人员进行目光接触，可以集中精力，减少分心的可能性，并能鼓励服刑人员继续深入地交流。

（2）赞许性的点头和恰当的面部表情。有效的倾听要对所听到的信息表现出兴趣。通过非言语信号，如赞许性的点头，恰当的面部表情与积极的目光接触相配合，给服刑人员表明在认真聆听。

（3）避免不恰当的动作。表现出感兴趣的另一种做法是避免那些表明思想走神的举动。如看表、心不在焉地翻看文件、打哈欠、跷二郎腿、身体陷入座位，身体姿势严重偏离服刑人员等。这些动作出现时，服刑人员就会明显地感到你很厌烦或没有兴趣。也说明没有集中注意力，很可能会遗漏服刑人员传递的重要信息。

（4）提问。对感兴趣的问题，或没有听清楚的问题，或对服刑人员没有表达完整的问题，或对服刑人员出现的前后矛盾、语言与动作不吻合的地方、怀疑的地方,或对服刑人员话题的下一步的发展等,都可以进行恰当的提问。适当的提问可以使问题更加清晰,保证理解,并使服刑人员知道对他很感兴趣,知道很关注和很关心他的话题。

(5)重复。重复是核查是否在认真倾听的重要手段。如果思想走神或在思考接下来要说的话,一般就不能准确地表达出服刑人员述说的完整内容。同时重复还是精确性的自我控制机制,用自己的语言复述服刑人员所说的内容,并将它反馈给服刑人员,可以检验自己是否准确地理解和认识了服刑人员。

(6)避免中断。让服刑人员把话说完是非常重要的。避免中断,即在做出反应前,让服刑人员把自己的意思表达清楚和完整,不中断他的谈话。否则服刑人员会感到你没有诚意和耐心,也不会真心关心他,由此给沟通带来障碍。

(7)听说角色顺利转换。有效的倾听能够使说话者到倾听者,从倾听者到说话者的角色不断转换。

总之,善于倾听,不仅在听,还要有参与,有适当的反应。反应既可以是言语的,也可以是非言语的。反应的目的既是为了向服刑人员传达倾听的态度,鼓励其叙述促进沟通关系,同时也是为了深入了解和澄清问题,促进对服刑人员的理解和服刑人员对自己的了解。

在实践中,倾听容易出现的错误主要有:

(1)说教太多。在与服刑人员的谈话中,矫正工作者几乎没有耐心去倾听服刑人员的讲话,动辄就对服刑人员进行指责、批评、埋怨,进行一番空洞抽象的理论教育,提出一二三四的要求。这样做有许多弊端:服刑人员会感到矫正工作者没有耐心听其述说,会因为讲话被打断而扫兴,容易影响沟通关系;矫正工作者对问题的把握会因此不够全面、准确、深入;由于倾听不够,对服刑人员的个性、思维方式、情感特点等就可能缺乏了解,把握不准,从而影响矫正工作的针对性和有效性。

(2)轻视问题。矫正工作者认为服刑人员小题大做、无事生非、自寻烦恼,因而流露出轻视、不耐烦的态度。虽然有些问题看来是没有什么,但对于服刑人员来说却是一个非常重要的问题,因为他的思维方式,认知模式影响了他对事物做出客观、理智的评价。矫正工作者重要的是如何让服刑人员真实地感知到问题的性质,转变其观念。

(3)干扰、转移话题。矫正工作者在了解情况,寻找问题的根源时,由于把握不了问题背后所潜藏的东西,不善于透过现象看到本质,故像大海捞针一样茫然，会常常打断对方的叙述而转移话题，对方刚刚开头就又提出了新问题，搞得服刑人员无所适从，不知道说什么好。

(4)不能价值中立。矫正工作者在沟通交流中，动辄用自己的价值观对服刑人员的言行做出评判。例如："这件事明明是你的错，偏偏还说别人的不对"、"你的道德有问题，人生观极其错误"、"你的这种观念是不正确的"、"你的这种想法是不符合道德规范的"等等。这显然很难使沟通顺利进行。

2. 谈话。日常生活中人们每天都在与他人谈话，与别人谈话是最平常、最简单的事了。然而在与服刑人员的沟通中，谈话却是非常重要、最难掌握的一个技术性问题。心理学家把谈话称为"一种有目的的交换"和"伟大的艺术"。在与服刑人员的沟通中，矫正工作者应掌握以下谈话技术：

(1)提问技术。提问主要有开放式和封闭式两种具体技术。

①开放式提问。开放式提问是指矫正工作者通过用"什么"、"如何"、"为什么"、"能不能"、"可不可以"、"行不行"等类似的问题，促使服刑人员全面地、主动地、自由地谈出相关的阅历、想法、情绪、感受等，是把谈话问题界定之后，由服刑人员自由发挥的一种提问技术。开放式提问，矫正工作者通常用来了解服刑人员的情况，收集信息，摸清底数。矫正工作者一般在沟通开始或在谈话中转换话题时采用。开放式提问的一般模式有以下几个：

"Who"，即首先了解服刑人员是一个怎样的人。主要是矫正工作者初次与服刑人员沟通接触时，对服刑人员的年龄、职业、文化程度、健康状况、性格特征、行为特点、思维模式、认知水平、心理状况、成长经历、有影响的重大生活事件、重要人物，初次越轨的年龄、家庭管教方式、社会关系、人际关系等，进行了解和信息收集。

"What"，即对服刑人员的有关犯罪情况，包括犯罪原因、动机、犯罪情节、犯罪性质、犯罪的后果和受害人的态度，有无犯罪前科等进行了解。但在了解时，提问不能忽视细节。

"When"，即对服刑人员犯罪的时间，特别是初次发生越轨的时间，当时的环境、诱因等进行提问了解。如对犯盗窃罪的服刑人员，除要了解犯罪的时间，还要了解在犯罪前，发生侵占别人财物，占别人便宜的时间、次数，当时的心理感受等。

"Why"，即对服刑人员为什么会发生犯罪，犯罪的原因是什么，直接原因、根本原因、间接原因、表层原因、深层原因，有无情境性原因，人格原因等进行提问了解。

"Which"，即与哪些人有关。服刑人员犯罪的发生往往与他人有关。他人可能是服刑人员的父母家人、朋友、恋人、同事、同学或老乡、战友、领导等。这些人与服刑人员的关系怎么样,对服刑人员的影响有多大,同样需要通过提问了解。

"How",即通过提问了解服刑人员犯罪是如何演变的,犯罪发生后,服刑人员是怎样认识的,当时的情绪、行为、认知是如何反应的,有无外界的支持和帮助,犯罪后到现在有了什么变化等。

提出开放性问题后,要给服刑人员足够的时间来思考和回答问题。服刑人员对有些问题可能从来就没有认真对待和思考过。有些服刑人员也可能紧张,表达能力受限制,矫正工作者可以给予必要的提醒、引导或安抚。

②封闭式提问。封闭式提问通常以"是不是"、"要不要"、"有没有"、"对不对"开头,让服刑人员做出肯定或否定的回答。封闭式提问主要用来澄清事实、缩小讨论范围或集中探讨某些特定问题。由于这种提问限制了服刑人员回答的内容和范围,所以它可以制止服刑人员喋喋不休、漫无边际的叙述。除此之外,封闭式问题也可以帮助矫正工作者把服刑人员偏离某一主要内容的话题重新牵引回来。譬如,"我们能否继续接着讨论刚才的问题?"

封闭性提问不宜过多使用,否则,会使服刑人员产生被讯问的感觉,压制服刑人员自我表达的愿望和积极性,使之处于被动回答的地位,不利于沟通交流的深入。

另外,一次不要提出多个问题,否则,会使服刑人员产生混乱,结果可能只回答了最不重要的那个问题。

(2)控制谈话的方向和内容。沟通谈话应该在矫正工作者的控制下进行,使谈话的方向,所涉及的问题,谈话的时机、次数、频率、每次谈话的时间长度等都是有目的、有计划地进行。另外控制谈话的内容和方向对矫正目标和矫正效果都有十分重要的意义。控制谈话内容和方向的具体技术有很多,可以随机应变。一般来说,常用的方法主要有:

①引导。引导是指在谈话中由目前的话题引向另外一个话题,由原来的话题引申出新的话题。例如某服刑人员在不断抱怨小组长,感到难以相处的时候,为了了解他的人际关系和社会适应能力,可以把与小组长的关系引申为一种人际关系,然后对监狱内的人际关系做一些感叹,一方面表示对他的理解和同情,另一方面把他的思想引向更远的地方,随后提出社会上的人际关系,和他自己的社会人际关系适应等问题。这样的引申和提问不显得突兀。

②中断。中断就是在谈话的过程中,暂时停顿一下。当服刑人员因情绪激动或思维混乱而喋喋不休时,矫正工作者不能直接打断他,或命令他停止,

否则将影响沟通。这时，矫正工作者可以让他取一个东西，或换个地方谈，或给他倒杯水，也可以让他去喊某个人等，使谈话中断一下，便于重新进入话题。

③释义。在谈话过程中，矫正工作者对服刑人员的话重复后并做出解释。矫正工作者通过解释，可以自然而然地过渡到提出另一个问题。释义的步骤是：

矫正工作者要在心中重复或回忆服刑人员的信息——他告诉了我些什么？

矫正工作者问自己“在他的信息中存在什么样的情境、人物、物体或思想？”

矫正工作者所要释义的最好是选用服刑人员言语中最具有代表性、最敏感、最重要的词语。

运用所选择的语句将服刑人员信息的主要内容或概念用自己的语言表达出来。注意要尽量使自己的语调听起来像陈述句而不是疑问句。

通过倾听和观察服刑人员的反应来评价自己进行释义的效果。如果矫正工作者的释义是准确的，服刑人员会以某种方式（言语或非言语）来肯定它的正确与有效性。

④鼓励。鼓励是指矫正工作者直接、简明地重复服刑人员的话，尤其是重述服刑人员回答中最后一句话，或仅以某些词语如“嗯”、“好”、“接着说”、“还有呢”、“以后呢”、“别的情况下如何”、“我明白”之类过渡性短语来强化服刑人员叙述的内容，并鼓励其进一步讲下去。鼓励除了能促进会谈继续外，矫正工作者还可以通过对服刑人员所讲内容中的某一点、某一方面作选择性的鼓励从而引导服刑人员向某一方向深入展开。一般说来，在服刑人员关于其困惑所做的漫长叙述中，其所叙述的最后一个主题，往往是较为重要的，至少服刑人员认为如此。

3. 具体化。具体化是指矫正工作者要求服刑人员对于含糊而模棱两可，或意义隐藏的语句给予详细、具体的叙述的技术。它通常以疑问的形式表达，如“你是说……”、“你能试着再描述……吗？”、“你能澄清……吗？”、“你指的是……”、“你能否举一个具体的例子来说明。”不少服刑人员所叙述的思想、情感、事件常常是模糊、混乱、矛盾、不合情理的。这不仅使问题变得复杂、纠缠不清，而且严重困扰服刑人员。具体化的目的主要有以下三个：

一是通过澄清使服刑人员表达的信息更加清楚，并确认矫正工作者对服刑人员信息知觉的准确性。矫正工作者无法确信自己是否明白服刑人员的信息，并需要详细叙述时，就应使用具体化技术。

二是通过澄清可以检查矫正工作者从服刑人员的信息中听到的内容。

三是增强谈话和矫正的针对性。

通常在谈话中出现以下三种情况时，矫正工作者可采用具体化技术：

(1)问题模糊。服刑人员用一些含糊的、笼统的语言谈到自己的问题时，比如“我恨死他了”、“我是个废物”等。这时服刑人员会被自己所设定的特种情境所控制，陷入困扰之中。有时服刑人员表达不清楚想要表达的思想、情绪和事情经过，或者自己搞不清事实，究竟该怎么思考，该怎么应对。这时矫正工作者就要使用具体化技术使其清晰起来。例如：

服刑人员：组长总是和我作对！

矫正工作者：你能告诉我，你们之间发生了什么事吗？

服刑人员：组长总是把没人愿意干的活让我干，早上提马桶的活我已经干了两个月了，写政治课讨论记录、广播稿等全安排在我身上，其他人玩的时候我还要烦，就这样他还对我指责，说这不好，那不好。

矫正工作者：你有没有和组长沟通，表达你的看法。

服刑人员：没有，我也不想。

通过运用具体化技术就明白了，所谓的总是作对是对组长做出的安排不满，又没有沟通交流。事后了解到组长这样安排是有一定原因的，也基本上是公平的。

(2)过分概括。过分概括即以偏概全，服刑人员把对一件事的看法上升为一般性的结论，把对事的看法发展到对人的看法，把偶尔的事件看成是经常的、必然还会发生的，把过去扩大到现在和将来。面对这种情况，矫正工作者就需要运用具体化技术，给予澄清。如：

服刑人员：总是有人和我作对！

矫正工作者：能不能告诉我是谁和你作对，在什么事上和你作对，你能给我举个例子吗？

通过思考和举例发现，原来是有几个服刑人员总是喜欢和他开玩笑，让他在众人面前有点难堪。这位服刑人员显然把个别人扩大了，把开玩笑的难堪上升到作对的程度。

(3)概念不清。有些服刑人员不恰当地使用某些概念。如说“因为某某太虚伪,所以我才会打伤他。”其实是与人交往的时候,别人没有告诉他想要知道的东西,没有按照他的意愿行事,感到没有面子而将他人打成重伤。有些服刑人员本身文化水平不高,理解和认知水平有限,对概念没有透彻的理解和掌握,在谈话时,内容容易出现杂乱和空泛,影响对犯因性问题的认识和理解。此时,矫正工作者就要运用具体化技术,对服刑人员概念模糊、混乱的问题予以澄清,促进服刑人员对问题的认识和思考。

4. 概念。概念又称归纳总结,就是采用相关理论知识,通过定义,浓缩服刑人员表达的信息。换句话说,也就是矫正工作者把服刑人员的言语和非言语行为进行归纳整理,并以清晰的概念和相应的提纲的方式,将它们准确地复述给服刑人员。通过概念,矫正工作者把沟通中服刑人员表达的零散信息以一个或多个主题串联起来,而且也可使服刑人员再一次回顾自己叙述的内容,并进行补充。矫正工作者要想进行准确的归纳总结,就要能够很好地回忆出服刑人员此前表达出的言语和非言语信息。矫正工作者概念的具体步骤是:

(1)回忆服刑人员表述的言语和非言语信息,并在头脑中复述这些信息。服刑人员讲述了什么?关注些什么?尤其是反复强调的“是什么”,这是进行归纳总结的最关键,也是最困难的部分。因为它需要矫正工作者注意到在整个沟通过程中许多变化着的信息。

(2)从众多零散的信息中提炼出一个或几个主题,采用自己喜好的或专长的理论知识进行概念。

(3)以陈述的语调,通俗的语言将概念复述给服刑人员。

(4)通过倾听和观察服刑人员对概念的态度,来评估概念的效果。

(三)沟通中的影响技术

以上两种技术主要是从服刑人员的角度或参照框架出发,矫正工作者对服刑人员发出的信息进行反应。这固然对认识和了解服刑人员有一定的作用,但如果仅仅使用这些技术,还不能够更全面和客观地认识和理解服刑人员的犯因性问题。矫正工作者必须从自己的角度出发,主动影响服刑人员,促使服刑人员意识到自我,主动参与沟通,并需要一个更为客观的参照框架来指导未来,增进服刑人员的信心。这种主动影响,促使其认识自我、积极参与沟通和增加矫正信心的技术,即为影响技术,它包括:解释、指导、提供信息、影响性总结、自我开放等。

1. 解释。解释就是矫正工作者对服刑人员的犯因性问题与犯罪之间的联系或其中的因果关系所进行的阐述。解释是从矫正工作者自己的参考体系出发的,而不是从服刑人员的参考体系出发的;针对的主要是服刑人员隐含的那部分信息，即服刑人员没有直接讲出或没有意识到的那部分内容。矫正工作者要通过解释将服刑人员隐隐约约感觉到或没有感觉到的东西用语言表达出来。

解释是最重要的影响技巧之一。它能帮助服刑人员超越个人已有的认识，以一种新的方式（或者说从另一个参照框架）重新看待自身的问题，从而对问题有更好的理解，甚至还可能使他们的世界观产生认知性的改变。

一般来说，矫正工作者使用解释要注意以下事项：

（1）解释应该在充分收集了与服刑人员犯因性问题相关的资料（尤其是服刑人员隐含的内容及其意义）之后进行，且服刑人员表示愿意听和接受矫正工作者对自己犯因性问题的解释。所以，解释通常是在一次会谈的后期或几次会谈之后进行。

（2）解释应建立在与服刑人员的良好关系的基础上。因为解释基于与服刑人员不同的参考框架，因而有可能导致服刑人员的阻抗。良好的矫正关系有助于提高服刑人员对解释内容的容忍、接受程度。反过来，解释技巧的妥善使用又会提高矫正工作者在服刑人员心目中的可信度和权威性，从而加强矫正关系，使服刑人员信任矫正工作者。

（3）虽然解释的目的是让服刑人员从一个与自己有所差异的方式重新审视自己的犯因性问题，但操作时要注意循序渐进，解释的内容不要与服刑人员的信念、文化背景存在过大差异或产生严重的冲突。此外，解释时的措辞要适合服刑人员。

（4）解释的同时，应注意观察服刑人员的反应，尤其是非言语行为，如沉默、微笑等。

2. 指导。指导就是矫正工作者在沟通中直接告诉服刑人员做某件事，说某些话以及如何做或以某种方式行动，如对服刑人员进行必要的服刑生活指导。指导是对服刑人员最有影响力的一种技巧。在使用指导技巧时，矫正工作者可依据各种矫正理论的指导模型和个人的矫正经验，灵活而富有创造性地加以运用，使之真正成为有效的指导。具体地说，矫正工作者应十分明确自己对服刑人员指导些什么，效果会怎样，叙述应清楚、明确，要让服刑人员真正理解指导的内容。同时指导要在与服刑人员建立良好的关系的基础上进行。对于那些受教育程度较高、思想比较深刻、自尊心强的服刑人员，矫正工作者进行指导时不要以权威的身份强迫服刑人员执行，以免引起对方反感。如果服刑人员暂时不理解、不接受，可暂缓进行。此外，在进行指导时，要充分利用非言语行为的影响力。

3. 提供信息。在沟通中,服刑人员很多时候会提出要求了解有关信息。例如,刚刚入监的服刑人员迫切需要知道,在监狱生活的各种信息,特别是在矫正过程中,哪些是必须要做的,哪些是禁止去做的,哪些是提倡做的,哪些是不受欢迎的,如何在遇到困难时寻求帮助,如何更快地受到行政奖励和法律奖励,如何更好地与外界联系等。沟通过程中的信息提供主要有以下几个目的:

一是当服刑人员不知道自己有哪些选择时,有必要为他提供信息。这有助于服刑人员明确其他的解决问题的方法。

二是信息提供也可用来校正无效的或不可靠的信息,如错误观念。换句话说,当服刑人员对某事的信息了解有误时,应提供信息。

三是提供信息可以帮助服刑人员审视他们一直回避的问题。例如,对一个不认罪的服刑人员可以提供有关刑法信息,提供类似的案例,提供受害人的有关情况等。

提供信息不同于提建议。提建议是给服刑人员推荐或策划一个具体的解决方法或行动途径,并让他照着去做。相反,提供信息则仅仅是告诉服刑人员与主题或问题相关的信息。

矫正工作者运用信息提供时应注意:

一是选择合适的时机。在传递信息前,服刑人员应有愿意接收信息的表现。如果过早进行,所提供的信息可能会被服刑人员忽视。

二是矫正工作者还应明确什么样的信息对服刑人员来说是有用而切题的。总的来说,如果所提供的信息是服刑人员自己不可能发掘的,就没有价值;如果服刑人员有根据所提供的信息做出反应的能力,那么这种信息便是有价值的。

三是矫正工作者应确定是否要按一定顺序提供信息。因为服刑人员往往对最先提供的信息记得最牢,所以可以先呈现最重要的信息。

四是要考虑服刑人员接受信息的能力,把有关信息尽量与服刑人员的生活、文化背景结合起来,把新的信息与其已有的相关信息连接起来。

4. 影响性总结。影响性总结是指矫正工作者将自己所叙述的主题、意见等经组织整理后,以简明扼要的形式表达出来。一般在谈话即将结束时进行。影响性总结与概念不同,前者是矫正工作者表达的观点,而后者是服刑人员叙述的内容,因而,前者较后者对服刑人员的影响更为广泛而深远。影响性总结既可在沟通谈话中间使用,也可在沟通谈话结束时使用,也可以与其他技术结合起来使用。例如,在谈话结束时,矫正工作者首先对服刑人员叙述的内容进行归纳,然后讲述矫正双方所做的工作,最后总结出自己的主要观点。这样会使整个沟通过程脉络清楚,条理分明,有利于服刑人员抓住谈话要点,理解谈话的意义。当然,这一工作也可以让服刑人员自己来完成,或者以矫正工作者提问让服刑人员回答的方式来进行。矫正工作者借此了解服刑人员对沟通过程的了解和对自身犯因性问题的认识、思考等,并在适当时机进行修正。

5. 自我开放。自我开放,也称自我暴露,是指将自己的思想、情感、经验等有关信息告诉服刑人员。矫正工作者在沟通中适度的自我开放,能使服刑人员产生共情、温暖和信任的体验,增加服刑人员对矫正工作者的认同感和信心以及对沟通的兴趣,有助于彼此建立相互信任和开诚布公的矫正关系。在矫正工作者自我开放的示范作用下,服刑人员亦会进一步的自我开放。

自我开放有两种形式。一种是矫正工作者把自己对服刑人员的体验与感受传递给服刑人员,其中包括正性信息和负性信息,但传递负性信息时一定要审慎,要以良好的矫正关系为基础,说话时口气要委婉、含蓄,要充分顾及对方的接受能力。如:“你没有那样做,我有些失望,但我想也许你有什么原因?”第二种形式的自我开放是矫正工作者暴露与服刑人员所谈内容有关的个人经历和体验。如:“你目前的这种感受,我能想像得出来,因为我以前也有过类似的体验。”一般说来,这种自我开放内容应简明扼要,因为它的目的不是谈论自己,而在于借自我开放来表明自己理解并愿意分担服刑人员的情绪,促进服刑人员更多的自我开放。所以,在矫正工作者自我开放之后,应尽快把谈话的话题转回到服刑人员身上来,进一步提出一个相关的开放性问题。也就是说,矫正工作者的自我开放是手段而不是目的,应始终把重点放在服刑人员身上。

自我开放需要建立在一定的矫正关系上,有一定的沟通基础和背景,如果过于突如其来,反而收不到好的效果。另外,自我开放要有一定的限度。低于或高于这个限度的自我开放,既无助于服刑人员的自我开放,也不利于形成良好的矫正关系,甚至起破坏作用。尤其是过度自我开放,则会占用谈话中原本属于服刑人员使用的时间,而且可能会使服刑人员产生对矫正工作者的不信任感,不能从中感到矫正工作者有能力矫正自己。

(四)沉默与多话的应对技术

在与服刑人员的沟通过程中,有时会出现两种常见的现象,即沉默和多话。

1. 沉默的应对。在与服刑人员的谈话中出现沉默,使谈话暂时无法进行,会导致紧张、压抑、尴尬的局面,甚至引发抵触和对抗。对此,矫正工作者要保持冷静,辩证地看待沉默现象,认真对待,妥善处理。沉默现象能给矫正工作者提供服刑人员许多内心状态的重要线索。矫正工作者应善于捕捉这一线索,准确理解其中的意义,并加以妥善处理。服刑人员沉默的原因多种多样,沉默所传递出的信息内容也各不相同。服刑人员沉默大体可划分为如下类型,并可以采用与此相应的应对技术:

(1)防御型。由于种种原因,服刑人员自身对矫正工作者有防御、恐惧和戒备心理,害怕自己的表达对今后的服刑生活带来不利影响,给自己带来麻烦和伤害,对矫正工作者没有基本的信任,甚至有对立和抵触。对此,矫正工作者一般不能操之过急,尽量缓解双方关系,从减少或消除服刑人员的防御和戒备心理入手,真正取得服刑人员的信任,让服刑人员理解矫正工作者的真心和善意。如果确定服刑人员的沉默与恐惧有关,则矫正工作者可以提一些一般性的不涉及某些事情要害的问题,口气尽可能和缓、轻柔,并适当给服刑人员以安慰或保证,缓解其恐惧情绪。在适当的时候,矫正工作者可以诱导或鼓励服刑人员正面谈一谈产生恐惧的原因及其程度。但如果服刑人员不愿意谈此话题,矫正工作者也不要勉强。

(2)思考型。服刑人员由于正在思考某一问题而出现沉默。如服刑人员反复体会矫正工作者所说的话,或在体会某一件事的意义,或在头脑中思考如何应对矫正工作者提出的问题。从非言语行为上看,他可能会睁大眼睛,使劲地想,也可能眯起眼睛,自言自语似的,凝视空中的某一点。对这种情况的沉默,矫正工作者最好的方式是等待。等待服刑人员做出回答,矫正工作者再做相应的反应。

(3)茫然型。服刑人员由于不知道应该对矫正工作者的提问做何反应而出现的沉默。例如,服刑人员不知道什么是矫正工作者希望知道的,什么是重要的,有的服刑人员则干脆不知道自己的问题到底是什么,或者一时不知道自己真正想表达的东西是什么,等等。从外表上看,服刑人员的眼神往往是游移不定的,含有询问的色彩。对此,矫正工作者要耐心细致地进行说明和陈述,使之明白所提的问题,必要的时候给予解释和引导,帮助服刑人员理清自己的思路,准确清晰地表达。

(4)情绪型。服刑人员由于受到某种情绪困扰,如气愤、厌烦、不满、不安、抑郁或羞愧,而出现的沉默。例如,有的服刑人员在谈到以往某件事情后陷入内疚、后悔等情绪体验中;一些服刑人员对矫正工作者缺乏信任,担心进一步谈话可能要触及自己不愿说出来的内容而处于不安、犹豫之中;有的服刑人员感到矫正工作者冒犯了他,为此感到气愤而以沉默示拒;个别服刑人员由于被迫接受沟通谈话,内心会产生怀疑、厌烦、气愤、敌意等情绪,但又迫于压力不敢公开流露这些情绪，只得以沉默来表示。他们往往回避与矫正工作者的目光接触，表现为低头、手脚不自然、小动作、瞪眼、握紧拳头和身体僵硬等。对不同的情绪表现，矫正工作者要有不同的处理方法，以疏导为主，待情绪稳定后再进行谈话沟通。对情绪极度不稳定的，可以等一段时间后重新进行沟通。服刑人员的沉默是针对矫正工作者而产生的厌烦、不满和愤怒引起的。矫正工作者对此既不要冲动、感情用事，也不必一味地回避，而要以真诚、宽容的态度对待服刑人员。具体地说，可以采取主动对峙的方式，如直接询问服刑人员："你似乎想以沉默的方式给我什么提示，你能不能直接说说你现在的想法？"这可能会马上打破僵局，双方可以进行开诚布公的对话。即使没能得到服刑人员的回应，矫正工作者这种做法也是有用的，至少是可以为以后双方进行充分交流打下了基础。如果服刑人员继续沉默，那么矫正工作者要稍微等待一下，直到对方愿意打破沉默。这段时间并未白白浪费，因为随着沉默的持续，服刑人员内心紧张程度在不断加剧，直至感到无法再沉默了。这种情形也会有助于以后的沟通。

(5)内向型。这种沉默是由于服刑人员的个性原因，平时就少言寡语，沉默是与他人交往的经常的方式，特别是对权威、上级和陌生人，或在自己不熟悉的环境中。这种服刑人员一般比较敏感，内心体验比常人更深刻，在沟通交流中应给予恰当的尊重。

总之，沟通中出现的服刑人员沉默现象，矫正工作者既不必害怕，也无须着力回避，而要正视和面对沉默，很好地利用沉默，使每一次沉默都变成促使服刑人员改变和提高的不可多得的机遇。

2. 多话的应对技术。与沉默相反，沟通中有些服刑人员话语太多，且比较混乱，偏离谈话主题，不但占用时间，而且会干扰沟通的顺利进行。沟通中常见的多话类型和可采用的应对技术有：

(1)宣泄型。服刑人员的这类多话是由于内心压抑或饱涨的情绪需要宣泄，有强烈的倾诉需要，或者在监狱监管或社区监督的特殊环境中难以找到理想的倾诉对象，有太多想法、情感和话语要与人分享。对此，矫正工作者应热情、理解、接纳、耐心和保护，给他们以安全感，要认真地(至少看起来这样)倾听，不可粗暴地打断其叙述。当服刑人员宣泄和倾吐后，可给予必要的指点，使他们适可而止。一般来说，当服刑人员尽情叙述之后，大都会变得心平气和。

(2)表演型。服刑人员的这类多话有其特点，一是在叙述时眉飞色舞，表情丰富，声调抑扬顿挫，富有感染力，所述内容有夸大和渲染的成分，尤其是渲染他的犯罪经历，而且自己并不太为所说的问题而苦恼。他们多话的目的似乎就是为了引起矫正工作者的注意。另一特点是谈话内容很少涉及自己，即使谈到自己也大多是夸奖自己有某方面特长、英雄本色、江湖道义等。对此，只要对方不过分，矫正工作者应表现出耐心和理解。不过需要矫正工作者注意的是，服刑人员中的一部分人可能具有表演型（癔症型）人格特征，应注意及时鉴别诊断和转介。

（3）掩饰型。有的服刑人员由于惧怕被矫正工作者真正了解，担心矫正工作者发问，害怕沉默给自己带来的压力而有意无意地用别的话题来打岔或转移注意谈话。所以，这类多话是服刑人员用来掩饰内心紧张、焦虑和恐惧的手段。掩饰型多话往往是在快要涉及实质性或敏感性问题时出现，倘若矫正工作者善于识别、利用，会使沟通取得突破性进展。遇到多话的服刑人员，矫正工作者应先看自己是不是有逼迫服刑人员的成分，如果没有的话，则可提醒服刑人员："您是不是觉得有些不安和紧张？"或者直接挑明问题，让服刑人员正面回答。

（4）表白型。服刑人员自己很清楚自己的问题、不足、缺陷，甚至是某方面存在的犯因性问题，在与矫正工作者的沟通时试图把所有的自身犯因性问题转嫁到别人身上：自己和别人的冲突、矛盾、纠纷都是别人引起的，都是别人不好，总之犯罪都是别人或社会的原因。他们在与矫正工作者的沟通谈话就是要来证明自己没有任何责任甚至没有犯罪。对此，矫正工作者要让服刑人员明白，谈话的最终目的不是分清是非对错，不是追究责任进行惩罚，而是查找犯因性问题，解决犯因性问题，使他有可以预期的未来。同时要善于把服刑人员的注意力转移到他自己的身上，通过事实和足够的证据来说服服刑人员多考虑自己的犯因性问题及思考的意义。

（5）外向型。有些服刑人员性格外向，活泼健谈，特别是感到矫正工作者平易随和，善于理解，注意倾听时，在谈话中就会滔滔不绝，无所不谈。对此，矫正工作者要善于引导，围绕沟通主题不断把主题引向深入。

第二节　服刑人员个案矫正沟通中的分析技术

一、收集与整理资料技术

在沟通过程中，要准确认识服刑人员的犯因性问题，制定矫正目标，就必须对服刑人员进行全面分析，准确、系统地理解和掌握服刑人员的基本情况。这就要运用收集与整理资料的技术。

（一）收集资料的技术

收集资料一定要全面、细致、准确、客观。收集资料有许多种方法，常见的有：

1. 档案法。收集服刑人员有关资料，充分利用档案是一个重要的方法。这是因为服刑人员的档案往往记载着许多重要的信息，如服刑人员的年龄、文化程度、家庭成员、社会关系、主要阅历、在逮捕和预审期间的认罪态度、犯罪情节、犯罪成员数量、犯罪后果，服刑人员心理测验的各种数据和指标以及心理咨询师的分析结论等。档案中的信息是服刑人员的基本信息，是了解和掌握服刑人员必需的信息，矫正工作者必须予以高度的重视。

2. 会谈法。会谈法是收集服刑人员信息的最直接、最常见、最常用的方法。有关会谈的方法、技术、技巧、会谈重点、会谈常见问题的处理等，可采用沟通中的谈话技术进行。

3. 测验法。依据要取得的信息目标，采用相应心理量表，对服刑人员进行心理测量。如在服刑人员入监时，为了解服刑人员的心理承受力和适应状态，可选取 SCL－90 量表。对刚进入社区矫正的服刑人员，要掌握服刑人员的性格特点和行为倾向，可选取各种人格量表，如 EPQ 量表、16PF 量表等进行测量。

4. 观察法。观察法是指利用感官或仪器收集相关资料的方法。观察法可以分为自然观察法和参与观察法。自然观察的特点是对服刑人员的时间、空间、言语、行为等尽可能不干预、影响。这种观察的功能是描述行为，进行定性判断。参与观察是矫正工作者与服刑人员之间存在着互动关系。采用参与观察时尽量减少矫正工作者和服刑人员之间相互作用的负面影响。

5. 询问法。询问法是矫正工作者提出一系列问题，让服刑人员回答，然后分析整理收集到的资料，以达到分析、理解和掌握服刑人员相关情况的目的。询问法一般分为面对面询问和使用问卷两种形式。面对面地询问的主要特点是矫正工作者通过与服刑人员口头交谈来收集资料。这个谈话过程，是矫正工作者和服刑人员双方相互影响的过程。要取得理想的效果，矫正工作者必须首先取得服刑人员的基本信任，使之积极配合，另外这种谈话具有特定的目的性和一套提纲设计、编制和实施原则，保证谈话的科学性、有效性和客观性。

按照谈话的方式一般分为结构谈话和非结构谈话。前者是标准化的谈话法，即依照一定结构的问卷进行的正式谈话，后者的谈话提纲是一个粗线条的，矫正工作者可以根据实际情况灵活掌握与调整。结构谈话的优点是结果易于统计分析,但灵活性差。谈话的常用方法、技术和沟通中的谈话相同。

问卷法是矫正工作者采用事先严格设计的问卷收集资料的方法。问卷法有两个特点,一是标准化程度高,整个过程按一定原则进行,从而保证了收集资料的准确性和有效性,避免主观性及盲目性;二是收效快,可以在很短的时间内收集到大量的信息。问卷一般结构包括:题目,即问卷的标题,是对目的及内容最简洁的说明;前言,即说明问卷的目的、内容、组织者,对被调查者提供的资料保密等;指导语,即用作指导被调查者怎样填写问卷的说明,包括填写方法、要求、时间、注意事项和例题;问题及答案,问题的内容是问卷的主体,答案是调查的记录;结束语,通常是对调查过程的总结和对调查意义的说明。

问卷设计的原则主要有:目的性原则,即问卷的设计要明确并紧紧围绕要询问的目的;全面性原则,即设计问卷要全面考虑问卷内容的构成,提问的语气和答案设计要尽量穷尽相关的内容;非歧义性原则,即设计问卷要使服刑人员能够正确理解,避免产生歧义;非暗示性原则,即设计问卷时,要尽量避免对服刑人员的暗示和诱导。

(二)整理资料的技术

1. 资料评估。资料评估是对收集来的资料进行判断分析,确定资料的可靠性、可信性和有效性的一项工作。对资料进行评估是沟通活动中的一项重要内容。没有经过评估的资料,是不能作为分析服刑人员犯因性问题的依据的。矫正工作者对已取得的资料进行评估主要从以下几个方面进行:

一是看资料的来源是否可靠可信。资料的来源有的是直接的,有的是间接的;有的是现在的,可以直接进行印证,有的是过去的,难以进行确认。矫正工作者可以比较同一资料的不同来源,各种来源如果都给出类似的信息,一般这类资料的可靠性较高。

二是通过问卷和心理测验的方法来验证资料的可靠性。在标准的心理量表中一般都有测谎题,有信度和效度检验,可以客观判断资料的可靠性和可信性。

资料评估的另外一个重要的内容是各种资料和信息所显示和所包含的意义。事实上,资料本身不具有任何的意义。它们是否有意义,有什么意义,基本上取决于矫正工作者的认识和方法。当矫正工作者赋予相关资料具体意义时,一般采用三种方法或三种思路:一是就事论事;二是寻求相关;三是迹象分析。

比如,在劳动过程中,两名服刑人员发生打架斗殴,致使一方受轻伤。就这一资料来看,它包含了什么意义呢?开始想这一问题时,可以就事论事,认为是由于两人在劳动中没有按照劳动工艺流程规范操作,使上下道工序之间没有很好地衔接,影响了下道工序的正常进行,产生不满,引起纠纷,从而导致打架斗殴等。

显然，这种就事论事的方法并不能揭示该事件的全部含义，于是就要从相关的角度去分析，也就是说，看看还有什么情况与两人打架斗殴相关联。比如，可以推测两人原来就存在矛盾，而且没有得到很好的解决，这次的打架斗殴是矛盾的总爆发；或其中一人不仅对这件事，采用打架的方式来解决问题，在其他场合，因为其他的事，对其他人也采取打架的方式解决问题；或其中一人可能正处在情绪非常不稳定的状态中，内心缺乏安全感，常用攻击的方式来防御等等。通过相关分析，凡是与打架相关的因素都考虑进去，就可能从中找出发生打架的真正原因。这种根据事件之间的相关性去分析是可取的，但它毕竟带有猜测的性质。

迹象分析的做法，就是把事实作为一种结果，进一步去寻找原因。仍以上面的举例说明。两人发生了打架，可分别从两人打架前的生活状态、情绪状态、矫正状态去寻求相关的迹象。比如，在打架前天的会见日中，其中一人家中没有人来会见，情绪异常波动，组长反映在昨天夜间，没有睡好觉；在查阅档案时发现，其中一人做的 SCL－90 测验具有明显的阳性症状，其中焦虑因子高达 4.26 分；在调查取证过程中了解到，两人在早上起床后因争上厕所发生过争执，由于别人相劝没有使矛盾激化，但两人彼此都不服气等等。通过上述的各种迹象，就不难得出这次打架的原因，并从中发现他们的打架现象与他们的犯因性问题之间的关联性。

2. 资料筛选与整理。面对收集到的庞杂资料，矫正工作者必须进行必要的筛选。矫正工作者通过筛选，去掉那些无用的资料，保留那些与犯罪相关的和与制定矫正方案直接相关的资料，以及在矫正过程中容易发生变化和难以控制的资料。

为使上述三个方面的资料条理明晰，矫正工作者还需要采取以下的步骤对相关资料进行整理。

(1)基本情况的整理提纲。这主要包括：

①犯罪相关情况。这主要包括服刑人员的案由、刑种、刑期、刑期起止：犯罪预备、犯罪未遂、犯罪中止、犯罪既遂的形态；犯罪地，包括居住地，非经常性居住地、户籍所在地；是否共同犯罪，在共同犯罪中所起的作用，是主犯、从犯还是胁从犯；共同犯罪人是家庭成员、朋友、同事、同乡或其他人；是否是涉黑、涉枪、涉毒犯罪；有无前科，若有前科，发生前科的事由、时间、受到的惩罚和当时的体验等。

②服刑人员的人口学资料。这主要包括服刑人员的姓名、性别、年龄、出

生地、出生日期；被捕前的职业、收入、经济状况、受教育情况；民族、婚姻，有无宗教信仰等；现在家庭住址、邻里关系、社区文化状况和联系方式等。

③捕前的生活状况。这主要包括服刑人员的居住条件、日常活动内容、活动场所、生活方式和习惯、近期生活方式有无重大变化等。

④婚姻家庭。这主要包括服刑人员的一般婚姻状况，对婚姻关系是否满意；婚姻中有无重大事件发生，事件原因中有无道德和文化因素；家庭组成成员，对家庭成员的看法和态度，家庭成员在家庭中的分工，自己在家庭中所起的作用；家庭中发生的重大生活事件，发生的原因中有无道德和文化因素等。

⑤社会交往。这主要包括服刑人员的社会交往以及社交兴趣和社交活动的主要内容；有无与自己交往频繁和密切的人，有多少，以什么为交往的基础；在社交中是帮助别人多，还是受别人帮助多；在社交活动中互相的道德和法律责任感及评价；参加集体活动的兴趣如何，在集体活动中的表现是主动多，还是被动多；较亲密关系的维持时间一般有多长，自己是否满意等。

⑥成长史。这主要包括服刑人员儿童期与大多数儿童比较，有无重大特殊事件发生，对当时的情景的回忆是否完整，是否患过严重疾病，童年家庭生活，父母情感是否和谐；童年家庭教育方式、学习教育情况，有无退缩或攻击行为。少年期间家庭教育、学校教育和社会教育是否有挫折发生；少年期间印象最深刻的事是什么；少年期性萌动时的体验和应对；少年期有无严重疾病发生；少年期与成人的关系中，有无不愉快的事发生，有无仇视、嫉恨的事或人；少年期有无特别的兴趣和爱好，有无充足的时间做游戏，与同伴的关系如何。青年期的爱情生活状况（有无失恋、情感挫折等），学习、就业、婚姻有无挫折，有无要好的朋友，朋友的状况如何（包括职业、道德行为和法律意识等），在整个成长过程中有无重大转化以及评价；有无吸毒史、辍学史、性侵犯（被性侵害）史，有无酗酒史，赌博史，有无非法性关系史，如果有以上几种经历，开始的年龄多大，是主动、被动、受威胁、或在环境诱因的诱惑下不自觉为之等。

⑦目前矫正和生活状态。这主要包括服刑人员对各种法律、制度和纪律是否能适应和主动服从；劳动生产或义务劳动是否能顺利完成；对学习任务是否能接受和完成；对饮食状况的评价；对矫正工作者和服刑人员的关系评价；对亲情关系的评价和愿望；睡眠、作息、情绪、文体娱乐的满意度；行政奖励和法律奖励的期望和现状的评价等。

⑧各种检测情况。这主要包括服刑人员入监健康检查表的各种信息；心理测验的各种数据和分析结论；在看守所、入监监区的各种测试成绩、对离所和入监训练的综合评估鉴定结论；服刑人员改造质量评估的各种数据和分析结论等。

二、分析与判断技术

(一)判断存在的犯因性问题

分析与判断就是将已经取得的有关服刑人员的各种信息资料以及服刑人员对自己的各种看法,以客观的态度、经过综合分析和比较,确定服刑人员存在的犯因性问题。分析判断的目的是寻求服刑人员犯罪的犯因,从而有效地进行矫正,制定矫正目标和矫正方案。

1. 分析与判断的内容。分析与判断的内容一般包括以下几个方面:

(1)了解确认服刑人员问题的真相、特质、症结所在、起因以及对服刑人员的影响等。

(2)详细认识服刑人员的人格、所在环境及其社会关系;了解与服刑人员有关的人的人格及与服刑人员的相互关系;了解服刑人员对问题的态度和对其自身和社会环境的看法。

(3)发现解决问题的阻力和助力,以便在矫正过程中参考。

2. 分析与判断的要求。在对服刑人员进行分析与判断的过程中要注意以下要求:

(1)分析判断主要是对犯罪原因问题性质(犯因性问题)的分析,对服刑人员态度和能力的了解。

(2)分析判断的内容具有可修正性。

(3)必须鼓励服刑人员参与分析和判断。

(4)分析判断必须以矫正为目的。

3. 分析与判断的核心是找出问题的关键点。所谓关键点是指促使服刑人员发生犯罪的根本因素。它是服刑人员发生犯罪行为的决定性因素,与犯罪行为有着直接和因果联系,在各种因素中起着主导作用,影响并制约着其他因素的发生和发展,其他因素只是促成这一因素形成的条件。关键点一般和其他因素混杂在一起,有时表现得十分隐蔽,不容易被发现和有效识别。矫正工作者在对服刑人员的犯因性问题进行确认和分析前,应设法找到与犯罪行为有直接的和有因果相关联的关键点。

关键点具有明显的特点。尽管促成服刑人员犯罪的因素有许许多多,在分析和比较这些因素时,总会有一到两个因素,与服刑人员的各种不正常的行为表现间有着直接和间接的联系,或者说如果没有这个因素,其他因素难以成立。尽管服刑人员在各种不同的环境中,在不同的时期内,总有一到两个因素,但它的性质不会随环境和其他各种条件的变化而发生变化。在寻找关键点的过程中,应运用联系的、发展的、矛盾的辩证思维,尽量把各种因素穷尽,同时全面、认真、仔细地进行比较和归纳。

例:服刑人员王某(寻衅滋事罪,有期徒刑六年),在服刑期间存在的主要问题是经常与别人争执斗殴,容不得别人对他有任何的言差语错,不能在生活中吃一点亏,否则,就争、就闹、就骂、就打,行为上具有明显的攻击性。显然,无论是在外寻衅滋事,还是在监内打架斗殴,王某的攻击性明显,对监管安全和他自身及别人的人身安全,构成一定的威胁。王某形成这种行为的因素有许多,如:规则意识淡薄;性格暴躁;意志薄弱,控制能力弱;社会适应不良;存在与人沟通交流的障碍;社会化没有完成等等。而且也有许多现象和各种行为表现能够支持上述的判断。但这些因素都不是王某问题的关键点,随着对王某沟通了解的深入,发现王某在三岁左右,被放在乡下祖母家,由祖母代养。祖母还要种田,还有很多家务要做,一般便把王某丢给比他大两岁的堂哥那里。堂哥的小伙伴很多,不把王某放在眼里,经常对王某敲诈,要些吃的,不给就给其惩罚。在王某青春期期间,他的父母生意红火,为赚更多钱,很少有时间照顾和关心他。在上学期间,王某常遭受社会上的不良青年的威胁、敲诈,并被刀砍伤。为此,王某很长一段时间对单独出入有恐惧感,后来随着年龄的增大,家庭雄厚的经济条件,逐渐结交许多朋友,横行一方。从这两段特殊的经历不难看出:王某问题的关键点在于内心缺乏安全感,其攻击行为是一种自我防卫的本能,只是防御过当而已。因为在儿童三岁左右是形成社会依恋的最关键的时期,在这一关键时期,失去了母爱和父爱,离开了熟悉的环境,到一个完全陌生的环境,对一个幼儿而言,自然会有一种恐惧感、不安全感。他的祖父母又没有及时补偿其缺失的母爱和父爱。他受到同伴的威胁和敲诈,时刻处于恐惧的生活状态中。精神分析理论认为:这种情绪、情感和各种意识是不会自动消失的,会留在潜意识中。在王某的人格形成的关键时期,又遇到类似的情景,尽管表现形式不同,但对其自身的威胁是一样的,就更加强化了他的不安全感。为了不受威胁,减少不安全感的焦虑,人都有自然防卫的本能,有自己防御的形式。王某即选择了攻击的防御形式。王某的这种攻击性,不会因为时间的过去还是现在、是在监内还是在监外等外在的环境和条件的变化而发生变化。同时,这种攻击性导致了王某的其他不良行为的发生,如与人交往、人际适应、沟通和交流的障碍等。不安全感,可说是王某问题的关键点。找出了问题的关键点就为有效矫正王某奠定了基础,为制定矫正目标和矫正方案提供了依据。

(二)分析问题形成的原因

在确认了服刑人员犯罪的关键点后,更重要的工作是分析形成问题的原因。促成犯罪的原因是复杂的,古今中外许多学者进行了不懈的研究,分别从不同的理论视角，详细地构建了犯罪原因的不同理论体系，如龙勃罗梭的“天生犯罪人”理论、社会学原因论中的文化冲突理论、社会异常理论、病态人格说、低能说、社会学习理论等等。犯罪现象是文明社会中难以或根本不能有效避免的社会现象，有着非常复杂的原因。

认识犯因性问题，必须基于多维框架，即生物生理、心理和社会维度的视角，去寻求和认识。

例：服刑人员李某，现年45岁，犯强奸罪，被判处有期徒刑七年，入监后不久，发现其身高增加，同时性欲特别亢进。对于身高增加的现象，李某非常恐惧。医院检查的结果是脑部垂体发生病变，致使激素分泌紊乱。后来经过手术治疗后，性欲几乎没有，性激素基本上不再分泌。李某说如果我没有这种病，怎么可能犯强奸罪呢？自己一直是一个循规蹈矩的人，是一个老实本分的人。对于像李某这样的服刑人员，生理上的原因就是其犯罪的直接的根本的原因。只要把他的脑垂体病变治好，其对社会的危害性就会得到消除，达到使其成为守法公民的目标。

犯罪的心理因素是非常复杂的，按照美国的医疗康复模式的观点，犯罪的原因与个体的心理健康程度有直接的关联，有心理障碍和心理疾病的人具有犯罪的易感性和倾向性，几乎所有犯罪的人都有不同程度的心理问题，或者有明显的心理疾病。对服刑人员的矫正，就要从心理健康和心理康复的角度去进行。因此，首先要对服刑人员进行心理健康和心理疾病的评估，找出导致犯罪的个体性的心理原因。可以说，在矫正过程中把一些服刑人员犯罪的心理要因有效消除，矫正的任务也就基本完成了。分析服刑人员的心理问题和病态，对达到矫正目标具有重要的意义。

例：服刑人员张某，犯盗窃罪，被判有期徒刑3年。其主要犯罪事实是：在办公室把一位女同事新买的贵重首饰，顺手拿回了家。张某在服刑期间也经常有小偷小摸的行为。按照一般的理解，张某是一个恶习较深的顽固分子。在对张某进行深入了解和分析后，发现他的这种行为其实是一种心理上的病态，有着他行为和心理发生改变和病变的背景。张某在幼儿时，父母总是很忙，经常把他一人丢在家中，他经常到邻居王奶奶家去玩。王奶奶是一个非常慈祥的老人。张某在她家里有吃的，有玩的，慢慢地就形成了一种默契。张某每天都要到王奶奶家吃点东西，如果王奶奶不在家，就会把吃的东西留在一个张某能找到的地方。后来，在上小学时看到同学的一个非常好看的铅笔刀，偷偷地拿回了家，对铅笔刀进行了仔细欣赏，等完全地满足了其好奇心和欣赏欲之后，又把铅笔刀放回同学的书包里。在谈话中了解到，张某在服刑期间的小偷小摸行为,大体都是如此。张某偷摸行为的特点是:偷的对象一般是他非常好奇和欣赏的小物件,到手后一般都是放在自己的身上欣赏把玩,不是去换钱和使用,等自己过瘾后就把东西放回原处。这些表征的背后是心理上的病态:只要是自己需要和欲欣赏的好东西都是可以共享的,别人在与不在,同意与不同意都是无所谓的。这似乎是其幼年时的记忆和行为的延续:在王奶奶家总有自己需要的东西,无论王奶奶在不在都是一样可以享用的,成年后把这种认知和行为泛化到生活和社会的各个方面。这就是张某发生偷窃同事贵重物品的深层心理原因。显然,如果这种心理原因没有得到根本消除,即使张某的矫正表现再好,减刑再多,等回归社会后,仍然会发生类似的行为。只有把他的这种心理上的问题解决后,才能真正获得较好的矫正效果。

本章核心技术

- 倾听。
- 交流。
- 影响。
- 整理。
- 分析。
- 判断。

本章练习

采用提供的结构面谈清单,与服刑人员(可自由选择)进行一次开放式或封闭式谈话,并收集相关资料,做一份有关该犯犯因性问题的综合分析报告。

结构性面谈清单

面谈时间		面谈地点		面谈人		被谈者	
问题清单		回答记载					
1. 外观形象和行为表现(体貌特征、外伤性痕、文身、衣着和异常行为)							
2. 近期有无感到苦恼的事或心结: 不愉快的经历: 愉快的经历:							
3. 有无心理咨询历史、患慢性病史、用药、治疗过程描述:							

续表

面谈时间		面谈地点		面谈人		被谈者	
问题清单	回答记载						
4. 教育和工作背景 教育状况： 学业成绩： 好的方面： 差的方面： 与老师关系： 与同学关系： 工作状况： 工作类型： 工作时间： 换工作原因： 与同事关系： 有无压力和焦虑：							
5. 社会成长史 出生和发育： 生活状况： 活动爱好： 交友情况： 风俗民情、宗教影响： 重大事件情况（从儿时起）： 打架、逃学、吸毒、性关系、酗酒等： 认为对自己影响较大的事件： 是否判过刑： 自己怎么看：							
6. 家庭状况 居住情况： 父母：父亲是个什么样的人？ 母亲是个什么样的人？ 兄弟姐妹： 与哪一个关系好？为什么？							

续表

面谈时间		面谈地点		面谈人		被谈者	
问题清单	回答记载						
父母喜欢其中的哪一个？为什么？ 与妻子的关系： 妻子是个什么样的人？ 与子女的关系： 喜欢哪一个？ 不喜欢哪一个？ 为什么？ 你觉得自己是一个什么样的人？							
7. 详细叙述自己的犯罪经过，包括：犯罪动机、作案过程、当时的心理状况、事后的心理状况							
8. 心理测量情况和其他需要补充的问题：							
9. 总体评价 （从生物生理、心理和社会环境等方面分析犯因性问题）							

第四章　服刑人员个案矫正中的分类和矫正目标技术

本章重点提示

- 分类是指依据一定的标准和目的，对犯罪人或服刑人员进行划分归类，给予相应关押、管理、监督和矫正的活动。
- 分类标准是分类的核心，决定着分类的科学性，也是分类的关键技术性问题。不同的分类目的，决定了分类标准的不同。
- 现代分类体系包括监狱分类设置和服刑人员分类。
- 服刑人员分类方法主要有定性、定量、定性与定量相结合三种。
- 人身危险是指服刑人员客观存在的潜在的继续实施危害社会、本人或他人行为的现实可能性。它包括初始和过程分类。人身危险与服刑人员心理危险既有联系又有区别。
- 活力分类是基于矫正需要而不断重新分类的过程。活力分类是一个包含管理、矫正和处遇相统一的活动过程。
- 服刑人员个案矫正目标是指通过监狱或社区矫正机构的矫正工作人员提供的矫正服务，希望服刑人员达到的结果。矫正目标是服刑人员个案矫正必不可少的要素，具有具体、可行、共识、统一和顺序的特征，对实现矫正目的具有极为重要的意义。
- 服刑人员个案矫正目标设置主要有回放、概念、顺序、协商和评价的技术。

第一节　服刑人员个案矫正中的分类技术

一、认识分类

(一)分类的概念和目的

分类有不同的定义。1950 年荷兰海牙国际刑法及监狱会议决议，对分类定义为："分类这一用语，在欧洲语言中，意味着首先按年龄、性别、前科、精神状态等因素的不同将犯罪人分别集中关押在特殊的监狱内，然后再在各监狱内将犯人细分成各种小组。"[①]美国矫正协会对分类定义为：是一种给予服刑人员不同的矫正活动分配，以提供最有效的、适应服刑人员需要的矫正活动的方式。这里我们对分类定义为：是指依据一定的标准和目的，对犯罪人或服刑人员进行划分归类，给予相应关押、管理、监督和矫正的活动。

分类本身既是一种矫正活动，也是一种处遇方式，其目的是通过科学的分类，维护监管和社区的安全和秩序，合理配置监禁、监督资源和矫正资源，节约行刑和矫正成本，提高行刑和矫正工作效率，最大限度地维护监管和社会的安全、秩序及稳定。

（二）现代服刑人员分类的产生与发展

现代服刑人员分类始于19世纪20年代美国宾夕法尼亚州匹兹堡市东部教养院和费城市的西部教养院的"独居"监禁制。这种监禁制又称之为宾夕法尼亚制，其特点是让服刑人员独居悔过，使其得以矫正。随后，美国纽约奥本监狱在独居制基础上，实行以服刑人员白天集中劳动，晚上独居为特点的监禁方式。这种方式被称为奥本制或杂居制。由于奥本制缓和了独居制给服刑人员带来的精神压力，也比较经济，为美国许多监狱所效仿，也为世界其他国家许多监狱借鉴。

20世纪初至20世纪50年代，在实证犯罪学派理论的影响下，服刑人员分类进入了一个创新的历史时期。这一时期，最具创新意义并对现代服刑人员分类产生重要影响的是比利时以服刑人员的年龄、性别和犯罪性质为标准对服刑人员所做的分类。但这一时期最具现代分类特点的是美国分类体系的逐步完善和发展。1930年前后，随着社会学、心理学、行为科学等发展，美国的分类呈现发展的趋势，一方面它注重了发展迅速的社会学、心理学、行为科学等多学科理论在矫正中的运用；另一方面注意到了对矫正工作者的培训，使分类扩展到所有的服刑人员，并建立起依据服刑人员的医疗、精神、心理、职业、教育、社会、宗教和犯罪经历等方面的差异进行分类的体系。

第二次世界大战后，分类已作为现代监狱制度的重要内容，在各国得到了

---

① 张金桑、于广胜：《中国监狱现代分类制度理论与实践研究》，陈向阳执行主编，金城出版社2001年版，第50页。

广泛的重视和迅速的发展，呈现出明显的规范性、科学性、组织性和广泛性特点。①

（三）分类的主体

按照不同的分类目的，实施分类的主体主要是法院、监狱和社区矫正机构。法院分类，主要是基于裁判个别化的原则，依据犯罪人的人身危险性，对犯罪人适用何种监禁等级和监禁方式的分类。监狱分类主要基于行刑个别化原则，依据服刑人员的自然状态、犯罪性质、行为特征、需要、矫正活动及效果等，对服刑人员适用何种处遇和矫正方式的分类。监狱分类也包括专门分类机构的分类。专门分类机构是指由专门的分类机构对服刑人员进行分类，如美国的收容分类中心、接待指导中心、诊断中心，英国的评价分类监狱。社区矫正机构的分类是基于矫正个别化原则，依据服刑人员的犯罪性质、矫正方式和效果，对服刑人员适用何种矫正项目和矫正环境的分类。法院分类是监狱分类、社区矫正机构分类的前提和基础，是裁判个别化的具体运用，也是法院刑罚权的具体体现。目前我国法院分类尚处在探索阶段，见诸公众新闻报道的，仅有上海市、山东省和江苏省的少数法院的试验。由法院依据犯罪人的生活史、犯罪史、犯罪的性质和情节等，对犯罪人做出监禁及监禁在何种警戒等级监狱或非监禁及适用何种社区矫正项目的裁决，将是我国刑事司法制度、司法体制改革和完善的一项重要内容。目前，我国部分省市建立了专门的新收犯分流中心，对服刑人员进行分类后分押、分管和分级处遇，具有机构分类的特征，但从本质上说仍属监狱分类的范畴。

（四）分类标准和体系

1. 分类标准。分类标准是分类的核心，决定着分类的科学性，也是分类的关键技术性问题。从分类的历史发展来看，由于理论的不同，分类标准也不同。

英国监狱改革家约翰·霍华德基于保护人权和保障服刑人员健康的目的，主张把犯人单独予以关押，使犯人与其他被关押的债务人、精神病人、娼妓、战俘等区别开来；建议按犯人的年龄和性别分类关押。

1787 年，美国著名政治家本杰明·拉什在其所写的《论公开处刑对犯罪人和社会的影响》的小册子中，提出应根据对犯罪原因的诊断，对犯人进行分类。

亚历山大·麦科诺基是英国刑罚改革家，1839 年，在担任诺福克岛监狱

---

① 张金桑、于广胜：《中国监狱现代分类制度理论与实践研究》，陈向阳执行主编，金城出版社 2001 年版，第一章。

主管时,创设了犯人通过劳动量获得一定点数,以点数的多少决定犯人处遇的点数制。点数制实际上是以犯人完成一定数量的劳动为标准,对犯人进行处遇分类。

沃尔特·弗雷德里克·克罗夫顿是英国19世纪著名的监狱改革家。他进一步完善了亚历山大·麦科诺基的点数制。他在创设了中间监狱的同时,以犯人的表现计分,根据分数进行奖励,给予不同的自由度处遇。犯人的表现成为服刑人员分类处遇的标准。沃尔特·弗雷德里克·克罗夫顿的矫正设想,一般被称之为爱尔兰制,后被演化为累进制。

19世纪中叶法国的监狱官员和政治活动家夏尔·吕卡,提出应将少年犯与成年犯分开关押,按犯人的表现进行重新分类。显然,年龄和表现,是夏尔·吕卡的罪犯分类的标准。

在马斯洛需要理论的影响下,1977年美国学者托什使用了一种个人选择量表(PPI)进行分类,量表中有8项内容。通过对4个监狱的适用,发现服刑人员最关心的是帮助(自我改善,如教育、培训等);其次是感情需要和娱乐活动;第三是安全;第四是个人隐私;第五是自由。同时,根据不同监狱的环境对监狱进行分类,使服刑人员的需要与监狱环境相对应。

美国赫伯特·C.奎伊博士创立的成年犯内部管理体系,是依据服刑人员行为因素和具体矫正方案的需要为标准,通过对服刑人员的分押进行分类的综合目标分类体系。由于该分类采用了矫正适应量表和生活量表的定量分类方法,因而是一种相对科学的分类。

现代分类制度经历了一个由创立、探索到发展的不同阶段。在不同的阶段有许多不同的分类观点和理论,也提出了不同的分类标准。上面选择的不同阶段中的有代表性的分类标准,涵盖了监狱设置分类标准和服刑人员分类标准,旨在说明不同的矫正思想有不同的分类标准。分类标准作为现代分类制度的重要内容,大体上经历了由简单到多样化、由定性到定量、由一维的监狱设置分类和服刑人员分类到综合分类体系的发展过程。

2. 分类体系。现代服刑人员分类是一个具有多重目的的静态与动态结合的综合分类体系。但,无论如何构建分类体系,无不由监狱分类和服刑人员分类两部分组成。

现代监狱分类包括:一是依据服刑人员的年龄、性别等自然状况为标准的分类,即把监狱做横向的分类,分为男性成年犯监狱、未成年犯监狱(未成年犯管教所)和女性服刑人员监狱;二是依据服刑人员的人身危险性程度和行刑方式为标准,分为高度警戒、中度警戒和低度警戒监狱以及社区矫正四级,即纵向分类。用图表示为：

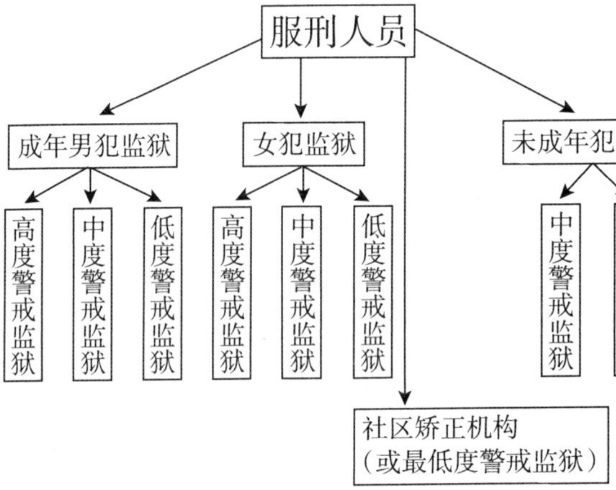

服刑人员分类基本上包括关押分类、管理分类和处遇分类三种。关押分类主要是基于安全和秩序的目的，依据服刑人员的性别、年龄、自然状态、危险等级和精神疾病或精神障碍情况，对服刑人员进行分类，并关押在相对应的监狱。管理分类是基于安全、秩序、防止服刑人员交叉感染、提高管理和矫正的效能、效果的目的，以罪行为标准，对服刑人员进行的分类。处遇分类即矫正分类，是以提高矫正效果和效率的目的，基于不同等级的待遇的激励机制，依据服刑人员的现实行为表现、需要、心理特性、矫正内容和矫正方式及矫正效果，对服刑人员所进行的活力或动态分类。分类关押是分类管理的基础，分类管理则又是矫正分类的基础。

（五）服刑人员分类的方法

服刑人员分类的方法也是现代分类制度的重要技术之一。从分类的体系上说，服刑人员分类方法主要有定性、定量、定性与定量相结合三种：

1. 定性分类方法。这种方法是按预设的主观标准对服刑人员所进行的分类。常见的服刑人员定性分类，诸如按服刑人员的年龄、性别所进行的分类，按罪行的性质进行的分类，也包括由监狱、社区矫正机构的矫正工作人员对服刑人员的主观评价所进行的分类等。

2. 定量分类方法。这主要是指采用可量化的客观分类工具，诸如心理量表、人身危险性评分表等，通过对服刑人员进行检测或评分，依据检测的结果，对服刑人员所进行的分类。定量分类方法的主要步骤是：首先解决分类变量的范围问题，即选择分类变量的范围。这一步必须明确分类理论原则和分类目标、排除无关变量的范围、剔除无效变量和防止使用过多的分类变量。其次是建构分类。注意选择适当的分类方法、选择类型相似的系数。再次是分类的内在实用性检验。内容包括分类类型的内在同类质性、分类技术,可靠性和内在一致性,材料的运用等。最后是分类体系的外在实用性检验。[1] 定量分类方法中,比较典型的如美国赫伯特·C.奎伊创立的成年犯内部管理体系中的分类方法。他采用基本分类工具——矫正适应量表(表一)和生活史量表(表二),对犯人进行量化分类。通过量表的分值把服刑人员分出侵略——心理病态型;情境反应类型;不适——隶属类型;依赖型和精神病患者——焦虑类型,并对每一类型服刑人员的行为特征进行描述。

表一　矫正适应量表(CACL)

犯人的姓名和编号　A　008
检测人员:　DW. SMS　完成检测日期:　1984.2.7

检测要求:请标明犯人所表现的行为特征。如果某项行为正确地反映了犯人行为特点,在此项行为项前的1用笔圈出。对犯人不具有的行为特征,用笔圈0,完成所有行为项的检测。

0　1　1. 焦急、忧虑
0　1　2. 能试图听从指挥,但无法让人相信他是在听从指挥
0　1　3. 紧张,无法放松
0　1　4. 不喜与人交往
0　1　5. 不断请求矫正工作者的帮助
0　G　6. 与流氓和地痞人物相处
0　1　7. 看上去对任何事物都不感兴趣
0　1　8. 恐慌、神经质,表现出害怕
0　1　9. 空闲时间制造麻烦
0　G　10. 不断使用污秽语言咒骂和威胁
0　1　11. 易烦恼
0　1　12. 行为迟缓和呆滞
0　1　13. 无法信任
0　1　14. 忧郁
0　1　15. 需要不间断地监护
0　G　16. 伤害孱弱的犯人
0　1　17. 看上去迟钝和智商低

① 张金桑、于广胜:《中国监狱现代分类制度理论与实践研究》,陈向阳执行主编,金城出版社2001年版,第77页。

续表

0	1	18. 种族争斗的煽动者
0	1	19. 不断地企图骗取矫正官员的信任
0	1	20. 冲动,无法预料其行为
0	1	21. 惧怕其他犯人
0	1	22. 表现出追求刺激
0	1	23. 从未见过有快乐
0	1	24. 不信任矫正官员
0	1	25. 消极,易受诱使
0	G	26. 用语言向其他犯人挑衅
0	1	27. 不接受任何对自身问题的责备
0	1	28. 不停地抱怨、责怪矫正官员的不公平
0	1	29. 白日做梦,看上去思想总在飘移
0	G	30. 用语言向矫正官员挑衅
0	1	31. 性格暴燥
0	1	32. 明显妒忌,企求得到心理平衡
0	1	33. 漫不经心,看上去心事重重
0	1	34. 企图利用矫正官员对付另一名犯人
0	1	35. 消极抵抗,被迫参加矫正活动
0	1	36. 试图形成团伙
0	G	37. 蔑视监规纪律
0	1	38. 经常悲哀和意志沮丧
0	1	39. 在犯人中煽动骚乱
0	1	40. 支持或唆使他犯违反监规纪律
0	1	41. 认为自己受到不公正的监禁

表二　成年犯生活史分析量表(CAIH)

犯人的姓名和编号＿＿＿＿＿＿＿＿＿＿＿＿＿＿＿＿＿＿＿＿ 检测人员:＿＿＿＿＿＿＿＿＿＿完成检测日期:＿＿＿＿＿＿＿＿＿＿
检测要求:请在每一项描述了犯人生活经历中的特点事项前做上记号
G、很少朋友 2. 寻求刺激 3. 心事重重,爱幻想 4. 像孩子似的难以控制 5. 认罪 6. 表现出需要自我改善

续表

7. 不喜社交 8. 孱弱，优柔寡断
G、曾被拘留所、州或联邦监狱监禁过
10. 顽固、猥亵
G、间断性地工作
12. 记录表明对劝导工作有积极反应 13. 在处理日常生活问题上给人一种无能的印象 14. 扶养妻子和孩子 15. 声称犯罪系因家庭困难所迫 16. 与一些犯罪因素的联系密切 17. 乖僻、意志沮丧
G、人身伤害（殴打、武力攻击，不计后果杀人、谋杀）
19. 由于在犯罪时有“愚蠢”行为而被捕 20. 有过一次婚姻 21. 常有无用、不适的感觉
G、很难在公立学校中适应
23. 在被监禁时经济窘迫 24. 消极的生活态度
G、虚张声势、爱吹牛
G、自认无罪、谴责他人
G、不考虑他人

表三　矫正适应量表的初值

犯人的姓名和编号　A　008 检测人员：DW. SMS　完成检测日期：1984. 2. 7			
检测要求：根据矫正适应量表中“1”的计算情况，在下列表中的相应数上做记号，然后相加求得每组的初值。			
犯　人　类　型			
1	2	4	5
			1 ____
		2 ____	3 ____

续表

		4 ____	5 ____
6 G			
		7 ____	8 ____
9 ____			
10 G			
			11 ____
		12 ____	
13 ____		14 ____	
15 ____			
16 G		17 ____	
18 ____	19 ____		
20 ____			21 ____
22 ____		23 ____	
	24 ____	25 ____	
26 G			
27 ____	28 ____	29 ____	
30 G			
31 ____			
32 ____		33 ____	
	34 ____	35 ____	
36 ____			
37 G			38 ____
39 ____			
40 ____	41 ____		
总数 6	0	0	0

表四　犯人生活史初值

犯人的姓名和编号____A　008____

检测人员：____DW. SMS____完成检测日期：____1984. 2. 7____

检测要求：根据成年犯生活史分析量表的检测情况，在下列表中的相应数上做记号，然后相加其数，求得每组的初值。

犯人类型		
1	3	4
		1 G
2 ____		3 ____
4 ____	5 ____	
	6 ____	7 ____
		8 ____
9 G		
10 ____		
11 G		
12 ____		13 ____
	14 ____	
	15 ____	
16 ____		17 ____
18 G		19 ____
	20 ____	
		21 ____
22 G	23 ____	24 ____
25 G		
26 G		
27 G		
总数 7	____	1

表五 成年犯分类检测表

犯人的姓名和编号 A 008				
检测人员：J. QS 完成检测日期：1984. 2. 7				
	类别	初值	T—值	
1. 矫正适应量表（CACI）	1	6	60	
	2	0	44	
	4	0	40	
	5	0	39	
生活史分析量表（CAIH）	1	7	64	
	3	0	39	
	4	1	47	
2. 相关值	类别	CACI（T—值）	CAIH（T—值）	最后（T—值）
	1	60	64	（两项相加除以2得）62
	2	44		44
	3		39	39
	4	40	47	（同上）43.5
	5	39		39
3. 归类	G类型 1 类型 2	类型 3	类型 4 类型 5	

表六 犯人类型群体行为特征

行为问题严重		行为问题中度	行为问题轻度	
类型 1	类型 2	类型 3	类型 4	类型 5
攻击性	狡诈	轻度攻击	依赖	长期恐惧
直接敌对	直接敌对	依赖	不可靠	焦虑
易厌烦	虚伪	可靠、合作	被动	易烦恼
仇视权威	仇视权威	勤勉	“固执”	寻求保护
高违反监规纪律率	高违反监规纪律率	不视自己为服刑人员	低中度违反监规纪律率	中度违反监规纪律率
极少考虑他人	“反派艺术家”手腕	能考虑他人	自私	在压力下易爆发
施暴者	施暴者	避免斗殴	易受害	易受害

在一个非常安全的矫正机构内确定5类犯人的比例的情况是：35%～45%的类型1和类型2的犯人；25%～30%的类型3和25%～30%的类型4和类型5的犯人。

在一所低安全警戒级的矫正机构内适宜比例可能为20%～25%的类型1和类型2的犯人；40%～50%的类型3和30%～35%的类型4和类型5的犯人。监狱对不同类型的服刑人员进行相应的管理和矫正。如表所示：

	教育	工作	劝导	矫正工作人员的工作方式（类型）
类型1和类型2犯人	个别教育 系统学习	不重复工作短期和个人目标	个别劝导 （行为接触）	依照书本理论 行为规范
类型3犯人	课堂教学与指派研讨	高度的监管反应	群体和个别 （明确问题）	“不干涉”需要时再直接管理
类型4和类型5的犯人	课堂教学加个别指导	重复性工作 定期矫正目标	群体和个别 （人际适应性劝导）	高度的语言说教

由于赫伯特·C.奎伊的分类，采用了定量的分类方法，且具有灵活和实用性的特点，故在美国得到了广泛的运用。[①] 除赫伯特·C.奎伊的量化分类方法外，当今美国还广泛运用梅加吉的以明尼苏达多相人格量表为基础的分类体系和人际交往成熟水平分类体系。这二种分类均采用综合量化的方法进行分类。

3.定性与定量结合的分类方法。现代服刑人员分类是一个多目的、多标准的分类体系，因而仅采用定性或定量的分类方法，不能满足对服刑人员的关押、管理和矫正的需要。因而，必须依据不同的目的、标准，采用定性和定量相结合的分类方法。诸如按服刑人员的年龄、性别，在对服刑人员进行定性分类的基础上，同时采用人身危险性评分表进行定量分类；在管理上可采用按罪行的性质对服刑人员进行定性分类管理的同时，采用赫伯特·C.奎伊的量化分类方法，对服刑人员做进一步的分类。在矫正分类中，可对服刑人员的现实表现进行计分量化分类，同时由矫正工作人员对服刑人员的矫正效果做出定性评价分类。一个科学的分类体系必须要采用定性与定量相结合的分类方法，才能充分发挥分类的功能，达到分类的不同目的。

（六）我国的分类实践

我国分类制度是由分类关押、分类管理和分级处遇三部分组成。

---

① 参阅孙晓雳：《美国矫正体系中的服刑人员分类》，中国人民公安大学出版社1992年版。

我国的分类关押是指根据服刑人员的年龄、性别、犯罪性质、犯罪史等，把服刑人员分别关押在相对应的不同监狱或监区的狱政分类制度。这里实际上包括：一是监狱设置分类，目前我国监狱设置分类又包括两个层面的分类，第一个层面是按服刑人员的年龄、性别为标准，分为成年男犯监狱、成年女犯监狱、未成年犯管教所；第二个层面是在第一层面分类的基础上，根据犯罪性质把成年犯监狱又分为重刑犯和轻刑犯监狱两类。二是服刑人员分类，即依据服刑人员的年龄、性别、犯罪性质、犯罪史等把服刑人员分成不同的类别，分别关押在相对应的监狱和未成年犯管教所。

我国的分类管理，是指依据服刑人员的犯罪史和主观恶习等，对服刑人员进行分类和实行相应的不同的管理措施、管理方法的分类活动。目前，我国服刑人员的分类管理主要分为侵财、淫欲、暴力、偶初犯、累犯和过失犯等几种类别。

我国的分级处遇，是指在分类管理的基础上，以服刑人员服刑期间的现实行为表现，划分等级，通过计分考核的方法，分别给予不同等级的服刑人员不同待遇的动态分类活动。目前，我国的分级处遇分三等五级。三等即把服刑人员分为普管、宽管和严管三等，五级即严管级、从严级、普管级、从宽级、宽管级。为了便于识别和管理，不同等级的服刑人员用不同颜色的胸牌加以区别。

我国的分类制度尚处在理论研究和实践探索阶段，分类体系还比较粗，不够完善和科学。这主要表现在分类关押还属于二个层面的横向分类，缺乏纵向分类的深度；分类管理的标准，存在着犯罪手段、犯罪动机、犯罪目的和主观要件等方面的交叉，因而造成实际分类困难；分级处遇标准的单一，改造或矫正功能未能得到有效发挥。在分类的方法上主要采用的是定性的方法，缺乏客观的定量方法研究和使用，因而分类的客观性和科学性较低。安全、秩序和矫正，是分类的基本价值和目的。因此，构建科学的分类体系，是我国监狱体制改革和发展的一项重要任务。

二、认识人身危险性分类

（一）正确区别服刑人员的人身危险与心理危险

1. 人身危险性分类的概念。人身危险性分类，是现代分类体系的重要组成之一。人身危险是指服刑人员客观存在的潜在的继续实施危害社会、本人或他人行为的现实可能性。服刑人员人身危险性分类包括初始分类和服刑过程中的再次分类两个方面。初始分类主要是指对犯罪人或服刑人员，在审前、审后或刚进入监狱或社区矫正机构时的分类。初始分类的直接目的是通过分类，将不同危险等级的犯罪人或服刑人员关押在不同警戒等级的监狱或置于社区进行矫正，维护监狱和社区的安全。服刑人员的人身危险性也不是一成不变的，必须随着服刑人员人身危险性变化的情况，不断再次分类。服刑人员人身危险性再次分类，是在矫正过程中，依据服刑人员的现实表现、矫正效果和偶发性的心理危险情况，对服刑人员所进行的反复分类，以确保监狱和社区的安全，发挥分类的矫正功能。

2. 人身危险性与心理危险的联系和区别。服刑人员的人身危险性与服刑人员在服刑期间的心理危险，既有联系，又有区别。

服刑人员在服刑期间的心理危险，即心理危机，是由于服刑生活中各种变量，即服刑生活事件，使服刑人员处于个人资源和应付机制无法应对、无法解决或适应的困难、困境或困惑境遇。危机境遇也可说是个人与环境之间关系的不同时性。“对危机境遇的适应指的是处理资源和选择的方式，这些方式被用来实现对环境或生活境遇的控制，并解决因需要和结果控制之间不一致性所造成的问题。”[①]处在危机境遇的服刑人员，往往在危机开始时心理崩溃，如果不能及时进行必要的和强有力的干预，他们就可能再向前进一步，以自杀、行凶、脱逃、劫持人质等反应方式应对危机。

服刑人员人身危险性与心理危险既有联系，又有区别。这种联系性主要表现为一定的心理危险，在缺乏必要的干预的情况下，就可能转化为人身危险。但服刑人员的人身危险与心理危险还是有以下几点区别：

（1）服刑人员人身危险是主要由已知的过去或现在的客观事实决定的，具有已知性和客观性特点；服刑人员的心理危险主要是由服刑生活中的各种未知的偶然的事件产生的，具有未知性和偶发性特点。

（2）服刑人员的人身危险主要是通过与危险相匹配的不同强度的管理资源和矫正进行预防和消除；服刑人员的心理危险则主要是通过夹管、联号、安抚、调解、辩护、承诺、帮助、支持等技术和方法进行干预，提高其适应能力，促使其采用正确的反应方式应对危机。

（3）服刑人员人身危险预防和消除属于矫正活动，依赖矫正过程的技术、方法和矫正目标的实现，才能最终消除；服刑人员的心理危险干预属于心理矫治的范畴，必须在危险行为发生前即时解决，尽管也具有一定的行刑过程中的矫正价值，但更侧重于监狱或社区的安全和秩序的价值。

（4）决定服刑人员人身危险的客观事实主要是犯罪状况、社会化状况、恶

---

① ［美］G. H 埃尔德：《大萧条的孩子们》，田禾、马春华译，译林出版社 2002 年版，第 14 页。

习状况、生理心理状况、涉及成瘾物品状况和犯罪归因状况，或服刑人员在矫正过程中的现实行为表现、矫正效果等。能使服刑人员产生心理危险的是各种生活事件，这些事件见下表：

服刑生活事件及影响强度表

生　活　事　件	没发生	无影响（0分）	影响轻（1分）	影响重（2分）	影响严重（3分）
1. 离婚					
2. 夫妻感情不好					
3. 配偶去世					
4. 近亲属突患重病、或去世					
5. 家庭遭受天灾人祸					
6. 与家庭成员不和					
7. 无会见、汇款、邮包					
8. 子女辍学或家人下岗失业					
9. 家庭无稳定收入，生活困难					
10. 家里发生民事或经济官司					
11. 近亲属违法犯罪					
12. 追缴、追偿罚金、赔偿金					
13. 有余罪、漏罪					
14. 被加刑					
15. 申诉被驳回					
16. 与民警关系紧张					
17. 民警处理问题不公					
18. 民警管理、教育方法简单、粗暴					
19. 受他人连累					
20. 隐私暴露					
21. 周围有关系犯					
22. 与同犯关系难以相处					
23. 处遇被降级					

续表

生 活 事 件	没发生	无影响（0分）	影响轻（1分）	影响重（2分）	影响严重（3分）
24. 工种岗位被调换					
25. 被人打小报告					
26. 信任的民警被调动					
27. 受冤枉					
28. 被当众批评					
29. 班组犯人调整					
30. 发生工伤、意外事故					
31. 身体伤残生活不能自理					
32. 体弱多病					
33. 经常失眠					
34. 受同犯欺压、歧视					
35. 被批斗					
36. 劳动任务重或长时间劳动					
37. 债权债务					
38. 休息时间不足					
39. 改造秩序差					
40. 监房拥挤或生活环境差					
41. 打架					
42. 搞名堂					
43. 赌博					
44. 改造政策发生重大变化					
45. 被暗中算计					
46. 物品被窃					
47. 受行政处分或严管、集训					
48. 开大账受限制或大账无钱					
49. 中秋、春节等传统节日					

（注：上表可用作为服刑人员生活事件及影响强度的调查使用，便于及时对服刑人员的心理危险进行干预）

在矫正中,必须正确认识服刑人员的人身危险与心理危险之间的联系和区别。那种把服刑人员的人身危险等同于心理危险,或把服刑人员偶发的心理危险等同于人身危险,都将危害监狱或社区的安全和秩序。

(二)服刑人员人身危险性分类的意义

以服刑人员人身危险性为标准,对服刑人员进行分类,有以下重要的意义:

1. 有利于矫正目标的实现。服刑人员人身危险性分类,不仅是个案矫正的基础,而且其本身同样具有矫正的功能。这种功能主要表现为对不同危险程度的服刑人员匹配不同强度的管理措施和管理方法,可给予服刑人员不同程度的负增强刺激。负增强方法是行为矫治的技术之一。通过负增强方法,可以强化服刑人员对正面行为的关注,矫治其不良行为,转变其恶习,改善其不健康心理,促进其人格的完善和发展。

2. 有利于行刑和矫正资源的合理配置。无论是监狱还是社区矫正机构,行刑和矫正资源总是有限的。行刑和矫正效率是行刑、矫正的效果与投入比。要提高行刑和矫正的效率,就必须合理配置行刑和矫正资源。服刑人员人身危险性分类,可使监狱和社区矫正机构有限的资源,按危险程度进行合理的配置,提高行刑和矫正效率。

3. 有利于维护监管场所和社区的安全和秩序。服刑人员人身危险性分类的目的之一,就是防止其再继续危害社会。这里的社会也包括监狱和社区。服刑人员人身危险性,最主要表现为对矫正工作者、其他公民和服刑人员的人身、财产和其他权益以及监狱、社会和社区的正常工作、生产、生活等秩序构成威胁。安全和秩序是监狱和社区矫正机构正常矫正活动的基本保障。没有安全和秩序的监狱和社区,就不可能有正常的和有效的矫正活动。我国刑事法律规定,被判处缓刑、管制刑的犯罪人和被依法裁决假释的服刑人员,均必须符合确实不致再危害社会这一法定条件。通过对服刑人员人身危险性评估,可以科学认识服刑人员的危险性等级,科学把握确实不致再危害社会的内涵,并在此基础上对服刑人员进行科学分类。对不同危险性类别服刑人员,采用不同强度的管理措施、监督措施,和客观公正地裁决服刑人员是否可适用缓刑、管制或是否可以适用假释而置于社区进行矫正,可有效地防止服刑人员继续危害社会,维护社会、监狱及社区的安全和秩序,保障监狱和社区矫正机构的正常矫正活动。

4. 有利于分类体系的完善。服刑人员人身危险性分类,是现代分类体系和分类制度的重要组成。在监狱按服刑人员年龄、性别分类设置的基础上,通过服刑人员人身危险性分类,可将分类向纵深发展,使动态的服刑人员分类有一个重要的静态参照点,为服刑人员分类管理和分类处遇,提供进一步完善的基础,使分类体系和分类制度更趋于科学。

（三）人身危险性等级和分类技术

1. 人身危险性的等级。对服刑人员进行人身危险性分类,首先要确定危险的等级。人身危险性等级评定也可以作为服刑人员矫正难易程度评定的重要依据。因而,人身危险性评定是人身危险性分类中的一项重要技术。

目前,服刑人员危险等级主要有三级划分法、四级划分法和五级划分法。三级划分法分为高度危险、中度危险和低度危险;四级划分法分为高度危险、中度危险、低度危险和最低危险。最低危险级,有的国家也称之为社区级。五级划分法是在四级划分法的基础上,在高度危险级之上,加一最高危险级。

依据我国监狱的实际和社区矫正试点工作的大面积展开情况,我国服刑人员危险等级可划分为四级,即高度危险级、中度危险级、低度危险级和社区矫正级。在此基础上,可分设高度警戒监狱、中度警戒监狱、低度警戒监狱和社区矫正机构。基于目前我国监狱警戒等级无显著差异的实际,可在监狱内部分设高度警戒监区、中度警戒监区和低度警戒监区。

2. 服刑人员危险分类的技术。基于监狱、社区矫正机构的矫正和安全的目的,人身危险性分类技术主要有调查和定量评价技术。

（1）调查。调查分类主要是通过对犯罪人的生活史、社会化情况、违法犯罪史、涉及成瘾物的情况等客观信息的了解和认识,进行综合主观评估,依此认定危险等级和进行分类。随着心理学在矫正工作中的广泛应用,调查分类中也加入了心理量表测量的结果。调查分类是一种相对模糊分类技术,往往受所收集到的信息的多少和真假的制约,也受矫正工作者的知识、分析能力及个人情感的影响。调查方法主要用于服刑人员人身危险性初始分类。

调查分类可分为审前调查和审后调查两种。无论是审前还是审后调查,其程序和要素主要有:

①收集信息。这主要是调查人通过与服刑人员沟通、查阅档案、走访等方法,收集评估所需要的各种信息的活动。需要收集的信息主要有以下几个方面:

个人自然情况,具体包括性别、年龄、文化程度、民族、宗教信仰等;

家庭情况，具体包括家庭模式、家庭结构、家庭经济状态、个人在家庭经济中的角色和地位、家庭居住情况、家庭成员及相互间的关系、家庭文化等。

现行罪行，具体包括罪名、犯罪事实、危害结果、犯罪的动机和目的、犯罪的手段、犯罪的形态、是否是共同犯罪、在共同犯罪中的地位、是否属涉黑涉恶涉枪犯罪、是否属涉毒品犯罪、可能或已处刑罚的情况等。

过去的违法犯罪的时间、罪名或行为性质、处置情况等。

社会史，具体包括受教育情况、婚姻状态、就业情况尤其是情色等特殊行业就业经历、参与社会活动的情况、信仰情况、服兵役情况、个人爱好和特长等。

健康情况，主要包括有无遗传疾病、患病体检和诊疗记载、脑外伤史、精神病史等。

环境状态，具体包括多元文化影响情况、交往情况、所在群体结构及规则、生态环境状态等。

目前的态度，具体包括对待社会的态度、对犯罪的态度、对被害人的态度、对司法机关的态度、犯罪后对被害人的经济补偿或恢复原状等。

犯罪归因，包括是否把犯罪的原因归为社会、家庭、他人、个人的情况。

利用明尼苏达多相人格量表、或艾森克人格量表或其他心理量表检测情况等。

在收集信息时，必须要去伪存真，做到客观和全面。

②分析。信息收集完成后，应对收集到的信息进行分析和做出危险等级及分类建议。分析可由一人完成，也可以由具有社会学、犯罪学、教育学、心理学、人类学等知识的不同人员共同会诊完成。数人会诊，可采用面对面的讨论方式进行；也可以采用背靠背的方式，各人提出危险等级、行刑方式和分类建议，最后进行汇总和讨论决定。

③撰写调查报告。分析后应撰写调查报告，提出危险等级、行刑方式和分类建议。如果是审前调查，应向法院提交调查报告，如果是审后调查，应向监狱或社区矫正机构提交调查报告。调查报告包括所收集的信息、危险级别和行刑方式及分类建议的依据、提出明确的危险等级预测和行刑方式及分类建议等内容。

④危险定级和分类。法院或监狱、社区矫正机构，依据报告决定对犯罪人的行刑方式，例如是否适用缓刑、管制刑等，使服刑人员进入社区矫正机构矫正，还是适用徒刑等监禁刑，使服刑人员在监狱矫正；是否可裁定假释，或决定把犯罪人关押在何种警戒等级的监狱，或决定给予犯罪人适用何种社区矫正

环境和矫正项目等。

(2)量化评定。美国心理学家桑代克认为:"凡客观存在的事物都有其数量。"尽管服刑人员人身危险性定级具有预测的特性,但是,由于这一活动是以过去或正存在的客观事实为依据的,因而可以通过对这些客观事实进行量化,达到对服刑人员人身危险性等级可量化认定的目的,从而提高认定的准确性,实现服刑人员人身危险性认定的科学性。正如马克思所言:"一种科学只有成功地运用数学时,才算达到了真正完善的地步。"量化评定的基本方式是量表。"人的差异可以描述为一系列独立的特征。"[①]服刑人员人身危险性量表,即是由能从不同的维度反映服刑人员人身危险性倾向性差异的一系列独立的数量化的事实系列组合。服刑人员人身危险性量表属预测性量表。服刑人员人身危险性量表至少有两个基本要素构成:一是事实,即认定和预测人身危险性差异所需要的各种客观事实。一般来说这些客观事实要素包括了服刑人员过去或现实的生理生物危险、心理危险和社会危险。二是数量,即一定的分值。服刑人员人身危险性量表由于是以过去或现在存在的客观事实为基本构成要素,因而,它一般采用评分的方法进行量化。一个相对科学的量表,除了上述的构成要素外,还需要通过试测、复测,建立起量表的常模和解释表,并进行必要的信度和效度检验。量化评定的方法可用于服刑人员人身危险性的初始和再次分类中。

目前,随着我国司法体制改革进程的加快,监狱体制改革的加速,社区矫正试点工作在多个省市推开,服刑人员人身危险性量化评定已成为迫切的矫正工作诉求。我国服刑人员人身危险性量化评定研究尚处在一个理论和实践探索过程之中。理论相对系统科学并付诸试验性实践的,是江苏省监狱机关。2004 年,江苏省监狱管理局成立了罪犯改造质量评估课题组。该课题组通过研究,借鉴和吸收了美国、日本和我国香港等国家和地区的服刑人员人身危险性评定的技术,建构了《人身危险性(RW)检测表》。该表在四所监狱进行了试验性运用。在试验监狱,以民警主观评定为效标,检测表评定的结果,与主观评定结果之间的相符率达 92.5% 以上。该省罪犯改造质量评估课题组编制的人身危险性检测表见下表:[②]

① [荷兰]J. J. F. tey:《心理诊断》,陈会昌译,华文出版社 2000 年版,第 11 页。

② 于爱荣:《服刑人员改造质量评估》,法律出版社 2004 年版。

RW 检测表

检测日期：　　年　　月　　日　　　NO：

检测员__________ 职务__________检测单位__________

被检测人________ 案由__________刑期______________

检测题目	选　　项	得分
Fc： 过去被判刑（或劳动教养）次数	0　无 3　一次 6　两次以上	
Fn： 本次被判刑时年龄	0　56 岁以上 1　46～55 岁之间 2　36～45 岁之间 4　18 岁以下（不含 18 岁） 6　18～35 岁之间	
Fq： 刑种刑期	0　3 年以下（含 3 年） 2　3～10 年之间（含 10 年） 4　10 年以上有期徒刑 8　无期徒刑、死缓	
Fx： 犯罪形态	0　犯罪预备或中止 3　犯罪未遂 5　犯罪既遂	
Fl： 犯罪类别	0　过失性犯罪，渎职类犯罪、其他破坏经济秩序类犯罪 2　其他侵犯人身、民主权利和侵犯财产类犯罪、贪污、贿赂类犯罪 3　寻衅滋事、聚众斗殴、其他妨害社会管理秩序类犯罪、其他危害公共安全类犯罪 5　盗窃、诈骗（含金融类诈骗、合同诈骗）、危害国家安全罪 7　故意杀人、故意伤害、抢劫、强奸、绑架、爆炸、投毒、放火、贩毒	
Ft： 共同犯罪成员或黑恶势力成员	0　不是共同犯罪 2　是共同犯罪，但不是主要成员 5　是共同犯罪，是主要成员，或是主犯；或是黑恶势力犯罪，但不是主要成员 8　是黑恶势力犯罪，且是主要成员	

续表

检测题目	选项	得分
Zz： 犯罪前居住状况	0　有固定居住场所；或在农村居住 2　有较固定居住场所 5　没有固定居住场所；或长期流浪	
Zy： 受教育状况	0　大专以上 1　高中（或中专） 2　文盲 5　初中或小学	
Zh： 婚姻状况	0　已婚，且夫妻感情较好 1　未婚 3　离婚 5　处于婚姻危机状态；或另一方离家出走，长期失去联系	
Zg： 与家庭成员（或主要联系人）关系	0　很好 2　一般；或紧张，但有改善的可能 5　非常紧张，或与其长期失去联系	
Zj： 家庭经济状况	0　较好 1　一般 2　较困难 5　困难	
Zl： 犯罪前3年内就业经历（含从事农业、在厂矿企业工作；或自己经营企业）	0　6个月以上工作经历；或在家务农；或在校学生 2　有6个月以下工作经历；或短暂失业；或打工 5　无业；或长期失业	
Zn： 犯罪前（或服刑过程中）掌握劳动技能情况	0　熟练，能应付劳动需要 2　不太熟练，基本能应付劳动需要 5　无劳动技能；或老弱病残	
Ew： 犯罪前交往状况	0　交往人员中无人有违法犯罪经历 1　交往人员中无违法犯罪经历人，但均羡慕有钱人生活 3　交往人员中个别人有违法犯罪经历 5　交往人员中有很多人有违法犯罪经历	
Ey： 犯罪前在娱乐场所（或在发屋、保健中心、洗浴中心等）消费或工作经历	0　无 2　偶尔 4　经常	

续表

检测题目	选项	得分
Eb： 犯罪前（或服刑期间）赌博状况	0　无 1　偶尔 2　经常	
Ej： 犯罪前酗酒状况	0　无 2　偶尔 4　经常	
Ex： 性行为状况	0　正常；或无 2　有重婚、同居、嫖娼或卖淫等非法性关系经历 5　有强奸、奸幼经历；或有同性恋倾向	
D： 吸食或贩卖毒品经历	0　从不吸食或贩卖毒品 2　偶尔吸食，但未成瘾，或曾经有过一次贩毒经历 5　有较长吸食毒品史或多次贩卖毒品经历	
Xq： 情绪稳定状况	0　很稳定 2　不太稳定，但不影响服刑生活 4　很不稳定	
Xj： 精神或心理状况	0　正常 2　不太正常，需要一定的帮助 4　有障碍，难以适应服刑生活	
Xh： 适应环境状况	0　很快适应 2　不太适应，但需要一段时间调整 4　很不适应	
Xk： 身体健康状况	0　健康，或很少有病 1　偶尔有病，但很快治愈 4　很差，有严重的慢性病、传染病；或身体残疾，失去生活自理能力	
Xs： 自杀心理产生情况	0　从没有产生 2　偶尔产生 4　经常产生	
Y： 犯罪归因状况	0　自己原因 2　家庭原因 3　他人原因 5　社会原因	
合计得分________		
检测结果分析： 1. 危险性预测： 2. 处置建议：		

该表使用的程序和方法如下：

首先是调查。调查的方法主要有阅档、谈话、函调、问卷和心理量表检测。调查的目的是收集检测表中各维度的信息。

其次是评分。信息收集后，对照检测表中相对应的维度进行评分。

最后是计分和解释。计分是把各维度的得分进行求和汇总。在得出总分后，按统一的解释评价表进行危险性等级认定。解释表见下表。①

10 年以上有期徒刑、无期和死缓的服刑人员（男）人身危险性分数解释表

类别	平均值	稳定区	相对稳定区	危险区
D 系列	0.3	0 分	2 分	5 分
E 系列	8.42	<7 分	≥7 分，<10 分	≥10 分
F 系列	24.81	<20 分	≥20 分，<30 分	≥30 分
X 系列	4.71	<4 分	≥4 分，<6 分	≥6 分
Y 系列	2.54	0 分	3 分	5 分
Z 系列	11.76	<9 分	≥9 分，<14 分	≥14 分
合计	52.54	<42 分	≥42 分，<63 分	≥63 分

不满 10 年有期徒刑的服刑人员（男）人身危险性分数解释表

类别	平均值	稳定区	相对稳定区	危险区
D 系列	0.15	0 分	2 分	5 分
E 系列	7.66	<6 分	≥6 分，<9 分	≥9 分
F 系列	18.3	<15 分	≥15 分，<22 分	≥22 分
X 系列	2.73	<2 分	≥2 分，<4 分	≥4 分
Y 系列	1.75	0 分	3 分	5 分
Z 系列	11.89	<9 分	≥9 分，<14 分	≥14 分
合计	42.46	<34 分	≥34 分，<51 分	≥51 分

① 于爱荣：《服刑人员改造质量评估》，法律出版社 2004 年版。

女犯人身危险性分数解释表

类别	平均值	稳定区	相对稳定区	危险区
D 系列	0.6	0 分	2 分	5 分
E 系列	4.67	<3 分	≥3 分，<6 分	≥6 分
F 系列	16.37	<13 分	≥13 分，<20 分	≥20 分
X 系列	3.4	<2 分	≥2 分，<4 分	≥4 分
Y 系列	1.03	0 分	3 分	5 分
Z 系列	10.13	<8 分	≥8 分，<12 分	≥12 分
合计	36.17	<29 分	≥29 分，<43 分	≥43 分

未成年犯人身危险性分数解释表

类别	平均值	稳定区	相对稳定区	危险区
D 系列	0.2	0 分	2 分	5 分
E 系列	7.06	<6 分	≥6 分，<8 分	≥8 分
F 系列	17.53	<4 分	≥14 分，<20 分	≥20 分
X 系列	2.47	<2 分	≥2 分，<3 分	≥4 分
Y 系列	1.83	0 分	3 分	5 分
Z 系列	14.53	<12 分	≥12 分，<17 分	≥17 分
合计	43.50	<35 分	≥35 分，<52 分	≥52 分

该人身危险性检测表，还仅是一个初始人身危险性分类预测表。因此，还必须依据服刑人员矫正过程中的现实行为表现、矫正效果和服刑生活事件等，建构服刑人员人身危险性再分类量表，完善分类体系。

三、认识活力分类

（一）活力分类的概念和特征

活力分类是基于矫正需要而不断重新分类的过程。活力分类是一个包含管理、矫正和处遇统一的活动过程。广义的活力分类包括人身危险性分类和再分类、管理分类和处遇分类。这里的活力分类仅指管理分类和处遇分类。活力分类是分类体系中必不可少的重要组成部分，直接体现安全和矫正的目的。活力分类具有以下特征：

1. 功能性。活力分类既是一个动态的分类过程，又是一个动态的矫正过程。活力分类的本身也是矫正的一项重要技术。因而，无论基于何种分类的目的和分类的标准，矫正是其最重要的功能。科学的活力分类，就在于是否能充分发挥其矫正的功能。任何不具有矫正功能的分类，必然不属于活力分类的范畴。

2. 多样性。活力分类是基于矫正需要而进行的分类。这决定了它可以依据矫正内容的需要而设置不同的具体矫正目的，并依据不同的目的设置不同的分类标准。活力分类即是在服刑人员的服刑期间，依据不同的具体矫正目的，设置不同的分类标准，不断地反复进行分类，从而满足不同的矫正需要的活动。分类标准的多样性，是活力分类的重要特点之一。

3. 时间性。时间性是活力分类的基本要求。任何矫正目的和矫正内容，总是要在服刑人员服刑期限和一定时间内实现和完成的。时间的规定性是矫正的基本要求之一。只有在规定的时间内，完成矫正任务，实现矫正目的，才能对矫正的效果进行评价，并基于矫正效果评价，对矫正内容、矫正技术和目的进行反馈和修正，从而实现矫正效果的最大化。矫正的时间规定性决定了活力分类的时间性。时间性无疑也是活力分类的特点之一。

4. 层次性。活力分类总是与激励不可分割。一方面激励的本身也是矫正的一项重要技术；另一方面，基于激励的活力分类，才能增加服刑人员矫正的内在动力，有助于实现矫正目的，从而实现分类的目的。基于服刑人员的需要动机，依据矫正效果来满足服刑人员的不同需要，是激励技术的动力论基础。对服刑人员给予不同的管理等级和给予相应等级的地位和待遇，是激励的核心矫正技术。分层管理和分层处遇，也是活力分类的一个重要特点。

5. 团体性。通过对服刑人员依据不同的标准进行不断分类，可使服刑人员构成不同的类别，形成不同的矫正团体。把服刑人员分成不同的矫正团体，可使监狱和社区矫正机构有效地配置管理和矫正资源，充分发挥矫正的职能，维护监狱和社区的安全和秩序，提高矫正效率。可以说，团体性是活力分类的直接结果，也是其重要的表征。

（二）活力分类的目的和标准

1. 活力分类的目的。安全和矫正是活力分类的目的。由于管理分类是处遇分类的前提，处遇分类是管理分类的基础，且二者总是统一在行刑和矫正活动的过程之中。因此，管理分类的本身同样具有矫正的目的，处遇分类也具有安全的目的。安全和矫正是有机的统一体。

2. 活力分类的标准。基于分类的目的，管理分类的标准可设定为：

(1)犯罪性质。按罪行的性质对服刑人员进行分类,防止服刑人员交叉感染,产生新的犯罪。

(2)心理特性。主要是按服刑人员的人格,对服刑人员进行分类,有助于对服刑人员通过管理进行小组或团体治疗。

(3)危险性。按服刑人员的人身危险性、心理危险进行分类管理,有利于对服刑人员通过管理实行有效的团体行为矫正和干预。

(4)矫正难易程度。通过对服刑人员矫正难易程度的评估,按矫正难易程度对服刑人员进行管理控制,正负强化服刑人员的行为,促进矫正。

(5)行为特征。采用美国赫伯特·C.奎伊创立的分类工具——矫正适应量表和生活史量表,对服刑人员做出群体行为特征分类或按行为观察记载统计,对群体服刑人员做出行为类型特征分类,把不同行为特征类型的服刑人员按适当比率进行编组、监督、关押管理,防止服刑人员自杀或相互间的暴力行为的发生,维护社区和监狱的安全,利于采用团体矫正,提高矫正的效率。

(6)服刑时间。按服刑人员服刑时间的长短,对服刑人员进行分类,给予不同的管理。这是一种比较简便的管理分类。但由于这种分类的矫正功能不强且不利于激发服刑人员矫正的内驱力,往往不单独采用,而是考虑附加于其他分类标准之中。

(7)矫正需要。按服刑人员需要矫正的内容和采用的矫正技术的相同性,对服刑人员做出治疗、干预、调适和教育等分类,从而便于个案的管理和通过管理进行有效的团体或小组矫正,合理配置矫正资源,提高矫正的效率。以矫正需要所进行的分类,也可称之为服刑人员个案矫正分类。

(8)综合。除上述分类标准外,目前常见的管理分类,往往将上述标准进行综合,或把上述分类标准与处遇分类标准进行综合,对服刑人员进行管理分类的同时给予相对应管理级别的处遇。

另外,还有按服刑人员在服刑期间需要的共同性,进行分类管理。

管理分类的标准是多样的,就监狱管理分类而言,有人统计现行各国监狱在管理分类上采用的标准达六十多种,也有人认为达一百多种。但无论采用何种标准进行管理分类,最重要的是能否最大化地实现分类的安全和矫正目的。结合我国监狱和社区矫正正处于试点的实际状况,在管理分类上可考虑的标准是:罪行性质(重点是犯罪构成的客观要件的特征、主观要件的特征和客体的性质)、人身危险性程度、心理危险情况、服刑时间、心理特征和矫正需要等进行综合,即综合性标准。

2. 处遇分类的标准。处遇的等级往往与管理的等级相一致,因而,处遇分类的标准往往包含在管理分类标准之中。但，处遇分类也有下列特有的两个分类标准。

(1)矫正效果。通过定期对服刑人员个案矫正目标实现情况的评估，按矫正效果的情况对服刑人员进行分类，给予不同的等级的处遇，激发服刑人员接受矫正的积极性，巩固矫正效果。

(2)现实行为表现。按服刑人员服刑期间现实行为表现进行计分累计考核，按得分的多少进行分类，给予服刑人员不同类别的不同等级的处遇。

目前我国在处遇分类上主要采用现实行为表现的分类标准。具体方法是：按预设的日常行为规范，对服刑人员服刑期间的行为表现进行考核计分，按得分的多少，同时考虑服刑人员的服刑时间和服刑期间违规行为情况，把服刑人员分为严管、普管和宽管三类管理等级，在此前提下，给予服刑人员相应的严管、严管与普管过渡、普管、普管与宽管过渡、宽管五级处遇。

江苏省监狱系统在罪犯改造质量评估试点工作中，采用了定性与定量相结合的综合考核处遇分类标准。其方法是对服刑人员的行为矫正情况进行日记载、周评议和月考核的方法，进行等级分奖励，每月奖励分不超过 12 分。对服刑人员的思想矫正（具体内容包括评估的配合情况、矫正作业的完成情况、矫正方案的参与情况、检测中的认真和诚实情况等）进行月评议给予等级分奖励，每月奖励分不超过 8 分。对服刑人员每 6 个月进行一次犯因性量表（心理、认知和行为量表）检测，依据检测结果与上次犯因性检测量表检测结果进行对比换算出一个思想矫正效果系数值，将该系数值与思想矫正奖励分相乘，得出服刑人员思想矫正的实际效果分。把实际效果分与行为矫正奖励分相加，得出总和分，按总和分的多少给予服刑人员不同等级的处遇。

（三）活力分类的技术

1. 评议。主要由具有心理学、社会工作理论、教育学、犯罪学等不同知识的矫正工作者，分别采用不同的专业知识，对服刑人员的犯罪情况、人身危险性、矫正难易情况、矫正效果等进行主观分析、评价和讨论，决定给予服刑人员不同的管理级别和处遇等级，并据此进行管理和处遇分类。

2. 检测。这主要是采用明尼苏达多相人格量表、艾森克人格量表、人身危险性检测表、矫正难易评价表、高危行为评价表、自杀检测表等，对服刑人员进行检测评价，对服刑人员进行管理和处遇分类。

3. 观察记载。矫正工作者对服刑人员服刑期间的行为表现进行观察和记载，概括其行为的相同或相似性，即行为特征，据此进行管理分类，同时按行为特征给予不同的行为矫正和处遇，或通过对服刑人员一定时间的现实表现进行观察和记载，进行主观分析评价，依据评价结论进行分类和给予服刑人员不同的处遇。

4. 调查。调查的方法主要用于管理分类。一般通过对服刑人员的犯罪状态、违法犯罪史、社会化情况等进行走访、函调、面谈、阅档等具体方法，收集相关资料，进行主观分析，撰写出具有管理分类结论性的调查报告，对服刑人员进行管理分类。

5. 综合。这主要是通过主观与客观相结合、定性与定量相结合的综合分析评价的方法，对服刑人员进行管理和处遇分类。在管理分类中，一般采用相关心理量表、矫正适应量表和生活史量表、人身危险性和矫正难易程度检测表，或自杀、高危行为评价表等，对服刑人员进行测量或检测，并结合分类调查的情况，对服刑人员进行综合分析评价和分类。在处遇分类中，对服刑人员进行心理量表测量、专家主观评议和观察记载等方法，对服刑人员的矫正效果进行综合分析评价后给予相应的分类。

（四）活力分类的机制

活力分类是一个动态的分类过程。这种动态性表现为它总是不断地反复进行管理和处遇分类。

活力分类的动态性的理论基础是需要理论，其内在机制是激励。物质、精神、自由、安全、秩序等，是服刑人员服刑期间最基本也是最重要的需要，也是其行为的最基本的和最主要的动力源和内驱力。在管理和处遇分类中赋予激励技术，就是要通过差别性满足服刑人员的需要，促进其关注人类的正面行为，积极和主动地接受矫正，从而实现安全和矫正的目的。

第二节　服刑人员个案矫正目标技术

一、认识服刑人员个案矫正目标

（一）服刑人员个案矫正目标的概念和特征

1. 服刑人员个案矫正目标的概念。矫正工作者与服刑人员建立起矫正关系后，制定矫正目标就成为一个重要的活动和环节。服刑人员个案矫正目标是指通过监狱或社区矫正机构的矫正工作人员提供的矫正活动，希望服刑人员达到的结果。矫正目标是服刑人员个案矫正必不可少的要素。

2. 服刑人员个案矫正目标的特征。服刑人员个案矫正目标有以下特征：

（1）具体。服刑人员个案矫正目标必须是具体的而不是抽象或笼统模糊的。这种具体主要表现为目标能明确指出产生的结果，而不是手段或过程；有准确的相关理论概念和能对产生的结果进行评价。

(2)可行。服刑人员个案矫正目标的可行性,表现为矫正工作者有实现目标必须具备的理论知识和技术及其他必要资源支撑,且目标的实现,易于操作。对服刑人员而言,相信易于通过自身行为实现矫正目标,提高接受矫正的自信心。可行的关键是实现目标的难易程度。在矫正中,对服刑人员难以达到的矫正目标,矫正工作者要敏感地和技巧地帮助其适当降低矫正目标到现实可行的程度。

(3)共识。有效的矫正必须是矫正工作者清楚服刑人员矫正的需要,即需要矫正什么问题;服刑人员清楚自己需要改善或改变哪些问题,即清楚自己的矫正需要。如果矫正工作者强行将矫正目标加于服刑人员身上,就会使服刑人员丧失主动和积极接受矫正的动机和动力。因此,矫正目标是矫正工作者和服刑人员讨论协商中所形成的共识。

(4)统一。在个案矫正中,可能面临服刑人员需要改变、改善的多个问题,即具有了矫正的多个目标。同时,在一个目标中还可能存在多个子目标。但无论有多少个目标,目标之间必须具有内在的统一性。统一还表现为矫正工作者与服刑人员对矫正目标认同一致,不能存在分歧。矫正目标不统一、不一致,就会使服刑人员无所适从,难以实现矫正的目标。在矫正目标不统一、不一致的情况下开展的矫正活动是没有任何意义的。

(5)顺序。在个案矫正中一般存在着根本目标、总目标和具体目标三个层次。根本目标即使服刑人员成为守法公民。总目标是服刑人员需要矫正的犯因性问题或可能产生自杀、行凶等病态行为的心理危险等。具体目标是总目标的组成部分。在个案矫正中,不可能一次性地将所有的矫正目标都能实现,必须依据目标与服刑人员存在的问题的关联紧密程度和对现实影响的情况,对总目标尤其是具体目标确定达到的先后顺序,便于在服刑人员有信心的背景下,一个一个地达到目标。顺序也是矫正目标的一个重要特性。

(二)制定矫正目标的作用

在服刑人员个案矫正中,目标的重要性是显而易见的,具有以下重要作用。

1. 控制。服刑人员个案矫正是建立在矫正关系基础之上的一个互动性活动。当矫正关系建立后,矫正目标将由此始而终至于结案。在这一互动的活动过程中,矫正工作者提供什么样的矫正服务,服刑人员如何去消除犯因性问题,矫正活动的方向和预期,无不由矫正目标决定或规定。没有矫正目标的个案矫正,只能导致矫正的不合理期待和方向的经常变换,难以实现具体的矫正目的。显然,矫正目标使服刑人员个案矫正成为一个目标有效控制的活动过程。

2. 导向。矫正目标是基于服刑人员存在的犯因性问题或可能成为新的犯因性问题订立的。它可以使矫正工作者和服刑人员双方澄清存在的或可能生成的犯因性问题,从而引导双方解决问题的行动方向,提高矫正的实效性,并促进服刑人员参与矫正。

3. 评价。矫正目标尤其是具体目标是服刑人员在其行为和情境方面希望发生的具体变化的清楚的描述,因而它应是可以观察到并可测量的。可观察和可测量,无疑使矫正目标的达到情况可以直接进行评价。可评价的矫正目标可为评价矫正工作者的矫正绩效和服刑人员的矫正效果提供指标性依据。

(三)服刑人员个案矫正目标制定的原则

制定服刑人员个案矫正目标,必须遵循以下几个原则:

1. 协商原则。矫正目标必须是在矫正工作者与服刑人员共同协商下制定的。矫正工作者与服刑人员共同探讨,形成矫正目标的共识,可以防止矫正工作者把自己设想的目标强加在服刑人员身上,使服刑人员丧失接受矫正的主动性和积极性。矫正工作者与服刑人员协商制定矫正目标,也是一个更深入认识问题的过程,可以让服刑人员充分认识自身的问题和理解矫正目标。同时,服刑人员参与协商过程的本身,也有益于服刑人员感到自己比较有能力实现目标,提高自信心和增加个人能力。矫正工作者通过协商,才能进一步认识服刑人员达到矫正目标的能力和信心,让矫正目标更加具体明确和可操作,使达到矫正目标的难易程度适中。协商原则是制定矫正目标的首要原则。

2. 一致性原则。制定的矫正目标必须一致,即首先根本目标、总目标和具体目标相互间具有内在的统一性,矫正工作者必须明确根本目标在矫正目标中起着统领和规定性的作用,总目标是服刑人员需要矫正的犯因性问题,是实现根本目标的关键,具体目标是总目标的分解和细化,是为总目标的实现服务的。其次各具体目标之间也具有内在的一致性,使具体的矫正活动具有同一的期待和同一的方向性;最后制定的矫正目标必须得到矫正工作者和服刑人员的一致同意,即是共识的结果。矫正工作者和服刑人员如果不能就矫正目标达到一致时,必须要反复协商,直到双方形成共识为止。但是,在讨论中,矫正工作者不能为了达到共识而迁就服刑人员,放弃自己职责性原则。在协商中,矫正工作者必须坚持总目标是为了实现根本目标,具体目标是为了达到总目标的原则,任何偏离这一原则的矫正目标,必然使服刑人员个案矫正工作简单等同于一般个案社会工作,使矫正目标偏离监狱和社区矫正机构的基本职能。

3. 可行性原则。矫正目标必须可行,只有可行的矫正目标才能达到最佳的矫正效果,实现矫正的目的。因此,在制定矫正目标时,首先要具体明确,能为服刑人员认识和理解,易于其达到;其次必须易于操作;再次要有实现的必要支持系统;第四,矫正工作者的知识、能力和技术能与之相匹配;第五必须能清晰地反映目标的增量变化,能对达到状态可评价。制定的矫正目标,好高骛远,不切实际,背离矫正工作者和服刑人员自身能力实际,或抽象模糊,难于操作,将会使服刑人员有矫正挫折感,降低矫正信心,难以保证个案矫正的质量。

4. 关联性原则。个案矫正的目的是改变、改善服刑人员犯因性问题,使其成为守法公民。因此,在制定矫正目标时,必须使矫正目标与消除服刑人员的犯因性问题相关联,即直接表现为改变、改善其生理生物、心理和环境等维度中存在的能引发犯罪的问题,使服刑人员呈现相应的正向发展性。矫正目标与消除服刑人员的犯因性问题之间不关联,不仅浪费矫正资源,而且由于矫正缺乏针对性,从而使矫正目的难以实现,失去个案矫正应有的价值。关联性原则首先要求矫正工作者在沟通分析中,必须能用自己偏爱的或特有的专业知识,准确找出服刑人员犯罪的各种犯因性问题,并使之概念化;其次要明确服刑人员存在的各种犯因性问题与犯罪或可能再次犯罪之间的远近关系,为确定矫正目标的优先顺序提供依据;最后按关联性的程度确定实现目标的优先顺序,同时考虑服刑人员在服刑期间的心理危险因素。

二、个案矫正目标的设置技术

个案矫正目标的制定是一个认识、思考和探索未来方向的活动。适当的矫正目标必须是具体、可行、可评、统一和有顺序的。因此,必须采用一定的矫正目标制定技术,实现矫正目标设置的科学化。

(一)回放

回放是矫正工作者在沟通分析后,对服刑人员的犯因性问题重新陈述。

矫正工作者在与服刑人员沟通过程中,通过对服刑人员言行和外表生理生物特征的观察,倾听服刑人员的生活史、犯罪史等的叙述,调查阅读相关档案资料等,会形成服刑人员犯因性问题的初步看法。在分析会诊后,矫正工作者会对服刑人员有一个更加全面和清晰的认识。但是,服刑人员个案矫正与一般个案社会工作或心理咨询不同。一般个案工作对象和心理求询者,总是主动带着问题求助或求询,尽管他们对自身问题不能非常明确和清楚地用概念表达出来。服刑人员不是一个主动的求助或求询者,在沟通中总是被动的,一般不清楚自身的犯因性问题,或不愿讲出甚至掩饰自身的犯因性问题。更为重要的是，由于服刑人员犯罪归因认识的偏差，或对法律的错误认识，或因诉讼瑕疵，抵触甚至扭曲性地对犯因性问题陈述，增大了矫正工作者对问题认识的难度，难以全面、客观和真实地认识服刑人员的犯因性问题，导致矫正目标发生偏差。因而，这就要求矫正工作者必须做到：

1. 在沟通和建立矫正关系时，必须首先通过尊重和启发性引导教育，使服刑人员明确个案矫正的价值和意义，形成向善的动机，鼓励服刑人员自我认识问题、思考问题或主动地说出问题。

2. 全面收集资料。矫正工作者应更广泛地收集资料，对观察的情况和服刑人员的叙述，进行补充、印证，能有一个更全面和真实的信息，认识服刑人员的犯因性问题。

3. 重新陈述。矫正工作者通过上述工作后，对服刑人员存在的犯因性问题形成一个更加全面、客观和真实的认识，这时就应向服刑人员再次陈述其犯因性问题，通过再次陈述，发现与原先的认识的差异。

4. 反复讨论。通过教育和沟通，服刑人员也会认识到自己存在的问题，对存在的问题的认识也会发生变化，愿意并能清楚地说出自己的问题。在制定矫正目标时，矫正工作者在对问题重新陈述时，应征求服刑人员的看法，如果双方存在认识上的不一致，就必须针对不一致，进行反复的讨论和修改，最终达成共识。

（二）概念

所谓概念是指矫正工作人员在沟通和对问题重新陈述时，能用自己喜爱的或见长的专业知识，对服刑人员存在的犯因性问题，迅速用相关理论知识做出明确的概念。概念的过程是一个运用相关理论知识进行认识和归纳的过程。对服刑人员存在的犯因性问题不进行明确的概念，一方面不能使服刑人员对自身存在的问题有清楚明白的认识；另一方面，必然导致所制定的矫正目标抽象或笼统模糊，不能为服刑人员理解或认识。因此，概念对制定具体、可行和可评价的矫正目标具有极为重要的意义。这就要求：

1. 矫正工作人员应尽量采用自己喜好的、特长的专业知识进行概念。个案矫正工作是一个开放的实践活动。人类的行为也是可以从不同的理论进行认识。因此，矫正工作可以用社会学、心理学、教育学、法学、犯罪学和人类学等理论知识来认识犯罪。矫正工作者最为熟悉的知识，往往也是他偏好的、学有专长的知识。矫正工作者采用自己喜好的、特长的专业知识，往往能使专业经验和专业技能有效结合，迅速地对服刑人员的犯因性问题及矫正目标进行准确的概念。

2. 有相应的矫正技术。矫正工作者采用自己喜好的、特长的专业知识对犯因性问题和矫正目标进行概念时，必须遵循的规则是这种理论能为达到矫正目标提供必要的技术支持。否则，概念再准确，如果矫正目标没有必要的技术支持，矫正的目的也是无法实现的。

3. 价值中立。矫正工作者在对犯因性问题和矫正目标概念化时，要防止用自己的主观价值标准概念问题和目标。否则，就会使概念丧失客观性，使问题和目标成为矫正工作者单方强加的，使服刑人员失去自信和行动的动力。

4. 坚持自己的原则。价值观具有个性化的特征。矫正工作者与服刑人员价值观存在着必然的冲突。这是服刑人员个案矫正同一般个案工作方法的重要区别之一。尽管采用正面语言表述矫正目标，但归根结底是要让服刑人员放弃不良功能行为和个人的价值观。因此，在讨论矫正目标的过程中，价值观的冲突是必然存在的。当发生冲突时，矫正工作者应坚持使服刑人员成为守法公民的原则，不能迁就服刑人员。

5. 防止表面化。矫正目标的表面化，往往是矫正工作人员对服刑人员犯因性问题的认识表面化的结果。矫正目标的表面化，对个案矫正是没有任何意义的。例如，一名小学文化程度的服刑人员，外出打工，很长时间无法找到就业机会，一时生活所迫盗窃犯罪。如果把生活所迫当成犯罪原因并据此设置为矫正目标，那么个案矫正就不能达到根本目标。事实上，认知水平和社会适应能力低下是该服刑人员的犯因性问题。但认知水平和社会适应能力低下，是由于该服刑人员童年时脑部疾病（脑膜炎），产生学习障碍而厌学，小学未毕业即辍学所致。要消除该服刑人员的犯因性问题，就要提高其认知水平和社会适应能力。但要提高其认知水平和社会适应能力，则必须针对其学习障碍，提高其学习的兴趣。在这里，应结合劳动改造手段优先安排该服刑人员学习一门职业技能，通过职业技能的学习促使其产生学习文化知识的内在动力，使其能在一定时间内完成义务教育，并掌握一门职业技能。

6. 目标应采用正面的语言表述并强调成长。概念目标时，可着重在服刑人员有利的改变或生命当中累积的收获，强调服刑人员的成长作为目标达到的指标。在叙述目标时，所要消除的犯因性问题是把焦点放在服刑人员要放弃的部分。虽然服刑人员也会想放弃不良的诸如打架、成瘾物品使用、过度的酗酒和吸烟、赌博等功能行为，但他们可能会产生一定的失落感，因为那些行为虽是犯因性问题，对服刑人员而言毕竟在生活中已经习惯了。采用正面语言表述目标，即是用收获性的而不是丧失性的语言表述目标，如一名因吸毒而盗窃犯罪的服刑人员，在社区矫正机构矫正时，矫正工作者放弃的表述是：你必须放弃吸毒,否则你会倾家荡产……;用收获的语言表述是:你在社区医院可以得到免费的美沙酮,你的身体和生活会好起来。采用正面语言表述目标,不仅体现了矫正工作者对服刑人员的尊重,而且也强调了从服刑人员的力量或积极的角度来帮助其成长,使服刑人员在心理上更易接受,并成为转变的动力。

(三)顺序

矫正目标是一个有机体,如下图所示:

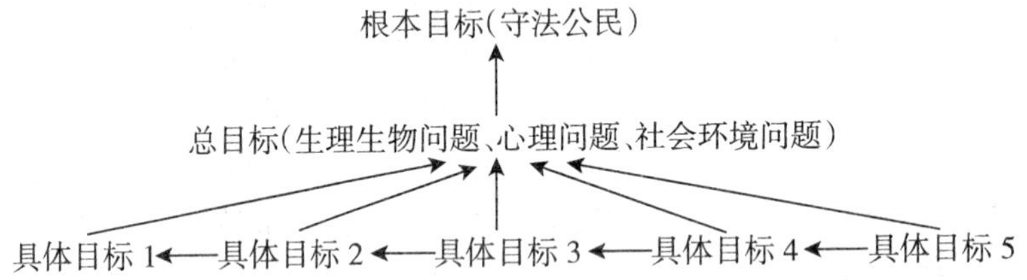

对许多服刑人员而言,可能存在着一系列的犯因性问题,因而,总目标往往不是一个,而可能是多个,同时,总目标也可能由许多细化的具体目标组成。在这里,无论是总目标还是具体目标,不能"胡子眉毛一把抓",正如西蒙斯和艾哥讷(Simons & Aigner)所说"要开始同时对付几个目标就可能陷入困惑和失败"。[①] 矫正工作者应该把总目标、具体目标排出一个先后达到的顺序。矫正工作者在排定目标达到的顺序时,要考虑以下几点要求:

1. 先具体后抽象。矫正目标总是由具体目标的实现而达到总目标,由总目标的实现而达到根本目标的。因此,首先要把具体目标的达到排在首要实现的位置,其次才能是总目标,最后是根本目标。

2. 先直接后间接。按犯因性问题与犯罪之间的关联的紧密程度,把最紧密的直接目标排在优先位置。

3. 先易后难。即按目标达到的难易程度,把最容易达到的目标排在优先位置,增加服刑人员的信心。

4. 先安全后矫正。安全是监狱和社区矫正机构首要任务,是矫正的前提条件和保障性条件。如果服刑人员的犯因性问题对监狱和社区矫正机构的安全构成直接的威胁,则应把安全目标排在优先位置。在刑罚执行期间,服刑人员因偶发的生活事件而产生心理危险,对社会、监狱和社会矫正机构、本人或他人的安全构成威胁时,则应及时将对服刑人员心理危险干预所要达到的目

---

① 朱眉军、文军:《社会工作实务手册》,社会学文献出版社 2006 年版,第 58 页。

标,调整到优先达到的位置。

例如:服刑人员王某,其母在20世纪70年代初离婚改嫁。其母改嫁时,王某正上小学。在当时的社会文化背景下,离婚是为社会所不齿的,子女也受人歧视。王某在校学习期间,常受其他同学的嘲笑、疏远甚至打骂,每次受到委屈报告老师时,老师总是用厌恶的口气先批评她不对,然后对他人轻描淡写地批评几句。为此,王某对其母和继父非常怨恨。由于王某深感其母和继父对其非常好,使其怨恨无法向母亲和继父发泄。为此,王某在校学习期间,总是尽量远离他人,受到委屈时,一人躲藏到无人处放声大哭一场。久而久之,王某每次受到委屈后,在大哭的同时,用头撞墙、猛揪自己的头发,才感到心理舒服。王某高中毕业后到某厂工作,经人介绍,认识了厂里一工程师,经两年多恋爱,准备结婚。在拟结婚前一个月,在舞厅认识现在的丈夫高某。高某系社会上的小混混,曾因打架斗殴被少教三次和定罪入狱两次,且年龄比王某小。高某对王某一见钟情,开始疯狂追求王某。一开始,王某并未为高某的追求所动。在王某准备结婚的前一天,王某弟弟开的小店遭到当地小混混敲诈,高某得知后,带人将小混混打跑。在打斗中,高某右手食指、中指和无名指被对方砍掉。王某得知后,不顾家人和男友的苦劝,离开了男友而与高某结婚。婚后不久,王某得知高某不仅吸毒而且以贩养吸。王某多次对高某苦苦相劝,为此两人由争吵发展到打架,每次打架打不过高某后,数次用酒瓶将自己的头打破,甚至两次割腕自杀相逼,但并未能使高某放弃吸贩毒。为了让高某失去贩毒的下家,切断高某贩毒渠道,王某通过电话与高某贩毒的上家和下家建立起直接联系,亲自带下家和上家相识并帮下家带毒,结果为此而被判有期徒刑6年。在服刑期间一直未得到过行政和法律奖励,产生过三次自杀念头。

该案中,自害(虐)心理是王某犯罪的重要原因。而这种自害心理,是受王某小时所处的文化背景的影响下逐渐形成的。王某与高某结婚后这种心理得到了进一步的强化。消除王某的自害心理可定为总目标,但要实现这一目标,必须改善王某所处的文化背景,通过一定的方式使王某的自我得到苏醒。针对王某在服刑期间曾产生过自杀倾向的情况,首先应对其自杀倾向进行预防性干预,主要是通过心理疏导,使王某学会多种合理宣泄不良情绪的方式。其次应在服刑生活中为王某安排符合其能力的角色,如安排当生产工艺员、学习组长等,从中体现和实现自我价值,使其自我得到恰当的苏醒。最后是改善其所处的外部文化环境。由于社会发展,对离婚子女的歧视已不存在,重点是改变其家庭环境。王某当初嫁给高某是王某因安全需要而产生的一次不恰当的自我苏醒。要改变其家庭环境却又是一件很难的事。尽管王某非常怨恨其夫，入狱后一直有离婚的想法，但王某深知高某的性格决不会轻易答应离婚的，必然会采用多种方式对她进行纠缠。高某因贩毒与王某一样，目前在某男犯监狱服刑。王某在服刑期间，对高某的来信一直未复，不与高某联系。监狱不能劝或直接帮助王某离婚，只能依赖她的自我苏醒，自己确实认为感情破裂而坚决离婚时，为其提供婚姻和相关法律的指导。与高某离婚对王某来说是最难做到的事。这一环境改变的目标对王某来说也是最难达到的。因而，这一目标应放在最后。

（四）协商

制定目标的过程是矫正工作者与服刑人员在协商中达成共识的过程。通过协商，可以使服刑人员再次认识和思考自己存在哪些犯因性问题，需在哪些方面做出改变、改善，以及改变、改善后的自己有什么样的未来。对矫正工作者而言，通过协商可以进一步了解服刑人员的需要、能力，合理设置目标的实现顺序、达到目标的方式方法，可对目标进一步细化分解，为达到目标设定时间表，按时间表设计相应的矫正作业等，可防止自行设定目标并强加给服刑人员，使服刑人员丧失行动的动机和动力。这要求：

1. 矫正工作者要鼓励服刑人员进一步认识自己存在的犯罪问题；鼓励服刑人员自我设定目标；鼓励服刑人员对达到矫正目标的未来情景进行积极思考。

2. 在协商中，矫正工作者应充满对服刑人员能达到目标的自信，要尊重服刑人员。

3. 协商时，不仅要讨论要达到的矫正目标、达到目标的顺序、实现目标的方式方法，也要讨论实现目标的时间表，每一时间段要达到的具体目标和相应的矫正作业等。意见不一时，应反复讨论，最终达到一致。

4. 在讨论时，矫正工作者要坚持自己的原则，不能过分迁就服刑人员。

5. 协商达成一致时，应及时制定矫正方案。

6. 在协商时，矫正工作者发现矫正目标是自己的专业知识等无力解决的，应及时把案件转介到有能力的矫正工作者，并对服刑人员说明情况。接案的矫正工作者应从沟通开始，重新认识服刑人员，建立矫正关系和制定目标。

（五）评价

矫正目标可评价，才能反映矫正效果，表明服刑人员问题的变化轨迹，激发服刑人员的信心，实现矫正价值。使矫正目标可评价，就必须：

1. 具体化。可评价的矫正目标必须是可具体描述的。它必须包括谁、将做什么、什么程度、在什么条件下、什么时间结束等要素。例如，使服刑人员心理趋于健康，就比较笼统、模糊，且难以客观评价。如果表述为六个月后，经心理调适，使服刑人员的焦虑心理，经量表检测，其检测值达到常模，显然就比较明确和具体。

2. 可测性。矫正目标可测，才能易于看出矫正效果，直接反映矫正目标变化的轨迹，发挥矫正目标对矫正工作者、服刑人员的矫正服务和矫正行动的导向和控制功能。既然任何事物都是有数量的，那么矫正目标也是可数量化的。矫正目标数量化，就可使矫正效果数量化，达到矫正效果的可测性的量化评价。矫正效果的量化要素包括：时间、内容、参照数量、反映变化的可对比的数量、对变化的增减数量的定性、测量的方式方法或工具等。数量的变化最好采用增量，使服刑人员的信心得到不断的增强。例如，服刑人员每周必须接受二学时学习辅导，完成一节课的小学六年级算术、语文课程学习，并完成课后作业，6个月后，经考试，每门功课达到60分以上，达到小学毕业文化水平。

3. 定性。矫正目标的可评价，就必须对矫正目标达到的未来进行预先的定性。如好、合格，或对未来达到的数量进行预先的好、合格等定性。

本章核心概念

- 分类。
- 人身危险性分类。
- 活力分类。
- 矫正目标。

本章核心技术

★ 人身危险性分类技术。

★ 活力分类技术。

★ 矫正目标设置技术。

本章思考与练习题

1. 分类在矫正中有何意义？
2. 简述人身危险性与服刑人员心理危险的联系与区别。
3. 简述我国人身危险性分类的实践和主要技术。
4. 简述活力分类的技术。
5. 依据下面个案材料，采用江苏省罪犯改造质量评估课题组编制的人身危险性简评表，进行危险等级评定，并设置矫正目标。

服刑人员刘某，男，15岁，小学文化程度，因抢劫罪被判处有期徒刑5年。刘某出生时，由于难产，被助产出生。小时一直好动。其父母文化水平较低，忙于经商。刘某上小学时，由于好动，一直对学习不感兴趣，学习成绩差，并常将学校校具和其他同学的物品搞坏,而被其父体罚和殴打。小学毕业后,沉迷武侠剧,想学武术而不再愿意上学。其父母将刘某送某武术学校学习武术,练武较用功,但不久由于练习时常出手不知轻重,将其他学员打伤而被武校除名。父母忙于经商,无力管束,无奈每月给其一定数额的零用钱,任其在外玩耍。刘某在社会上玩耍时,结识了其他三名辍学少年,便结为兄弟,排名老三,整日与他们一起通宵达旦地上网玩游戏或出入洗浴中心、迪斯科舞厅。随着消费的急剧增加,父母给的零用钱不够用,又害怕父母责骂殴打,不敢向父母要更多的零用钱,便和其他少年一起,多次在网吧、小学校门前威吓小学生,强行索要钱物。一日,在某网吧强行索要钱物不成,用刀将被害人刺成重伤,抢得人民币200元。初入某未成年管教所时,经观察,表现出眼神游离、注意力难集中,双手有不自觉揪自己衣服下摆习惯,烟瘾较大,有随口说脏话等特征。

第五章　服刑人员个案矫正方案、作业和激励技术

本章核心提示

- 服刑人员个案矫正方案是为实现矫正目标而制定的具有计划性、协议性的服务和行动的方案。具有计划性、功能性和契约性特征。
- 服刑人员个案矫正方案由矫正计划和矫正协议两部分组成。
- 制定有效的矫正计划包括犯因性问题选择、犯因性问题的界定、制定总目标和具体目标、矫正行动、犯因性问题的诊断确定等六个具体步骤。
- 服刑人员个案矫正协议是矫正工作者与服刑人员对实施矫正计划的承诺。
- 矫正作业是指针对服刑人员的犯罪要因,着眼于回归后的社会适应和生存,紧紧围绕矫正目标,按照一定的科学原理,根据服刑人员自身特点,由矫正工作者为其量身定做的,并在矫正工作者的辅导、检查和督促下,必须完成的矫正任务。
- 服刑人员个案矫正激励是指刺激服刑人员的需要,使他们为了满足这种需要而发生相应的行为,最终满足需要和实现矫正目标的一项矫正技术。

第一节　服刑人员个案矫正方案制定技术

一、认识服刑人员个案矫正方案

(一)服刑人员个案矫正方案的概念

服刑人员个案矫正方案是为实现矫正目标而制定的具有计划性、协议性的详细矫正服务和行动的方案。矫正目标是回答做什么的问题,而矫正方案则是回答如何去做的问题。服刑人员个案矫正方案规范了矫正工作者和服刑

人员实现矫正目标的具体服务、行动和行动步骤。一个制定科学的矫正方案，是实现矫正目的的必要前提。

（二）服刑人员个案矫正方案的特征

服刑人员个案矫正方案有以下特征：

1. 计划性。服刑人员个案矫正方案是矫正服务和行动之前预先拟定的具体内容和步骤。服刑人员可能存在着一个或数个犯因性问题，同样，一个犯因性问题也不是一朝一夕能够得到有效矫正的。受服刑人员刑期的限制，客观要求矫正工作者必须依据服刑人员的刑期和存在的犯因性问题的状态，制定出相应的矫正计划，规范、引导和预定着矫正工作者和服刑人员在矫正中的服务和行动步骤及每一步骤该做什么、不做什么、如何去做，以及应达到的具体目标和最终的总目标，从而使矫正目标尽最大的可能在刑期内实现。“凡事预则立，不预则废。”服刑人员个案矫正方案是矫正服务和行动之前预先拟定的具有计划性的具体内容和步骤，它使矫正工作实现了“预”而由此达到“立”的目的。

2. 功能性。服刑人员个案矫正方案在静态上说，是为实现矫正目标而制定的，否则就失去了制定的价值。在动态上说，服刑人员个案矫正方案的制定、实施和修正，是一个复杂的思考、认识和再思考、再认识的过程中。在这一过程，不仅使矫正工作者进一步认识和理解服刑人员的问题，而且也使服刑人员进一步去思考自身的问题，挖掘自身潜能，增强矫正信心的过程。显然，矫正是服刑人员个案矫正方案的基本功能。

3. 契约性。服刑人员个案矫正方案是矫正工作者和服刑人员协商达成的共识。在协商中，不仅就矫正目标形成共识，而且就矫正工作者做什么、不做什么、如何去做，和服刑人员做什么、不做什么、如何去做，也要达成共识。在这一协商达成共识的过程中，意味着双方对各自的行动做出了承诺。同时，这种承诺通过进一步协商明确为双方的权利和义务时，方案对双方行为就具有了规范性和约束性，即具有了契约的属性。

二、服刑人员个案矫正方案的构成

服刑人员个案矫正方案是由矫正计划和矫正协议两部分组成。矫正工作者可以视情况，将矫正计划和矫正协议分开制定或合在一起制定。服刑人员个案矫正方案，具体包括以下具体的构成要素：

1. 方案编号。

2. 矫正工作者的基本情况：姓名、性别、职务、工作单位等。

3. 服刑人员的基本情况：姓名、性别、年龄、文化程度、罪名、刑种、刑期及时间起讫、入监或进入社区矫正机构的时间、家庭成员、捕前职业、前科情况等。

4. 面谈的时间。

5. 服刑人员存在的犯因性问题：服刑人员自述的犯因性问题、沟通分析后诊断确定的服刑人员的犯因性问题。

6. 计划预期要达到的矫正目标：总目标和具体目标。

7. 针对矫正目标预备进行的矫正服务和行动：矫正内容、时间、地点、参加的人员、人员分工、所需要的支持性资源等。

8. 结案时间、矫正效果评价方式和评价时间。

9. 矫正协议：矫正工作者和服刑人员希望达到的效果、双方的责任、权利和义务、为达到矫正目标使用的方法和技术、变更记载。

10. 矫正工作者和服刑人员签字和签字时间。

如果矫正协议与矫正计划分开制定，矫正协议应在矫正工作者与服刑人员讨论确定了矫正计划后，用书面的形式，协商签订。

三、服刑人员个案矫正计划制定的技术

（一）服刑人员个案矫正计划制定的过程

服刑人员个案矫正计划是一个具有内在逻辑性的系列化的具体步骤。制定一个完整和有效的矫正计划，一般需要六个具体步骤，即：犯因性问题的选择、犯因性问题的界定、制定总目标和具体目标、矫正行动、犯因性问题的诊断确定。

1. 犯因性问题的选择。经沟通分析后，矫正工作者可能会发现服刑人员存在着多个犯因性问题，或一个犯因性问题是有多个因素形成的。矫正工作者就必须结合服刑人员的意见，从中进行选择，筛选出其中的最重要的犯因性问题或影响要素，作为矫正计划的核心内容。如果矫正工作者不加以选择，就会使矫正迷失方向。诸如服刑人员的犯因性问题是生理的、心理的和环境的，如果矫正工作者不加选择地一次性地计划矫正，那么就可能导致知识、技能、方法等混乱、矛盾或冲突。

2. 犯因性问题的界定。矫正工作者选择好需要矫正的犯因性问题后，就应当运用自己的专业知识对问题进行阐述。比如犯因性问题是生物生理上的，心理上的，还是社会环境上的问题，具体是什么问题，在理论上是如何概念的，理论基础是什么，等等。界定不仅使服刑人员能明白自己到底存在什么样的问题，而且使矫正工作者明确使用什么样具体的知识、技能和方法去进行矫正。

3. 制定矫正总目标。总目标是通过矫正要达到的最终理想的和积极的结果。矫正工作者选择好问题并对问题界定后，要对达到的最终总目标进行描述。一般来说，一个矫正计划，应设定一个总目标，使矫正工作的方向性明了。

4. 制定具体目标。具体目标是实现总目标所必要的一系列步骤，也是迈向总目标的阶梯。具体目标全部实现，往往意味着总目标的实现。实现总目标至少需要两个以上的具体目标，但矫正工作者为确保总目标的实现，往往需要设定多个具体目标。具体目标相对总目标而言，具有短期性的特征。因而，具体目标总是用清楚明了的、可测量的行为语言进行描述，也总是同一定的时间表连接在一起。

5. 矫正行动。矫正行动是矫正工作者设计的，用于服刑人员达到具体目标的活动。任何具体目标总要有相对应的矫正行动，也只有通过矫正行动，才使矫正具有了意义，使矫正目标得以实现。

6. 犯因性问题的诊断确定。犯因性问题的诊断确定是矫正工作者对服刑人员犯因性问题引发的行为指征所进行的具有临床特性的诊断描述。如服刑人员是心理问题，那么就应当对心理问题进行恰当的全面的临床表现诊断确定，认定服刑人员是心境恶劣障碍还是焦虑障碍，或是心因性疼痛障碍等。犯因性问题的诊断确定的目的，是为了制定更为有效的矫正计划。诊断本身往往预示着矫正工作者将来需要遵循的矫正方向和所要提供的服务。

（二）服刑人员个案矫正计划的制定要求

服刑人员个案矫正计划是矫正工作者和服刑人员详细制定行动步骤和目标的过程。在制定矫正方案时，应坚持协商、实用、适宜和开放的基本要求。

1. 协商。确定矫正目标需要矫正工作者与服刑人员共同讨论达成共识，同样在制定矫正计划时，也必须坚持矫正工作者与服刑人员协商共同完成。在协商时，矫正工作者应让服刑人员自己说出存在的犯因性问题、确定矫正的总目标和具体目标以及实现目标的先后顺序、矫正目标实现的行动和时间表等。由于服刑人员不具有相应专业知识，提出的方案可能不规范甚至错误，矫正工作者对此不能简单地否定或肯定，而应用专业知识给予通俗的解释，指出不正确的内容，并不断鼓励服刑人员向正确的方向发展，从而提高其信心，使矫正计划更具实用和可行性。

2. 需要。矫正工作者必须明确，制定矫正计划的核心是满足服刑人员的矫正需要，而不是矫正过程。矫正工作者在和服刑人员协商制定矫正计划时，必须要通过沟通和对收集到的服刑人员的相关材料进行综合分析，了解服刑人员存在的犯因性问题的严重程度，产生犯因性问题的各种主观因素和客观因素，服刑人员的优点和弱处，实现目标的支持系统等，从中把握矫正服刑人员犯因性问题所需要的关键点，控制协商讨论的方向，真正做到矫正方案中的每个具体目标的实现行动，是必要的和适合服刑人员并能达到目标的。

3. 适宜。矫正工作者在与服刑人员协商讨论矫正计划时，必须明确自己是否有矫正服刑人员犯因性问题的能力。如果缺乏足够的培训、专业知识和技能及经验，必然会影响服刑人员的信心，制约矫正效果。同时，矫正工作者在协商讨论中，可能激起自己的问题，重新唤起自己的早年未完成的创伤经历，或者无法对服刑人员的犯因性问题产生解决的兴趣等，或服刑人员不想采用自己熟悉的矫正范式或矫正关系模式等，就应及时转案，而不应勉强对服刑人员进行矫正。总之，矫正计划要适合服刑人员，要让服刑人员清楚矫正工作者是最合适的帮助者、教师、调解人、承诺人、辩护人等，同时，矫正工作者也非常清楚地知道自己是该服刑人员的最适宜的矫正工作者。

4. 开放。矫正方案不是一成不变的。矫正工作者在实施矫正计划时，必须针对矫正中不断出现的变化及时做出相应的响应，即对矫正计划做出相应的变化和调整。为此，矫正工作者要持一种开放的心态，在矫正计划的实施中，针对可能出现的各种变化，吸纳新的有效的矫正理论、技术和方法等，通过不断的协商讨论，修正矫正计划，满足矫正的发展需要，以达到最佳矫正效果。

四、服刑人员个案矫正协议制定技术

矫正协议是矫正工作者与服刑人员对实施矫正计划的承诺。在矫正工作中，由于服刑人员接受矫正总是非自愿意的，因而仅依赖法律的强制，往往会使服刑人员缺乏必要的内在动力，使矫正目标不能达到。矫正协议使非自愿的矫正关系向自愿的矫正关系转化，是实现矫正目标的重要条件。

（一）服刑人员个案矫正协议的内容

一个独立完整的矫正协议包括以下内容：

1. 矫正的犯因性问题。

2. 矫正的总目标和具体目标。

3. 实现目标的计划。

4. 矫正的途径和方法。

5. 参与者的角色、任务和责任。

6. 效果评价和激励。

7. 实施和变更记载。

8. 双方签字和时间。

如果矫正工作者把矫正计划与协议合并，可以减少重复的内容，也可以减少讨论的次数，提高工作效率。

（二）服刑人员个案矫正协议制定的要求

1. 协商。服刑人员个案矫正协议与服刑人员个案矫正计划一样，需要矫正工作者和服刑人员共同协商达成共识。只有通过双方的协商，才能使矫正工作成为双方所承诺的活动，而不是单方的行动。我国传统的服刑人员改造或矫正工作，往往是监狱民警或社区矫正工作者单方的行动。由于服刑人员缺乏自主自决意识，这种单方的行动往往靠强制来完成，由此导致了服刑人员改造或矫正的内在动力不足，致使改造或矫正质量不高。协商才能表明矫正工作者与服刑人员之间建立起了良好的矫正关系，表明服刑人员由一名非自愿向自愿接受矫正者转变，由此也就表明了服刑人员有了接受矫正的内在动力，使矫正活动得以顺利进行，提高矫正的质量。在制定协议时，就要求矫正工作者与服刑人员反复协商，最终形成共识。矫正工作者切忌把自己的意愿强加给服刑人员，使矫正协议成为单方的承诺。

2. 可行。服刑人员个案矫正实际上是矫正工作者对矫正服务品质的承诺。消除服刑人员存在的犯因性问题的方式方法可能很多，矫正工作者可以做出多种选择。但矫正工作者一旦与服刑人员通过协商形成共识，即把自己选择的解决方案固定了下来，就有了必须这样去做的约束属性。因此，矫正工作者的承诺必须慎重，对所做出的承诺必须有条件和有能力去做，即是有把握的。如果矫正工作者主观随意做出没有把握的承诺，一旦在实施中不能，不仅不能实现矫正目标，而且会使服刑人员丧失对矫正工作者的信任，影响良好的矫正关系，也会使他丧失信心。

3. 理性。矫正协议是矫正工作者和服刑人员理性的产物。这是因为，制定矫正协议的过程是一个不断反复思考、认识和做出决定的过程。如果在协议的过程中，带有矫正工作者或服刑人员个人好恶情感在其中，就会使协议随意，而经不起推敲和时间与实践的检验。因此，在定协议时，矫正工作者不仅自身要有理性的态度，而且也要引导服刑人员要以认真、严肃和慎重的态度参与讨论和做出决定。

4. 开放。协议一旦签订，矫正工作者和服刑人员就必须按协议进行行动。但是，协议也不是一成不变的。在矫正过程中，服刑人员可能会出现许多新的问题，诸如偶发的服刑生活事件使服刑人员处在心理危机状况，直接对矫正机构的安全和秩序构成了威胁，或原定的实现具体目标的行动有误，或出现了对犯因性问题认识上的错误等，原定的矫正计划就会相应地发生变化，矫正协议也必须随之发生变更，以便适应新的情况和变化。因此，在签订协议时，一定要让服刑人员明白，协议并不是一成不变的，而是一个不断开放的过程，一旦出现新的问题和情况，可以重新协商，改变原来的协议而签定新的协议。

5.发展。签订协议的过程，也是一个服刑人员不断认识和澄清自身存在的犯因性问题以及未来矫正方向的过程。显然，这一过程可以挖掘服刑人员自身的潜能、树立自信心，集中关注矫正，减少对未知将来的恐惧。因此，矫正工作者在协议过程中，应基于服刑人员的发展性，通过增强服刑人员的自主自决意识，提高其参与的程度。在协议的过程中，矫正工作者应充分听取服刑人员的意见，要考虑到服刑人员的认知能力和非专业知识的缺乏，不能用专业的知识和自我的价值观去简单地批评服刑人员的不对或简单地否定，而是要鼓励服刑人员提出问题、目标、计划、效果等，并据此用专业知识给予其解释，让服刑人员自我澄清。

第二节　服刑人员个案矫正作业技术

一、认识服刑人员个案矫正作业

（一）服刑人员个案矫正作业的概念

服刑人员个案矫正的属性决定了矫正工作者在矫正活动中，处于服务的提供者、支持者、教育者、调控者、承诺者、资源获取者、调解者、辩护者等角色，因此，服刑人员个案矫正一方面是一个互动的过程，需要矫正机构、矫正工作者和服刑人员的共同参与；另一方面如果没有服刑人员自身的主动参与和自觉行动，是很难达到矫正目标的。在矫正目标确定后，就要寻求达到目标的有效途径和手段。不可否认，就我国监狱而言，传统的监管改造、教育改造和劳动改造曾起到非常重要的改造作用，取得过非常辉煌的成就，但是所有的传统的手段都是针对群体的，当面对千差万别的不同的矫正个体，面对千奇百怪的犯因性问题时，运用统一的狱政管理、笼统的教育改造和几乎没有差别的劳动改造，很难起到应有的矫正效果。正像面对不同的疾病，面对不同疾病形成的原因，毫无例外地运用抗生素、利用手术、利用几乎相同的处方一样，不仅对治疗疾病难有好的疗效，而且还可能给病人带来意想不到的危害后果。当服刑人员对自己的犯因性问题以及问题的形成，有了较为客观全面、深刻细致的认识之后，在与矫正工作者有效沟通协调，制定了科学合理、可望达成的矫正目标后，就要寻求有效的载体以期顺利到达胜利的彼岸，显然传统的矫正手段不能满足这种特定的要求。在服刑人员个案矫正中，在不排斥传统矫正手段的同时，必须注重针对每一个服刑人员的犯罪情况，根据每一个服刑人员的犯因性问题和独具的特点，开具个别化的矫正处方。服刑人员按照处方抓药、服药，从而有效地进行矫正。这处方就是服刑人员个案矫正方案，这里的药就是服刑人员的矫正作业。

所谓矫正作业就是指针对服刑人员的犯因性问题，着眼于回归后的社会适应和生存，紧紧围绕矫正目标，按照一定的科学原理，根据服刑人员自身特点，为其量身定做的，并在矫正工作者的辅导、检查和督促下，必须完成的矫正任务。矫正作业体现了服刑人员个案矫正的自助——自我矫正的内要属性。服刑人员个案矫正作业是服刑人员日常矫正过程中的自我矫正行动。监狱或社区矫正机构将根据服刑人员完成矫正作业的情况进行考核评估，根据考核评估的结果给予相应的激励予以强化。矫正作业是实现矫正目标的有效载体，是完成矫正计划的有力支撑，是矫正任务的量化分解，是矫正内容的具体表现形式。

矫正作业包括治疗作业、干预作业、调适作业、认知作业和综合性作业五大类型。在每一类型中，可依据达到具体矫正目标的需要设置不同的内容。

矫正作业一般包括作业的内容、时间表、检查督促、评价、激励、记载和参与人在作业中的角色等要素。

（二）服刑人员个案矫正作业的特征

服刑人员个案矫正作业主要有以下特征：

1. 矫正作业是讨论协商的结果。矫正作业是在矫正工作者的辅导、帮助、指导或支持下的服刑人员的自我矫正行动。它一般在制定矫正方案时设置，是矫正工作者和服刑人员就如何达到具体矫正目标而协商讨论所达成的共识。

2. 矫正作业有明确的针对性。矫正作业不是面对所有的服刑人员，而是针对个体的，即不同的服刑人员有不同的矫正作业。这种针对性主要表现在：一是针对服刑人员的犯因性问题。每个服刑人员的犯因性问题不同，因而就必须针对不同的问题进行矫正。服刑人员个案矫正作业就是针对服刑人员不同的犯因性问题设计，而要求服刑人员自我完成的活动。二是要针对矫正目标。矫正作业的根本功能是为矫正目标服务的，离开矫正目标的矫正作业是没有任何意义的，所以矫正作业必须对实现矫正目标有积极的意义。矫正作业应该能够很好地体现矫正目标，一项项矫正作业的完成，促成矫正目标逐渐接近实现，两者有着明显的正相关。三是矫正作业要针对服刑人员的自身特点。不同的服刑人员有不同的特点，这不仅表现在认知水平上，还表现在思维模式、行为方式等各个方面，矫正作业要贴近服刑人员的实际情况，既不能使其感到高不可攀，又不能使其感到易如反掌。

3. 矫正作业强调量身定做。最有效的矫正作业是依据服刑人员的各种具体特点和差异性而量身定做，既与矫正目标紧密相连，又针对不同的犯因性问题，同时还十分贴合服刑人员的习惯和一贯的行为特点，特别是作业的设计能恰当地符合服刑人员的最佳发展空间，即在其力所能及的范围内，通过努力能够完成，既与原来的基础和能力紧密相连，又略高于原来的水平。

4. 矫正作业对服刑人员具有约束性。完成矫正作业是服刑人员在服刑期间最主要的任务，是法律设定的也是矫正协议约定的服刑人员在服刑期间应尽的义务。一旦矫正目标确定，矫正方案形成，矫正作业设定好，服刑人员就应无条件地去实施并作为对服刑人员考核的一项主要的内容。当然在完成作业的过程中，服刑人员如果有困难，可以向矫正工作者和矫正机构咨询；可以利用各种资源，寻求应有的帮助。

5. 矫正作业往往决定着服刑人员的处遇。对待矫正作业的态度直接反映着服刑人员的服刑态度，完成矫正作业的质量直接反映着服刑人员的矫正质量，完成作业的程度直接关联着矫正的进程。所以对服刑人员完成矫正作业的情况要进行考核，并根据考核结果给予相应的奖惩，从而给予服刑人员完成作业的行为予以强化。对按照标准和要求提前完成，或在规定的时间内顺利完成的，并达到预期具体矫正目标的，应给予奖励，然后进入下一个单元的作业。对没有完成矫正作业的服刑人员，或在规定的时间内没有按照标准和要求完成的，视情节给予相应的惩罚，同时帮助服刑人员分析原因，寻求解决问题的方式方法。如果设定作业本身不科学、不合理、不符合矫正作业的要求的，应予以修正。

（三）矫正作业的功能

矫正作业不同于一般意义上的改造任务，两者相比，矫正作业有其特有的功能和意义。

1. 承载功能。服刑人员的矫正作业是矫正目标的量化，是服刑人员自我矫正的有效载体。尽管犯罪的原因是非常复杂的，但服刑人员与正常人相比较，有一个共同的特点，即存在着一定的缺陷。这种缺陷可能有多种可能的表现：有的在生理上，如脑垂体的病变，导致某服刑人员的性欲亢进，从而犯强奸罪；有的表现在心理上，如某服刑人员具有严重的偏执人格，疑心太重，导致对他人的人身伤害，犯故意伤害罪；有的表现在社会适应和生存能力上，如某服刑人员在外打工，因工伤事故失去劳动能力，又面对父母病重、子女就学等现实问题，不能通过各种正当的途径解决经济困难，从而犯盗窃罪。在个案矫正方案中围绕这些缺陷，设定了相应的矫正计划和矫正措施。这些计划、措施、方法、步骤等都需要在现实的矫正过程中得以有效地体现,需要一个载体进行承载,需要一个平台作为依托,从而使矫正工作得以顺利进行和有效开展。同时,监狱、社区矫正机构的各项方针、政策、法律法规的各项规定要求,各种先进的行刑理念,科学有效的矫正技术和原理也都需要一个有效的载体来承载,需要一个工作平台,仅仅依靠传统的改造手段,是不能全面周延和具体体现的。矫正工作不能仅仅停留在传统的经验基础上,必须以开放的心态,吸纳不断涌现出的各种先进的科学原理、技术和方法。社会学、心理学、教育学等各学科的发展,为矫正工作提供了可资借鉴的他山之石,传统的各种矫正手段难以为勃兴的各种技术和方法提供操作平台,矫正作业具有的开放性、灵活性、互动性等使其具有了较好的承载功能。

2. 约束功能。矫正作业具有很好的约束功能。西方人性论者坚信人很懒惰,需要鞭策和约束监督。著名的心理学家弗罗伊德认为:任何人都有一个基本的本能,即追求快乐的本能;天生有一种机会主义行为倾向,即随机应变、投机取巧,为自己谋取更大利益。这在许多服刑人员身上表现得非常明显。无论是在监狱内,还是在社区内,如果每个人都有这种行为倾向,一旦变成现实,就会对各种现有的秩序形成冲击,甚至会给监管安全和公民的生命财产造成损害。虽然,对服刑人员的约束和监督有严格的监管制度、监规纪律,但不可能24小时均使服刑人员都处在矫正工作者掌握之中。这就需要寻找一种载体来填充矫正工作者无法监督和控制的时间和空间,尤其是对在社区矫正的服刑人员,显得更加重要和必要。矫正作业就是为服刑人员量身定做的,明确规定做什么、什么时间做、做到什么程度、遇到困难和问题应该如何解决和求助;不做什么、克服什么、控制什么、防止什么、消除什么;怎样去做、与谁合作协商等,所有这些都体现着明显的约束和控制功能。

3. 发展功能。传统模式下的改造任务的完成是对服刑人员进行督促和惩戒的一种手段,强调改造任务的管理功能和社会功能,而忽视了促进服刑人员发展的功能。现代矫正新理念,倡导服刑人员主动参与、自主矫正,自我成长和发展,由此增进服刑人员的社会适应能力、独立自主能力、社会生存能力,即"促进服刑人员的发展"。矫正作业正突出体现了这种理念,具有促进服刑人员的发展性功能。这种发展性功能首先表现为可以有目的地消除犯因性问题。服刑人员犯罪的原因很复杂,有的服刑人员认识不到,或者认识比较肤浅和模糊;有的服刑人员能够有一定的认识,也有自我更新的愿望和矫正的决心,但不知道从何入手,不知道怎样才能真正地矫正自己,矫正作业非常有针对性地满足了绝大多数服刑人员的这种需要。按照矫正作业的进程,循序渐进，不断深入，能够较好地使服刑人员对自己有着较为清醒和深刻的认识，能够认识到犯罪的原因、环境、条件以及在整个人生发展轨迹中自己的心理和行为蜕变过程，同时能够找到一个行之有效的矫正方法和途径。这种方法和途径不是形而上的理论，不是抽象的说教，不是笼统的原则，不是道德价值的要求，而是非常具体可感知的、富有很强的操作性的步骤、程序、流程，有清楚明白的内容、事件、标准和内部的逻辑结构，环环紧扣。服刑人员在完成矫正作业的过程中，导致犯罪的主要犯因性问题，会在不知不觉中得到淡化、稀释、消解和彻底根除。其次，矫正作业的发展性功能还表现在立足于服刑人员的自主性发展。传统的改造过程是矫正工作者意志的体现，是服刑人员被动接受的过程，是矫正工作者按照统一性要求对服刑人员的变相“灌注”过程。这种强制的、千篇一律式的改造不仅无法调动服刑人员的主动性和积极性，而且使服刑人员“千人一面”，泯灭了个性和创造性，具有明显的监禁人格，使其回归社会后，比在入狱前更不能很好地适应社会，更加边缘化，不断地增加社会的危险因素。矫正作业就是根据服刑人员的个体差异，针对不同服刑人员的特点，设定了不同的矫正内容、不同的矫正方法、不同的矫正要求，使每个服刑人员都能得到充分的发展。在服刑人员完成矫正作业的过程中，矫正工作者的角色也在不断地进行着调整和变化，不但是作业的制定者，更重要的是情境的培育者；不但是过程的控制者，更重要的是服刑人员解决问题的咨询者；不但是作业评价的主宰者，更重要的是服刑人员内省的激励者；不但是作业的管理者，更重要的是成为了服刑人员自主性发展的承诺者。这样矫正作业就能充分实现服刑人员的自主性发展。最后，矫正作业的发展性功能还表现在能促进服刑人员的终身发展。传统的改造侧重于对服刑人员既往恶习和不良行为的改造，侧重于主流文化和道德观念的灌输和培植，侧重于现实的表现，甚至以劳动作为衡量服刑人员改造好坏的标准，关注过多的是过去和现在，而忽视了对服刑人员将来回归社会后的生存适应和发展。矫正作业既关注对犯因性问题的消除，更注重服刑人员回归社会后的生存适应和发展，通过作业活动，使服刑人员从中学会合法合理利用资源，学会与人合作交流，学会技术技能等，为其回归社会后沉积良好的底蕴，使服刑人员的现实表现和长远发展衔接起来。较好地完成矫正作业离不开服刑人员和矫正工作者以及服刑人员之间的合作与互动。这也实现了多方的信息、情感和资源的交流共享；实现了服刑人员间情感、态度和人格素养的碰撞。完成矫正作业的过程，实际上是服刑人员在实践中不断学习、不断发展的过程，是行为的养成和能力习得的过程，从而为服刑人员的终身发展奠定了一定的基础。

4. 评价功能。对服刑人员的矫正效果的评价是矫正工作的一项重要内容。传统的服刑人员改造绩效衡量,多以概率来说明,如服刑人员违规违纪率、重新犯罪率、技术教育获证率等。显然这些标准都是单向度的,偏重的是矫正机构的整体工作,而不能涵盖服刑人员矫正效果,特别是不能衡量个体服刑人员的矫正效果。服刑人员个案矫正方案中的矫正作业,能够以定量的方式来客观评价矫正绩效。这是因为,矫正作业是服刑人员具体矫正目标的量化。它将服刑人员具体矫正目标进行量化,将各种矫正活动转化成具体的、可量化测量的内容。通过服刑人员完成作业的时间、数量、质量等,来判定具体矫正目标的实现情况,能够较为准确地反映矫正工作的绩效,也能够较为恰当地测定个体服刑人员的矫正程度。

二、服刑人员个案矫正作业设置技术

矫正作业的设置既要针对过去,即针对服刑人员的犯因性问题;又要着眼于未来,即着眼于回归社会后的适应生存能力,同时还要根据现实的各种资源和具体情况而设置。在设置服刑人员矫正作业时,必须注意以下几点:

(一)富有弹性,能使服刑人员有自主选择的空间

即使同一种犯因性问题的服刑人员,他们的认知水平也存在着一定的差异,因此,在设计作业时,要有弹性,供服刑人员自主选择,如可以提出不同的作业要求,可以提供不同的作业内容,可以提出不同的作业形式和不同的完成时间。

(二)着重实用,使服刑人员有感性收益

矫正工作者所设置的矫正作业,在选材、内容、形式等各个方面要充分联系服刑人员的生活实际,紧扣社会发展的需要,加强应用练习,促使独立思考,将作业与服刑人员的生活实际有机结合起来,培养服刑人员的技能应用的迁移、泛化能力,使服刑人员通过作业的完成,能直接感受到它的好处和益处,从而增强信心和完成作业的内在驱动力。这要求作业必须做到以下几点:一是要注重在实际生活中的应用性,如服刑人员进行人际适应的作业练习时,可以让监区内其他服刑人员共同参与、帮助、监督、反馈;二是要注重在“实际操作”中的应用性,如对缺乏谋生就业能力的服刑人员,可以与监狱的技术教育或正从事的生产劳动结合起来,在社区矫正的服刑人员应把职业培训与其正从事的某一职业直接结合起来。

(三)体现开放性,让服刑人员自我探索发现

矫正作业的设计应尽可能地拓展延伸,在时间、空间上有更大的弹性。可以有长时性作业,也可以有即时性作业,还可以有宽时性作业。在内容上尽可能宽泛,注重作业的综合性。如对服刑人员进行心理治疗时,不仅要设计好相

应的心理作业，而且还要考虑服刑人员心理问题与环境之间的关系，从而设计出相应的环境调适作业。在作业设计时，更要注重让服刑人员自我设计作业，通过自主作业设计，从中发现自我存在的问题、优缺点和矫正的未来。

（四）注意层次性，使服刑人员能够循序渐进，逐渐达到目标

在进行矫正作业的设计时，一定要注意分层次，对不同程度的服刑人员要留有不同水平的作业，使每个服刑人员都能有所发展、提高。对每个服刑人员的矫正作业，也要体现由易到难、由浅入深、由表象到思想、由现象到本质的变化规律。特别是对控制能力不强、自觉性很差的服刑人员，要有切实可行的激励和强化措施，保证作业的质量。

需要指出的是矫正作业设置是否科学合理，是否有针对性和有效性，是否能体现和实现矫正目标，与矫正工作者的专业水平、理论素养有着直接紧密的关系，更与矫正工作者对服刑人员的了解、认识、把握、驾驭有非常重要的关系。因此，矫正工作者要认真学习，广泛涉猎社科群书，在实践中细心地加以体察感悟，不断地进行总结分析，不断提高矫正作业设置的水平。

三、矫正作业的设置举例

（一）设置矫正作业的背景资料

服刑人员张某，犯纵火罪，判处有期徒刑4年，某市人，现年36岁，初中文化，已婚，有一女。经入监检测和评估，其犯罪要因在于张某强烈的反社会行为。其行为特征是：在任何群体中，都要与领导和权威挑战，常常用攻击、激惹或争执的行为方式，让权威人物难堪。在学校期间常常跟老师作对，跟班干部打架斗殴，在家庭中跟父亲势不两立。有明显的越轨行为倾向，无法忍受单位的纪律和规章制度的约束，无论自己发生了什么事，总是指责别人，把全部的责任推向别人；对自己的行为不计后果，特别容易铤而走险；有明显的冲动行为模式，没有能力保持适当的行为，维持较长时期的工作。对妻子和女儿不负责任，有非法性关系史和性乱交的欲望；不能遵守最基本的社会规范，常常做一些触犯法律的反社会行为。

在个别矫正方案中，为张某设定的矫正目标分别是：

1. 认清自己的犯罪原因、犯罪的危害；在自己众多的犯罪原因中找到最主要的原因；对自己的行为模式有清醒的认识。

2. 在监狱内不发生重大违规违纪事件，不做违反公认的社会规范的事，能为自己的行为承担责任。

3. 对各种社会规范、制度、纪律等各种外在的约束，以及他人的权利能够理解和尊重，并在行为上表现出来。

4. 减少攻击、挑衅性的言语和行为，改善与外界交往的方式，尤其是与权威人物的交往方式，能被群体接纳，并能与别人融洽相处。

6. 能够长期从事一项工作，能与人维持较长时间的交往关系。

7. 能承担起对妻子和妻子生活和情感方面的责任。

依据张某的矫正目标，针对其犯罪要因，把这几个目标分解为16项作业项目。每个作业项目都有相应的作业内容。列表如下：

作业项目	作业内容	作业要求或完成的方法
1. 回顾自己的成长历史，对自己的人生进行总结反省	1. 写出在自己记忆中印象最深的生活事件； 2. 在幼儿期、童年期、青春期几大阶段父母、老师的管教方式，与父母、老师的关系； 3. 自己在不同的人生阶段的伙伴和朋友关系，以及相处的时间，相处的方式和在一起的主要活动内容； 4. 总结在结交女朋友、恋爱、结婚、性生活方面的经历和感受； 5. 其他需要总结回忆反省的经历。	1. 对左述的几个方面的回顾、总结和反省都要以书面的形式呈现； 2. 每个方面必须较为全面、完整、客观，并要提供3－4个细节； 3. 总的时间要求在两个月内完成，主要利用晚上教育、训练劳动结束后一到两个小时的时间内； 4. 在各项作业完成后要对自己的性格行为特点做出总结。
2. 总结自己的犯罪原因、认识犯罪的危害，确认犯罪的主要原因	1. 参加入监教育，现身说法演讲、听受害人控诉； 2. 小组之间进行讨论、座谈； 3. 进行独自总结反省； 4. 形成书面材料； 5. 与其他服刑人员进行交流。	1. 犯罪的原因要分析全面，直接的、间接的、主观的、客观的；心理的、生理的、社会的。重点是找准导致犯罪的根本原因； 2. 犯罪的危害一定要包括对自己、对家庭、对受害人、对社会等各个方面； 3. 在这个过程中矫正工作者要给予必要的帮助、引导和教育，并要根据张某的认知水平制定相应的指导计划； 4. 本项作业没有完成或没有达到要求，不能进入下一阶段的作业。
3. 分析、认识自我中心和攻击他人的行为模式形成的原因	1. 要求张某做《行为防御量表》和MMPI量表； 2. 思考童年受虐待、被忽视的生活经历与自己行为方式之间的联系； 3. 要求张某回忆童年时期，自己身边的人的行为方式和对自己的态度； 4. 回忆自己开始和别人打架，对父母反抗的时间段和常用的方式；	1. 这项作业是张某无法独立完成的，矫正工作者要给予帮助和指导，必要的时候请心理健康指导中心的专业人员提供帮助； 2. 最好能让张某理解自己的行为方式与童年的痛苦、伤害和重要他人的影响有密切的关系。理解人际关系中表现出情感疏远和自我

续表

作业项目	作业内容	作业要求或完成的方法
	5. 回顾、再现对别人进行攻击和反抗后的心理体验和感受，以及自己实施了攻击行为后获得的利益以及别人对自己的评价。	中心的模式与试图保护自己勉受痛苦的适应不良的想法有关； 3. 矫正工作者要使张某认识到宽恕伤害过他的人的好处和紧抓住伤害不放、内心充满愤怒、以受到伤害为借口继续进行反社会的害处； 4. 必须让张某意识到自己的这种行为方式的形成是在外在因素的促使下，通过自己的不断放纵形成的，不能把主要的责任推向外部。
4. 认同矫正目标，确立矫正信心	1. 对自己的犯罪原因，特别是犯罪的根本原因有深刻的认识，并完全内化和认同； 2. 在矫正工作者的帮助和引领下确定矫正目标、矫正计划，并做出承诺。	1. 不仅要十分明确深刻地说出、写出自己的犯罪原因和其中的根本原因，而且要有对这些原因形成的各种因素、形成的发展轨迹有清晰的认识和领悟； 2. 这些犯罪原因除了导致自己违法犯罪，还在自己的生活、在家庭成员的生活、在自己周围的人的生活中有什么表现；对自己的心理、情绪、情感，对自己的行为方式，对自己的人际交往、社会适应等各个方面都有哪些具体的影响。都要全面地总结反省，认识到各种消极和危害，从而产生悔意。这些都要有明确的表述； 3. 张某自己首先要设计矫正目标和矫正计划，无论最终目标和计划与原来张某的出入有多大，都要让张某感到是出自自己的意愿，并且自己能够实现； 4. 张某要以书面的形式设想出实现这些目标后，会给自己带来什么样的好处，和什么样的变化，至少要有三大好处，五大变化。

续表

作业项目	作业内容	作业要求或完成的方法
5. 理解规则、规范、习俗、法治、道德等外在的约束，对自己、对他人、对社会的作用和意义	1. 向张某推荐普法教育读本等书，并要求认真阅读，并做5000到8000字的读书笔记。在每本书读完后，各自完成一篇读书心得体会； 2. 要求张某对监狱内的各种行为规范和规章制度进行汇总、梳理，分别说出各自的使用范围和作用； 3. 要求张某列举出他所在的地域内至少8种民俗习惯和民俗中的至少8种禁忌，并通过与别人讨论、探讨，理解其中的意义和文化内涵； 4. 要求张某列举出在服刑人员之间，约定俗成的潜规则，至少5条。并理解其中的意义。	1. 防止张某抄袭，或者找人代替自己去做； 2. 要有书面表述； 3. 达到对规则、规范、法律、习俗、道德等外在约束的理解和认识的提高。
6. 加深对反社会行为模式危害的认识	1. 列举自己由于无礼、不忠、攻击或不诚实的行为导致关系破裂的事例，至少6件； 2. 列举自己由于诚实、和善、礼貌、信任等行为，带来的人际关系和谐和使事情顺利成功的事例，至少6件； 3. 要求张某在有关纸质媒体上，整理出10个因反社会行为（和张某在入监评估中界定的行为特征相同或相似）的案例，或有关报道。并让他自己进行点评，写出心得体会； 4. 要求张某回忆自己在家中出现反社会行为时（例如言语粗俗、漫骂、攻击和家庭暴力），自己家人的表情、动作、语言、反应，以及在以后的一段时间内家中的氛围； 5. 让张某总结分析自己先后几次被单位解雇，都是因为什么原因，与自己的反社会行为特征的关系是怎样的。	1. 列举出的事例必须是完整有一定意义的，而且要有一定的细节； 2. 对在媒体上的案例和报道的点评和心得体会，必须从不同的角度去说明，10个案例对张某的收益应该是多方面的； 3. 对几次被解雇的原因，着重挖掘其反社会行为的作用和危害； 4. 张某家人对其反社会行为的反应应该具体，着重是行为所带来的后果，以及对自己家庭生活的不良影响。

续表

作业项目	作业内容	作业要求或完成的方法
7. 使张某感受到自己在所有的人际关系中都表现出自我中心的行为模式，以及反社会行为模式	1. 选择张某经常发生反社会行为的情境，以及他出现频率较高的行为为基础，与张某一起进行角色扮演，根据其发生频率的大小，至少进行6次。每次角色扮演中都要进行角色对调，每次角色扮演后及时让张某感受、体验、领悟自己对一些情境、一些事件、与别人交往之间的直接反应、常见的行为，这些反应和行为给别人、给单位、给自己带来的结果和影响怎样。 2. 对张某进行行为心理敏感度测试。截取张某在服刑期间或在社会上经常遇到的生活情境，进行情景模拟，设置一些特定互动情节、一些尖锐的矛盾冲突、一些棘手的难解问题，让张某说出对方应该有哪些情感、情绪反应，有哪些心理和精神需求。根据他说出的多少、说出的深度和准确程度，让张某自己感受到自己缺乏对别人的理解、关注、关心、同情、卷入、和相溶的敏感性。 3. 列举自己由于无礼、不忠、攻击或不诚实的行为导致关系破裂的事例，至少6件。	1. 角色扮演和情境模拟一定要与张某的实际服刑生活或行为特点紧密联系起来； 2. 左述第三项作业是对上个作业的回顾和复习，列举的范围可以扩大，尽量不要与上个作业有太多的重复； 3. 此项作业的主要目的是让张某感受认识到自己行为中自我中心和反社会模式，不要求立即全面进行改正。
8. 能觉察别人的需要，并能设身处地地理解他人	1. 要求张某读《人性的弱点》（美国卡耐基著）等书（均是如何理解别人的、如何共情方面的书籍）。并做5000到8000字左右的读书笔记，写出6篇读书心得体会； 2. 要求张某做8到10件其他服刑人员需要但没有人去做的公益之事，例如：主动为监区内年老有病的服刑人员无偿提供劳务，主动搞好监区、环境卫生等； 3. 要求在两到3个月内有2－3个朋友，并能准确地说出，他们的4个心愿和需要。	1. 对书籍的选择主要是让张某学习感悟一般人的心理需要，一般人的在不同的情境下的情绪和情感反应； 2. 在监区内结交的朋友应该是没有地域观念，防止出现拉帮结伙现象； 3. 对公益的无偿劳务应该是张某自愿，不作为矫正的法定作业。

续表

作业项目	作业内容	作业要求或完成的方法
9. 认识、理解和感受对别人表示友好和体贴的行为	1. 帮助张某回顾总结出他曾做过的为人服务或表示友好行为，至少3种； 2. 要求张某列举出能向别人表示友好和体贴的行为，至少3种； 3. 要求张某列举出最受别人欢迎的行为，至少3种； 4. 要求张某列举出最受别人欢迎的语言、动作、表情。每一项至少3种； 5. 要求张某对他最崇拜的人，说出他崇拜的理由。	1. 张某自己曾经做过的3种行为一定是他自觉自愿的情况下做出的，而不是处于被动无奈的情境之下，没有急切的功利目的； 2. 左述所列举的言语、动作、表情、行为应该是在张某的服刑生活中，或在被捕前自己有亲身经历和切身体会的； 3. 本项作业的目的是让张某理解和感受友好和体贴的行为语言，并对此产生强烈的认同和趋同愿望。
10. 要求张某忏悔对别人造成的伤害，并准备采取措施向他们道歉或赔偿损失	1. 帮助张某确定曾经有哪些人受到他的反社会行为的伤害； 2. 设置情境模拟，让张某体会受到伤害的情绪、情感反应，以及对伤害人的心情态度； 3. 要求张某给受害人写信，表达自己的忏悔心理，真诚道歉的态度，并愿意为受害人赔偿一定的损失的愿望。对无法联系到的受害人，也要写信，并设置一定的仪式，让张某进行忏悔； 4. 鼓励张某做出承诺，将要采取哪些具体行动计划，向那些曾受到他的行为伤害的人道歉、给予赔偿。	1. 对张某确认的受害人，尽量能够证实； 2. 要尽力取得受害人的配合，调动这部分资源对张某进行帮助。
11. 完成服刑任务，并能与其他服刑人员和矫正工作者正常相处	1. 记行为日记，把每天的言语、行为、内心的反社会行为冲动及时进行记录，并做认真的反省； 2. 从文明礼貌规范入手，培养和强化张某对权威人士的信赖和尊敬，对张某进行必要规范化训练； 3. 要求张某用列表的形式列出必须予以矫正的行为和态度，以便减少与权威人士或其他服刑人员的冲突，对此列表进行讨论。	1. 这项作业是全部作业的重点，应该贯穿于张某的全部服刑过程和服刑的各个方面和环节； 2. 对行为日记应该给予高度重视，对记录的内容，要认真对待，不断地给予行为上的强化，把行为日记作为与张某进行沟通交流的重要桥梁和纽带； 3. 规范化训练的内容和要求可按照目前司法部的统一规定进行，并可以针对张某在日常的实际情况进行酌情加减； 4. 在制定作业的先后顺序时，优先考虑张某列出的需要矫正的行为态度。

续表

作业项目	作业内容	作业要求或完成的方法
12. 为人父母应尽的责任有哪些，自己是否真正认识到？尽到？	1. 要求张某回顾自己与子女在一起的时间，以一个月为单位，并有详细的记录； 2. 要求张某回顾自己与子女进行沟通交流的次数、每次的时间、沟通的效果怎样；（以月为单位） 3. 要求张某思考自己在哪些方面对子女有积极的影响？自己在哪些方面有消极的影响，甚至对子女的身心健康造成伤害； 4. 帮助张某列出作为一个有责任感、有教养，始终值得信赖的父母需要表现出哪些行为； 5. 帮助张某认识为人父母应该尽哪些责任？用列表的形式表示出来； 6. 帮助张某与子女进行有效的沟通和交流，要求每月给子女写信一封。在子女生日和重大节假日要求张某为子女自制小礼物。	所有的问题都必须有书面记录。
13. 作为丈夫对妻子应尽的义务有哪些，自己是否真正认识到？尽到？	1. 要求张某回顾自己与妻子在一起的时间，以一个月为单位，并有详细的记录； 2. 要求张某回顾自己与妻子进行沟通交流的次数、每次的时间、沟通的效果怎样；（以月为单位） 3. 要求张某思考自己在哪些方面对妻子有积极的影响，自己在哪些方面有消极的影响，甚至造成对妻子的身心健康伤害； 4. 帮助张某列出作为一个有责任感、有教养，始终值得信赖的丈夫需要表现出哪些行为； 5. 帮助张某认识为人丈夫应该尽哪些责任，用列表的形式表示出来； 6. 帮助张某与妻子进行有效的沟通和交流，要求每月给妻子写信一封。在妻子生日和重大节假日要求张某为妻子自制小礼物。	同上

续表

作业项目	作业内容	作业要求或完成的方法
14. 作为儿子应尽的责任有哪些，自己是否真正认识到？尽到？	1. 要求张某回顾自己与父母在一起的时间，以一个月为单位，并有详细的记录； 2. 要求张某回顾自己与父母进行沟通交流的次数、每次的时间、沟通的效果怎样；（以月为单位） 3. 要求张某思考自己在哪些方面对父母尽了孝道，自己在哪些方面让父母生气，哪些方面让父母失望，对父母造成了伤害； 4. 帮助张某列出作为一个有责任感、有孝心、始终值得父母信靠的儿子需要表现出哪些行为； 5. 帮助张某认识到为人子女应该尽哪些责任，用列表的形式表示出来； 6. 帮助张某与父母进行有效的沟通和交流，要求每月给父母写信一封。在父母生日和重大节假日要求张某为父母自制小礼物。	同上
15. 对自己行为方面需要做哪些调整和改变？	1. 帮助张某制定计划，计划怎样开始落实一个有责任感的父母、丈夫和儿子的应有的行为，分别以列表的形式表述出来； 2. 在落实的过程会遇到什么困难，自己怎样克服； 3. 完成愤怒行为训练作业。	1. 这是张某在服刑期间作业的重点和难点，需要时刻关注和干预； 2. 对在作业过程中出现的各种表现要给予及时地反馈和行为强化； 3. 愤怒行为训练作业要根据张某的刑期和具体进度做适当的调整。
16. 怎样增强对自己行为的责任感？	1. 行为背后深层次的原因是什么？ 2. 怎样觉察自己行为的变化？ 3. 以一周为周期，对自己的各种自我中心倾向的行为模式和反社会行为冲动，进行总结、分析； 4. 处理自己曾向他人表露内心而使自己受到伤害的经历； 5. 怎样与别人分享成功的喜悦或其他美好的东西？	1. 要与张某一起探讨分析其攻击责怪他人的行为，自我中心倾向深层次的理由（例如，肉体虐待惩罚史、父母式的模仿学习、害怕遭到拒绝、羞怯、低自尊、避免正视结果等）； 2. 要求张某对自己的行为控制的情况及时记日记，并不断自我强化，以求能敏感地觉察行为的变化； 3. 对行为的总结分析，矫正工作者可以给予帮助，如指导张某先周全

续表

作业项目	作业内容	作业要求或完成的方法
		地列举出一周内出现的自我中心行为模式的表现和反社会行为冲动的全部；再总结这些发生的共同特点，共同的或相似的外在条件；三是当时自己的感觉、感受和情绪、行为发生的变化过程；四是如何避免再遇到类似的情境和各种外在的诱因，当真的遇到后应该怎么控制等。
17. 总结		

四、服刑人员个案矫正作业督察技术

服刑人员个案矫正作业督察是指矫正工作者为保证服刑人员完成矫正作业而采取的检查、辅导、督促和评价等服务活动。服刑人员个案矫正作业督察也是具体的矫正介入活动。矫正作业是服刑人员实现具体矫正目标的自我行动。矫正作业主要是以服刑人员改变原有价值观、行为习惯或心理定势等为内容的。服刑人员往往由于缺乏信心、恒心、耐心和勇气等，可能不能按计划去完成，从而影响矫正的效果。矫正工作者就有必要通过一定的介入，促使服刑人员完成矫正作业。矫正工作者介入的主要技术有检查、辅导、修正、督促和评估。

（一）检查

检查是矫正工作者最常用的督察技术。矫正工作者在检查时，必须注意以下几点：

1. 在矫正计划或布置作业时，要明确检查的时间、地点和方式。当然，也可以明确规定不定时检查。如果约定不定期检查时，一定要明确不定期检查的次数。

2. 为保证检查的效果，可以在矫正计划或布置作业时，要求服刑人员以日记、笔记等方式，对作业完成情况和效果进行记载；也可以由服刑人员同意的或他所指定的人帮助他进行记载。但对要求服刑人员在完成作业后说出体会、感受、感想等作业效果的，必须明确由服刑人员自己完成记载。

3. 矫正工作者对作业进行检查的同时，要对作业进行批改。对服刑人员完成情况和完成的效果给予积极的肯定，激发其信心。对存在的问题要一一指明，并要求服刑人员进行修正。在语言上尽可能使用："你某方面做得很好，如果某方面如何做的话，会更好。"对不能完成作业或完成的作业未达到预期要求的，矫正工作者应与服刑人员约谈，通过约谈了解服刑人员完成作业时所遇到的困难。矫正工作者要通过约谈，查明服刑人员不能完成作业或作业完成的情况未达到预期，是否是矫正作业太难，使服刑人员难以完成；是否是服刑人员对作业理解出现了误差；是否是服刑人员个人缺乏信心、恒心或耐心的原因而不能完成；是否是服刑人员对作业的意义和目的不明确而应付性地完成作业；是否是由于外界存在各种干扰因素，导致作业不能完成或完成的不理想等等。矫正工作者要针对服刑人员矫正作业不能完成或完成不理想的原因，分别给予减低难度、再次预演、澄清、鼓励和利用支持网络等，保证服刑人员按时完成作业和获得预期效果。

4. 矫正工作者对矫正作业检查情况进行记载。记载的内容包括服刑人员完成或未完成的情况、效果、未完成作业的原因、作业修正情况等，便于矫正结案时，对矫正效果进行评估。

5. 矫正工作者每次检查后，要按计划布置下次作业，明确下次作业的内容。

（二）辅导

辅导也是矫正工作者常用的重要的督察技术。矫正工作者在辅导时，应注意以下几点：

1. 辅导重点是让服刑人员明确矫正作业的难度、内容、意义和目的，划清作业的范围和要求。

2. 采用预演进行辅导。预演一定要达到作业的要求为止。

3. 让服刑人员事先进行练习，矫正工作者对练习给予纠正指点，直至达到满意的程度。

4. 对有难度的矫正作业给予服刑人员示范，让服刑人员理解作业。

5. 在场景下辅导。当服刑人员遇到某种特定作业场景时，诸如作业困难，在服刑人员求助或要求下，给予服刑人员必要的辅导。

辅导可以在服刑人员作业前、作业中或作业后进行。但结合检查情况及时辅导是必要的。

（三）修正

矫正作业是事先计划和布置的，因而就可能由于原确定的矫正目标的错误、作业难度过大、作业与达到的矫正目标之间缺乏关联性或者由于客观原因造成作业不能等原因，使矫正作业不能实现矫正目标或服刑人员不能完成矫正作业。矫正工作者就必须依据原因，对矫正作业做出必要的修正。矫正工作者在修正时应注意以下几点：

1. 如果是由于矫正目标的错误而修正矫正作业的，矫正工作者要与服刑人员重新讨论矫正目标和矫正作业并达成共识。这种修正实际上是已经属于矫正方案修正的范畴。

2. 矫正作业与矫正目标之间缺乏关联而修正矫正作业的，应重新布置作业，但重新布置矫正作业时，应有一个自然的修正过渡。

3. 矫正作业难度过大的，矫正工作者应与服刑人员就难度进行开诚布公的讨论，并适度降低作业的难度。

4. 如果由于客观原因造成服刑人员根本无法完成作业的，应积极帮助服刑人员寻求支持，如果没有合适的资源可调用，无法给予必要支持的，应与服刑人员重新讨论能够完成的作业。

无论何种原因，矫正工作者在修正作业时，一定要注意不能因修正而使服刑人员丧失信任和信心，不能使服刑人员产生挫折感。

（四）督促

矫正作业主要是以放弃为内容的，总是需要服刑人员坚持不懈地在相当一段时间内反复和不间断地进行作业后才能有所收获的。因此，要求服刑人员能经常地保持完成矫正作业的自觉性，是比较困难的。因此，给予服刑人员必要的督促是非常必要的。矫正工作者在督促时，要注意以下几点：

1. 矫正工作者不可能时时督促服刑人员进行作业，因而应利用支持系统，建立必要的督促网络，充分发挥服刑人员周围可信任的人、关系密切的人、家人、社会志愿者、监狱或社区矫正机构的管理工作者等的督促作用。矫正工作者让其他人协助督促时，应征得他人和服刑人员的同意，并使其他协助督促的人员明了矫正作业的内容、完成的时间、督促的方式方法等。利用他人协助督促时，应让服刑人员从中学会资源的利用，使他人的督促也具有促使服刑人员发展的矫正功能。

2. 矫正工作者和他人的协助督促应采用肯定的积极的提醒方式进行。

3. 督促可以在检查、辅导后进行，也可以随时进行。督促可以采用口头提醒、书信提醒、电话提醒、约谈提醒、上门提醒或协助完成作业等方式。

4. 对经常不能按时、按期、按要求完成矫正作业的服刑人员，矫正工作者应制定督促计划，并对督促情况进行必要记载，便于在检查、辅导时，有针对性地进行重点检查和评估。

5. 矫正工作者和协助督促的人员，督促的次数要适宜。否则次数过多，会使服刑人员产生反感或丧失信心。

(五)评估

矫正工作者在服刑人员每次完成作业后,应当对作业的效果进行评估。通过评估可以发现矫正作业存在的问题、增强服刑人员的信心和为结案评估提供基础材料依据。矫正工作者在评估时应注意以下几点:

1. 服刑人员每次作业后,矫正工作者应及时评估。

2. 矫正工作者评估最好采用量化的方法进行。

3. 评估的结论应采用收获的、积极和肯定的方式反馈给服刑人员,增强服刑人员的信心和自觉性。

4. 对评估中发现的问题应分别采用辅导、修正等技术进行完善。

5. 矫正工作者评估后,应按矫正协议的约定,及时为服刑人员兑现处遇或奖励等,给予服刑人员及时和必要的激励,增强服刑人员对矫正工作者的信任,维持良好的矫正关系。

第三节　服刑人员个案矫正中的激励技术

一、认识服刑人员个案矫正中的激励

(一)服刑人员个案矫正激励的概念

激励,从字义上理解就是激发鼓励的意思。一般意义上的激励,就是利用某种外部诱因调动人的积极性和创造性,使人具有内在的动力,朝向所期望的目标前进的心理过程。服刑人员个案矫正激励主要是指刺激服刑人员的需要,使他们为了满足这种需要而发生相应的行为,最终满足需要和实现矫正目标的心理活动过程。矫正激励是服刑人员个案矫正中的一项重要技术。使服刑人员主动参与矫正和积极完成矫正作业,达到矫正目标,激励是必不可少的。激励可以强化服刑人员的正向行为。

(二)服刑人员个案矫正激励的特征

服刑人员个案矫正激励具有以下特征:

1. 矫正激励的动机性。激励是引发人的广泛需要,使人在一种主动的、自觉自愿的动机作用下行为。矫正激励是矫正工作者通过激励机制,达到调动服刑人员个体内驱力,使矫正活动正常发展,促使服刑人员由非自愿向自愿接受矫正转变,调动接受矫正的积极性。显然,促使人产生行为的动机性,是激励的重要特征。

2. 矫正激励的适度性。这首先表现为目标激励适度。目标激励是一种激

发服刑人员在矫正中能看到光明，看到希望，认罪悔罪，争取早日回归社会的愿望。在进行矫正时，目标激励须将矫正总目标与具体目标分阶段、按层次逐一分解、量化和设定好时间表，使服刑人员有压力和紧迫感，在矫正目标动力的驱使下，积极主动接受矫正。矫正激励目标由于兼有“激励”和“目标”性质，既有行为的推动力，又有行为的吸引力，可以激发服刑人员的直接矫正动机，从而使服刑人员不计奖励的厚薄，不顾环境的顺逆，积极接受矫正；能让服刑人员获得尽责感、义务感、创造感、趣味感等“内感”的满足，从而融入矫正之中。正确的目标激励有助于客观评价服刑人员矫正效果，促进他们接受矫正的积极性。

其次是矫正激励的手段适度。通过完善的规章制度和相关的物质矫正奖励，激励服刑人员积极投入矫正工作是十分必要的，但不是唯一的。实践证明，在和谐的矫正环境下，服刑人员最需要的主要是“尊重和信任”的精神需要。因为人在物质需要达到基本满足时，其精神方面的需要就会占主导地位。在这种情况下，不注意及时满足和升华精神需要，就会导致人的需要畸形发展。可见，精神需要比物质需要更能产生内动力。

再次是矫正激励的形态和交换的适度。矫正激励按形态可分为两种，一种是有形的“硬件”激励，如金钱、实物等；另一种是“软件”激励，如表扬，奖励，记功，生活关心等。恩格斯在《路德维希·费尔巴哈和德国古典哲学的终结》中有一段重要论述，充分阐发了唯物主义的动机观。他指出：“决不能避免这种情况：推动人去从事活动的一切，都要通过人的头脑，甚至吃喝也是由于通过头脑感觉到的饥渴引起的，并且是由于同样通过头脑感觉到的饱足而停止。外部世界对人的影响表现在人的头脑中，反映在人的头脑中，成为感觉、思想、动机、意识，总之，成为‘理想的王国’，并且通过这种形态变成‘理想的力量’。如果一个人只是由于他追求‘理想的意图’并承认‘理想的力量’对他的影响，就成了唯心主义者，那么任何一个发育稍稍正常的人都是天生的唯心主义者了，这样怎么还有唯物主义者呢？”①显然恩格斯的论述揭示了一个重要原理，即人的一切活动都是由动机引起支配的，从简单的吃喝到复杂的政治活动都是这样；人的动机与其他心理活动一样，是大脑对外部世界影响的反映，一方面它是外界客观事物作用于大脑的结果，另一方面它能动地作用于外部世界；承认动机对人的影响有重要的意义，它不是唯心主义者的观点，恰恰

① 《马克思恩格斯选集》第4卷，第228页。

相反的是唯物主义的内容。① 因此，只注重物质的激励而忽视精神激励是十分有害的。矫正激励的交换分为“支出”与“给予”两种。对服刑人员矫正激励是交换活动的“支出”，服刑人员投入矫正的反应是一种“给予”，双方通过执法者的管理，实现着物质和心理感性的互换，让“支出”与“给予”保持平衡，矫正工作者的“支出”要能调动大部分服刑人员的接受矫正的积极性，让他们感到矫正工作者的关心、赏识、信任和自身的优点等。

最后表现为矫正激励评价的适度。矫正激励量化，才能使激励达到公开、公平和公正的要求。刑罚执行机构是代表国家、政府行使职权，就应该站在一定的高度，通盘考虑整体利益，按照量化考核的要求，根据不同的目标手段和特点，制定最佳合理的标准，采用最佳方式，达到激发服刑人员积极矫正的动力源，使矫正激励逐步展开。

3. 矫正激励的公平性。公平与不公平不是抽象的，而是具体的。美国心理学家施泰西 · 亚当斯（Stary Adams）对此做了专门的研究，提出了著名的“公平理论”。他认为一个人对所得报偿是否感到满意，不是只看其绝对值，而是要在社会比较和历史比较的基础上，看其相对值。服刑人员往往关注自己的付出与所得之间的比例，当发现各种比例相等，便认为是公平合理，心情就会舒畅，自然而然地积极投入到矫正中去。

激励效果，不仅同客观的效果评价和合理的报偿奖励有关，而且同主体对评价和报偿的主观感受有关。只有当主体感到公平合理时，评价和报偿才会起到有效的矫正激励作用，反之起副作用。马克思在《资本论》中说：“蜘蛛的活动与织工的活动相似，蜜蜂建筑蜂房的本领使人间的许多建筑师感到惭愧。但是最蹩脚的建筑师从一开始就比最灵巧的蜜蜂高明的地方，是他在用蜂蜡建筑蜂房以前，已经在自己的头脑中把它建成了。劳动过程结束时得到的结果，在这个过程开始时就已经在劳动者的表象中存在着，即已经观念地存在着。他不仅使自然物发出形式变化，同时他还在自然物中实现自己的目的，这个目的是他所知道的，是最为规律决定着他的活动的方式和方法的，他必须使他的意志服从这个目的。”②

监狱和社区矫正机构是一个特殊的矫正场所，值得注意的是个体的公平感不仅表现在衡量服刑人员的矫正质量上，也表现在衡量他们之间的态度和行为方式上。矫正工作者应站在公正、公平的立场上，依据服刑人员的表现，

---

① 邱国梁：《犯罪动机论》，法律出版社，第 10 页。

② 《马克思恩格斯全集》第 23 卷，第 202 页。

公正评价他们的得失，让他们的付出得到公平的回报，指出失去的理由和今后应注意的问题。

4.矫正激励的实惠性。人的需要有多样性与层次性特点。心理学家马斯洛曾将人的需要分为不同的五个层次。在不同时间、不同场合，人的需要不同。人需要种类的不同及其强度差异使得人对同一目标的价值判断不同。作为服刑人员，因其主观上品格不高，客观上被剥夺、被限制自由，需要具有浅近性的特点。如，对在监狱接受矫正的服刑人员而言，"伙食好一点，管理宽一点，劳动少一点"，是他们的重要需要。服刑人员需要浅近性的特点，决定了多数服刑人员以实惠为目标价值。

根据美国心理学家弗鲁姆的期望理论，目标价值与激励力成正比，期望值与激励力成正比。某一目标对特定人价值越大，该目标的激励力量越大；特定人对某一目标获得的期望值越大，该目标的激励力越大。所谓目标价值指一定目标满足个人需要的价值。所谓期望值指个人根据过去经验判断一定行为能够导致某种结果或满足某种需要的可能性或概率。据此，矫正工作者为服刑人员设置适当的矫正目标，并使其有达到这个目标的可能性，可以激发服刑人员接受矫正的积极性。矫正工作者在帮助服刑人员确定目标时，应充分考虑到服刑人员的实惠性和期望值。如果改造目标实现的可能性较大（期望值高），但目标的实现对服刑人员意义不大（实惠性低），或者改造目标的实现对服刑人员意义很大（实惠性高），但目标实现的可能性较小（期望值低）。那么，这种矫正目标对服刑人员而言就没有意义。只有那些通过努力能够实现（期望值高）而且实现后所得到的奖励且能满足服刑人员需要（实惠性高）的矫正目标，才能真正对服刑人员起到激励作用。

因此，矫正工作者在运用实惠激励服刑人员时，除帮助服刑人员确立目标价值，还需要帮助服刑人员确立符合实际的期望值。一般说期望值等于实惠实现可能性的状态比较好，有利于激发服刑人员接受矫正的积极性。服刑人员的期望值高于或低于实惠实现的可能性，就可能使服刑人员产生因目标不能达到的挫折感或信心不足等现象。

二、矫正激励的技术

有效的矫正激励，一般要求是：奖励服刑人员社会和矫正机构期望的行为；善于发现和利用差别；掌握好激励的时间和力度；激励时要因人制宜和系统设计激励策略体系。但采用不同的激励方式时，其具体要求存在着一定的差异。

（一）奖惩激励

奖惩是对人们某种行为给予肯定或否定、赞誉或批评的一种方式。矫正工作者通过奖惩的激励方式，目的是让服刑人员明辨是非，弘扬正气，树立自我矫正意识，发挥矫正的主观能动性，完成矫正作业，早日回归社会，重新做人。“一个人所以表现出各种特殊的习惯，乃是由于一定情景刺激和他的某些有关的动作在他的大脑两个半球内形成了巩固的暂时神经联系，因此他在受到这一类情景的刺激作用时，自然而然地或自动化地会去进行这些有关的动作。”奖惩要把服刑人员的精力引导到如何提高矫正质量的方面上来，做好奖惩考核的全面性和全程性工作。

服刑人员的奖惩可分为刑事和行政奖惩两大类。刑事奖惩是由人民法院给予服刑人员的奖惩，其中刑事奖励有减刑和假释；刑事处罚是指服刑人员服刑期间又犯罪的处理。行政奖惩激励是由监狱和社区矫正机构依据管理权限给予服刑人员的奖惩，其中奖励有表扬、物质奖励、记功和准予离监探亲等；行政惩罚主要有警告、记过和禁闭等。

在对服刑人员进行奖惩激励时，要把握好奖惩质量的规定性；奖惩激励的全面性；重视奖惩激励的客观性；坚持奖惩激励方式的多样性；注意矫正激励的细致性和提高矫正激励的效能作用。

（二）矫正目标激励

“丰富的管理实践证明，未满足的需求是激励过程的起点，需求的满足，是激励过程的结束。激励就是一种能使个体外来刺激内化为自觉行为的适当的、健康的刺激，是促使完成目标的行为总是处于高度激活状态的某些内心心理需求的外在因素。”[①]如图所示：

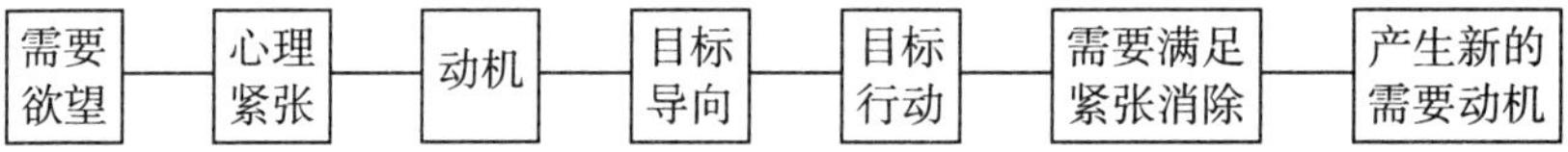

矫正没有目标，矫正活动的意向就不明，就不能调动服刑人员内、外两个方面的接受矫正的积极性，就可能无法获得应有的矫正效果。通过沟通活动，矫正工作者要使矫正的根本目标和服刑人员个人的目标达到一致，充分发挥矫正目标激励的引发功能、导向功能、诱发功能、聚合功能。

在确定矫正目标时要经过必要选择，所要完成的矫正任务必须体现可量化、价值性、可行性、低耗性和整体性标准。只有这样，才能达到目标激励的目的。如设定的矫正目标不太难，但也不是非常容易达到的，服刑人员经过一定的努力实现了，无疑可刺激他的成就感，激发他积极地去努力实现下一个矫正

① 林秉贤：《管理心理学》，群众出版社，第117页。

目标。同时,任何有目的的行为都可以分目标导向行为和目标行为两部分。在目标导向行为阶段,动机强度呈递增趋势,在目标行为阶段,动机强度呈递减趋势。如图所示:

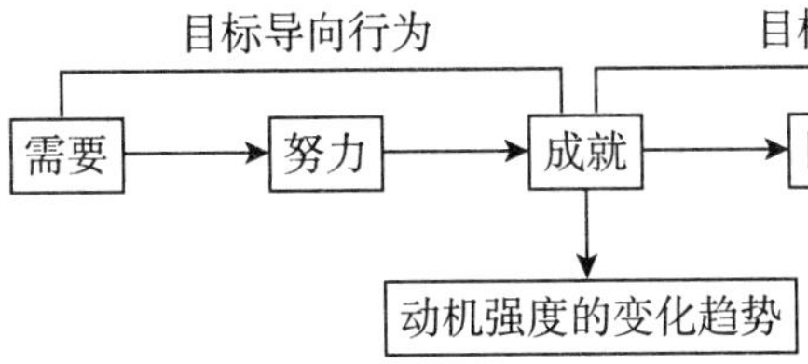

显然,持续的目标激励可以使服刑人员保持动机强度的递增趋势。矫正工作者在运用矫正目标激励时,应使服刑人员的矫正目标量化、层次化。通过量和层次的不断变化,使服刑人员保持动机强度的递增趋势,提高激励的有效性。

(三)技术激励

人类的行为除了具有满足人的基本生活需求的功能外,还具有满足其心理需求的功能;行为将成为寻求社会满足和得到社会尊重的重要途径。同时,人类的行为也是表现一个人能力、抱负,行使权力和获得成就以及发挥创造能力的机会。因此,矫正工作者可采用"工作丰富化"的激励原理来设计矫正激励。矫正工作者要精心设计矫正方案,增强矫正的动机性,选择适宜的矫正内容,扩展服刑人员个人成就感,增加表彰机会,加入更多必要责任和具有挑战性的活动,提供更多成长的机会,使服刑人员感到有更重的责任感、更多的自主权、更多的完成感和更多可立即得到的回报。有效的激励可让服刑人员直接感受到更多的效果回报、矫正的整体感、责任感和对自我能力的肯定。

"工作丰富化的来源。"①如图所示:

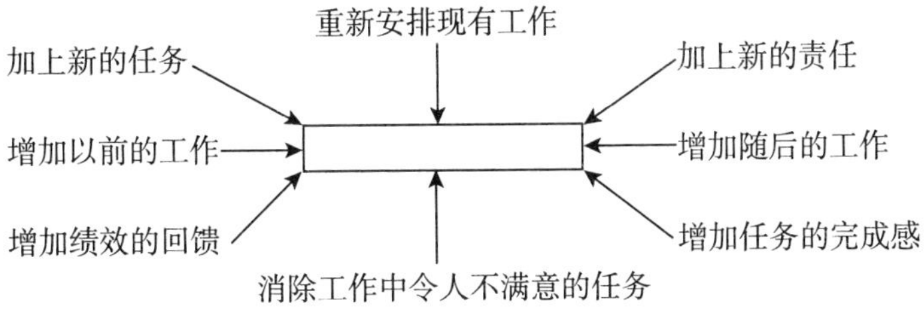

① 参阅林秉贤:《管理心理学》,群众出版社。

矫正工作者必须对人类的需求和理想抱负有一个正确的态度与窥探的心理素质。在对服刑人员进行激励的过程中，必须依据心理规律和经济发展规律，决定外在奖赏的标准，设计良好的矫正环境以提供服刑人员内在心理满足。

在矫正工作中，不能忽视服刑人员的外在环境与条件因素。在一定条件下这些也可以转化为激励的因素。矫正激励服刑人员时，要为他们创造一个良好的自然环境和心理环境，创造尽可能支持、鼓励和满足服刑人员合理需求的条件。

在特定的人类社会物质文化生活中，人有各种各样的需要，由于服刑人员是特殊的公民，在他们部分需要必须受到限制的情况下，应满足其合理的独特的需要，如活动需要、成就需要、责任需要、评价需要、尊重需要、提高和发展的需要。

矫正工作者应尽可能地解决好服刑人员的日常生活待遇，让他们在矫正中看到希望，得到矫正激励，增强矫正信心，重视他们的精神和情感需要，让他们明白精神需要比物质需要更为重要，优化监管和社区监督管理的环境，设置必要的文化娱乐，让他们有个良好的生活环境，安心矫正。

心理环境的优化是一个长期的、艰巨的任务，必须通过一定的人力、物力、财力和多种辅助手段，经过长期的、有目的的、有计划的培育，才能形成良好的矫正环境，让他们在矫正中得到全方位的发展。因此，矫正工作者应做好服刑人员的情感矫正激励、赏识矫正激励、信任矫正激励，理解支持他们的成就感意识。

（四）服刑人员个案矫正激励的一般要求

矫正工作者在运用矫正激励时，必须注意以下几点：

1. 激励必须在法律法规的框架内运用，并呈现处遇性。

2. 激励必须与服刑人员的需要相一致。

3. 矫正目标必须准妥，服刑人员通过努力可达到，使激励成为服刑人员可企及的。

4. 在制定矫正方案时，应通过协商把激励纳入矫正协议中。

5. 在可量化和有层次性设置具体矫正目标的前提下，把具体矫正目标的量化和有层次的评价与激励相结合。

6. 在对服刑人员达到矫正目标后应及时评价，及时真诚地兑现矫正方案中设定的相应的激励，不能失信于服刑人员。

7. 激励的条件、内容和方式方法等，应严格按照矫正方案的设定，不能单方随意变更或取消，除非双方通过协商就激励达成了新的共识，并修正了原矫正协议。

本章核心概念

- 服刑人员个案矫正方案。
- 矫正行动。
- 矫正计划。
- 矫正协议。
- 矫正作业。
- 矫正激励。

本章主要技术

★ 服刑人员个案矫正计划制定技术。

★ 服刑人员个案矫正协议制定技术。

★ 服刑人员个案矫正作业制定技术。

★ 服刑人员个案矫正作业督察技术。

★ 服刑人员个案矫正激励技术。

本章思考题

1. 什么是服刑人员个案矫正方案、服刑人员个案矫正计划？如何制定服刑人员个案矫正计划？

2. 什么是服刑人员个案矫正协议？如何制定服刑人员个案矫正协议？

3. 什么是服刑人员个案矫正激励？如何对服刑人员进行激励？

4. 某服刑人员具有下列行为指征，请利用心理学等相关知识，编制一份有关依赖障碍的矫正计划（含矫正作业）。

某服刑人员的行为指征：

(1)不能自立，一直依赖父母生活。

(2)喜欢结交朋友。

(3)一人独处时，会产生强烈的惊慌、恐惧和无助感。

(4)害怕他人的批评和指责，为此，无论别人是否正确，一心想取悦别人。

(5)做决定或行动时，往往需要他人再三的保证、肯定和支持。

(6)常有被别人抛弃的感觉。

(7)没有独立的自我价值感、幸福感和成就感。

(8)即使受到别人的伤害，也离不开伤害人。

(9)害怕别人的拒绝而总是人云亦云。

5. 如何确保服刑人员完成矫正作业，实现矫正目标？

第六章 服刑人员个案矫正过程中的实务技术

本章核心提示

● 服刑人员个案矫正方案实施，是指矫正工作者在与服刑人员有效合作的基础上，依据矫正方案，完成相应任务，以期达到矫正目标的一系列行动过程。矫正方案实施主要有具体矫正服务、提供信息和指引三种方式。矫正方案实施技术主要有鼓励、再保证、预演和改善自我对话的一般技术和从服刑人员方面和环境方面的介入技术等。

● 服刑人员个案矫正方案修正，是指监狱、社区矫正机构和矫正工作者在对服刑人员实施个案矫正过程中，发现原矫正方案存在缺陷、疏漏和失误或者服刑人员产生了新的需要矫正的问题，对矫正方案进行调整、完善的活动。服刑人员个案矫正方案修正必须遵循必要性、关键性和建设性原则。服刑人员个案矫正方案修正技术主要包括矫正主体、矫正目标、矫正技术和矫正周期修正技术。

● 服刑人员个案矫正结案是指矫正工作者与服刑人员一起结束矫正关系的过程。服刑人员个案矫正结案的核心技术是结案反应处理技术。

● 服刑人员个案矫正评价，是指监狱、社区矫正机构和矫正工作者在对服刑人员实施个案矫正过程中以及结案前，对个案矫正的效果所进行的分析评估。服刑人员个案矫正评价应遵循客观性原则，合法、公正原则和科学原则。服刑人员个案矫正评价技术包括如何确定评价标准、评价维度和评价时间点等。

● 服刑人员个案矫正的跟进，是指结案后为巩固矫正效果和维持服刑人员的自我矫正，而对服刑人员所进行的后续性回访服务。

第一节　服刑人员个案矫正方案实施技术

一、认识服刑人员个案矫正方案实施

(一)服刑人员个案矫正方案实施的概念

服刑人员个案矫正方案实施,是指矫正工作者在与服刑人员有效合作的基础上,依据矫正方案,完成相应任务,以期达到矫正目标的一系列行动过程。服刑人员矫正方案的实施,也称之为介入。

(二)服刑人员个案矫正方案实施的目的

服刑人员个案矫正方案制定后就要付诸实施,只有实施才能达到矫正的目标。服刑人员个案矫正方案的实施是矫正服务的关键环节和步骤,也是服刑人员个案矫正工作的最终目的。在服刑人员个案矫正方案实施过程中,矫正工作者必须灵活运用专业知识、方法和技巧,有序地推进矫正方案的实施,以帮助服刑人员朝着预定的矫正目标前进。服刑人员个案矫正方案实施的目的主要是:协助服刑人员对自身有一个清晰的认识,认清所面临的犯因性问题,发展潜能;促使服刑人员通过个人的努力解决自身存在的犯因性问题;促使服刑人员学会改善环境和利用资源的能力,必要时矫正工作者可以给予一定的帮助;协助服刑人员调整个人的社会关系,提高其运用各种社会关系与资源解决犯因性问题的能力。

二、服刑人员个案矫正方案实施的方式

矫正工作者在实施矫正方案时,一般通过以下三种方式介入:

(一)具体矫正服务

个案矫正主要是通过矫正工作者的矫正服务和服刑人员的自我行动来达到矫正目标的。因此,矫正工作者提供的具体矫正服务,是为服刑人员解决在矫正其犯因性问题的过程中所遇到的各种困难。这些困难可能影响甚至制约服刑人员顺利达到矫正目标。这种具体的矫正服务不是强迫服刑人员必须接受的或者是矫正工作者自己感受到的需要,更不是代服刑人员去消除或改善、改变犯因性问题。矫正工作者提供的具体矫正服务必须是服刑人员愿意接受的和矫正所必要的。

(二)提供信息

矫正工作者除为服刑人员提供必要的具体服务外,还需要在实施的过程中,为服刑人员提供执行方案所必要的信息,如矫正工作者适时的劝告、建议、矫正行动所需要的相关专业知识等。个案矫正是一项专业性很强的活动,而

服刑人员对此可能一无所知或知之甚少,可能因为知识的缺乏而感到高深莫测或不理解,而对矫正信心不足。尤其重要的是服刑人员接受矫正的非自愿性,对矫正的对立、误解、疑惑等表现非常突出。因此,尽管通过沟通建立起矫正关系,非自愿下的内心里的对立、误解、疑惑不可能一下子就消除。因此,为了增加服刑人员的信心,挖掘自身潜力,解决疑惑对立或误解,矫正工作者为服刑人员提供必要的通俗易懂的专业知识信息是非常必要的。矫正工作者适时提供必要的信息,可保证服刑人员的矫正行动向预设的矫正目标方向发展。

(三)指引

在矫正方案实施过程中,服刑人员尤其是依赖性强的服刑人员,需要矫正工作者经常为他指点迷津,提供方向性的引导,保持矫正行动朝预期的矫正目标发展和变化。矫正工作者通过对服刑人员矫正活动的经常性指引,可对矫正进行有效的控制。

三、服刑人员个案矫正方案实施的技术

在矫正方案实施过程中,矫正工作者必须注意的是:实施一方面必须依据方案进行,另一方面也要考虑服刑人员的实际情况及变化情况,适时对方案做出必要的修正。要善于运用自己的和服刑人员的社会资源;要进行阶段性督察和评价,检验矫正实效,发现服刑人员新的犯因性问题;要妥善处理与服刑人员之间的专业关系,维持双方的信任、接纳与合作,保持良好的矫正关系;对服刑人员在矫正中可能出现的困难和新情况,诸如服刑生活中可能产生危机的事件,要作出预期和适当的及时干预;要善于运用介入技术,促进服刑人员积极达到矫正目标。在实施过程中,矫正工作者一般主要从服刑人员和环境两个方面介入。介入的技术主要有以下几个方面。

(一)介入的一般技术

1. 鼓励。鼓励是矫正工作者采用正向的和积极的方法,挖掘服刑人员的长处、优点和潜能,促进他积极进行矫正行动,增强矫正信心的一种支持性介入方式。在矫正实施中,矫正工作者应经常性地对服刑人员取得的具体的进步、改变、改善,哪怕是极其微小的,毫不吝啬地给予表扬和赞许。这种鼓励必须表现出矫正工作者的真诚。矫正工作者真诚鼓励的最好表现,是按矫正方案及时兑现相应的激励措施,诸如考核加分、提高处遇等级、给予相应的行政或法律奖励等。

2. 再保证。反复是服刑人员矫正中的规律性问题。这是因为服刑人员的矫正收获,总是以其放弃原有的行为习惯、价值观、道德观、人生观等为前提的。因此,服刑人员在矫正过程中,常会对矫正行动产生怀疑、动摇或缺乏足够的耐心、毅力而丧失信心等，出现矫正行动的反复。矫正工作者应针对服刑人员的反复，适时通过解释、安抚、正向的激励或反向的惩罚等方式，帮助其找回信心、希望，强化其正向的矫正行动。

3. 预演。预演主要运用于那些采用行为矫正模式的服刑人员。如果矫正工作者针对服刑人员的犯因性问题，决定采用行为矫正技术进行矫正，为了树立服刑人员的信心，就有必要在实施矫正时，预先与服刑人员一起，对方案中设定的服刑人员的行为矫正作业进行预先的排练。预演的目的，是让服刑人员通过预先的练习，体会和理解其中的内在价值和意义，增强信心和勇气。在预演时，应确认矫正工作者和服刑人员在预演中各自所扮演的角色；通过多次反复的预演，指出好的方面和需要改善、提高之处，直到达到设定的行为；交流预演的心得体会，让服刑人员说出预演行为后的感受。预演结束后，应向服刑人员解释所预演的矫正方案中的行为作业的次数、时间和完成的要求。对缺乏耐心、毅力、勇气或有逃避倾向的服刑人员，在预演结束时，应确定其他参与矫正行动的管理者、志愿者、家庭成员等，明确他们在服刑人员今后完成矫正作业中的帮助、辅导和督促的责任。例如某服刑人员的犯因性问题是冲动性控制障碍，矫正工作者在预演时，可设置几种能引起冲动的场景，让服刑人员采用“停一停、想一想、听一听”的调节和自我控制的方法，进行反复练习，并说出感受。

4. 改善自我对话。改善自我对话，主要是矫正工作者为适用认知矫治模式的服刑人员所采用的一种具体介入服务技术。自我对话是一个人的内心对外部世界的解释。许多服刑人员由于认知水平的低下，人生观、道德观、价值观等错误，因而往往会产生错误的自我对话，并由此形成不良情感及外在的不良行为反应。习惯性的错误自我对话，是一些服刑人员的犯因性问题。服刑人员常见的错误自我对话主要有：非此即彼；跳跃到结论；选择性结论；灾难化；夸大失败；看不到成功；对自我、他人和世界的消极信念；控制的外在化。矫正工作者必须改善这些服刑人员的自我对话，重建他们的信念，使他们学会理性地思考问题，有效地控制不良情绪及行为反应。但是，由于服刑人员的错误对话往往不是一时一日形成的，而是在社会生活中长期逐渐形成，具有习惯性、顽固性等特征。因而，要改善他们的错误自我对话，是不可能一时就可达到的。要改善服刑人员的自我对话，矫正工作者必须做到：正确认识服刑人员对现实的反应情感和认识；帮助服刑人员检查他们的自我对话，并让他大声说出来，注意他在说话时常用的一些绝对化的词语，诸如不能、绝对不可能、不可有下次等；帮助服刑人员审视所处情形的客观真实性，把事实与曲解分离，然后采用自我建构的认知疗法，让其放松，做深呼吸，并至少三遍大声说出每一事实；当服刑人员不再用绝对化词语述说其所处情形时，表明其自我对话已有所改善，应及时给予鼓励性的肯定和赞许。由于错误自我对话具有习惯性和顽固性的特征，不可能一事、一时或一日就能得到改善，矫正工作者还应在矫正方案中，为服刑人员规定自我建构或记日记的矫正作业，强化服刑人员的自我练习、训练，学会理性思考问题。

（二）从服刑人员方面的介入技术

服刑人员是个案矫正的最直接的服务对象。因此，要使服刑人员达到矫正目标，就必须首先对服刑人员进行介入。对服刑人员的介入主要从情感、认知和危机干预三个方面进行。

1. 情感介入技术。处理服刑人员的情感是矫正工作者在矫正服务中所面临的重要问题。处理好服刑人员的情感，有助于服刑人员形成正确的价值观、人生观、道德观，形成良好的健康心理，增强矫正信心，提高解决犯因性问题的能力，促进矫正目标的实现。在服刑人员情感介入上，主要采用两种技术，一是建立宣泄室，让服刑人员在矫正中所遇到的不良情感有一个合适的宣泄场所和宣泄对象，并学会采用宣泄的方法处理个人的情感；二是倾诉，矫正工作者要营造一个良好的、安全的和开放的氛围，引导服刑人员诉说他过去的经历以及内心的情感，帮助其学会如何处理情感问题。

2. 认知介入技术。大多数服刑人员犯罪的重要原因，是由于其认知水平低下，认知结构错误，自我对话扭曲。提高服刑人员的认知水平，重构其认知结构和改善其自我对话，使其不良行为发生内在的根本性改变，是个案矫正的重要任务，也是实现矫正根本目标所必要的。矫正工作者在对服刑人员进行认知介入服务时，必须首先让服刑人员认清其低下的认知水平、错误的认知结构和扭曲的自我对话，对他的犯罪所产生的作用和影响。其次要帮助服刑人员认识到他的犯罪是哪些错误的人生观、价值观、道德观等内在信念指导下以及相应的思维模式下的必然结果，并指明这些错误的内在信念的思维模式给他带来了哪些危害，以及提高他的认知水平，重构认知结构和思维模式，将给他带来哪些积极的意义。再次是帮助服刑人员改善自我对话。最后是帮助服刑人员在他的认知方面有所改变、改善时，学会不断地自我表扬，激发信心和勇气。

3. 干预介入技术。服刑人员在服刑或受矫期间，也会突遇各种困难、困惑的困境，使其处于危机状态。如果矫正工作者不及时对服刑人员所面临的危机进行必要的干预介入，将会影响矫正工作的顺利进行和监狱、社区的安全和秩序，给服刑人员本人、他人和社会造成不应有的危害。在服刑人员面临危机时，矫正工作者应将危机干预置于当前优先的矫正服务。危机干预的步骤是：确定问题；保证安全、给予支持、提出并验证可变通的应对方式；制订计划；得到承诺，采取积极的应对方式。[①] 在危机干预中，评估服刑人员及其危机境遇是关键。检查的方面主要包括：评估危机的严重程度、服刑人员思维方式、情感、情绪体验和行为方式，危机的持续时间和死亡的可能性，了解服刑人员的背景资料及其能动性，评价服刑人员的自身能力、应付机制，以及有关的支持系统。倾听是危机干预的基本技术，具体包括积极参与、同情、关心、理解和接纳等。干预技术包括非指导性、安全性和指导性策略，要考虑个体差异与安全性，与处于危机的服刑人员共同找出和验证可供选择的变通应付方式，帮助其计划和保证付诸行动，合理地利用有关其他帮助机构。[②]

（三）从环境方面的介入技术

环境是认识服刑人员犯罪的一个重要的维度。这是因为环境在人的社会功能中起着重要作用，影响人的身心健康和行为走向。许多服刑人员在社会中处于弱势的地位，属于弱势群体。这种弱势最主要地表现为他们缺乏有力的社会支持系统。缺乏强有力的社会支持系统，是一些服刑人员犯罪的重要犯因性问题。因此，在个案矫正实施时，不仅要从服刑人员方面进行介入服务，环境方面的介入服务，也是必不可少的重要方面。环境介入主要从以下三个方面进行。

1. 增加社会支持系统。增强服刑人员的社会支持系统的核心是增强其自然支持系统。自然支持系统是以服刑人员家庭为核心的一个物质资源和精神支持系统。该系统中的主体与服刑人员关系一般比较密切，由于服刑人员人身自由的丧失或受到限制，服刑人员对自然支持系统具有很强的依赖性。因此，通过矫正工作者与服刑人员自然支持系统中的主体进行有效的沟通，使服刑人员的自然支持系统能够给予其必要的物质和精神上的支持，有助于他接受矫正。但是，大多数服刑人员的自然支持系统本身也处于弱势，或者存在着问题，诸如贫困、家庭成员不和、痛恨服刑人员的犯罪等，往往无力或不愿给予服刑人员必要的支持。对此，矫正工作者应给予服刑人员家庭必要的引导，建议其他政府机关或社会团体给予相应的扶助，改善服刑人员家庭的结构模式、

---

① ［美］B. E. Gilland，R. K. James：《危机干预策略》，肖水源等译，中国轻工业出版社 2000 年版，第 35 页。

② 同上，第二章。

经济状况等，以提高支持性。

2. 整合资源。矫正工作者应通过社会帮教等途径，有效地整合各种可利用于矫正的社会资源。这包括社会的人力资源，如社会志愿者、专业机构及其专业人员的参与等；社会物质和知识资源的支持，诸如建立帮抚解困基金、安置帮教基金、安置就业基地、职业培训基地等；社会的制度资源，诸如最低生活保障制度、养老保险制度等。有效整合和利用社会资源，将有助于服刑人员矫正犯因性问题，巩固矫正效果，可提高服刑人员资源的利用能力，增加矫正信心。

3. 倡导和行动。受监狱、社区矫正机构权力边界的限制，在社会中可能存在着一些促使服刑人员犯罪、不利于服刑人员矫正或巩固矫正效果的制度。但监狱、社区矫正机构无力也无权去解决这些问题。监狱、社区矫正机构及其矫正工作者，应本着社会责任意识，积极通过倡导和具体的建议、协商、游说等方式的行动，来推动社会制度的改革和完善。

第二节　服刑人员个案矫正方案的修正技术

一、认识服刑人员个案矫正方案的修正

（一）服刑人员个案矫正方案修正的概念

所谓服刑人员个案矫正方案修正，是指监狱、社区矫正机构和矫正工作者在对服刑人员实施个案矫正过程中，发现原矫正方案存在缺陷、疏漏和失误或者服刑人员产生了新的需要矫正的问题，对矫正方案进行调整、完善的活动。

（二）服刑人员个案矫正修正的作用和功能

任何方案的实施都是一个不断修正完善的动态过程。因此，服刑人员个案矫正方案修正，是服刑人员个案矫正过程中一个重要的环节和技术。对服刑人员个案矫正方案修正的作用和功能主要有：

1. 弥补不足。通过修正，对原定矫正方案中的矫正目标的定性定量指标、具体方法、时间要求等方案要素出现的疏漏、不足进行弥补。

2. 纠正错误。通过修正，对原定矫正方案错误要素进行更正或剔除。

3. 发现完善。通过修正，发现并针对服刑人员在矫正过程中出现的新的问题，制定相应的矫正目标和矫正内容，完善矫正方案。

监狱、社区矫正机构的个案矫正工作，只有充分发挥个案矫正方案修正的作用和功能，才能确保矫正目标的准确和矫正服务、矫正行动的有效，从而不断地提高服刑人员的矫正质量，实现使服刑人员矫正成为守法公民这一根本

目标。

二、服刑人员个案矫正方案修正的原则

对服刑人员个案矫正方案进行修正时，为了能从总体上把握修正的必要性、准确性和有效性，必须要依照一定的原则进行。服刑人员个案矫正方案修正的原则主要有以下三个。

（一）必要性原则

必要性原则的基本要求主要体现在两个方面：一是对原矫正方案作出的修正是必要的，不得不进行的修正，否则，将阻碍矫正的实施和影响矫正的成效；二是对原矫正方案作出的修正不是画蛇添足或随心所欲。例如，服刑人员张某原系银行保安人员，因监守自盗被判刑入狱矫正。原定矫正方案确定的主要矫正目标是“掌握法律常识，强化守法素养”。然而，矫正工作人员在矫正过程中，经进一步了解和分析，发现张某犯罪是知法犯法，“金钱万能”、“富则贵、贫则贱”等思想观念根深蒂固，其犯罪主要是受其扭曲的荣辱观的支配。因此，矫正工作者把原来的主要矫正目标修正为“重塑正确的荣辱观”。该案中的矫正目标的修正，就是必要的，否则，矫正工作就无法取得实效，实现矫正的根本目标。通过对个案矫正方案的必要修正，才能准确实施矫正，不断提升矫正的质量。

（二）关键性原则

关键性原则是指对原矫正方案的修正，必须着重抓住对矫正起着主导性、本质性作用的矫正要素，弥补完善原来的矫正方案，使得新的矫正方案能牢牢把握住服刑人员矫正的方向，少走弯路，达到事半功倍的矫正效果。例如，服刑人员张某，先后三次犯故意伤害罪被判刑入狱。对张某的矫正很长时间未见明显的效果。矫正工作者对张某进行了深入的分析研究，发现张某具有冲动性人格障碍，此心理障碍因素正是张某多次犯罪的主要犯因性问题，应列为矫正方案中的主导性、本质性的矫正目标，而这一点在原矫正方案中未得到重视，这正是矫正效果差的原因所在，张犯的“三进宫”也与此有关。新的矫正方案增加了“矫治冲动性人格障碍”的有关矫正目标和措施，可谓一矢中的，随着矫正方案的实施，张某逐渐发生了积极的转变。

（三）建设性原则

建设性原则是指对原矫正方案的修正，要在科学、创新的矫正理念的指导下，针对原矫正方案的不足，结合服刑人员的实际，提出具体个案矫正的新思路、新技术、新措施，使新的矫正方案更为科学、完善，从而推进个案矫正工作。例如，服刑人员王某，自幼家庭溺爱，逐渐养成孤僻自傲、冷漠偏执的不良个

性。张某因与他人争吵打架致人重伤被判刑入狱，入狱后人际关系一直紧张，常常因和其他服刑人员闹矛盾而大打出手，现实表现很差。对王某曾经尝试了多种矫正方法，但其现实表现一直处于波动状态。此后，矫正工作者打开思路，独辟蹊径，采用心理学手段应用于矫正实际，使用“心理评估技术”，得出“自我中心”观念是张某犯罪的根本原因，同时，以“宽容—协作—快乐”为主题，举办心理团体咨询辅导，将王某吸纳入辅导小组。经过一定周期的心理辅导，逐步消解了王某的“自我中心”观念，集体主义精神得以内化，从而使王某人际紧张、狱内适应不良的状况明显改善。可见，对原矫正方案进行建设性的修正，能起到山重水复疑无路，柳暗花明又一村的效果。

三、服刑人员个案矫正方案修正技术

服刑人员的个案矫正方案，一般都包括矫正服务主体、接受矫正服务的主体、矫正目标、矫正技术、矫正作业、矫正周期、矫正效果评价以及个案总结等要素内容。要求矫正工作者制定出完美的矫正方案是不现实的，难免在矫正方案的某些环节和要素上出现疏漏、不足乃至错误。况且，服刑人员自身可能会发生一些新的问题，矫正环境也可能出现一些较大的变化或出现了一些新的情况，从而使得原矫正方案不再适应新的问题、新的变化和新的情况，需要使用一定的修正技术对其作出修正完善。个案矫正方案的修正技术，简言之，就是修正什么和如何修正的问题。

（一）矫正服务主体的修正

这里的矫正服务主体，是指在服刑人员个案矫正方案中具体负责该个案的矫正工作者。在个案矫正实践中，并非每个矫正工作者都适合于矫正所有服刑人员，也并非每个服刑人员都适合于所有矫正工作者进行矫正。矫正服务主体的修正，就是对原矫正方案中确定的矫正工作者进行重新选择，使之与接受矫正的主体相匹配，使矫正取得实效。矫正服务主体的具体修正，一般应从以下几方面进行。

1. 以服刑人员的分类特征为依据，重新确定矫正工作者。目前的行刑实践，对服刑人员主要的分类有：一是以犯罪动机为依据，将服刑人员分为物欲型、性欲型、情感型、信仰型和其他类型四类；二是以刑期长短为依据，将服刑人员分为短刑期和长刑期两类；三是按服刑人员的性别和年龄为标准，将服刑人员分为男性成年、女性成年和未成年三类；四是以服刑期间的现实表现为依据，将服刑人员分为顽固、危险和普通三类。如果原矫正方案确定的矫正工作者对某类服刑人员共同的思想行为特征认识不足，矫正经验缺乏，或是产生反感、歧视，将导致原个案矫正难以顺利实施。那么，就应按服刑人员的分类特征，重新选择该个案的矫正工作者，使得新的矫正工作者，在知识、技能、经验和情感等方面，适合于该类型服刑人员的特点，达到矫正的有效。

2. 以服刑人员心理状况为依据，重新确定矫正工作者。从临床心理学角度对服刑人员进行分类，虽然存在争议，但主流的分类观点认为：第一层次分类，服刑人员可分为心理正常的服刑人员和心理异常的服刑人员。后者包括各类精神障碍患者，其矫正工作应该由具有临床医师、心理治疗师职业背景的矫正工作者来承担；第二层次分类，心理正常服刑人员可分为心理健康的服刑人员和心理不健康的服刑人员。前者的矫正可由一般矫正工作者承担。后者包括具有一般心理问题、严重心理问题和类神经症心理问题的服刑人员。其中，存在严重心理问题和类神经症心理问题的服刑人员，其矫正必须由从事心理咨询、治疗的专业矫正工作者承担。而存在一般心理问题的服刑人员，也可以由一般矫正工作者承担。因此，就主体修正的技术而言，是根据服刑人员心理状况的性质重新调整矫正工作者，做到因人施矫、因"心"施矫。假如一名具有严重心理问题或精神障碍的服刑人员由一名没有相应职业背景的矫正工作者实施矫正，效果是可想而知的。

3. 以服刑人员个体需求为依据，重新确定矫正工作者。依据我国法律规定，对服刑人员的矫正具有法律强制性，但这并不等于可以无视服刑人员个体的矫正需求。当服刑人员由一名非自愿的受矫者，转变为自愿受矫者，在此前提下，满足其合法合理的需求，有利于充分调动其主观能动性。因此，在矫正过程中，服刑人员表示信任、佩服某个矫正工作者并十分愿意接受其矫正，那么，在可能的情况下，可以考虑重新调整矫正工作者，对矫正服务主体作出修正。

（二）矫正目标的修正

服刑人员个案矫正的根本目标是将其矫正成为守法公民。因此，设定某个服刑人员的矫正目标，必须在"守法公民"这一根本目标的统领下，审人度势，对服刑人员作出客观准确的评估，确定有效的矫正总目标和具体目标。然而，矫正实践中，矫正目标的制定或执行并非一帆风顺，常常会出现疏漏甚至错误。矫正目标的修正，就是舍弃、纠正或中止原矫正方案中的矫正目标，从而形成新矫正目标的过程。

1. 撤除原目标，制定新目标。每个服刑人员，刚开始服刑的时候，往往要接受监狱、社区矫正机构的矫正工作者对其进行的矫正评估，制定矫正方案，明确今后一段时期的矫正目标。而目标的确定，通常是以服刑人员存在的犯因性问题为基础的。因此，只有对服刑人员的生活史、犯罪情况和人格特征作科学客观的分析评估后，才能找准问题，明确矫正的靶目标。在个案矫正中，目标制定的失误，主要是指目标的定性错误，即确定的目标与服刑人员的罪错、存在的犯因性问题并无有机联系，或者仅仅针对的是问题的枝节，没有抓住关键。因而，原目标是错误或无效的。定性错误发生的原因主要与评估信息失真、分析方法不科学等因素有关。比如，针对一名预谋蓄意杀人的服刑人员，制定了“消除、减轻冲动攻击性行为倾向”的矫正目标，显然是不妥当的。作为矫正工作者，就要在个案矫正中，悉心观察，认真分析，及时修正错误，撤除原方案中错误的矫正目标，制定新的矫正方案和目标。

2. 修改原目标，优化新目标。有些矫正个案，目标定性基本正确，但在某些方面的定性还存在不足，或者是目标太笼统缺乏分解，导致矫正目标不切合矫正实际，不具有可操作性。此时，目标的修正就是要对原目标进行修改和优化，从而有利于目标的实现。比如，某矫正个案，以“矫正暴力倾向性人格”为目标，却忽视了该个案服刑人员显著的冲动性人格特征，而“暴力”更多是源于“冲动”，仅“矫正暴力倾向性人格”为目标，矫正无疑会找不到准确的路径。修正的办法，是把“矫正冲动性人格”作为总目标，把“矫正暴力倾向性人格”作为具体的矫正目标，使原方案和目标得以优化，从而利于矫正操作，实现矫正目标。

3. 中止原目标，优先新目标。一个个案矫正中，仅仅制定单一的矫正目标，是较为少见的。对服刑人员的矫正实践表明，矫正个案中的目标常常具有多元性、层级性和顺序性等特点。分清矫正目标实施的轻重缓急、先后顺序是有效实现目标的前提条件。在矫正实践中，经过个案评估，确定的具体矫正目标一般有数个乃至十余个，可以依据目标在个案矫正中的性质、作用、地位以及目标间的相互关系，将目标分为一级目标（先行目标）和二级目标（后继目标）两类。前者主要是指必须先行实现的目标，后者是指在实现了一级目标之后才能顺利实现的目标。在个案矫正中，如果目标矫正逆顺序，矫正活动的成效常常是得不偿失。比如，某服刑人员存在明显的侵财行为倾向和明显抑郁性心理问题，矫正工作者针对其侵财行为制定一级目标实施矫正，那么，在明显抑郁性心理问题干扰下，该服刑人员难以配合矫正，而且存在自杀的危机。此时，就要中止原目标将其列为二级目标，将更为紧要和关键的目标“解决抑郁性心理问题”列为一级目标，优先施行矫正，恢复服刑人员的心理健康水平，在此目标基本实现后再考虑恢复被中止的原一级目标。

（三）矫正技术的修正

所谓矫正技术的修正，包括二种情况：一种情况是指原矫正方案中，为实现矫正目标而采取的矫正技术并不适用或无明显效果，需要重新选择其他技术进行矫正。常用的矫正技术包括：调适、个案教育、干预和心理矫治等类别。

制定矫正个案,应该结合服刑人员的成长经历、犯罪情况、认知水平、心理状况、人格特点和服刑表现等因素选择上述类别技术中适用的具体技术,做到因人施矫,才能取得矫正成效。比如,对某个具有严重心理疾病的服刑人员,选择了以调适作为主要的矫正技术,显然是不适宜的,也难以产生明显的矫正效果。该个案矫正技术应修正为比较恰当的技术——心理矫治。另一种情况是矫正工作者不规范操作矫正技术,导致矫正无效。这里的矫正技术的修正,就是对技术操作的失范进行纠正。比如,采用心理治疗类技术中的脱敏疗法,不依照分级脱敏要求随意操作,片面追求矫正速度和效果,实行越级脱敏,必然会出现欲速而不达的局面。对此,修正就是要严格依照分级脱敏的等级和步骤要求,严格脱敏操作,逐步实现脱敏目标。

(四)矫正周期的修正

矫正周期,即矫正时间表,是服刑人员个案矫正的一个重要组成。一个矫正总目标相应就有一个总的矫正周期,而总目标的每个分解目标也就有相应的每个较短的矫正周期。矫正实践中,矫正周期通常是针对某个具体的矫正目标而言的。显然,矫正周期必须与矫正目标相匹配。周期期限的预先确定,主要依据目标的性质、实现的预期程度、实现的难易程度以及服刑人员的具体情况而定。一般来说,某个矫正目标,对服刑人员的矫正转化具有主导性或根本性作用、实现的难度较大、实现的预期程度较高、服刑人员参与矫正的主动性较差,则确定的相应的矫正周期宜长些;否则,矫正周期宜短些。这既是矫正周期预先确定的原则,也是矫正周期修正的原则。矫正周期过长,妨碍矫正效率;过短则难以实现矫正目标。因此,矫正工作者在矫正实践中,对原矫正方案中不适宜的矫正周期,要以科学的矫正态度,遵从矫正技术的规律性要求,围绕矫正目标重新调整,实现目标和周期的匹配。比如,某服刑人员系惯窃"三进宫",入狱不久,矫正个案以3个月为矫正周期,欲消除其贪占思想和惯窃行为倾向。显然,矫正目标难以在3个月的矫正周期内实现,必须对矫正周期作出修正。

第三节　服刑人员个案矫正的结案技术

一、认识服刑人员个案矫正的结案

(一)服刑人员个案矫正结案的概念

服刑人员个案矫正结案是指矫正工作者与服刑人员一起结束矫正关系的过程。结案是服刑人员个案矫正中一个非常重要的阶段。理想的服刑人员个案矫正的结案，往往是矫正工作者和服刑人员一起严格遵循矫正方案进行活动，达到了预期的矫正目标，并能进一步巩固矫正效果的活动，使服刑人员在结束个案矫正后以及刑满后，不再重新犯罪，较好地适应社会而正常生活。

（二）服刑人员个案矫正结案的原因

服刑人员个案矫正结案的原因主要有：

1. 矫正目标达到。

2. 服刑人员的刑期或社区矫正的期限届满，服刑人员获得假释或被决定监外执行。

3. 监狱、社区矫正机构规定的个案矫正时间届满，或者矫正方案约定的时间届满。

4. 矫正工作者退休、调离或转案。

5. 服刑人员单方不愿意继续接受矫正而提出提前结案等。

显然，矫正目标的达到，并非服刑人员个案矫正结案的唯一原因。

二、服刑人员个案矫正结案的任务

结案原因的不同，决定了服刑人员个案矫正的结案有以下任务：

1. 矫正工作者与服刑人员共同商议和决定结案的具体时间。

2. 检查矫正目标达到的程度，对未完全达到预期矫正目标的个案，考虑如何维持矫正关系，制定新的矫正方案，继续对服刑人员进行矫正。

3. 制定跟进计划，巩固矫正效果。

4. 准备和进行矫正效果的评价。

5. 分析和总结矫正工作的经验和教训。

6. 调适矫正关系结束或中断后服刑人员的情绪反应。

7. 邀请服刑人员对矫正工作者的矫正工作进行评议。

8. 对服刑人员不愿继续矫正的进行转案。

三、服刑人员个案矫正结案技术

服刑人员个案矫正结案时，矫正工作者结案的任务，可归结为主要是妥善处理结案反应。服刑人员个案矫正结案的重要技术，是结案反应处理技术。

（一）结案反应

由于矫正关系是建立在双方信任的基础上，同时随着矫正工作者长时间的对服刑人员进行矫正服务，使矫正工作者与服刑人员相互间产生一定的情感。服刑人员个案矫正结案，不仅意味着矫正专业关系的结束，而且也意味着矫正工作者与服刑人员之间长期发展的感情关系的结束。因此，当结案发生时，必然会使服刑人员在心理上产生积极的或消极的情绪反应。

服刑人员最常见的积极心理反应主要有：对结案的喜悦、对达到矫正目标的欣喜、对未来生活的自信、对矫正工作者的感激等。

服刑人员的消极心理反应主要有：拒绝结案；恢复原有的不良行为或再次提出曾存在犯因性问题或提出新的犯因性问题；出现烦躁甚至暴躁不安的行为；突然拒绝再与矫正工作者见面，否定矫正效果，断绝与矫正工作者的联系等。

在结案时，除服刑人员会产生心理上的情绪反应，有时矫正工作者也会产生一定的情绪反应，诸如少数矫正工作者在结案时，由于矫正目标未能达到或未能全部达到而产生失望、失落或负疚感等。极少数矫正工作者由于长期从事矫正服务工作，与服刑人员相处时间过长，可能会把矫正的专业关系发展成为个人感情关系，在结案时，对服刑人员产生同情、认同等情绪反应。对于这些问题，都应当应用相应的技术方法予以解决。

（二）结案事务处理技术

矫正工作者要顺利结案，就必须运用一定的技术处理结案反应。处理结案反应的技术主要有：

1. 回顾。在结案前，矫正工作者应与服刑人员一起回顾矫正过程中发生的重要情景、片段或特定的事件，诸如服刑人员是如何由非自愿转为自愿接受矫正服务的，为实现矫正目标双方一起做了哪些努力，哪些矫正目标实现了，还有哪些矫正目标没有实现，实现和未实现矫正目标的原因是什么，甚至可以是某次矫正作业的辅导和完成的情况等。但是，回顾不只是一种简单的过去事件或事情的回忆和再现，而是通过回忆和再现，对矫正过程进行整理、分析和反省的活动。对矫正工作者而言，通过回顾，对矫正活动进行批判性的反思，从中总结出经验、教训和收获。同时，通过回顾，帮助服刑人员认识矫正过程中自身已发生了哪些改变，有哪些进步，有哪些收获和矫正成绩，进一步提高服刑人员对是非的分析判断能力、独立能力和对未来的信心。

2. 巩固。在个案矫正结案时，对绝大多数服刑人员而言，犯因性问题会发生一定程度的积极改善和改变。在回顾时，服刑人员也会谈到自己的这些改善、改变。因此，矫正工作者要善于发现和及时总结出服刑人员发生了哪些改善和改变，加以赞许、肯定并指出已发生的改善、改变已带来了哪些收获，这些收获对未来有哪些意义。例如某服刑人员由于反社会人格而产生的复发性离轨行为，经矫正得到了明显改善，由此获得了行政奖励和法律奖励。矫正工作者应对他的改善、改变进行肯定，并指出所获得的奖励有何意义，以及这种改善对他出狱后会带来哪些方面的积极意义等。通过这种肯定和分析性说明，达到促使服刑人员继续改善的目的。矫正工作者在指出服刑人员有哪些改善、改变、收获及其意义的同时，还应指出服刑人员如果继续进行或一直维持所获得的改善、改变，将会获得哪些支持系统的继续支持，有哪些资源可供他继续利用，从而促使服刑人员自我继续或维持改善、改变和消除犯因性问题，巩固已获得的矫正效果。如，对即将出狱的服刑人员，应对服刑人员进行必要的社会生活适应指导，解释和说明安置帮教的法律法规及政策的规定、有关最低生活保障等社会救助制度、有关免费或收费的心理咨询机构的地址和获得法律援助的条件和途径等。为巩固服刑人员的矫正效果，矫正工作者最为重要的是要让服刑人员把矫正中所获得的自我管理、控制的能力和学到的处理、分析和解决问题的能力，运用到结案后所要继续面对的服刑生活或社会生活中，让服刑人员能正确应对各种偶发的服刑生活事件、服刑环境的变化或社会中的各种可能的诱惑等，并做出正面的回应行为。矫正工作者对刑满的或解矫的服刑人员，应明确告知“我不希望再次在监狱、社区矫正机构见到你”。对刑期未满或社区矫正期限未满的服刑人员，应明确告知“我不希望听到你因为这个问题而再次做出错事被处罚的消息”。矫正工作者的这种告知，实际上表明了一种激励性的态度，对增加服刑人员巩固矫正效果的信心具有重要的意义。

3. 讨论。在结案时，矫正工作者应当与即将出狱的或社区矫正期限届满的服刑人员一起讨论未来的生活目标。在讨论中，矫正工作者应当把服刑人员出狱或解矫后社会生活中可能遇到的各种困难、挫折、遭遇和问题列举出来，使服刑人员在心理上有所准备，并提出可能的应对方法和途径，鼓励服刑人员正确面对可能的困难、挫折、遭遇和问题，有信心应对未来生活中的各种挑战。讨论是矫正工作者与服刑人员一起为服刑人员谋划未来，建议和建设性地设计未来生活方向的过程。

4. 调适。矫正工作者在结案时，一定要清醒地认识到矫正关系是一种专业关系，不存在任何个人的关系，同时，矫正关系也是一种法律关系，在法律上也不容许矫正工作者把矫正关系私人化。矫正工作者如果在结案时情绪反应严重，应当找自己信任的同事、领导加以疏导，必要时应找心理咨询师给予必要的心理疏导，帮助自己走出心理困境。对结案反应强烈的服刑人员，在结案时，矫正工作者如果不能为服刑人员提供必要的心理疏导的，应邀请监狱、社区矫正机构中的专业心理矫正工作者，一起参与回顾、讨论等，让专业心理咨询师为服刑人员提供必要的心理疏导。通过必要的心理疏导，使服刑人员的心理得到有效的调适，做出适当的情绪反应，使结案得以顺利完成。

5. 仪式。在正式结案时,矫正工作者可以依据矫正方案设定的激励措施,为达到矫正目标要求的服刑人员举行一次奖励兑现会;对即将出狱、解除社区矫正的服刑人员,可邀请其亲朋好友、参与矫正的志愿者、为矫正提供支持的组织、其他服刑人员等,举办小型的新生庆贺会、恳谈会或服刑人员回归社会的宣誓会等。举行一定比较正规严肃的仪式,意义在于:对服刑人员所取得的矫正效果公开给予肯定、赞许和鼓励,满足其自尊需要,形成积极的情绪反应;为服刑人员继续改变和维持改变,提供明确有效的支持网络和资源支持,巩固矫正效果,树立对未来的信心;为服刑人员建立起继续或维持改变的家庭和社会督促系统;让服刑人员明白矫正关系正式结束,他将在空间和时间上,通过独立的自我管理、自我控制面对未来的挑战。

6. 记录。结案时,矫正工作者应当认真填写结案登记表。结案登记表既是监狱、社区矫正机构管理的需要,也是矫正工作者跟进服务和进一步理性分析总结经验教训的需要。结案登记表样式如下:

××监狱个案矫正结案登记表

编号:NO

矫正民警姓名:　　　职务:　　　职称:　　　填表时间:

<table>
<tr><td>姓名</td><td></td><td colspan="2">性别</td><td colspan="2"></td><td>年龄</td><td colspan="2"></td><td colspan="2">民族</td><td></td></tr>
<tr><td>出生日期</td><td colspan="5"></td><td>健康状况</td><td colspan="5"></td></tr>
<tr><td>家庭住址</td><td colspan="4"></td><td colspan="3">联系电话</td><td colspan="4"></td></tr>
<tr><td>原户籍地</td><td colspan="11"></td></tr>
<tr><td>罪名</td><td></td><td colspan="2">原判刑种
刑期</td><td colspan="2"></td><td>原判刑期
起止</td><td colspan="5">年　　月　　日起
年　　月　　日止</td></tr>
<tr><td>刑期变动
状况</td><td colspan="11"></td></tr>
<tr><td>接案时间</td><td colspan="2"></td><td colspan="3">原计划结案时间</td><td></td><td colspan="3">实际结案时间</td><td colspan="2"></td></tr>
<tr><td colspan="3">矫正过程概要</td><td colspan="9"></td></tr>
<tr><td colspan="3">矫正效果评价</td><td colspan="9"></td></tr>
</table>

续表

存在的问题	
下一步矫正 （跟进服务）建议	
转介案情况	
监 区 意 见	
监狱意见	

××社区矫正机构个案矫正结案登记表

编号：NO

矫正工作者姓名：　　　　职务：　　　　职称：　　　　填表时间：

<table>
<tr><td>姓名</td><td></td><td>性别</td><td></td><td>年龄</td><td></td><td>民族</td><td></td></tr>
<tr><td>出生日期</td><td colspan="3"></td><td>健康状况</td><td colspan="3"></td></tr>
<tr><td>家庭住址</td><td colspan="3"></td><td colspan="2">联系电话</td><td colspan="2"></td></tr>
<tr><td>原户籍地</td><td colspan="7"></td></tr>
<tr><td>罪名</td><td></td><td>原判刑期</td><td></td><td>原判刑期起止</td><td colspan="3">年　　月　　日起
年　　月　　日止</td></tr>
<tr><td>刑期变动状况</td><td colspan="7"></td></tr>
<tr><td>入矫原因</td><td></td><td>入矫时间</td><td></td><td>入矫起止</td><td>年月日起
年月日止</td><td>矫期变动情况</td><td></td></tr>
<tr><td>接案时间</td><td></td><td colspan="2">原计划结案时间</td><td></td><td colspan="2">实际结案时间</td><td></td></tr>
<tr><td colspan="2">矫正过程概要</td><td colspan="6"></td></tr>
</table>

续表

矫正效果评价	
存在的问题	
下一步矫正 （跟进服务）建议	
转介案情况	
矫正机构意见	
执行机关意见	

第四节　服刑人员个案矫正的评价技术

一、认识服刑人员个案矫正评价

（一）服刑人员个案矫正评价的概念

所谓服刑人员个案矫正评价，是指监狱、社区矫正机构和矫正工作者在对服刑人员实施个案矫正过程中以及结案前，对个案矫正的效果所进行的分析评估。服刑人员个案矫正评价是针对矫正效果而言的。服刑人员个案矫正评价是矫正个案实施过程中或个案矫正结案前一个必不可少的重要环节，同样，也是服刑人员个案矫正中的一项重要的技术。

（二）服刑人员个案矫正评价的作用

在个案矫正中，对个案矫正进行评价，具有以下重要作用。

1. 明确矫正效果。矫正工作者可以通过评价，对服刑人员个案矫正的阶段性成效或最终成效作出明确估计和判断。如果阶段矫正目标实现，则可以顺利进入下一阶段，矫正得以步步推进；如果个案矫正目标实现，个案矫正则可以顺利结案。

2. 明确存在的问题。矫正工作者可以通过评价，对一些矫正效果不明显的个案，发现并剖析矫正过程中存在的问题。矫正实践中，矫正目标设定不当、矫正技术运用失误、具体矫正措施不落实和矫正周期过短等问题，常常是矫正效果的干扰和阻碍因素。矫正工作者可以通过评价来发现并排除这些因素，修正原矫正方案，从而推进个案矫正工作。

3. 有利于促进服刑人员的积极转化。在服刑人员个案矫正活动中，矫正工作者起着主导作用。然而，矫正并非只是矫正工作者单方面的事。良好的矫正效果来自于矫正各方关系人的互动协作。除矫正工作者外，监狱、社区矫正机构中其他有关的工作人员乃至社会志愿者、服刑人员的亲属也是矫正的协助者，他们都可以就有关的个案矫正作出自己的评价。服刑人员面对积极的评价，能得到赞扬和鼓励；面对消极的评价，可以反思省悟。更重要的是，服刑人员的自我评价，则是其思想行为矫正得以内化的重要机制和实现心理成长的重要途径。

二、服刑人员个案矫正评价的原则

采用一定的方法和手段，对服刑人员个案矫正的效果进行评价时，必须遵循相应的评价原则，从而保证评价的客观性、准确性、合理性和有效性。

（一）客观性原则

个案评价的客观性原则，就是矫正工作者要本着实事求是的态度，对服刑人员个案矫正的效果作出符合实际的评价。只有坚持评价的客观性，才能确保评价结论的真实可靠。任何主观臆断、夸大缩小或片面追求矫正工作成效的功利性做法，都将偏离个案矫正工作的正确方向，对矫正工作全局和服刑人员个人利益造成极为不利的影响。

（二）合法、公正性原则

对服刑人员的个案矫正，是监狱、社区矫正机构的职能活动。任何偏离法律轨道或失去公平公正的矫正活动，都是不能被允许的。服刑人员个案矫正的成效，既是监狱、社区矫正机构工作绩效的体现，也是服刑人员获取行政、法律奖励的重要依据。因此，服刑人员个案矫正活动必须从“守法公民”这一根本目标出发，严格依照法律和规章制度的要求，严守矫正职业操守，保证评价的内容、标准、程序都合法和公正，使得服刑人员个案矫正取得真正的成效，保障服刑人员的法律权益，促进其积极转化。

（三）科学性原则

从法律角度看，服刑人员个案矫正具有执法的属性，是一项法律活动；从专业技术角度看，服刑人员个案矫正包括矫正评价则是专业性、技术性特征十分显著的业务性活动，有着特定的工作内容、要求和规律。这就要求服刑人员个案矫正的评价，必须本着科学的态度和严谨的作风，遵从矫正技术要求和活动规律开展工作。矫正评价活动中，矫正工作者如果缺乏科学精神，随心所欲、不求甚解或简单机械地进行评价，显然不能得出准确的结论。

三、服刑人员个案矫正评价技术

服刑人员个案矫正评价技术是衡量矫正效果的方法、手段和具体的做法，其所要解决的问题就是对什么进行评价、从哪些方面评价、什么时候评价以及如何评价。因此，服刑人员个案矫正评价技术主要包括评价的标准、评价的维度、评价的时间等核心问题。

（一）评价标准

服刑人员个案矫正的评价，首先要解决的问题就是评价的标准。显然，评价的标准应以矫正个案计划中确定的矫正目标为主。只有矫正目标的改善，才是矫正的直接成效。矫正活动自始至终围绕着矫正目标而进行，对个案矫正成效做出评定，同样必须围绕矫正目标及其相应的具体指标来进行评价。比如，一名新入狱的服刑人员，对监狱环境产生了适应障碍，经过一段时间的矫正，自信心增强，焦虑、恐惧感减轻，劳动时紧张心理也缓解了，但仍然存在压抑烦躁情绪，劳动效率较低，不愿主动与人交往。虽然矫正对服刑人员产生了积极影响，有一定的矫正成效，但没有达到预期的矫正目标。另一方面，虽然没有完全解决适应障碍问题，但改善了心理状态等一些指标，矫正产生了间接的效果。

总之，个案矫正效果的评价必须以矫正目标为主要标准，以矫正目标的实现程度来施行评价并反映矫正效果。需要说明的是，无论是矫正活动的实施，还是矫正活动的评价，一般都需要将矫正目标进行分解并采用相应的具体指标量化，才能进行可操作性的客观量化的效果评价。

（二）评价的维度

围绕矫正目标的效果评价，包括具体从哪些层面、哪些角度和采用哪些方法实施评价。这实际上就是一个评价的维度问题。一般来说，矫正的效果可视为矫正工作者、服刑人员、矫正方法、矫正环境四者的函数，它们互相作用，共同影响矫正的效果。从矫正机构、矫正工作者的法律地位和职能看，矫正工作者在上述四者的矫正关系中，起着主导作用。从当前监狱、社区矫正机构的矫正实践看，也莫不如此。因此，服刑人员个案矫正效果评价的维度，一般包括矫正工作者评估、服刑人员自我评估、服刑人员周围人士的评估以及服刑人员犯因性问题消除、改善或改变的客观现实。在我国当前的矫正实践中，有些矫正机构还探索性地使用有关量表，如心理量表或自行研制的量表，进行矫正效果的评定。有关量表的测试结果，也成为评价的维度之一。需要强调的是，主导的、主要的评价维度是矫正工作者的评定，其他评价维度产生的信息是矫正工作者评定的依据。

1. 矫正工作者的评定。由具体负责个案矫正的矫正工作者，综合各方面的矫正信息，对矫正效果独立地做出定性定量的评价结论。一般的过程是矫正工作者对服刑人员实施矫正过程中或矫正结案后，针对矫正目标，通过面谈、行为观察、收集其他人士的评价意见甚至使用测量手段，来综合评定矫正目标的改善状况，作出评定结论报告。这种评价的要点是：

(1)评价通常主要由个案矫正的具体负责实施者作出，而不是其他个案矫正工作者。个案矫正效果的评价，如果由他人越俎代庖，必然会产生评价不着边际、混乱随意等现象。

(2)矫正工作者必须依照矫正评价的原则进行评价。偏离评价原则的评价，不能取得科学、准确、公正的评价结果。

(3)矫正工作者的评价结论较之其他主体的评价，通常是主要的、主导的甚至是最终的评价。因为矫正机构的法律地位和执法职能属性决定了矫正工作者在矫正过程中，始终处于主导地位。

(4)作为行政、法律奖励依据的评价结论，需要经矫正评价组织的审议鉴定并经矫正机构的审核备案。这样做是由矫正活动的法律属性决定的，把矫正效果的评价活动纳入法制化轨道，既可以避免暗箱、违法操作，也能减少评价的失误。

2. 服刑人员的自我评价。矫正是矫正工作者、服刑人员、矫正方法、矫正环境之间函数因素互动的过程，矫正的效果最终需要通过服刑人员的积极转变和行为表现的改善来体现。无论是矫正活动还是评价活动，服刑人员在此过程中，自身的觉察和体验以及自觉、有效的行动是非常重要的，甚至是关乎矫正成败的因素。只有服刑人员能够恰如其分地进行自我评价，才能真正看到自身的不足，产生积极求变的动机并有所作为。显然，把服刑人员的自我评价作为矫正效果评价的维度是非常自然和必要的。自我评价产生的信息，比如，服刑人员自述自信心强了，烦恼减轻或消失了，无法接受的事实开始正视了，对犯罪渐渐产生悔意了，参与配合矫正的愿望更强烈了等，本身就是矫正工作者评定矫正效果的重要依据之一。评价要点是：

(1)必须去假存真，取得真实的自我评价信息。矫正评价过程中，有些服刑人员在不良动机的驱使下，可能会作出不符合自身实际的自我评价，或夸大甚至虚构自身积极的一面或淡化甚至掩盖消极的一面，从而影响矫正评价的结果，以逃避矫正或骗取奖励。因而，矫正工作者应该不断锤炼矫正评价技术，积累评价经验，并以严谨的作风、敏锐的目光对服刑人员的自我评价信息进行分析研究，去假存真，为评价提供客观的依据。尤其注意的是在日常矫正活动中，矫正工作者应做好服刑人员矫正作业等完成情况和现实行为表现的记载工作，为客观评价提供必要的依据。

(2)必须去粗存精，取得有效的自我评价信息。服刑人员的自我评价，虽然在矫正工作者直接引导下进行，但自我评价常常偏离矫正目标，随意、散乱、表象性的自我评价是很难避免的。矫正工作者无论在引导服刑人员自我评价，还是在分析处理服刑人员自我评价的信息时，都必须紧密围绕矫正目标而展开，认真细致，善于发现信息间的内在有机联系，做到去粗存精，获取有价值的信息，为准确评价提供有效的依据。

3. 服刑人员的行为转化。服刑人员犯因性问题的改善、改变甚至消除，必然会外化为外在的行为表现。服刑人员个案矫正的效果最终必须体现在服刑人员行为的积极转化上。把服刑人员的行为转化作为矫正效果评价的维度之一，既是矫正评价的理论、规律使然，也是矫正评价实践的客观性要求。评价的要点是：

(1)评价的客体是目标行为。在矫正过程中，服刑人员的许多行为是动态变化的，只有与矫正目标存在内在逻辑联系并能反映出矫正目标实现状况的行为(通常是问题行为)，才能纳入评价范围。

(2)行为的积极性或消极性的转化具有确定性。在矫正评价过程中，对服刑人员行为转化的确认，要依据其行为转化表现和结果是公认的，或是矫正工作者亲自观察得到的，或是经过矫正机构考评确定的。仅仅是服刑人员自身或其他个体提供的信息，缺乏上述的印证，一般不予考虑。

(3)行为的转化具有相对稳定性。服刑人员的某种目标行为已处于转化过程中，但波动、反复较明显，则不宜纳入评价。

4. 服刑人员周围人士的评价。服刑人员周围人士主要包括监狱、社区矫正机构的其他矫正或管理人员、其他服刑人员和接受矫正的服刑人员的亲属。这些人士经常和服刑人员接触交流，了解、掌握服刑人员的所思所感、所作所为，甚至服刑人员的某些变化还不为负责个案矫正的矫正工作者所知。因此，服刑人员周围人士的评价，常常能为矫正工作者的评定提供参考依据。这种评价的要点是：

(1)多方听取意见。为保证评价的客观公正，应该积极听取服刑人员周围人士的评价意见，为矫正工作者的评定提供有力的依据。

（2）围绕目标，科学分析。周围人士的评价，不太可能遵循评价的专业性要求，常常可能是不具体的、浅层的甚至是散乱的评价意见。对此，矫正工作者依据此维度评价时，应围绕矫正目标，按科学取舍、概括本质的要求对评价意见信息进行处理。

5. 量表评价。目前，国内外矫正界一个引人注目的发展趋势是采用较为客观、量化的检测量表来评估服刑人员的犯罪特性，并以量表检测结果的前后变化来评价矫正效果。有些量表，如江苏省监狱系统自行研制的《心理、认知、行为（XRX）量表》，正在成为服刑人员矫正评估的重要工具。把量表检测的结果，作为矫正效果的评价维度，正在被越来越多的矫正机构和矫正工作者所认识和接受。这种评价的要点是：

（1）选择适用的量表。目前，有关心理、人格和行为倾向特征的测试量表繁多芜杂，使用量表检测来评价矫正效果，必须选择信度和效度较高，并适合于服刑人员检测的量表。如果选用量表不恰当，其检测结果反而会干扰矫正评价。

（2）规范检测操作。量表测试过程的规范操作，比如合格的主试、测试前的指导、符合要求的测试环境等，应该一一到位。失范的测试，必然导致检测结果的失真或无效，不能作为评价的依据。

（3）检测结果要得到其他维度信息的印证。由于受多种因素的影响，加之量表自身的局限性，检测结果并不全是真实有效的。评价时，一般要将测试结果和其他维度信息互相对比印证，筛选出有价值的检测结果作为评价的依据。

（三）评价的时间

一个完整的矫正过程是由一系列步骤、若干次行动所组成的。如何使每次矫正行动既有独立性又有连续性，达到前后衔接、循序渐进、步步提高的效果并最终实现个案的矫正目标，一个不可缺少的手段就是进行矫正效果的评价。因而，矫正效果的评价并非一定到结束才做，在矫正过程中就应该不断地评价矫正效果，通过评价分析，及时对矫正目标、矫正技术等进行修正，达到顺利推进个案矫正的目的。当然，矫正结束前的评价是对整个矫正过程效果的评价，更全面、更重要。就具体的服刑人员个案矫正来说，一个完整的矫正过程，通常设定一个或两个矫正总目标，矫正的过程就是矫正总目标下的具体目标不断实现的过程。在这一过程中，评价时间点的确定，即评价时机的选择是评价技术的时间性要求。一般可以将矫正过程中的矫正效果的评价分为过程评价和结案前评价。

1. 过程评价的次数和时间点，要根据服刑人员个案矫正中的具体情况尤其是具体矫正目标的实现状况而定。通常，在数次矫正行动实施后可以作小结性评价；在一个阶段性的矫正行动后可以作阶段性评价；在重要的具体矫正目标或关键性矫正总目标实施行动完成后，可以作专题性评价等。需要注意的是，评价时机的确定要恰如其分，灵活机动，总的原则是，能够掌握矫正效果，有助于提高矫正的质量。

2. 矫正结案前评价的内容主要是个案矫正总目标的实现情况，包括总目标是否完成、完成程度、存在问题及其原因分析和新的矫正或跟进服务建议。服刑人员在服刑期间，其矫正的根本目标总是通过一系列既具有内在联系又相对独立的矫正个案逐步实现的。服刑人员个案矫正不可能没有结案时间而涵盖其整个刑期，或抽象模糊或不确定。时间性是服刑人员个案矫正的重要特征。结案时间，是服刑人员个案矫正的一项重要构成要素。对服刑人员个案矫正在结案前进行准确的评价，不仅可为矫正机构奖励服刑人员提供客观依据，也为矫正工作者制定新的矫正方案、确定新的矫正目标打下了良好的基础，同时也可激发服刑人员的信心，增强接受矫正内动力，正面强化和巩固矫正效果。服刑人员个案矫正结案前的评价，是对服刑人员个案矫正结案前所进行的全面性效果评价，是针对个案矫正的总体成效而言的，评价时间总是在个案矫正结案前。

第五节　服刑人员个案矫正的跟进技术

一、认识服刑人员个案矫正跟进

（一）服刑人员个案矫正跟进概念

服刑人员个案矫正的跟进，是指结案后为巩固矫正效果和维持服刑人员的自我矫正，而对服刑人员所进行的后继性回访服务。服刑人员个案矫正跟进是结案后的矫正服务工作，是矫正工作的继续，也是社会综合治理的重要组成部分，其目标依然是使服刑人员成为守法公民。

（二）服刑人员个案矫正跟进的意义

跟进也是服刑人员个案矫正中的一个不可或缺的重要环节和步骤，有以下重要的意义。

1. 巩固矫正效果。一些服刑人员结案后，保持矫正后的正向行为往往比较困难，在社会环境等各种消极因素的影响下，或者由于矫正时间过短，矫正效果未能得到固化,很容易使原有的犯因性问题支配下的不良行为得以复发。因此,通过有效的必要跟进服务,可以巩固矫正效果。

2. 再评价。跟进服务也是一种追踪性后续性矫正服务,通过对结案的服刑人员后续性的回访,可以对矫正效果进行再次评价,以确认真正的矫正效果。

3. 支持。矫正工作者的跟进服务,也是一种支持性服务。它可以在跟进服务中,发现服刑人员在巩固矫正效果或继续自我矫正过程中可能遇到的困难,为服刑人员提出克服困难的建设性意见,或向有关国家机关、社会组织和服刑人员的家庭等提出建议,帮助服刑人员获得解决困难所必要的资源支持。

4. 预防。矫正工作者通过跟进服务,可以发现服刑人员继续服刑时,或出狱、解除社区矫正后可能出现的问题,诸如原有的犯因性问题未得到真正的改变或又出现了新的犯因性问题。此时,对刑期或社区矫正期未满的服刑人员可重新建立矫正关系或转案,继续新的矫正;对出狱或已解除社区矫正的,可以转介到其他社会性助人机构进行相应的社会工作,或可建议有关机关给予必要的管理和教育,如建议公安机关按重点人口管理条例的规定,列为重点人口给予管理,维护监狱、社区矫正机构和社会的安全和秩序,达到预防犯罪的目的。

二、跟进的原则

跟进是个案矫正过程的组成部分,矫正工作者在进行跟进服务时,应遵循下列原则。

(一)关怀原则

矫正工作者在进行跟进服务时,无论服刑人员是在继续服刑、矫正,还是已出狱或解除了社区矫正,均应表现出对他们的真诚关怀,即要表现出真诚地为他们真正成为守法公民,适应社会和有一个美好未来的一种关心、呵护的态度。如果矫正工作者把跟进服务当成一件公事公办或应付的事,就会引起他们的反感和对跟进服务的拒绝,那么跟进就没有什么价值,无法发挥其积极的作用。

(二)责任原则

跟进服务无疑增加了监狱、社区矫正机构的矫正成本,增加了矫正工作者的工作量。但是,作为矫正的后续性工作,跟进服务无疑是监狱、社区矫正机构的职能之一,是矫正工作者的重要职责和专业责任。因此,监狱、社区矫正机构和矫正工作者应本着对社会、对服刑人员高度负责的责任心,克服跟进服务中的各种困难,认真搞好跟进服务工作。

（三）保护原则

矫正工作者在进行跟进服务时，无论服刑人员是否已出狱或解除社区矫正，应当注意保护他们及其家庭的权利，这主要是：应尊重服刑人员的人格和满足他们自尊的需要；应注意跟进服务的方式、方法，尤其是对已出狱的或解除社区矫正的，要以不影响他们的正常学习、工作和生活为基本要求，更不能因为跟进服务的方式、方法的不当，强化社会对他们的歧视、偏见、嘲笑等负面影响。有效的跟进服务在于服刑人员尤其是已出狱的、解除社区矫正者的自愿接受，如果他们加以明确的拒绝，不能强行介入。

三、跟进的技术

（一）跟进的方式

矫正工作者介入方式的不当，往往会引起服刑人员、已出狱或解除社区矫正者和他们家庭反感，而拒绝跟进服务。因此，矫正工作者必须选择适当的跟进服务方式。矫正工作者在采用具体的跟进服务方式时，必须遵循因人而异和因时、因事、因情景而异的原则。一般的跟进方式主要有：

1. 回访。回访是矫正工作者按预先约定的时间，与服刑人员或已出狱、解除社区矫正的，在约定的地点或他们的家中，进行面谈。

2. 电话。对于已出狱、解除社区矫正的，如果有条件，矫正工作者可按约定的时间与他们进行电话交谈。

3. 信件。对于已出狱、解除社区矫正的，可以按预先的约定，定期采用信件进行跟进服务。

4. 走访。对于已出狱、解除社区矫正的，为了更全面了解他们的情况，检查矫正效果的巩固状况，整合跟进服务所需要的支持性社会资源，矫正工作者可以对政府有关机关、基层组织、社会团体或个人进行走访。

（二）跟进服务的策略

1. 约定。矫正工作者在制定矫正方案时，应就结案后的跟进问题与服刑人员进行讨论和协商，达成共识。在讨论时，应向服刑人员说明跟进的原因，让服刑人员充分了解和认识到跟进服务的作用和意义，在心理上有所准备，不至于将来结案后产生抗拒心理，从而自愿接受跟进服务，并使跟进服务成为矫正的自然组成部分。在结案时，矫正工作者应再次向服刑人员说明，并就跟进服务的时间、方式等和服刑人员进行详细明确的约定。

2. 适时。跟进服务在次数上不宜过频，时间不宜过长。次数过多、过频容易使服刑人员或已出狱的、解除社区矫正的，厌烦而产生抗拒，同时会增加工作量而影响其他矫正工作。跟进时间过长，则会使矫正工作失去主次之分，失去原有的作用和意义。跟进的时间应集中在结案后的六个月内，最长在一年之内；在次数上，应以一个月一次为宜。在结案的初期可适当增加跟进的次数。因为这一时期是检验和巩固矫正效果和评价矫正效果的最佳时间。

3. 适宜。跟进服务的方式和内容要适宜。如果是采用回访、电话或信件的方式进行跟进服务，在面谈或交流时不必过于正式，应创造一个轻松的面谈氛围或话题。面谈或交流的话题应主要围绕出狱或解除社区矫正者的学习、生活和工作的现状进行，也可以就矫正前和矫正后的对比为话题。在面谈或交流时，要表现出矫正工作者的真诚关怀态度，对出狱或解除社区矫正者遇到的困难要给予积极的帮助、指导和建议，并能获得明显的成效。对超越监狱、社区矫正机构和矫正工作者权力和责任范围的要求或困难，可以采用转介的方式解决。

4. 协调。对结案后仍在监狱服刑或在社区矫正机构接受矫正的服刑人员，应把跟进服务与监狱或社区矫正机构的管理、教育、处遇制度和激励机制结合起来。通过有效的管理、教育、处遇制度和激励机制，促进跟进服务的品质，进一步巩固矫正的效果。结案后，如果服刑人员已出狱或解除了社区矫正，跟进服务应与社会支持系统相协调，与安置帮教工作相结合，更应纳入社会综合治理工作，发挥社会支持系统、安置帮教和社会综合治理工作对跟进服务的促进作用，达到进一步巩固矫正效果和预防犯罪的目的。

本章主要技术

- 鼓励、再保证、预演、改善自我对话的一般介入技术；情感、认知和干预的服刑人员方面的介入技术；增强社会支持系统、整合社会资源、倡导和行动的环境方面的介入技术。
- 矫正目标、技术、周期的个案矫正方案的修正技术。
- 回顾、巩固、讨论、调适、仪式和记录的服刑人员个案矫正的结案技术。
- 评价标准、维度和时间的服刑人员个案矫正的评价技术。
- 约定、适时、适宜和协调的服刑人员个案矫正的跟进技术。

本章核心概念

★ 服刑人员个案矫正方案实施。

★ 服刑人员个案矫正方案修正。

★ 服刑人员个案矫正结案。

★ 服刑人员个案矫正评价。

★ 服刑人员个案矫正跟进。

本章思考题

1. 服刑人员个案矫正方案如何实施?

2. 服刑人员个案矫正方案修正应遵循哪些原则? 如何进行个案矫正方案修正?

3. 对服刑人员个案矫正评价有何意义?

4. 如何做好服刑人员个案矫正的结案工作?

5. 为什么要进行跟进服务? 如何做好跟进服务?

第七章　服刑人员个案矫正中的支持和重新犯罪预测技术

本章核心提示

• 服刑人员个案矫正中的支持系统是指对服刑人员在矫正过程中所面临的困难或其他相关问题进行帮助、扶持的各种资源性要素共同组成的体系总称。

• 服刑人员个案矫正中的支持系统主要有服刑人员家庭、监狱或社区矫正机构和社会三个基本要素组成。

• 服刑人员个案矫正中的重新犯罪预测是犯罪预测的一种，是依据制约服刑人员的社会、生理和心理等因素，对即将出狱或解除矫正的服刑人员重新犯罪的可能性程度所进行的预测。

• 服刑人员个案矫正中的重新犯罪的定性、定量预测技术

第一节　服刑人员个案矫正中的支持技术

一、认识服刑人员个案矫正中的支持系统

（一）服刑人员个案矫正中的支持系统的概念

服刑人员个案矫正中的支持系统是指对服刑人员在矫正过程中所面临的困难或其他相关问题进行帮助、扶持的各种资源性要素共同组成的体系总称。服刑人员个案矫正中的支持系统是矫正活动的重要组成部分，它本身也具有重要的矫正功能。完善支持系统是拓展服刑人员矫正资源的重要手段，是个案矫正工作的一项重要任务，也是矫正工作中的一项具体技术。

（二）支持系统的构成要素

服刑人员个案矫正中的支持系统由以下一些基本要素构成：

1. 服刑人员的家庭。服刑人员的家庭是服刑人员自然支持系统的核心，主要提供精神和物质资源支持。

2. 监狱和社区矫正机构。由于服刑人员人身自由的丧失或受限，使监狱和社区矫正机构成为服刑人员个案矫正支持系统中的重要构成要素。它主要提供：组织的支持、环境支持、制度支持、物质支持、技术支持以及专业人员的支持。

3. 社会。社会是重要的基础性支持要素，其主要从如下几个方面进行支持：

社会志愿者的支持；

社会团体的支持；

国家公共福利机关以及其他职能机构提供的支持；

社会工作制度的支持；

自然生态环境的支持等。

二、服刑人员个案矫正支持系统的作用

构建完善的服刑人员个案矫正支持系统，具有以下重要的作用。

（一）保障矫正工作的顺利进行

一定的资源投入，是矫正活动顺利进行的必不可少的要素。没有一定资源投入的矫正，是不可能获得所期望的结果，即产出——使服刑人员成为守法公民。有效的矫正，就监狱、社区矫正机构而言，必须要有足够的人力资源、物质资源、制度资源、精神资源等的支持。“人的社会化及意识的建构主要是在文化环境中发生的，或者说主要是主体的人与文化世界交互作用的结果。”① 矫正可以说是人类的一种特殊的文化活动。人力资源、物质资源、制度资源、精神资源等，正是监狱、社区矫正机构矫正文化的必要的要素。否则，矫正将不可能去重新建构服刑人员的“社会化及意识”。资源的有限性，决定了监狱、社区矫正机构及其矫正工作者，必须通过构建完善的资源保障体系和制度，全力推进矫正工作的社会化，积极拓展矫正可调用的各种资源，为实现矫正目标提供切实的资源支持，不断提高矫正工作的效能。

（二）促进服刑人员发展

大多数服刑人员犯罪的一个重要原因，是个人在社会化发展中，由于自身资源的缺乏，合理、合法调用社会各种资源的能力低下。因此，一方面矫正工作的本身必须要有必要的资源支持；另一方面，矫正工作者通过矫正服务，引

---

① 司马云杰：《文化价值论》，陕西人民出版社 2003 年版，第 58 页。

导、指导和帮助服刑人员学会拓展资源和合理合法地利用各种社会资源,促进自身的发展,也是矫正工作者的一项重要任务。因此,在矫正工作中,构建完善的支持系统,是实现矫正目标不可或缺的重要环节。

(三)推进矫正机构的改革和发展

构建完善的支持系统,国家从制度到物质的多方面投入是必不可少的。但是,仅依赖国家的投入,是不能满足服刑人员的多元、多样的个性需要。因此,就需要国家司法权力、矫正权力合理的向社会回归,让社会各种积极的力量参与到矫正工作中,从而拓展矫正资源。社会力量的参与,不仅可扩大矫正的可调用资源,而且可提升监狱、社区矫正机构工作的透明度,增强社会对矫正的认同感,推动监狱和社区矫正机构工作的法治化、科学化和社会化,进一步完善社会主义民主政治制度,促进刑罚的人道化,从而使监狱和社区矫正机构的体制、运行机制改革和发展与现代政治文明的发展相一致。

三、服刑人员个案矫正中的支持技术

(一)服刑人员家庭支持的应用技术

1. 服刑人员家庭作为支持要素的作用机理。所谓作用机理,是指一种因素施加于另一种因素过程中所发生一定效果的内在客观联系。

服刑人员家庭支持要素作用的机理体现在:在精神方面,服刑人员家庭是服刑人员的感情依托,绝大多数的服刑人员在服刑过程中会受到家庭的感情接纳而促使其达到矫正效果。服刑人员家庭精神支持有积极和消极两个方面的作用。服刑人员家庭的情感接纳,可以使服刑人员获得投身矫正的巨大精神动力,引导其为早日回到家庭的怀抱而积极矫正。反之,如果服刑人员的家庭过度接纳或拒绝,则会使服刑人员丧失积极上进的矫正信心,大大地降低矫正的实际效果。在物质方面的支持作用在于,许多服刑人员的基本需要,要从家庭获得必要的来源支持。监狱、社区矫正机构矫正资源的有限性,表现为其只能满足服刑人员的基本物质需要,因而,服刑人员家庭必要的物质支持,可弥补监狱、社区矫正机构在服刑人员的发展性矫正中需要的不足,促进服刑人员发展。

2. 服刑人员家庭支持的应用策略。在精神作用方面,作为重要自然支持系统核心的服刑人员的家庭,矫正工作者应帮助他们改善家庭模式和经济状况,使其能为服刑人员的矫正提供适度家庭情感支持,使服刑人员感受到没有被家庭所抛弃,家庭是他们永远温暖的港湾。矫正工作者应当经常与服刑人员的家庭成员交流,以获得尽可能多的服刑人员的各种具体情况,对于服刑人员在矫正中存在的一些问题，诸如接受矫正的态度消极等，应当让服刑人员家庭成员参与，协助矫正工作者耐心劝导，排解服刑人员的心理压力，树立未来的信心。对在社区矫正的服刑人员，应让服刑人员家庭成员直接介入矫正工作之中，协助矫正工作者分析服刑人员的矫正情况，对服刑人员在矫正中出现的不良行为倾向，及时与矫正工作者取得联系，共同探讨和协助解决问题。总之，服刑人员家庭在服刑人员矫正活动中，是服刑人员可以依托的重要精神刺激要素。服刑人员家庭参与服刑人员个案矫正，将有助于矫正工作者提高矫正效率。

在物质作用方面，服刑人员家庭是服刑人员物质生活的重要依托，是大多数服刑人员的物质消费的提供者，更是满足服刑人员发展的物质需要而安心接受矫正的重要条件。因此，监狱、社区矫正机构和矫正工作者，应协助服刑人员与家庭之间建立起良好的关系，使服刑人员家庭不仅给予服刑人员所需要的精神支持，而且能最大限度地提供必要的物质支持，消除服刑人员可能因为物质资源的匮乏而产生的消极矫正。

（二）矫正机构作为支持要素的应用技术

1. 监狱和社区矫正机构支持的作用机理。监狱和社区矫正机构作为支持要素的作用机理表现为：直接为矫正工作提供必要的组织、环境、制度、物质、技术和专业人员等方面的支持。这种支持表现为现代矫正机构职能的规定性，也是国家福利性的具体表现。

2. 监狱和社区矫正机构支持的应用策略。

（1）矫正组织。监狱和社区矫正机构自身必须建立完善的矫正组织，使矫正工作有必要的组织系统，有效地管理和调用监狱、社区矫正机构内外的各种资源，有效地通过管理、协调、检查、督促、指导、评价、激励等多种措施，充分发挥矫正工作者的工作积极性，强化矫正工作者的责任心，从而保证矫正工作的顺利进行。矫正组织是矫正工作必不可少的组织支持要素。这就要求监狱和社区矫正机构，必须本着职能明确、目的一致、分工负责和相互协调的原则，进一步强化教育矫正、管理矫正、心理矫正、临床治疗等内部矫正机构的矫正功能，形成矫正工作的合力。

（2）环境。和谐的监区环境和社区环境的本身，也具有矫正的功能，是矫正的具体技术之一，有助于服刑人员树立矫正信心，完善人格，形成正向行为。和谐的监区、社区环境，是一个人际关系良好、群体内道德价值和规范等正向且与个体趋同，是人人积极向上、舒适和美化等具有内外在相统一的先进文化氛围。监狱和社区矫正机构必须通过积极的倡导和行动，推动法律、规章等的制定,构建良好的服刑人员自觉遵守并能自我约束的群体规则和社区民约;及时兑现公开、公正和公平的奖惩,弘扬正气;鼓励社会各种力量参与矫正工作,提高社会对矫正工作的认同感,形成良好的社会化的助人风气;积极防范各种不利于矫正的消极因素;建设清洁、美化和环保的生态环境等。

(3)制度。制度保障是根本性的保障,也是矫正的根本性支持要素。因此,监狱、社区矫正机构必须按现代刑罚理念、矫正理念,积极进行社会倡导和行动,推动现代矫正法律制度的构建和完善。这主要是构建和完善监狱、社区矫正法律制度;构建和完善矫正的物质保障制度;构建和完善矫正工作制度;构建和完善社会参与矫正的制度以及构建和完善社会保险、救济、救助制度等。

(4)技术。服刑人员个案矫正工作,是一项技术性很强的工作。这是因为,服刑人员个案矫正是以社会工作的理论为基础,以心理学等学科的技术为基础的一项专门活动。没有必要的技术支持,是不可能确保矫正目标的实现。这就要求监狱、社区矫正机构必须以开放的视域引进不同专业的人才,优化人才的知识结构,注重自然科学和社会科学等不同学科知识及技术在矫正工作中的运用;以创新的思维,注重矫正技术的研究、开发和应用;强化矫正工作者的专业教育和技能培训工作;积极拓展社会资源中技术资源的参与程度,使技术能满足服刑人员个案矫正的多样化、个别化的需要。

(5)专业人员。这里的专业人员是指监狱、社区矫正机构的矫正工作者。矫正工作者是矫正服务的实施者。没有矫正工作者,就不可能建立起专业的矫正关系,为服刑人员提供专业的矫正服务。同时,矫正工作者的服务质量决定着矫正的质量,而矫正工作者的服务质量又是由其素质决定的。因此,监狱和社区矫正机构,必须建立起一支必要矫正工作者队伍。这就要求监狱、社区矫正机构要加强矫正工作者的职业化建设,通过引进、教育、培训等多种途径,建立起一支政治素质高、业务能力强,精通法律和具有良好矫正职业道德的专门矫正工作者队伍;鼓励矫正工作者通过自学等途径吸取多学科理论和技术,大胆创新、大胆实践,以满足矫正工作的理论性和实践性的需求;建立必要的监狱、社区矫正机构工作人员的分类制度,并在分类的基础上,对矫正工作者进一步细化分类为教育矫正、心理矫正、社会工作者等,构建起相应的工作资格认证制度,优化人力资源管理,提高矫正工作的事业心和责任心,强化服务意识,发挥工作的主动性和能动性,不断提高矫正工作的质量。

(6)物质。必要的物质条件是监狱、社区矫正机构充分发挥矫正职能的基本保障。同时,服刑人员在人身自由被剥夺或被限制的情况下,矫正机构尤其是监狱,有义务为服刑人员提供基本的生活保障和必要的矫正物质资源支持。没有必要的物质保障和支持,无论是监狱的执法活动,还是监狱、社区矫正机构的矫正活动,是不可能正常运行和达到预期目标的。对服刑人员而言,没有监狱、社区矫正机构必要的物质支持,就不可能使其通过自助性的矫正活动提高社会资源的利用能力,促进发展。因此,监狱、社区矫正机构必须通过积极的倡导和社会行动,推动物质保障法律制度的完善;深化矫正工作的社会化,拓展社会物质资源的可调用性和支持性。

(三)社会作为支持要素的应用技术

1. 社会支持的作用机理。社会作为支持要素的作用机理体现为:社会团体、国家公共福利机关和其他职能机关,可以为监狱和社区矫正机构提供专业人员、准专业人员、志愿者服务以及制度和自然生态环境等方面的支持。社会支持,不仅可以拓展矫正的资源,而且通过矫正工作者的指导和信息提供,让服刑人员学会社会资源的利用,实现一定的矫正目的。

2. 社会支持的应用策略。

(1)专业人员。所谓"专业人员",是指受雇于监狱和社区矫正机构具有一定矫正专业知识和技能的专门协助矫正工作的人员。

目前,由于我国现行监狱体制的障碍,监狱尚未建立起社会专业人员参与矫正的制度,社会专业人员一般通过社会帮教的形式参与服刑人员的矫正活动;社区矫正尚处在试点期间,除上海等少数省市向社会公开招募了少量专业人员外,大多数试点省市也未能开展,使社会专业人员的矫正人力资源效能发挥不足。随着我国民主制度的完善和法治化进程的加快,刑罚理念的转变,司法体制改革的加快,社会专业人员参与矫正的制度,必将得以建立、完善和发展。这是因为,无论是国家的司法资源、执法资源,还是矫正资源,有限性是其重要的特征。同时,社会参与其中,也是现代民主制度下的国家权力向社会回归,实现国家对社会资源可调用性发展的一个重要特点。这就要求:必须建立起相应的社会专业人员参与矫正的制度;所招募的专业人员必须具有国家的专业资格认证;依据公务员法建立招聘专业人员的管理制度;建立专业人员考核制度等。

(2)志愿人员。所谓志愿人员是指义务为监狱和社区矫正工作提供支持性服务的社区居民。

志愿人员一般是居住在社区中的居民,主要包括:离退休人员、学生、社会团体人员以及宗教人员。志愿人员参与自己居住地的监狱和社区的矫正工作,可发挥矫正工作者所无法发挥的矫正作用。矫正工作是为公民服务的,是为了保护和增进公民的根本利益而进行的。同时,社区居民的参与对于增进矫正工作的质量和效率,都有很大的益处。从当前国际社会的情况来看,监狱和社区矫正机构与社会之间的互相间隔、缺乏沟通的现象正在发生改变,越来越多的公民参与到矫正工作当中去。不断高涨的被害人权利运动、日益增加的社区矫正措施和监禁替代措施的使用等,都促进了公众对矫正领域的关注和了解。许多矫正工作者也认识到,公民参与矫正工作可以节省矫正机构的资源;可以减轻矫正机构的过度拥挤状况、降低社区监狱化的趋势;可以提高矫正工作的质量;可以改善公民对待矫正工作的态度等。因此,矫正工作者对于公民参与矫正工作的态度正在发生改变,越来越多的矫正机构和矫正工作者欢迎公民参与矫正工作。

①志愿人员参与矫正工作的重要意义

第一,改善矫正领域的决策。许多公民是各自领域的专业人员,参加很多的调查研究和相关决策活动,对于社会事务和行政管理有丰富的经验,在当地政府部门和社区中有一定的影响力。当他们参与矫正领域的志愿活动之后,会利用自己的知识、经验、能力和社会影响力,促进监狱、社区矫正机构决策的合理化、科学化。

第二,促进矫正领域的改革。公民参与矫正领域的工作后,他们会发现矫正工作者难以发现的问题,会提出矫正工作者难以提出的改革建议。这些参与矫正工作的公民的批评、建议等,都是促进矫正工作改革的重要力量源泉。从一些国家矫正领域的改革情况来看,矫正领域的许多改革设想和行动,都不是从矫正领域内主动产生的,而是在参与矫正工作、对矫正工作有较多了解的其他社会人士推动下发生的。

第三,丰富矫正领域的服务。社会上的居民有多种多样的工作经历和特长,他们参与矫正工作可以大大丰富矫正服务的内容,能够为服刑人员提供更多的服务项目。许多矫正服务工作开展的很好的矫正机构,都重视利用社会人力和技术资源,重视利用社区志愿人员参与矫正服务工作。社区居民参与矫正工作,可以大大促进矫正服务的效果。

②志愿人员的主要特点

首先,志愿人员是社区居民。他们参与自己居住地的监狱或社区矫正机构的矫正计划,积极协助矫正活动,把自己参与矫正工作活动看成是对社会的一种贡献。

其次,志愿人员提供的是一种无偿服务。在矫正领域中,志愿人员与专业人员或者专职人员的最大区别是:志愿人员是无偿提供服务而参与矫正工作的。志愿人员参与矫正工作不是为了获得报酬，而是为了给社会尽义务、满足自己的兴趣爱好、发挥自己的特长等。志愿人员无偿提供服务，并不排斥给他们提供一定的补贴或者津贴，补偿他们从事矫正工作花费的费用，例如，交通费、通讯费、资料费等。向志愿人员提供一定数额的津贴或者补贴，是许多国家和地区使用志愿人员的惯例，也是保障志愿人员顺利开展工作的重要条件之一。

再次，社区矫正工作者的构成复杂多样。社区矫正领域中志愿人员的来源多种多样，大体上可以分为以下几类：

离退休人员。许多离退休人员感到自己还有精力、有能力从事一些志愿活动，就有可能积极参与矫正工作。例如，退休教师、退休公务员、退休矫正工作者、退休军人、退休医务人员等。

学生。许多在校学生积极参与矫正工作，利用自己的学业特长为服刑人员的矫正提供服务。但要注意的是：充当志愿人员的学生应以大学生为主。

志愿人员还可以来自于一些社会团体。许多社会团体都致力于开展矫正工作，组织自己的成员参与矫正服务。例如，许多西方国家的救世军、童子军、青少年团体、妇女团体、人权组织和其他非政府组织等，都积极参与矫正工作，组织本团体的成员担任矫正志愿人员。

③志愿人员发挥的具体作用

志愿人员在参与矫正过程中，主要是对服刑人员的矫正提供精神支持、交往、关照和聆听；充当社会物理环境的调解者和促进者，包括提供就业帮助、为服刑人员请教师、为服刑人员寻找就业机会等；当好行为榜样；进行社会控制；充当文化教育、职业技术教育和社会适应能力教育方面的教师；协助矫正机构对服刑人员进行观察、诊断和了解，收集有关服刑人员的信息，聆听服刑人员的看法；参与决策活动，为矫正决策活动提供咨询和建议；帮助招募、培训、监督其他志愿人员并向新的志愿人员提供咨询；为参与社区矫正计划的服刑人员提供交通服务等。

④志愿工作者的服务策略

使用适当的语言，不要使用服刑人员使用的黑话或者粗俗语言。使用不符合自己身份的语言可能会被看成是一个“假冒者”。

服刑人员的亲属，不能从事对该服刑人员的志愿服务。

在从事志愿服务期间，不能将违禁品带进监狱、社区矫正机构，如果不能确定哪些物品是否属于违禁品，可以询问矫正工作人员。志愿者应当学会拒绝服刑人员关于携带香烟、金钱、杂志或者信笺的请求。如果对是否应当携带这样的物品有疑问的时候,应当询问矫正机构工作人员。

志愿人员应当光明正大地做一切事情。

不要与服刑人员一起做任何让自己在同伴或者他人面前感到尴尬的事,也不要与服刑人员一起说自己在同伴或者他人面前感到尴尬的事。

如果第一次服务不顺利的话,不要放弃,应再试一试。

在提供服务时,应当让服刑人员自己解决问题,而不要代其解决问题。

可以给服刑人员提供必要的支持,但不要赞同服刑人员的观点或者态度。

对于所接触到的机密信息要保守秘密。

不要带领未经同意的参观者或者客人进入监狱、社区矫正机构。

在日常服务中,不要将自己的住址和电话号码告诉服刑人员。如果服刑人员询问住址或者电话号码,可以说:"很抱歉,我不能违反规则这样做。"

不要与从事志愿工作的矫正机构的服刑人员通信,也不要在住所接听所服务的矫正机构的服刑人员打来的由对方付费的电话。

不要与服刑人员谈论刑事司法制度、法庭或量刑中的不一致现象或者其他有关的话题。如果不能肯定该说什么或者该做什么,就应当老老实实地寻求别人的帮助。

对服刑人员询问的事情不知道时,可以告诉他"你要寻求矫正工作人员的帮助",这可能是最好的对待疑难问题的方法。

如果在服务时已经做了一些不恰当的事情,不管发生了什么后果,都应当告诉合作的矫正工作者。

不要把服刑人员带到自己的家中,也不要借钱给他们。

不要把自己遇到的麻烦事情告诉服刑人员。

发现服刑人员不正常的行为时要及时向矫正工作人员报告。

不要总是期望服刑人员对你充满感激之情。

要有同情心和耐心,要学会关心服刑人员。

矫正工作者应注意志愿人员在参与矫正时的服务不当,应通过给他们适当的培训和指导,让他们适应志愿服务工作。

(3)社会团体。社会团体支持主要是一些专业协会、学校、医院、科研以及公共服务或者福利性组织所提供的人员、物质、技术和精神的支持。在社区矫正工作中,往往涉及多个国家机构的共同配合,需要充分地整合各种力量。这是矫正工作取得良好功效的关键。社会团体支持的内容包罗万象,其中相当多的社会团体对于矫正工作具有重大的扶助作用。比如一些专业协会可以提供本专业的专业技术和人才,在涉及矫正的一些专业问题时,可以通过这些专业协会的专业优势来解决。在一些学校特别是大中专院校，汇集了许多比较高的智力资源。一些矫正中可能遇到的难题（比如涉及法律问题、经济问题、政治问题等）可以利用这些院校的科研智力优势加以解决和研究分析，而且许多大学生积极投入到矫正的实践工作中去，利用自己的学业特长为矫正工作服务，可以极大地促进矫正工作的开展和发展。在涉及服刑人员的疾病就医问题以及心理矫治问题时，医院可以承担至关重要的作用，它既是保障服刑人员身体健康的关键，也是保障服刑人员心理健康的重要基地。还有一些科研机构也用自己的研究成果指导着矫正工作。这包括从矫正理论上对矫正工作进行指导；可以通过具体个案的分析与解决来从实践角度促进矫正工作的发展。在一些国家，许多的公共服务或者福利性组织也积极投入到矫正工作中去。在我国目前也开始了这方面的尝试，并且取得了一定的积极效果。

公共服务组织和社会福利性组织可以为矫正工作提供所需要的人员、物质、技术和精神方面的支持。在矫正工作中，如何积极地应用社会团体的力量促进社区矫正工作的发展，是一项全新的课题，需要在不断的实践工作中总结和探索。有效矫正的一个重要因素，是发挥社会在矫正服刑人员中的积极作用。社会团体作为社会力量中的重要组成部分，特别值得矫正机构在开展矫正工作时去发掘利用。社会团体的评价在矫正评价体系中占有非常重要的地位。社会团体的力量能否得当的运用到矫正工作中，将影响到对服刑人员矫正效果的客观评价，而这样的评价对服刑人员的矫正，有着重要的促进作用。

（4）国家公共福利机关、其他职能组织和团体。具有公共福利性质的国家机关、组织和人民团体，主要为矫正工作提供必要的物质和技术支持，比如人民法院、人民检察院、民政部门、中国妇女儿童事业发展中心、中华全国总工会、中华全国青年联合会、中华全国学生联合会等。这些机关、组织和团体，在它们各自所承担的公共福利的职能范围之内，可为矫正工作提供必要的物质和技术扶持。监狱、社区矫正机构应通过积极的倡导和行动，组织、协调和引导这些机关、组织和团体关心、参与和支持矫正工作，以满足发展矫正工作和提高矫正质量的客观需要。

（5）制度。相关制度支持主要涉及有关社会福利事业和社会保险事业方面。服刑人员作为社会成员，应当受到相关社会制度的保障和帮助。完善社会制度，诸如社会保险制度和救助制度、服刑人员的安置帮教制度、社会弱势群体的帮扶解困制度等，都会泽及服刑人员的福祉。将服刑人员的福利和保障纳入到整个社会福利事业中来,是保障服刑人员安心矫正的重要原动力。它可以使服刑人员深切地感受到社会的温暖,消除其心理上的被社会遗弃的不良反应,调动他们投身主动矫正的积极性。监狱、社区矫正机构要发挥这些制度的支持作用,可采用的技术是倡导和社会行动。

(6)自然生态环境。人类具有自然和社会双重属性。人是自然生态系统发展的最高产物。人的自然属性决定了人不可能脱离自然生态环境生存和发展。人的社会属性决定了人类对于自然生态环境的适应又是能动的。人类改造自然的能动性和人类社会生产劳动与自然生态环境的不可分性,给人类的生存和发展带来的后果,也具有积极和消极的二重性。实践证明,一些服刑人员犯罪,与其所处的自然生态环境的恶劣有着直接的相关性。自然生态环境对于社区矫正工作的影响也是显而易见的。良好的自然生态环境可使服刑人员愉悦矫正,调适心理,促进生理和心理的健康,提高对未来的信心。恶劣的自然生态环境则会加剧服刑人员对环境的不良反应,丧失对未来的信心,形成消极矫正的心理,增加身心健康损害危险,制约矫正的效果。因此,监狱、社区矫正机构应通过自身的积极努力,诸如监狱布局调整、缓解监房拥挤现象、美化环境等,创建良好的矫正所必要的自然生态环境,应通过倡导和行动,推动社会对自然生态环境的保护工作。

第二节　服刑人员个案矫正中的重新犯罪预测技术

一、认识服刑人员个案矫正中的重新犯罪预测

(一)服刑人员个案矫正中的重新犯罪预测的概念

犯罪学意义上的重新犯罪存在着广义与狭义的两种理解。广义的重新犯罪是因犯罪受到刑事制裁者的再次犯罪,和违反治安处罚法被劳动教养或已解除劳动教养的人员再次犯罪,以及虽未被揭露和受到刑事制裁,但却多次犯罪的犯罪人的犯罪。狭义的重新犯罪是指原犯一定之罪的,在刑罚执行完毕或赦免以后,又犯一定之罪的。这里的重新犯罪,特指服刑人员出狱或在社区矫正解除矫正后的重新犯罪。

服刑人员个案矫正中的重新犯罪预测是犯罪预测的一种,是依据制约服刑人员的社会、生理和心理等因素,对即将出狱或解除矫正的服刑人员重新犯罪的可能性程度所进行的预测。它有以下特点:

1. 预测的机构具有特定性。它是由监狱、社区矫正机构在服刑人员个案矫正中所进行的一项专门活动。

2. 预测的对象具有特定性。预测的对象只能是在监狱、社区矫正机构内接受矫正的服刑人员。

3. 预测的时间具有特定性。监狱、社区矫正机构是在服刑人员即将出狱或解除社区矫正时所进行的。

4. 预测的目的具有特定性。监狱、社区矫正机构对服刑人员重新犯罪预测的目的，是为了评价矫正效果和为社会相关职能机构提出管理、帮教或矫正的建议，预防和减少犯罪。

（二）重新犯罪预测的意义

1. 控制。对即将出狱或解除矫正的服刑人员进行重新犯罪预测，可有助于国家有关机关和组织、社会团体，在服刑人员回归社会后进行有针对性的帮教或列为重点人口给予必要的管理控制，提高社会治安综合治理的有效性，达到预防、减少犯罪的目的。对拟提请假释的服刑人员进行重新犯罪预测，可以科学地认定服刑人员是否“确不致于危害社会”，使假释的法定条件更客观和具体，并可为社区矫正提供必要的矫正依据，使公安机关和社区矫正机构确定相应的有效的监督管理措施，防止假释人员再次危害社会。对拟决定监外执行的服刑人员进行重新犯罪预测，同样可为社区矫正机构提供必要的矫正依据，采用相应的监督管理措施，继续开展有针对性的矫正工作，防止他们重新犯罪。

2. 评估。重新犯罪预测也是服刑人员个案矫正质量评估的重要内容之一。服刑人员个案矫正质量评估如果仅对矫正目标的实现状况，即矫正效果进行评估，就可能由于矫正目标的错误或矫正目标的虚假实现等，导致评估不准确。因此，在对即将出狱或解除社区矫正的服刑人员的矫正效果进行评估的同时，对他们进行重新犯罪预测，可以进一步认识服刑人员犯因性问题的改变、改善状态，认识他们的社会适应能力的情况，使矫正效果得到进一步的印证。

3. 发展。对即将出狱和解除社区矫正的服刑人员进行重新犯罪预测，通过国家有关机关、组织和社会团体或社区矫正机构，对他们的帮教、科学的管理或继续矫正，有利于巩固矫正效果，继续改变、改善他们的犯因性问题，进一步完善人格，增强社会适应能力。

二、重新犯罪预测技术

重新犯罪预测是对未然的再犯的可能性认识。因此，要提高预测的准确性，就必须采用科学的方法进行。重新犯罪预测的具体方法很多，归纳起来不外有两种，即定性分析预测法和定量分析预测法。

（一）定性分析预测法

定性分析预测法是指依据已掌握的可能重新犯罪的指征资料，进行全面的系统分析，推估服刑人员是否具备了犯罪动机和转化为犯罪行为的可能性。在分析时，全面、动态、系统的原则十分重要。首先，根据某一方面的资料不足以预测服刑人员是否可能犯罪。例如，只知道服刑人员具有产生犯罪动机的认识基础，而不去分析他的个性特征、当前的境况等资料，就很难推断是否会产生犯罪动机或实施犯罪行为。其次，根据某一时期静态的资料也不足以预测服刑人员是否可能犯罪，如服刑期间某一时间段的表现。再次，即使分析很全面，但如果不把各种相关资料当成一个整体的系统看待，也不足以得出可能性的结论，因为各种资料之间的内在联系并未被发掘出来。

定性分析预测法属于主观经验性预测，没有具体的评判鉴定标准，预测信度和效度较低。因此，对服刑人员出狱或解除矫正后重新犯罪的可能性的推估，最好作出两种以上的结论，并且随时注意追踪研究、修正预测结果。

（二）定量分析预测法

定量分析预测法是对服刑人员的相关资料进行科学整理归纳，以选定相关预测因子，依据与犯罪相关程度之大小，作数量化的排列打分，从而制成分数计数预测表，通过统计学处理得出服刑人员未来犯罪的概率。这种方法的关键在于对各因素作用大小打分，即赋值过程。例如，同“家庭极少联系”该得几分，“智力有缺陷”该得几分，“受过十年教育”该得几分，“受过三年劳动教养”该得几分等，之后计算出总分数在什么范围内的服刑人员重新犯罪的可能性（即犯罪概率）有多大。在进行预测时，便可参照不同项目的打分，求出总分（加数求和），在计算表上找出相应的犯罪概率就行了。

日本学者山根清道所著《犯罪心理学》一书介绍了桐口等人1960年报告的依据Burgess的记分方式对少年院出院者的再犯预测。表一是这种预测的一种分数计数表，表二是与总分相对应的预测表。

作为实例说明，上述同一本书还介绍了日本馆译的《计量刑事学》中对在家处理案件的再次违法行为预测失分加数法（所谓失分是指再次犯罪的比率）及其应用。表三和四是其所用的定量分析表。

表一　分数计数表

要因及其评定基准	分数(分)
家庭法院受理三次以上的	2
进过少年院	4
单一倾向的累犯	1
未受完义务教育	2
变换工作三次以上,无业	1
11 岁以前早发违法行为	2
违法生活在三年以上	2
15 岁以前脱离家庭	3
对家庭的感情冷淡,憎恶	2
未来的思想准备:乐观、听其自然、不安、绝望	1
精神医学的诊断:精神病态(倾向)	2
心理鉴定:精神病态倾向和智力缺陷	1
性格鉴定:感情缺乏	2

表二　相应预测表

分 数 级 别	重新犯罪概率(%)
0 ~ 5	0.0
6 ~ 10	20.3
11 ~ 15	35.4
16 ~ 20	52.3
21 ~ 25	64.7
26 ~ 30	85.3
31 ~ 35	100.0

表三　在家处理案件的再次违法行为预测失分加数表

项　目	基　准	失去分数(分)
初次违法行为年龄	14 岁以上	22
	不满 14 岁	40
受理次数	初次	7
	2 ~ 3 次	31
	4 次以上	55
处分经历	无	16
	不处分、尚未处分、对处分不理解	32
	监护观察、教养院、少年院、送交检察官	52
学　历	高小毕业以上、高小	11
	中学毕业	24
	中学、高小退学	30
经济状况	富裕、一般	20
	贫困、需要救济	31

表四　在家处理案件的再次违法行为预测表

失分加数级别	再次违法行为的可能性(%)
~ 89	8.8
90 ~ 109	22.2
110 ~ 129	22.8
130 ~ 149	41.8
150 ~ 169	45.8
170 ~	53.8

预测案例 1：某男 19 岁零 10 个月，1971 年进入 ×。案由：伤害。初次违法行为是 14 岁零 2 个月的时候。经过家庭法院处理情况：违反道路交通法 5 次，恐吓 1 次，强奸 1 次。中学毕业。未离家流浪。变换职业 4 次。有纹身。烟酒成癖。无性生活经验。亲生父母健在。与家庭关系一般。生活水平一般。对未来乐观。精神医学诊断：无障碍。心理鉴定：基本正常。性格特征：

以自己为中心，但爱随声附和。

按照预测表进行预测，在 14 岁以上有初次违法行为(22 分)，受理次数 4 次以上(55 分)，处分经历：监护观察(52 分)，学历：中学毕业(24 分)，经济状况一般(20 分)，失分加数合计为 173 分，由此推测再次违法行为的可能性达 53.4%。

预测案例 2：某男 17 岁零 7 个月。1970 年 2 月进入某鉴别所。案由：集体强奸(从犯)。在此以前无违法行为。在定时制高中学习。变换职业 1 次。其他不存在失分的成分。根据馆译预测表计分为 56 分，再次违法犯罪行为的可能性是 8.8%，属最低级的。根据桐口等人的预测，计算出少年院收容后的再次犯罪概率是 20.3%。对于这个少年，鉴别者提出交少年收容院的意见，家庭法院决定试验观察，委托辅导。此后三年内未发现违法行为和犯罪。因而，若是从对此少年的再犯预测这一点来说，不实行少年院收容的处理是恰当的。①

除以上介绍的以外，对犯罪心理和犯罪行为进行定量预测的方法还有不少。这些方法一般都需要以定性预测为基础，事先要做大量的实际调查研究工作。总之，定量分析预测法与定性分析预测法的结合，对于提高预测的效度和信度十分有益。所谓效度，是指所依据的各种测量因素对说明引起犯罪动机和产生犯罪行为所具有的正确程度。所谓信度，是指对各因素所打出的分数应具有的可靠性。每一因素所得分数一旦确定一般不能随意变更。但是，这个分数能否真正反映该因素的实际作用大小，还需要反复通过实践检验。

如上分析使人们看到，对犯罪心理进行定量预测有其明了易行的优点，但其局限性也是显而易见的。这类预测基本上还是静态而非动态的分析。实际预测中应注重考虑各种因素相互之间的动态关系，要考虑到服刑人员本身生活的动态性。

三、我国重新犯罪预测研究

我国的服刑人员重新犯罪预测研究起步较晚，实践上基本采用经验型的主观定性预测的方法。2004 年，江苏省监狱管理局罪犯改造质量评估课题组，在吸收了美国、日本、我国台湾地区和中国政法大学罗大华教授编制的《综合能力因素分析预测表》等重新犯罪预测的理论和技术的基础上，设计了相对完整和科学的罪犯重新犯罪定量预测方法。该方法由三个检测工具组成，分别是心理、认知和行为特性量表，即《XRX(WXRX)量表》；刑罚心理体验表，即《XT 简评表》；重新犯罪简评表，即《CX 简评表》。

---

① [日]山根清道：《犯罪心理学》，张增杰等译，群众出版社 1984 年版。

1. XRX 量表简述。该量表由心理健康、认知水平和行为倾向三个分量表组成,共有 31 个因子组成,分五级反应,相对应地分别计分为 4、3、2、1 和 0 分。该量表的功能首先用于对新入监的服刑人员的检测,作为认识服刑人员犯因性问题的工具;其次在服刑人员的服刑过程中反复使用,通过反复检测所得分值的前后对比,对照常模表,检验服刑人员犯因性问题改善的情况,并作为服刑人员过程改造质量评估的依据之一;最后是用于对即将出狱的服刑人员进行检测,通过检验所得分值与以前检验所得分值进行比较,对照常模表评价服刑人员犯因性问题的最终改善的情况,并作为重新犯罪预测的客观依据之一。XRX 量表的结构如下:

XRX 量表①

检测日期: 年 月 日 NO:

检测人________ 职务________ 检测单位________

被检测人________ 案由________ 刑期________

题 目	完全符合	基本符合	不能确定	基本不符合	完全不符合
QW1. 我的心情易受别人的影响					
QW2. 我心情好时浑身是劲,不好时无精打采					
QW3. 我没事做时,会感到烦躁不安					
&QW4. 一些小事常使我激动					
QW5. 我的心情时好时坏					
QW6. 我常为一些小事睡不着觉					
QW7. 我的情绪常受天气的影响					
QW8. 看电视时,我的心情会随剧情变化而波动					
QW9. 遇到重大事情,我常不够冷静					
! CH10. 我对任何人都能以礼相待					
#JL11. 我常常心平气和					
&#JL12. 我的睡眠通常很好					
JL13. 我很容易着急					

① 该表系江苏省监狱系统经试点实践后的修订稿,和于爱荣主编的《罪犯改造质量评估》一书中的《XEX 量表》,有很大不同。

续表

题　　目	完全符合	基本符合	不能确定	基本不符合	完全不符合
JL14. 我常忧虑不安					
JL15. 我常做噩梦					
JL16. 我的手心常出汗					
JL17. 我常常心慌					
JL18. 我常会为事情进展不顺而着急生气					
JL19. 我常无缘无故感到害怕					
！CH20. 我从不掩盖自己的错误					
YU21. 我常提不起精神					
&#YU22. 我的睡眠通常很好					
YU23. 我感到体重在减轻					
#YU24. 我的胃口一直很好					
#YU25. 我对将来抱有希望					
#YU26. 对爱好的事,我一直感兴趣					
&YU27. 我觉得活着是别人的负担					
&YU28. 我常常自责					
&YU29. 我常感到生活没什么意思					
YU30. 我的头脑没以前灵活了					
SY31. 我不喜欢去陌生的地方					
SY32. 我没有知心朋友					
SY33. 我不喜欢做枯燥单调的事					
SY34. 我与人交往时,总是小心谨慎					
SY35. 和别人交往时,我常有自卑感					
SY36. 我很难与陌生人相处					
SY37. 我不喜欢与他人一起玩					
&SY38. 在别人面前做事时,我会紧张					
&SY39. 我怕一个人外出					

续表

题　　目	完全符合	基本符合	不能确定	基本不符合	完全不符合
&SY40. 我不关心周围的事					
JS41. 我常做稀奇古怪的梦					
JS42. 我总觉得思想被一种无形的力量控制着					
JS43. 我做事时总是胡思乱想					
JS44. 我有时有一种强烈的冲动,想做一鸣惊人的事情					
JS45. 我总感到有人在背后议论我					
JS46. 有时我有一种说不出口的不好的念头					
JS47. 我常常发呆					
JS48. 我常产生一些稀奇古怪的念头					
JS49. 我能听到别人听不到的声音					
JS50. 我不喜欢家人					
PZ51. 别人和我交往总是有目的的					
PZ52. 我总是提防对我过分亲近的人					
PZ53. 周围好像没有一个人了解我					
PZ54. 好像总是有人和我作对					
PZ55. 我不轻易相信别人					
PZ56. 我认为积德行善都是假的					
PZ57. 一个人呆在房里,我会感到不安					
&PZ58. 别人总是想占我的便宜					
#PZ59. 我的成绩常得到别人的肯定					
PZ60. 我对任何事都很敏感					
#TQ61. 看到别人悲伤时,我就会难过					
TQ62. 我嫌弃讨饭的人					
TQ63. 生存就是弱肉强食					
#TQ64. 看到小动物受折磨,我总是很难受					

续表

题 目	完全符合	基本符合	不能确定	基本不符合	完全不符合
#TQ65. 我可怜上当受骗的人					
#TQ66. 我愿意帮助残疾人					
#TQ67. 我不能容忍虐待老人、儿童的行为					
JQ68. 我总是安于现状					
JQ69. 我喜欢过安逸的生活					
#JQ70. 我认为"做事就要做得比别人好"					
JQ71. 我对自己很满意					
#JQ72. 我从不相信"生死由命,富贵在天"					
JQ73. 我常常有许多计划,但总是不断变化					
JQ74. 我不喜欢争强好胜的人					
CS75. 不想干的事,我总能找到借口推掉					
CS76. 我做事总能自圆其说					
#CS77. 我反感言行不一的人					
CS78. 与别人讲话时,我常能顺着别人的想法和意思说					
CS79. 做任何事,我总能找到相应的借口					
#CS80. 说假话时,我会脸红、心跳加快					
&CS81. 我从未对父母无礼过					
#FZ82. 我认为"善有善报,恶有恶报"					
FZ83. 假如我到寺庙去,一定会烧香					
FZ84. 我做事时,很少考虑到后果					
FZ85. 我犯罪是社会或别人造成的					
#FZ86. 无意伤害了别人,也应该道歉					
#FZ87. 做错了事就应该承担责任					
FZ88. 我不知道家人的生日					
KR89. 我的观点与别人不同,别人很难说服我					

续表

题　　目	完全符合	基本符合	不能确定	基本不符合	完全不符合
&KR90. 别人总想占我的便宜					
#KR91. 我认为应该给犯错误的人改过的机会					
#KR92. 我是一个善解人意的人					
KR93. 我不想与我有过争吵的人再相处					
KR94. 我认为不公平的事,都想讨个说法					
#KR95. 我总能体谅别人的难处					
RR96. 活在世上,要么流芳百世,要么遗臭万年					
#RR97. 我是一个生活节俭的人					
#RR98. 答应了人家的事,就要做到					
&#RR99. 我觉得我比许多人活的有意义					
#RR100. 我看不惯懒散的人					
RR101. 假如有机会出国,我是不会回来的					
RR102. 为朋友,我可以不顾一切					
#XF103. 我乐于助人					
#XF104. 我是一个很容易满足的人					
XF105. 生活是残酷的					
&#XF106. 我觉得我比许多人活的有意义					
#XF107. 吃喝玩乐,不等于快乐					
XF108. 我的心情一直很差					
XF109. 只要快乐,影响别人也无所谓					
YL110. 有工人、商人和教师三个职业,让我选择的话,我会选择做商人					
YL111. 为了让自己或家人生活得更好,我会想尽一切办法					
YL112. 有钱才能活出个模样来					
YL113. 有钱能使鬼推磨					

续表

题　　目	完全符合	基本符合	不能确定	基本不符合	完全不符合
YL114. 马无夜草不肥,人无外财不富					
YL115. 交朋友,应该交有用的朋友					
YL116. 人不为己,天诛地灭					
#RS117. 我从不想不切实际的东西					
RS118. 我总觉得生活没劲					
RS119. 我总感到钱不够用					
#RS120. 我从不抱怨自己的命不好					
RS121. 我总觉得自己活的一点用也没有					
RS122. 我常感到自己生不逢时					
RS123. 我不清楚人为什么活着					
#LJ124. 我认为法律并不能解决一切问题					
LJ125. 我认为不犯罪就是守法					
#LJ126. 履行了义务,才能享受权利					
LJ127. 法律就是纪律					
#LJ128. 法律是一种行为规范					
LJ129. 法律就是禁止人们做什么事					
! CH130. 我从不说谎					
FTD131. 我认为许多人犯了罪没有受到惩罚,许多无罪的人反而受到了惩罚					
FTD132. 我没有感受到法律有什么好处					
FTD133. 假如没有违法,法院叫我去一下,我会不自在					
FTD134. 只要不偷不抢,欠钱不还也不要紧					
FTD135. 我的权利总得不到法律保护					
FTD136. 有关系才能打赢官司					
FTD137. 坐牢是命中注定的					

续表

题　目	完全符合	基本符合	不能确定	基本不符合	完全不符合
#FSz138. 别人赖账,我会告他					
#FSz139. 我对自己的行为是否合法很清楚					
#FSz140. 我总是知道如何依法保护自己的权利					
FSz141. 只要对集体有益,就是违法,我也会去做					
FSz142. 有时明知所做的事不对,我也会继续去做					
&FSz143. 排队时,有人插队,我也会插队					
FSz144. 撑死胆大的,饿死胆小的					
ZC145. 我认为“人要脸,树活皮”					
ZC146. 我很在意别人对我的评价					
ZC147. 我认为“人争一口气,佛争一炷香”					
ZC148. 高人一等,才活的有面子					
ZC149. 在人多的场合下,不能丢面子					
ZC150. 宁做鸡头,不做凤尾					
#ZC151. 总体来说,我对自己比较满意					
ZX152. 我认为谁都比我强					
#ZX153. 我与别人一起走路时,总是喜欢走在前面					
#ZX154. 碰到熟人时,我会主动打招呼					
&ZX155. 在别人面前做事时,我容易紧张					
ZX156. 我常担心不能把事情做好					
#ZX157. 我喜欢做有挑战性的事					
ZX158. 我十分在意自己的容貌衣着					
#ZZ159. 我做事从不优柔寡断					
#ZZ160. 命运掌握在自己的手中					
ZZ161. 我常要别人为我拿主意					

续表

题　　目	完全符合	基本符合	不能确定	基本不符合	完全不符合
#ZZ162. 我不在意别人对我的看法					
ZZ163. 我相信算命					
ZZ164. 我喜欢随大流					
#ZZ165. 想做事时，即使别人反对，我也不会改变主意					
ZD166. 我常对自己是什么样的人搞不清楚					
ZD167. 我不清楚自己该干什么					
ZD168. 我不在意别人对我的评价					
ZD169. 我比大多数人聪明					
ZD170. 我对别人很重要					
ZD171. 我经常管了不该管的事					
#ZD172. 我知道自己适合做什么					
#SJ173. 我总能找到正当职业					
#SJ174. 我解决困难的办法总比别人多					
#SJ175. 别人常找我解决困难					
&SJ176. 我怕一个人外出					
#SJ177. 我学新东西比别人快					
#SJ178. 我能很快适应新的环境					
#SJ179. 到一个地方，我总能交到朋友					
YZ180. 我玩的时候，常忘记时间					
YZ181. 我总是凭着一股热情做事					
YZ182. 我做事总是虎头蛇尾					
YZ183. 对单调乏味的事，我很难坚持做					
YZ184. 想学好，总是改不掉一些毛病					
YZ185. 遇到麻烦事时，我常改变主意					
YZ186. 我常把今天的事拖到明天去做					

续表

题　　目	完全符合	基本符合	不能确定	基本不符合	完全不符合
#ZK187. 我不会为忧心的事而睡不着觉					
ZK188. 我心情不好时，容易发火					
ZK189. 我一着急，做事就容易出错					
ZK190. 与人外出，别人总是等我					
ZK191. 我想做什么就做什么					
&#ZK192. 过马路时，即使没有人和车辆通过，我也不会闯红灯					
ZK193. 我常做一些没有用的事					
#TJ194. 烦恼时，我常会找人诉说					
TJ195. 遇到委屈时，我很难平静下来					
TJ196. 我无法承受失去亲人的打击					
#TJ197. 我认为人生总是有得有失					
TJ198. 我不能容忍别人的指责					
TJ199. 我常为一些小事而激动					
TJ200. 我常常自寻烦恼					
QC201. 一条船上有金钱、钓鱼竿、够五天吃的水和食物，船马上要沉了，要想获救，最少要等半个月以后。只能带两样东西，这时，我会毫不犹豫的带上水和食物					
QC202. 我认为“花小钱赚大钱是本事；不用本钱就能赚大钱，是大本事”					
QC203. 假如我有钱了，会把喜欢的东西全买下来					
QC204. 我总是存不住钱					
QC205. 我经常会产生强烈的购物欲望					
QC206. 我常想成为富有的商人					
QC207. 我对生活有太多太高的要求，因而常不能使自己满足					

续表

题　　目	完全符合	基本符合	不能确定	基本不符合	完全不符合
QC208. 乘飞机舒适、快捷，虽有很高的风险，但如果乘飞机和乘火车花一样的钱，我也会选择乘飞机					
QC209. 我经常对自己的生活现状不满意，很想一夜间就能得到改变					
！CH210. 我喜欢任何人					
#BL211. 我不太喜欢看武打类的影视剧					
BL212. 受到别人侮辱时，我会不自觉地握紧拳头，有气血冲头、心跳加快的感觉					
BL213. 棍棒之下出孝子					
BL214. 武力是解决问题的最好方法					
BL215. 别人说我莽撞					
BL216. 我生气时，总想摔东西					
#BL217. 我做事总能三思而后行					
BL218. 看到厌恶的人，我很想打他一顿解解气					
BL219. 面子比命还重要					
！CH220. 我想做的事总能做好					
FFX221. 看到女人（男人）的生活用品时，我会产生难以克制的兴奋					
#FFX222. 在任何情况下，我对女人（男人）都不会产生特别的好奇感					
FFX223. 我在软弱的女人（男人）面前，才会有自信和勇气					
#FFX224. 人不是商品，因此不能用人的身体去换取金钱					
#FFX225. 我不太喜欢看言情小说					
FFX226. 看到妇女（男人）受到惊吓或难堪时，我很兴奋					
FFX227. 我想摆脱有关性方面的困扰					

续表

题　　目	完全符合	基本符合	不能确定	基本不符合	完全不符合
FX228. 我的梦，很多是有关性方面的					
FFX229. 宁在花下死，做鬼也风流					
！CH230. 我从没有与人争吵过					
#ZSX231. 好死不如赖活					
&ZSX232. 常感到生活没什么意思					
&ZSX233. 我不关心周围的事					
ZSX234. 世上没有值得我留恋的东西					
#ZSX235. 我对生活充满信心					
ZSX236. 我常有生不如死的感觉					
&ZSX237. 我常常自责					
&ZSX238. 我活着是别人的负担					
ZSX239. 我找不到说心里话的人					
ZSX240. 我常有走投无路的感觉					
！CH241. 我从没有产生过不好的念头					
QW242. 稍不如意，我就会发脾气					
JL243. 我常坐立不安					
LJ244. 公民就是人民					
QC245. 人为财死，鸟为食亡					
！&CH246. 我从未对父母无礼过					
BL247. 受委屈时，我会设法发泄一番					
！CH248. 我做事从不出差错					
FFX249. 我总想结交到更多的异性朋友					
！CH250. 我从不说别人的闲话					
#LG251. 假如朋友与别人进行体育比赛，要我做裁判，即使朋友要输了，我也不会帮忙					
&LG252. 排队时，有人插队，我也会插队					

续表

题　　目	完全符合	基本符合	不能确定	基本不符合	完全不符合
LG253. 要想成功,就要打破常规					
C&#LG254. 过马路时,即使没有人和车辆通过,我也不会闯红灯					
#LG255. 我在打牌或做其他有比赛性质的娱乐活动时,绝不会做任何小动作					
#LG256. 我不太喜欢看警匪片					
LG257. 我生活上总是不拘小节					
LG258. 如果一件事与我无关,我不会太在意					
LG259. 一件事规定三次做完,我如果能一次做完,就一次做完					
LG260. 我如果知道什么秘密的事,会忍不住地告诉别人					

为了能对文盲、小学三年级以下文化程度的服刑人员进行检测,江苏省监狱管理局罪犯改造质量评估课题组对《XRX 量表》的测题和反应区进行了必要的简化,以适应文盲和小学三年级以下文化程度服刑人员的理解能力和反应。该量表为三级反应区,分别计为 2、1 和 0 分。《XRX 量表》的简化量表,简称为《WXRX 量表》。该量表的结构如下:

WXRX 量表①

检测日期:　　年　　月　　日　　　　NO:

检测人＿＿＿＿＿＿ 职务＿＿＿＿＿＿ 检测单位＿＿＿＿＿＿

被检测人＿＿＿＿＿＿ 案由＿＿＿＿＿＿ 刑期＿＿＿＿＿＿

题　　目	是	不是	不能确定
QW1. 你的心情是不是容易受别人的影响			
QW2. 你是不是心情好时浑身是劲,心情不好时又无精打采			

① 该表系试点实践后的修订稿,与于爱荣主编的《罪犯改造质量评估》一书中的《WXRX 量表》有很大区别。

续表

题　　目	是	不是	不能确定
QW3. 你没有事情做时会不会烦躁不安			
&QW4. 你会不会为一些小事激动			
QW5. 你的心情是不是有时候好有时候坏			
QW6. 遇到事情,你会不会睡不着觉			
QW7. 天气变化会不会影响你的心情			
QW8. 看电视时,你的心情会不会随剧情变化而变化			
#QW9. 遇到重大事情,你会不会冷静			
QW10. 不顺心的时候,你会不会发脾气			
#JL11. 你是不是一个心平气和的人			
&#JL12. 你睡觉是不是一直很好			
JL13. 你平时是不是容易紧张			
JL14. 你是不是常为一些事情担心			
JL15. 你是不是常做噩梦			
JL16. 你的手心是不是常会出汗			
JL17. 你是不是常感到心慌			
JL18. 事情不顺时你会不会着急			
JL19. 你会不会无缘无故感到害怕			
JL20. 你是不是常感到坐也不是站也不是			
YU21. 你是不是常提不起精神			
&#YU22. 你睡觉是不是一直很好			
YU23. 最近你是不是常觉得自己比以前瘦了			
#YU24. 你吃饭是不是一直很好			
#YU25. 你是不是对将来感到有希望			
#YU26. 你对以前感兴趣的事,是不是一直感兴趣			
&YU27. 你有没有觉得活着是别人的负担			
&YU28. 你是不是常责怪自己			

续表

题 目	是	不是	不能确定
#&YU29.你感到生活有没有意义			
YU30.你是不是觉得大脑没以前灵活了			
#SY31.你喜欢不喜欢去没去过的地方			
#SY32.你有没有很要好的朋友			
#SY33.你喜欢不喜欢做枯燥单调的事			
SY34.你与人交往时,是不是总是很小心			
SY35.你与别人交往时,是不是总觉得不如别人			
SY36.你是不是很难与不认识的人相处			
#SY37.你喜欢不喜欢与别人一起做事			
&SY38.在别人面前做事情时,你会不会紧张			
&SY39.你害怕不害怕一个人外出			
&SY40.你关心不关心周围的事情			
JS41.你是不是常做稀奇古怪的梦			
JS42.你是不是常感到自己的大脑被什么东西控制着			
JS43.你是不是经常一边做事一边想其他事情			
JS44.你是不是有时想去做一些惊人的事情			
&JS45.你是不是觉得总有人和你作对			
JS46.你是不是有时会有一些不好的念头			
JS47.你是不是常常发呆			
JS48.你是不是常会有一些稀奇古怪的念头			
JS49.你能不能听到别人听不到的声音			
#JS50.你喜欢不喜欢你家里的人			
PZ51.你是不是认为别人与你交往都是有目的的			
PZ52.你会不会防备想亲近你的人			
PZ53.你是不是觉得没有人了解你			
&PZ54.你是不是觉得总有人和你过不去			

续表

题　　目	是	不是	不能确定
PZ55. 你是不是总觉得有人在背后议论你			
PZ56. 你是不是认为好人好事全是虚假的			
PZ57. 你一个人在房间里会不会感到不安			
&PZ58. 你是不是总感到别人想占你的小便宜			
#PZ59. 你取得的成绩是不是总能得到别人的肯定			
PZ60. 你是不是对任何事情都很敏感			
#TQ61. 看到别人伤心流眼泪你会不会难过			
TQ62. 你会不会看不起要饭的人			
TQ63. 你是不是认为人活在世上就是大鱼吃小鱼			
#TQ64. 看到小动物受伤害，你会不会很难受			
#TQ65. 别人上当受骗，你会不会觉得他可怜			
#TQ66. 你愿意不愿意帮助残疾人			
TQ67. 你能不能容忍打骂老人、儿童的行为			
JQ68. 你能不能安于现状			
JQ69. 你是不是追求吃穿不愁的生活			
#JQ70. 你是不是认为做事就要做得比别人更好			
JQ71. 你对自己满意不满意			
JQ72. 你相信不相信生死、富贵都是命里注定的			
JQ73. 你是不是经常改变自己的打算			
#JQ74. 你喜欢不喜欢做事情很要强的人			
CS75. 你会不会找借口推掉不想做的事			
CS76. 不管事情有没有做好，你是不是总能找到理由			
#CS77. 你讨厌不讨厌说一套做一套的人			
CS78. 想让别人帮忙的时候，你会不会说讨好他的话			
CS79. 不想做事时，你会不会找借口			
#CS80. 你说谎的时候会不会脸红、心跳加快			

续表

题　　目	是	不是	不能确定
#&CS81. 从小到大你有没有顶撞过你的父母			
#FZ82. 你同意不同意“善有善报,恶有恶报”的说法			
FZ83. 假如去寺庙,你会不会烧香			
FZ84. 做事情时,你是不是很少考虑后果			
FZ85. 你的犯罪是不是社会或别人造成的			
#FZ86. 无意伤害了别人你会不会向别人道歉			
#FZ87. 做错了事你会不会主动承担责任			
#FZ88. 你知道不知道家里人的生日			
KR89. 别人是不是很难说服你改变主意			
&KR90. 你是否觉得别人总是想占你的便宜			
#KR91. 你会不会给犯过错的人改正的机会			
#KR92. 你是不是常能理解体谅别人			
#KR93. 跟与你吵过架的人,你还能不能相处的好			
KR94. 对不公平的事情,你是不是总想讨个说法			
#KR95. 你是不是总能体谅别人的难处			
RR96. 你是不是认为人活在世上就要出名,要么做个大好人,要么做个大坏人			
#RR97. 你是不是一个生活很节省的人			
#RR98. 答应了人家的事,你会不会一定去做			
#RR99. 你觉得生活有没有意义			
RR100. 你能不能看得惯懒惰的人			
#RR101. 假如有机会出国,你会不会回来			
RR102. 为朋友,你会不会不顾一切			
#XF103. 你愿意不愿意帮助别人			
#XF104. 你是不是一个容易满足的人			
XF105. 你是不是觉得生活很残酷			
#XF106. 你是不是比别人活的快乐			

续表

题　　目	是	不是	不能确定
XF107. 吃喝玩乐是不是幸福快乐			
XF108. 你的心情是不是一直很差			
XF109. 只要快乐,是不是影响别人你也无所谓			
YL110. 工人、农民和商人三种职业,你会不会选择做商人			
YL111. 为了让自己、家人生活更好,你会不会想尽一切办法			
YL112. 你是不是觉得有钱才能活得像模像样			
YL113. 你同意不同意"有钱能使鬼推磨"的说法			
YL114. 你是不是认为人没有意外的钱财就不能富			
YL115. 你是不是认为交朋友就要交对自己有用处的朋友			
YL116. 你是不是认为人都是自私的			
RS117. 你会不会想些不现实的东西			
#RS118. 你觉得自己活的是不是有意义			
RS119. 你是不是常感到钱不够用			
RS120. 你有没有觉得自己的命不好			
#RS121. 你对自己的前途有没有信心			
RS122. 你是不是常感到自己生不逢时			
#RS123. 你知道不知道人为什么活着			
LJ124. 你是不是认为法律能解决一切问题			
LJ125. 你是不是认为守法就是不犯罪			
#LJ126. 你是不是认为只有履行了义务,才能享受权利			
LJ127. 你是不是认为遵守道德就是遵守法律			
#LJ128. 法律是不是一种行为规范			
LJ129. 你是不是认为法律就是禁止人们做什么事			
LJ130. 人民群众是不是公民			

续表

题　　目	是	不是	不能确定
FTD131. 你是不是觉得许多人犯了罪没有受到惩罚,而许多无罪的人反而受到了惩罚			
#FTD132. 你有没有感受到法律的好处			
FTD133. 假如你没有违法,法院叫你去一下,你会不会感到不自在			
FTD134. 只要不偷不抢,是不是欠钱不还也不要紧			
#FTD135. 你的权利是不是总能得到法律的保护			
FTD136. 你是不是认为有关系才能打赢官司			
FTD137. 你是不是认为坐牢是命中注定的			
#FSz138. 别人赖账,你会不会到法院去告他			
#FSz139. 你对自己的行为是不是合法很清楚			
#FSz140. 你会不会利用法律保护自己的权利			
FSz141. 哪怕是违法的事情,只要对集体有好处,你会不会去做			
FSz142. 明明知道自己做的事情不对,你会不会继续去做			
&FSz143. 排队时,有人插队,你会不会插队			
FSz144. 你同意不同意"撑死胆大的,饿死胆小的"说法			
ZC145. 你同意不同意"人要脸,树活皮"的说法			
&ZC146. 你在意不在意别人对你的评价			
ZC147. 你同意不同意"人争一口气,佛争一炷香"的说法			
ZC148. 你是不是觉得高人一等,才活的有面子			
ZC149 在人多的场合下,你是不是感到不能丢面子			
ZC150. 你同意不同意"宁做鸡头,不做凤尾"的说法			
ZC151. 你是不是常对自己不满意			
ZX152. 你是不是觉得谁都比你强			
#ZX153. 与别人一起走路时,你是不是总喜欢走在前面			
#ZX154. 碰到熟人时,你会不会主动打招呼			

续表

题　　目	是	不是	不能确定
&ZX155. 在别人面前做事情时,你会不会紧张			
ZX156. 你是不是常担心自己不能把事情做好			
#ZX157. 你喜欢不喜欢做有挑战性的事情			
ZX158. 你是不是十分在意自己的长相			
#ZZ159. 你做事是不是很果断			
#ZZ160. 你的命运是不是掌握在自己的手中			
ZZ161. 你是不是常要别人为你拿主意			
ZZ162. 你在不在意别人对你的看法			
ZZ163. 你相信不相信算命			
ZZ164. 你是不是一个大家怎么说你就怎么说的人			
ZZ165. 想做事情时,有人反对,你会不会改变主意			
#ZD166. 你对自己是什么样的人是不是很清楚			
#ZD167. 你清楚不清楚自己该做什么不该做什么			
&#ZD168. 你在意不在意别人对你的评价			
ZD169. 你是不是觉得自己比其他人都聪明			
ZD170. 你的朋友是不是认为你对他们很重要			
ZD171. 你是不是经常管一些自己不该管的事			
#ZD172. 你知道不知道自己适合做什么			
#SJ173. 你在社会上是不是总能找到正当的工作			
#SJ174. 你解决困难的办法是不是总比别人多			
#SJ175. 别人是不是常找你帮忙			
&SJ176. 你害怕不害怕一个人外出			
#SJ177. 你学新东西是不是比别人快			
#SJ178. 你能不能很快适应新的环境			
#SJ179. 到一个地方,你是不是总能交到朋友			
YZ180. 玩的时候,你是不是经常忘记时间			

续表

题　　目	是	不是	不能确定
YZ181. 你是不是总是凭着一股热情做事情			
YZ182. 你做事情是不是经常虎头蛇尾			
#YZ183. 做单调乏味的事,你能不能坚持做下去			
YZ184. 你是不是想学好,但总是改不掉一些毛病			
YZ185. 遇到麻烦事情的时候,你是不是常会改变主意			
YZ186. 你是不是常把今天的事拖到明天去做			
ZK187. 你会不会为烦心的事而睡不着觉			
ZK188. 你心情不好时,是不是很容易发火			
ZK189. 一着急,你做事是不是容易出错			
ZK190. 与别人外出时,别人是不是总要等你			
ZK191. 你想做什么是不是就会做			
&ZK192. 过马路时,没有人和车辆通过,你会不会闯红灯			
ZK193. 你是不是常做一些没有什么用的事情			
#TJ194. 烦恼时,你会不会找人说一说			
TJ195. 遇到委屈时,你是不是很难平静下来			
#TJ196. 你能不能承受失去亲人的打击			
#TJ197. 你是不是认为人生总是有得有失的			
#TJ198. 你能不能忍受别人对你的指责			
TJ199. 你会不会经常为一些小事情激动			
TJ200. 你会不会经常自寻烦恼			
QC201. 一条船上有金钱、钓鱼竿、够五天吃的水和食物,船马上要沉了,要想获救,最少要等半个月以后。只能带两样东西,这时,你会不会毫不犹豫的带上水和食物			
QC202. 你是不是认为"花小钱赚大钱是本事;不用本钱赚大钱是大本事"			
QC203. 假如有钱了,你会不会把喜欢的东西全买下来			
QC204. 你是不是总存不住钱			

续表

题　　目	是	不是	不能确定
QC205. 你是不是经常想购买东西			
QC206. 你想不想做生意人			
QC207. 你是不是对生活要求过高,经常不能满足			
QC208. 乘飞机有很高的风险,如果乘飞机和坐火车花一样的钱,你会不会选择乘飞机			
QC209. 你是不是很想一夜之间就改变自己的生活			
QC210. 你同意不同意“人为财死,鸟为食亡”的说法			
BL211. 你喜欢不喜欢看武打片			
BL212. 受到别人侮辱时,你有没有握紧拳头、心跳加快的感觉			
BL213. 你同意不同意“棍棒之下出孝子”的说法			
BL214. 你是不是认为武力是解决问题的最好方法			
BL215. 别人是不是总说你比较莽撞			
BL216. 非常生气的时候,你是不是总想摔东西			
#BL217. 做事情前你会不会反复考虑后再去做			
BL218. 看到讨厌的人,你是不是想打他一顿			
BL219. 你是不是认为人的面子比生命还重要			
BL220. 受委屈时,你会不会想办法发泄一下			
FFX221. 看到异性使用过的用品,你会不会很兴奋			
#FFX222. 不管有没有人,你是不是都不会对异性产生特别的好奇感			
FFX223. 在软弱的异性面前,你是不是才会感到有自信心			
#FFX224. 你是不是认为人不是商品,不能用人的身体去赚钱			
FFX225. 你喜欢不喜欢看有关爱情类的电影、电视			
FFX226. 看到异性受到惊吓,你会不会很兴奋			
FFX227. 你有没有关于性爱方面的困扰			

续表

题　　目	是	不是	不能确定
FFX228. 你会不会经常做有关性方面的梦			
FFX229. 你同意不同意“宁在花下死，做鬼也风流”的说法			
FFX230. 你是不是总想交到更多的异性朋友			
#ZSX231. 你同意不同意“好死不如赖活”的说法			
&ZSX232. 你是不是常感到活的没意思			
#&ZSX233. 你关心不关心周围的事			
#ZHS234. 世上有没有你放不下的东西			
#ZSX235. 你是不是对生活充满信心			
ZSX236. 你有没有生不如死的感觉			
&ZSX237. 你是不是常常责怪自己			
&ZSX238. 你是不是觉得活着是别人的负担			
#ZSX239. 你能不能找到说心里话的人			
ZSX240. 你是不是常有走投无路的感觉			
！CH241. 你从小到大都没有不好的念头吗			
！CH242. 从小到大你对任何人都能客客气气的吗			
！CH243. 你从小到大都不掩盖自己的错误吗			
！CH244. 你从小到大都没说过谎吗			
！CH245. 什么人你都喜欢吗			
！&CH246. 你是不是从小到大都没有顶撞过你的父母			
！CH247. 想做的事情你总能做好吗			
！CH248. 从小到大你做事情都没有出过差错吗			
！CH249. 从小到大你都没有与人吵过架吗			
！CH250. 你从小到大都没说过别人的闲话吗			

续表

题　　目	是	不是	不能确定
LG251. 假如朋友与别人进行体育比赛，叫你做裁判，你会不会帮朋友的忙			
&LG252. 排队时，有人插队，你会不会插队			
LG253. 你是不是认为一个人要想成功，就要想尽一切办法			
&LG254. 过马路时，没有人和车辆通过，你会不会闯红灯			
LG255. 在打牌或做其他有比赛性质的娱乐活动时，你会不会作弊			
LG256. 你喜欢不喜欢看警匪片			
LG257. 你是不是一个大大咧咧的人			
#LG258. 不是你做的事情你会不会关心			
LG259. 一件事要求分三次做完，如果能一次做完，你会不会一次性做完			
LG260. 如果知道什么秘密，你会不会忍不住告诉好朋友			

XRX 和 WXRX 量表在使用时，必须参照相对应的常模表，否则不具有意义。XRX 和 WXRX 量表的原始分常模表如下：

原始分常模表①

维度 \ 组别		成年男犯		成年女犯		未成年犯		文盲犯	
		均分	标准差	均分	标准差	均分	标准差	均分	标准差
心理	QW	21.44	7.84	21.8	7.69	24.24	6.06	11.62	3.89
	JL	16.48	7.68	15.38	7.51	19.02	6.86	9.14	4.40
	YU	15.50	7.23	14.51	6.38	14.08	7.18	9.48	3.43
	SY	14.71	7.78	16.71	7.71	16.92	7.48	10.64	3.37
	JS	13.73	8.78	12.96	8.27	19.69	7.89	7.79	4.61
	PZ	14.26	7.10	13.57	5.95	17.79	7.38	8.22	4.28

① 该常模表为 XRX 和 WXRX 量表修订稿后的原始分常模表，与于爱荣主编《罪犯改造质量评估》一书中的常模表不同。

续表

维度 组别		成年男犯		成年女犯		未成年犯		文盲犯	
		均分	标准差	均分	标准差	均分	标准差	均分	标准差
认知	TQ	8.45	4.63	6.74	3.73	8.50	5.15	2.51	2.03
	JQ	13.97	3.53	14.92	3.04	14.04	3.96	6.65	2.72
	CS	11.39	3.77	9.69	3.94	12.18	4.31	4.69	2.62
	FZ	10.60	3.97	9.30	3.38	11.88	4.04	5.29	2.35
	KR	10.06	3.73	9.77	3.46	11.44	3.67	4.03	2.02
	RR	10.03	3.99	1.56	3.52	10.84	4.42	4.26	2.39
	XF	11.06	3.77	9.23	3.25	11	4.25	5.18	2.68
	YL	16.39	6.53	13.68	5.42	17.47	5.98	8.13	3.45
	RS	11.36	5.08	10.30	5.15	12.41	5.69	6.62	3.41
	LJ	12.59	3.33	13.26	3.57	12.79	3.67	7.22	2.62
	FTD	11.27	6.05	9.83	5.05	12.01	5.91	5.80	2.84
	FSZ	11.02	4.87	10.64	4.09	12.78	4.84	4.62	3.43
	ZC	17.60	4.76	17.42	4.09	19.33	4.40	9.72	3.42
	ZX	13.39	3.45	14.26	3.88	14.56	3.76	6.45	2.66
	ZZ	10.29	3.90	11.23	4.37	11.25	3.88	4.71	2.75
	ZD	11.48	4.19	11.39	3.85	13.30	4.20	4.51	2.43
	SJ	11.61	4.72	10.90	4.85	11.27	4.89	5.17	3.16
	YZ	13.32	5.58	12.45	5.06	16.58	4.65	6.40	3.34
	ZK	13.71	4.42	13.62	3.46	15.78	4.53	7.18	3.18
	TJ	13.58	4.30	13.16	4.19	14.72	4.46	6.08	2.88
行为	QC	23.32	7.85	19.89	7.14	25.80	7.05	11.62	3.99
	BL	17.20	6.64	16.10	5.74	19.76	6.48	9.38	4.69
	FFX	14.68	5.41	11.20	4.21	16.05	6.11	7.26	3.77
	ZSX	13.90	7.45	13.80	7.53	15.40	7.54	7.93	4.72
	LG	20.81	5.25	19.24	4.72	20.92	5.30	9.89	3.79

2. XT 简评表简述。XT 简评表即刑罚体验简评表，主要适用于即将出狱的服刑人员。XT 简评表评价的目的是了解服刑人员接受刑罚的心理体验，包括对定罪量刑的态度、接受惩罚和矫正的态度，对服刑生活的适应与体验，以及在服刑过程中的心理状态。其功能是为服刑人员出狱后重新犯罪预测提供一个特定心理依据。实证研究表明，服刑人员刑罚体验的程度，往往决定着他们对法律的态度，而这种态度是一个人是否会再次犯罪的内在控制动力。服刑人员刑罚体验浅，其重新犯罪的可能性则大。刑罚体验较深的服刑人员重新犯罪的可能性则相对较小。

XT 简评表共设计了 50 道测试题，采用“符合”、“难以确定”和“不符合”三级反应，并相应设定了一定的分值。其中的第 9、16、25 和 30 题属于反向计分题。

简评表最高分为 100 分，最低分为 0 分，划分为三个区间，即[0 35]、[36 70]和[71 100]，得分在第一区间的，为刑罚体验很浅；得分在第二区间内的，为刑罚体验一般；得分在第三区间内的，表明刑罚体验很深。该简评表的结构如下：

XT 简评表

______监区______分监区　　　　　　　　NO ________________

姓名________性别______年龄______婚否______文化程度________

家庭住址（填城镇或农村）______案由____刑期____有无前科____

有无被拘留、羁押、入狱的经历（填“有”或“无”）__________

捕前职业__________目前工种______________

项　　目	符合	不符合	难以确定
1. 犯罪后最难受的时候是在看守所未判决时			
2. 逮捕后，家人的心理最恐慌			
3. 我和亲人都难以面对受害人			
4. 我的案件是公开审判的			
5. 判决前我忍受了难以言表的痛苦			
6. 发案前我总是心神不定			
7. 发案后到判决这段经历，我终身难忘			
8. 判决后，我感到万念俱灰			

续表

项　　目	符合	不符合	难以确定
9. 一审判决后我没有上诉			
10. 我有从轻的情节并得到法院认可			
11. 给我定罪的证据中没有我的口供			
12. 入监时我感到难以适应监狱生活			
13. 我感到对我判得较重			
14. 投改时，我的心情非常压抑			
15. 入监时，我感到无所适从，无助无奈			
16. 入监不久，我就受到老乡、朋友的关照			
17. 入监后，由于不懂规矩，受到不少委屈			
18. 入监后，社会上不少亲戚、朋友与我失去了联系			
19. 判刑入狱使我名誉扫地			
20. 判刑入狱断送了我的前程			
21. 判刑入狱使我失去了爱情			
22. 判刑入狱使我家庭破裂			
23. 判刑入狱使我蒙受很大的经济损失			
24. 我参加劳动（学习）或活动是为了避免惩罚			
25. 我参加劳动（学习）或活动是为了加分受奖			
26. 遵守监规，服从改造大多是被迫无奈的			
27. 遵守监规，服从改造大都是为了受奖减刑			
28. 大多数人对监狱的伙食都不满意			
29. 改造过程中，常因别人挑拨蒙受误解、委屈			
30. 为了减刑，我能忍受平时不能忍受的许多事情			
31. 狱内的关系非常复杂，稍不注意就会得罪别人			
32. 同改之间的关系非常实际，为了争夺利益常常不择手段			
33. 传统节日或家庭纪念日，常因想念亲人而痛苦不堪			

续表

项　　目	符合	不符合	难以确定
34. 判刑入狱后，我对人情世故、世态炎凉的体会非常深刻			
35. 最大的痛苦是失去自由			
36. 最大的愿望是早日出狱			
37. 长时间服刑，自己与社会的差距难以想像			
38. 长时间服刑，自己的身体素质和社会适应能力都在下降			
39. 没有尊严，不受尊重的生活最难熬			
40. 做自己不喜欢、不愿意做的事，最难受			
41. 我为一些有关“性”的问题而烦恼			
42. 没有性的满足，非常难受			
43. 长时间没有性生活，我认为性能力会下降			
44. 我担心与异性交往的能力会下降			
45. 家中出现意外事故，是最让人担心牵挂的			
46. 即将出狱时，常常失眠			
47. 最担心刑满释放后，不能适应社会			
48. 即将出狱时感到：难熬的生活终于过去，有一种大梦初醒的感觉			
49. 出狱后我没有勇气面对熟人、亲戚			
50. 有了服刑的经历和体验，出狱后就没有什么不能忍受的			
简评结果分析：			

3. CX 简评表简述。CX 简评表是依据一定客观事实，对即将出狱的服刑人员重新犯罪的可能性进行预测分析的量表。

CX 简评表的适用对象和 XT 简评表相同。该表由 25 道客观评价题组成，其主要内容基本上涵盖了服刑人员的生理生物、心理、环境因素和矫正表现及矫正目标实现情况等。

CX简评表是依据一定过去的客观事实，并设定一定分数，对服刑人员的未来重新犯罪的可能性进行推断的。因而，严格地说，CX简评表仍属于主观评价表。CX简评表的结构如下：

CX简评表

____监狱____监区____分监区　　检测员____　　　NO ________

姓　名	性　别	年　龄	案　由	刑　期	出监类别

简　评　要　素	分数	得分
被判处有期徒刑10年以下(含10年)	2	
目前年龄35岁以下(含35岁)	1	
本次犯罪是盗窃、诈骗(含金融类诈骗、合同类诈骗等)、抢劫	3	
本次犯罪是杀人(伤害)、强奸、寻衅滋事、打架斗殴	1	
18岁以前被判过刑或劳动教养(含18岁)	2	
有过脱逃经历	1	
无固定居所或长期流浪	3	
未完成9年义务教育	2	
16岁以前脱离家庭，或开始流浪生活(含16岁)	3	
有非法性生活经验	1	
改造期间长期无人看望	2	
与家庭关系冷淡，或长期失去联系	1	
家庭经济状况困难	2	
过去经常变换工作，或长期失业，或无业	3	
无技术专长，或厌恶劳动	2	
在以往的朋友中有很多违法犯罪经历的人	3	
有赌博或酗酒习惯	1	
有吸毒史、贩毒史	4	
对未来生活态度：抱怨、绝望、消极	3	

续表

简　评　要　素	分数	得分
改造期间违规(包括严管)被处分2次以上	1	
无社会帮教机构,或失去家庭及社会的约束力	2	
心理健康检测未达到临界分	2	
认知水平检测未达到临界分	1	
不良行为倾向检测未达到临界分	1	
刑罚体验在36分以上	3	

CX简评表的中的心理健康、认知能力和行为检测是否达到临界分,为对即将出狱的服刑人员采用XRX或WXRX量表进行检测的结果,刑罚体验在36分以上是采用XT简评表进行量化评价的结果。CX简评表计分方法是:收集与简评表内容相关的信息,凡有符合表中所列事实的,给予相对应的计分,反之则计为零分。依据所得总分按下表给予相对应的解释。

GT简评表分数解释表

计分值域	重新犯罪可能率
0~5分	0.0
6~10分	7.3
11~15分	15.2
16~20分	28.1
21~25分	42.8
26~30分	54.1
31~35分	65.2
36~40分	78.7
41~45分	92.3
46~50分	100.0

显然,服刑人员得分越高,则其重新犯罪的可能性越大。由于该量化的预测方法在江苏省监狱系统尚处在试验性应用阶段,其信度和效度还有待于实

践的检验和证明。[①]

本章重点概念

- 服刑人员个案矫正中的支持系统。
- 重新犯罪。
- 服刑人员个案矫正中的重新犯罪预测。

本章重要技术

★ 服刑人员家庭支持技术。

★ 矫正机构支持技术。

★ 社会支持技术。

★ 重新犯罪的定性分析预测技术。

★ 重新犯罪的定量分析预测技术。

本章思考题

1. 什么是服刑人员个案矫正中的支持系统？它有哪些要素构成？

2. 如何做一名合格的社会志愿者？

3. 什么是服刑人员个案矫正中的重新犯罪预测？简述量化分析预测法。

4. 利用江苏省监狱系统的重新犯罪预测方法，做数个实例预测分析，并与定性分析预测法的预测结论进行对比。

① 于爱荣主编：《罪犯改造质量评估》，法律出版社2004年版。

第八章　服刑人员个案调适技术

本章核心提示

● 服刑人员个案调适，是指在个案矫正过程中，矫正工作者运用心理学相关理论和技术，改变服刑人员的态度、行为，以适应矫正环境和社会环境的服务过程。服刑人员个案调适是服务人员个案矫正介入范式之一，包含着矫正工作者情感介入的具体技术。

● 自我防御机制是对服刑人员个案调适的心理机制。服刑人员防御机制的作用主要表现为升华作用、替代作用、投射作用、反向作用、幻想作用、抵消作用、曲解作用、退化作用、自居作用、幽默作用等。

● 矫正工作者应帮助服刑人员注意心理卫生，学会心理按摩等心理保健技术。

● 矫正工作者必须引导服刑人员学会消除心理疲劳的技术。

● 服刑人员的感情势能中的消极情感不断积累，进而超过人体所能承受的限度，会造成其肌体的损害。因而，矫正工作者应指导服刑人员学会利用合理的宣泄等具体的方法，调适不良情感。

● 矫正工作者应帮助服刑人员掌握心理疾病的预防性调适技术。

● 心理防护，就是指当人们面临困难、冲突、挫折时，为不至于引起情绪上的过分痛苦与不安，使用一些心理上的措施或机制来进行自我保护。矫正工作者应帮助服刑人员善用心理防护技术，调节情绪。

● 补偿心理是一种心理适应机制，是一种“移位”，即为克服自己生理上的缺陷或心理上的自卑，而发展自己其他方面的长处、优势，赶上或超过他人的一种心理适应机制。矫正工作者应帮助服刑人员学会合理运用心理补偿技术，激发其信心，增加接受矫正的内在动力。

● 沮丧是由严重失败与挫折而产生的情绪低落状态。这既是消极的情绪体验，也是意志软弱的表现。如果服刑人员沮丧严重，整日忧心忡忡，悲观绝望，自责自罪，会导致抑郁症。因此，矫正工作者要帮助服刑人员学会调适沮丧情绪，避免形成抑郁症。

- 精神空虚是一种社会病态，它在服刑人员群体中也是普遍存在的一种病态现象。帮助服刑人员克服空虚感的基本技术就是充实服刑人员的服刑生活。

- 服刑人员久陷焦虑的情绪而不能自拔，内心便常会被不安、恐惧、烦恼等体验所累，行为上就出现退避、消沉、冷漠等情况，而且由于愿望的受阻，常常会懊悔、自我谴责，久而久之，就会形成心理疾病。因此，矫正工作者应指导服刑人员采用记日记、身心训练和残酷疗法等技术克服焦虑情绪。

- 社会适应就是个体逐渐地接受现存社会的道德规范和行为规范，对于环境中的一切社会刺激能够在规范允许的范围内作出适度的反应。矫正工作者必须通过入监或入矫、出监或解矫指导，帮助服刑人员适应监狱、社区矫正环境和社会环境。

第一节　认识服刑人员个案调适

一、服刑人员个案调适的内涵

（一）服刑人员个案调适的概念

调适有广义和狭义之分：广义的调适是指人们改变自己的行为以适应生活环境，包括对自然环境的适应和对社会环境的适应。狭义的调适是指一种社会行为方式，即人们部分改变自己的态度、行为，以适应社会环境的行为过程。服刑人员个案调适，是指在个案矫正过程中，矫正工作者运用心理学相关理论和技术，改变服刑人员的态度、行为，以适应矫正环境和社会环境的服务过程。

个案调适是服刑人员个案矫正介入的具体范式，包含着矫正工作者情感介入的各种具体的技术。个案调适的基础和核心是心理调适。这是因为必要的心理调适，才能改变一个人对外界环境的态度和行为方式，从而适应外部的各种环境。

服刑人员个案调适与治疗是有所区别的。调适是一种消极的个案矫正技术，强调保持、维持原有的；而治疗则是积极的个案矫正技术，注重的是发展。当然这种发展包括达到原有的或在达到原有的基础上更进一步。

（二）调适的原因

调适的原因主要有：

1. 由冲突引起的调适。任何冲突不可能无休止地进行下去，总会出现和解、妥协、统治与服从这样一些调适的情况。

2. 由社会变迁引起社会某方面发生变化，人们不得不适应新的环境，调整自己的认知与行为。

3. 由个人的生活环境变化引起。个人在生活内容、社会地位、居住条件发生变化等情况下，也会去调整自己的态度和行为。

调适过程表现在社会生活的各个方面，它是人们不断适应社会生活环境的行为方式之一，也是社会保持稳定的重要途径之一。对服刑人员进行调适，其目的是提高其社会适应能力，适应社会的发展变化；使其适应矫正环境，保证矫正的顺利进行，并达到预期的矫正目标。调适过程往往不易被发现，因此，在服刑人员个案矫正过程中要仔细观察和分析可能出现的调适现象，研究其发生的原因、对服刑人员监内或社会生活的影响，给予相应的调适回应。矫正工作者对服刑人员的调适服务，贯穿于服刑人员矫正的全过程。

二、调适的机理

（一）调适的理论框架

自我防御机制是调适的重要心理机制。自我防御机制是自我用来应付本我和超我压力的手段。当自我受到本我和超我的威胁而引起强烈的焦虑和罪恶感时，焦虑将无意识地激活一系列的防御机制，以某种歪曲现实的方式来保护自我，缓和或消除不安和痛苦。

关于自我防御机制，首先由西格蒙德·弗洛伊德提出，后由他的女儿安娜·弗洛伊德对之进行了系统的研究。在她的著作《自我和防御机制》中强调“每一个人，无论是正常人还是神经症患者的某种行为或言语，都在不同程度上使用全部防御机制中的一个或几个特征性的组成成分。”

只要能够运用这些防御机制来维持平衡，而没有表现出适应不良的行为，那就不能看作是病态。只有在不适当的时机，不适当地应用防御机制以至不论在自己内心安宁方面，还是与他人的交往方面，都和他的生活不相称、不相和谐时，才可能称之为病态。如果一个人对任何有意识的或无意识的不愉快情感都做出刻板的、不加选择的、公式化的防御反应，便可以认为他是患了神经症。

（二）自我防御机制的特征

通过以上叙述可以看出，自我防御机制有以下几个特征：

1. 防御机制不是蓄意使用的，它们是无意识的或至少是部分无意识的。固然，人们时常会做一些意识地努力，但真正的防御机制是无意识进行的。

2. 防御机制是支持自尊或通过自我美化（价值提高）来保护自己及防护自己免于受伤害。从它的作用和性质来看，可分为积极的防御机制和消极的防御机制两种。

3. 防御机制似有自我欺骗的性质，即以掩饰或伪装真正的动机，或否认可能引起焦虑的冲动、动作或记忆的存在而起作用。因此，自我防御机制是借歪曲知觉、记忆、动作、动机及思维，或完全阻断某一心理过程而防御自我免于焦虑。实际上，它也是一种心理上的自我保护法。

4. 防御机制本身不是病理的，相反，它们在维持正常心理健康状态上起着重要的作用。但正常防御功能作用改变的结果可引起心理病理状态。

5. 防御机制可以单一地表达，也可以重叠地表达。

（三）服刑人员的防御机制

所谓防御机制是指个体应付和适应挫折，以避免焦急、焦虑等情绪侵害的自我防御方式。所谓挫折是服刑人员在从事有目的矫正活动中遇到障碍或干扰，致使目的不能实现或驱使目的的动机不能获得满足。当服刑人员个体受到挫折时常常会引起自尊心或自信心的丧失，失败感或罪疚感的增加，从而形成紧张、不安、兼有恐惧的焦虑情绪状态。为了摆脱这种令人不愉快、甚至痛苦的心理情境，服刑人员个体就要采取多种方式，或者尽量避免和降低焦虑的发生、或者使个体的挫折心理压力得以解除和减少，以保持个体自尊心理的平衡。虽然服刑人员个体的自我防御方式的共性是为自己不受焦虑等情绪侵害和保持自尊心理的平衡。但是根据各防御方式的特性，可以分为积极的和消极的防御方式。积极的防御方式主要之点在于保持和提高服刑人员个人的自尊，消极的防御方式主要之点在于躲避和降低焦虑。

服刑人员的心理防御机制，一般说来应分为两个阶段，一是服刑人员入监、接受社区矫正前，在侦查审判阶段的自决心理机制；一是服刑人员在接受矫正中的心理防御机制。

1. 服刑人员的自决心理机制。自决心理机制不同于一般人遇到挫折后的防御机制，它是犯了罪的人在受审时为开脱自己罪责的心理自决方法。自决心理机制是犯罪心理学家谢伊克斯和麦特兹提出的犯罪者的自决法。自决心理机制的特点在于犯罪者内心抛弃了罪疚感、自责感，使内在的道德感中立化，失去了道德的监督。自决心理机制表现为给自己开脱罪责，而采取多种自决法。依据犯罪心理学家谢伊克斯和麦特兹的列举，有如下方法：

（1）推卸责任的手段，把自己的罪过归咎于环境；

（2）否认实际危害的手段，总是借消除实际危害而排除个性意识中的过失感；

(3)否定受危害的存在，以此为罪行辩解；

(4)斥责谴责者的手段，妄指他人的错处，嫁祸于人；

(5)在犯罪情节严重的时候，借口有比遵纪守法更重要的要求才促使他犯罪的。

2. 服刑人员服刑中的心理防御机制。在服刑人员矫正过程中，服刑人员的自我心理防御是一个非常重要的，同时也是较为常见的心理现象。服刑人员的心理防御机制，有助于他们释放消极情绪，并使服刑人员能够推迟直接面对某些问题的时间，以便使之正确地看待矫正中所遇到的问题。

由于不同的服刑人员个体所受到的挫折内容不同，各人的挫折感受程度和心理品质各异，因而防御机制的作用表现有许多形式。主要有升华作用、替代作用、投射作用、反向作用、幻想作用、抵消作用、曲解作用、退化作用、自居作用、幽默作用等。

(1)升华作用。升华作用是一种积极的防御方式，它主要是指将层次较低或不为社会接受的动机愿望加以改变或提高的正向行动作用。升华作用不同于消极的文饰、幻想等作用，也不同于积极的替代、补偿等作用。它的特点在于使原来不能实现的挫折，在更高的升华境界中得到实现。因此，升华作用能使服刑人员在逆境中发愤、在困难中进取，从而获得更大、更多的矫正成效。了解升华作用在服刑人员活动中的作用，对于了解服刑人员的行为有重大的指导意义。

(2)替代作用。替代作用与升华作用在外部行为表现上有些类似，但在心理状况上略有不同。升华作用主要出于情感的激励，替代作用则主要是由认知支配而自觉行动产生的作用。此作用表现的过程是：当服刑人员的动机开始不为社会接受，或预料到个人从事的活动难免要遭到失败，于是，服刑人员凭借生活经验，自动放弃不为社会所接受的动机而转向符合社会标准的动机，将可能失败的某种活动用另一种可能获得成功的活动代替，这样就使自己的活动由失败挫折转变为成功，并获得社会的赞许。由于这种过程始终贯穿了服刑人员个体的正确认知因素，因而是一种具有自觉特点的心理活动过程。

(3)补偿作用。补偿作用是个人所从事某种有目的的活动受到挫折或因个人生理上或心理上有缺陷而达不到原定目的时，改以其他活动来弥补因失败而丧失的自信和自尊，代偿因自己生理和心理的缺陷而造成的心理上的不安之感。因此，补偿作用是一种积极应付挫折的防御方式。服刑人员的补偿作用有时表现为过度补偿。过度补偿是服刑人员不受暂时的失败或自己某方面缺陷的束缚，反而加倍努力，结果其成果反而超过了一般正常程度。

(4)理智化作用。理智化作用是一种自我控制的方式，它是通过情感的高级部分——理智感来自我控制低级的情绪，或调节内心感觉的作用。而理智感之所以能自我控制情绪，是由于理智感和人的求知欲望、认识兴趣、解决问题的需要的满足与否等相联系；理智感使服刑人员对符合逻辑的思维活动及其正确结论产生喜悦、高兴、赞叹等感受，反之则产生怀疑、轻视、恐惧等感受；理智感使服刑人员在认识过程中对新问题的出现往往产生紧张感，对假设产生怀疑，对偏见和谬论产生鄙视和讽刺，并为了获得新的认识、追求新的发现而克服困难，付出努力。因此，理智感使服刑人员用理智的尺度衡量自己的一切，使自己的言行举止不易为情绪作用而冲动。正因为如此，以理智感来自我控制情绪的理智化作用，就是一种积极的有重要意义的自我控制方式。

(5)文饰作用。这是一种消极应付和适应挫折情境的自我防御方式。它表现在某些情况下，个人的动机或行为不能符合社会的价值标准或不能达到个人追求的目标时，为了降低或免除因挫折而产生焦虑的痛苦以及维护个人的自尊，个人往往在自己身上或周围环境中寻找理由为自己辩护，把自己的行为说成是正当合理的，以隐瞒真实情况，或掩盖错误或掩盖无能。有些所谓“正当合理”的解释，可能是自圆其说的“好理由”，进一步考察其真实动机，未必是“真理由”，有些服刑人员还可能歪曲事实来掩饰自己的过错，以期达到维护个人的自尊。因此，文饰作用总的特点是将不合逻辑的事情解释成合乎逻辑。

文饰作用在矫正中被服刑人员应用较多，应用时的作用形式也有多样。例如怨天尤人，强调事实需要，援引成例为己辩解等。所谓怨天尤人，就是把自己的过失归咎于自身以外的原因或推卸责任以减轻内疚的一种适应方式，如：生产中出了事故，推说设备陈旧；做出了废品，说成工具不好用。总之一切过错都不由自己负责，是由客观原因造成。所谓强调事实需要，是将个人的不合理行为，尽量解释为有客观上的需要，目的在于使矫正工作者或管理者和其他服刑人员觉得自己有“不得不”的苦衷，以取得谅解和保持个人的自尊。如偷了公共财物，说成是为了不浪费。总之可以找出各种冠冕堂皇的事实需要而使自己的过失不受责难。所谓援引成例为己辩解，就是引用现成的例子予以证明自己行为的合理性，并以“罪不加众”的理由来减轻个人过失的罪疚感，为自己的过错开脱。

(6)表同作用。作为一种防御方式的表同作用，是指个人在现实生活中无法获得成功或满足时，把自己与某一特定成功的人相比较，或将自己比拟成幻想中成功的人，借此在心理上分享他人成功之喜，以消除或减少个人因挫折而产生焦虑的痛苦。表同作用因表同对象不同，而作用效果也有差异。但当表同对象纯系幻想或脱离现实的人物时，尽管把幻想或脱离现实的人物俨然当作英雄去表同，而在现实生活中却“依然故我”，这不仅不会消除或减少服刑人员因挫折产生的焦虑，反而导致更多的失望和焦虑。因此，以幻想和不切实际的对象进行表同作用是属于消极的防御方式。此外，服刑人员个人表同的对象还有团体。由于个人是团体的一分子，团体的成功和失败被视为个人的成败。这种心理作用反过来，当服刑人员个人受到挫折产生焦虑时也使团体有所分担，因此服刑人员个人以团体为表同对象可减少自己的焦虑。对此表现在一些未成年服刑人员中比较明显。

(7)压抑作用。压抑作用是一种消极的防御方式，此方式是指当个人在生活中可能引起的挫折以及与欲望有关的情感、思想被压抑时，个人一方面将其否认，以防引起痛苦的经验再度发生；另一方面将其排除在个人的记忆和意识之外，以减轻暂时的焦虑。由于压抑作用不可能完成消除焦虑，就易由意识的境界压抑到潜意识的境界，因此，有了适当条件仍会以改头换面的形式表现出来。例如，有些服刑人员在日常生活中偶尔信口失言、或梦中吐真情，甚至有时动作失态、记忆错误以及心理失常和心理疾病，就是压抑到潜意识后带来的表现和后果。由此可见，压抑作用是压抑到潜意识阶段，只能保持一定时期的心理安宁，而不能从根本上解决问题。

(8)投射作用。投射作用是一种消极的防御方式，它是在一定的社会标准下，个人将自己的过失或大家所厌恶的态度、意念等，透过他人或转移到别人身上，其目的在于掩饰自己，使内心得以安宁。

投射作用分自觉和不自觉两种情况。自觉的投射作用是服刑人员明知诿过于人不对，也深知过失责任在己，但为了维护个人的自尊，故意将过失排除自身之外，而转嫁给别的服刑人员。不自觉的投射作用，是将不良的特质排除自身之外并加诸他人的潜意识倾向。了解投射作用的原理，有利于对服刑人员进行心理调适。

(9)幻想作用。幻想作用是一种消极的防御方式，它是指个人在生活中遇到无法解决的困难时，为了摆脱困难带来的心理上的焦虑和苦闷，个人依藉自己情感的意愿和希望，随意想像克服困难的途径、渠道、方式、方法等。由于随意的想像不合实际或超出了现实性，因而想像的内容大都是荒诞、玄妙的，宛如梦幻一般，不能解决现实中的实际困难。但是，幻想作用可以减缓服刑人员个人心理上的苦恼、焦虑。作为消极的幻想作用还表现为一种空想，这一般存在于未成年服刑人员中。由于未成年服刑人员处于向上成长时期而又阅历浅，因而往往容易产生不切实际的空想。在空想支配下又常出现不顾客观条件的蛮干，结果在事实面前碰了壁，空想落空时，又意志消沉。在对未成年服刑人员进行心理调适时，不能不注意他们的这种幻想作用。

（10）抵消作用。抵消作用指用某种象征性的手法来消除已经发生的不愉快事情所造成的影响，从而达到排除心理上的不安之感的目的。它表现在自己身上是类似补偿作用，而表现在他人身上是一种补救他人心理上不舒服的作用方式，抵消对方不安宁的心理，使之心理平衡。在服刑人员日常矫正生活中，服刑人员之间彼此采用抵消作用，对维护狱内的矫正秩序具有一定的积极意义。

（11）曲解作用。曲解作用是一种消极的防御方式，它是指个体将外在客观事实加以歪曲变化，以符合自己内心需要的方式，取得虚假的暂时的心理平衡。服刑人员的曲解作用分自觉的和不自觉的两种情况。自觉的曲解作用是服刑人员自己明知歪曲了事实，而仍故意以歪曲的理论与其他服刑人员或矫正工作者、管理工作者辩驳，其目的是为了维护自己的自尊心，或硬顶难关。这种服刑人员一般个性较强，不易被人说服。因此，对这种服刑人员，要格外小心，尽量不与他发生争执。不自觉的曲解作用一般是指一些患精神病的服刑人员因夸大性的妄想和幻觉所致。当然有些不自觉的曲解作用不属于精神病人的妄想和幻想，而属于误解、猜测错误等情况。

（12）反向作用。作为防御方式的反向作用，总的来说是指个人内心状况与外在表现状况的方向相反或性质各异的作用。服刑人员的反向作用表现在动机与行为上的相反情况。一种情况是动机良好而行为表现不好；另一种情况则相反，动机不好而表现不错，如有的服刑人员为了达到不正当的个人目的，而在矫正上表现很积极。此外，反向作用还表现在极力掩盖真相，不让自己的不良欲望表现出来，而结果“欲盖弥彰”。服刑人员本欲降低或消除自己的不安心理，而客观上还会带来更大的不安和焦急。了解反向心理作用，有助于在对服刑人员个案矫正中不被一些表面现象所迷惑，不被服刑人员对自己的行为、动机和目的等的解释所迷惑，而应该全面深入的调查研究，以求得符合事实的结论。

（13）自居作用。自居作用是一种自我防御方式，其特征在于把自己所钦佩或崇拜的人的某些特点，或某一团体中重要人物的主张作为自己的特点，从而引以自豪和自居的情感满足。自居作用往往在未成年服刑人员中较容易表现出来，其表现的情况有两种。第一种情况是只利用自己所钦佩或崇拜的人在社会上的名声、荣誉、优越地位等，来满足自己的愿望。第二种情况是在日常言语或行动上处处表现自己，以老大自居，从而使自己感到自豪和自居情感得到满足。

(14)移情作用。移情作用是个人把自己的情感转移到客观对象中，或移入到自己知觉和想像的对象中，以减轻心理上的负担。由于转移或移入的对象有别，因而移情作用也有所不同。例如，当一个服刑人员对某一对象的情感反应不能直接表现，而将有关情感转移到另外可以直接表现的对象。

(15)认同作用。认同作用是一种情感的移入过程。在这一过程的进行和结果中，个体与他人之间存在一定的情绪联系(情感移入)基础，有意识或无意识地使自己同化于他人，或使他人被自己同化，并且假若自己成为那种人，或那种人成为自己，就使自己像那种人行动，或那种人像自己行动。认同作用主要表现在服刑人员个体与群体(人群共同体、团体等)之间，个体以群体为认同对象，其过程也是在情感移入的基础上，使自己与群体同化，并把自己作为群体的一员，遵循群体规范，与群体共同行动。例如，一些未成年服刑人员团伙，为了吸收新成员，也需要新成员经过认同过程，使其在情感上与团伙割不断，并且达到与团伙同化、遵守团伙规范、跟团伙一起行动。

(四)正确认识服刑人员的防御机制

对于服刑人员服刑中的防御心理，矫正工作者应该给予充分的理解并正确地看待：

1. 服刑人员的防御心理是一种很正常的心理现象。

2. 不要对服刑人员的心理防御实施攻击或批评打击。

3. 冷处理。当服刑人员的防御心理表现的非常突出时，要给予一定的时间让其思考，只要有充足的时间，他们最终必然会采取理智的行动。

4. 要充分认识到在面对服刑人员的防御心理时，矫正工作者所具有的局限性，不要自认为能解决服刑人员中所存在的所有问题。

服刑人员心理防御机制的产生，是其维持心理健康的内在需求。因为在服刑人员服刑过程中，有些消极情绪可以通过直接采取行动避开刺激而解除；有些情绪因刺激无法避开而不能解除，同时，对服刑人员而言，他们的很多欲望、想法不能被社会文化、道德或自己的意识所接受。在这些情况下，如果刺激、欲望、想法过于强烈，服刑人员的意识又无法应付，因此而产生消极情绪，服刑人员的心理就会在不知不觉的状态下启动心理防御机制，通过上述方法来保持心理平衡。由此可以看出，心理防御的共同特征是"自欺"而无法"欺人"。

服刑人员的心理防御对其心理健康，可以说是有益也有弊的。其好处是当服刑人员面临心理压力时，能保持心理平衡，减轻痛苦。总体来说，绝大多数服刑人员的心理防御机制，都不是对付消极情绪的理想手段。因为它们歪曲、掩盖或否认现实，阻碍心理发展。服刑人员在其服刑过程中，大多都会形成一套惯用的心理防御手段，久而久之成了相对固定的观念、态度和行为模式，成为自己的性格特点。而这些性格缺陷极端发展，就会产生人格障碍。比如，如果由心理防御而表现出的想法或行为属于破坏性的、无意义的、怪异的或超出社会规范的，就可视为心理疾病的症状，而所有这些都会妨碍服刑人员的矫正生活。但是，这种症状又为服刑人员所难以意识和认识，因此，也是最难以治愈的。

由于心理防御是在无意识状态下进行的，因此会“当事者迷，旁观者清”。矫正工作者、其他服刑人员或他人明明知道该服刑人员在找借口，而该服刑人员自己却不以为然。这是每个正常人都会产生的心理“盲点”，或者说是人患病的“基础”。矫正工作者不能让服刑人员来为自己找出病根，应由矫正工作者、心理咨询工作者来做。

第二节　服刑人员个案调适的主要技术

一、服刑人员心理保健技术

心理作用对人体有至关重要的作用。如果一个服刑人员常常处于颓废、沮丧、愁闷的精神状态，那么，诸多病症的发病率就要比乐观、开朗、愉悦的服刑人员高得多。因此，对于人身自由处在丧失或受到限制下的服刑人员而言，使其学会心理保健，无疑是为他们提供了一副身心放松、防病健体的妙药。

（一）心理卫生

心理卫生是提高服刑人员心理素质、增进身心健康的重要方面。心理卫生与生理卫生一样，是保障服刑人员健康不可缺少的。新的医学模式突出了心理卫生在疾病预防和治疗中的重要意义，提出了健康受社会、心理、生物等因素影响的观点。为了健康就要讲究卫生，可讲究卫生并不是单纯的洗手、消毒、更衣等，这些还不是保证服刑人员健康的全部内容。因为对服刑人员而言，被科以刑罚，就是人生的一大挫折，同时，还要接受来自方方面面的挑战，这些心理因素对健康的影响，与生物因素相比，往往会更有意义。因此，为了保证健康，矫正工作者要让服刑人员明白，不但要讲究个人卫生、环境卫生、生理卫生来预防结核、肠道传染病、发育不良、营养不良等疾病，同时，还必须注意心理卫生,以预防精神病、变态人格、心血管疾病、行为适应不良等身心疾患。心理保健应当从培养服刑人员的健康心理和完善人格着手,增强服刑人员对挫折和逆境的耐受力,平稳地适应客观环境的变故,保持身心健康。做好服刑人员的心理保健工作,能使服刑人员以积极有效的心理活动、平稳而正常的心理状态,去适应矫正环境、社会环境。为此,矫正工作者必须对服刑人员心理卫生与保健给予足够的重视,应积极通过有效地教育和训练,培养其健全的人格、健康的心理并具备较强的社会适应能力,以保持其完整、稳定、健康的心理状态。

矫正工作者帮助服刑人员做好心理卫生的要求主要有以下几点:

1. 使服刑人员保持良好的自我意识,做到自知自爱。在自我观察、自我认定、自我判断和自我评价中正确地实现自知,在自尊、自信、自制和自强的基础上自爱。

2. 使服刑人员具有良好的社会功能。即使服刑人员能融入社会以适应社会的需要,矫正现实环境以适应个体需要,矫正自身以适应环境的要求。

3. 使服刑人员具有良好的人际关系,消除孤独感,获得安全感。

4. 使服刑人员能积极参加劳动和各种实践活动。

(二)心理按摩

心理按摩是保持心理健康的一种重要方式。矫正工作者应帮助服刑人员学会心理按摩。具体是让服刑人员学会以下心理按摩的方式:

1. 幽默。幽默是一种美丽的"转化剂",它可以使烦恼化为欢畅,能让痛苦变为愉快,将尴尬变为融洽,有利于调节情绪和消除身心疲劳。目前,美国一些科研机构已经推行幽默疗法,此疗法使患者全身肌肉得到松弛,解除烦恼、内疚、抑郁的心理状态。研究表明,人在欢笑时,脑、胸、腹、嘴、唇等部位的肌肉必须同时运动,而构成笑容满面的肌肉就有40多块。这就能刺激大脑产生一种儿茶盼胺激素,促使人体内产生吗啡物质,从而减轻工作疲劳。

2. 欣赏音乐。音乐可以增进健康,辅治疾病,使人延年益寿。经常欣赏优美动听的音乐,不仅有益于陶冶情操,而且还有化干戈为玉帛的奇妙作用。国外有很多医生用音乐来止痛、解毒、消除紧张情绪,并治疗神经衰弱和失眠。医生们指出,悦耳动听的音乐通过人的听觉影响大脑皮层,使内分泌系统增加分泌一些有益于健康的激素和酶。因而,当一个人听到自己喜欢的音乐时,呼吸就加深,神经就松弛,疲劳便得以消除。因此,在监狱的生产场所、监舍、食堂等场所播放一些音乐,对服刑人员心理调适具有积极的作用。社区矫正机构对那些在矫正中精神紧张、压抑、苦闷等接受矫正的人员,引导甚至以矫正作业的方式，要求他们每天听听轻松的音乐，无疑有助于他们自我心理调适，保持心理健康。

3. 书法。书法是一种很好的养生、健身活动。挥毫练笔，不仅得到艺术上的高雅享受，而且能怡情养性、增进健康。它与气功、太极拳相似，静中有动，外静内动，练书法时，“意在笔先”、“凝神静虑”，运笔时气沉体松，专心致志，可使人心情舒畅，乐此不疲。矫正机构和矫正工作者可以以矫正作业的方式，鼓励或要求服刑人员每天练练书法，达到对他们心理调适的作用。

4. 绘画。绘画也是一种使人心情舒畅、精神焕发的艺术活动，尤其是到野外一边写生作画，一边欣赏自然美景，更有盎然之情趣，有益于身心健康。国外一些医院还采用绘画疗法治疗疾病，选一清静环境，让病人调色涂抹，通过绘画，使患者自然地将压抑在心头的感情发泄出来，调节精神，改善病情，加快恢复健康，从而获得其他医疗手段所达不到的良好效果。同样，矫正机构和矫正工作者在服刑人员中成立绘画兴趣小组或以矫正作业的方式，鼓励和要求服刑人员适当绘画，达到对他们心理调适的作用。

5. 观花。在阳台上或监舍中种植数盆鲜活的花草，闲暇时观赏玩味，任凭斑斓的色彩美化“眼界”，置身于花丛之中，心情舒乐爽然。与花为伴，以花为友，浇花、施肥、剪枝、移植，可以使服刑人员性格变得开朗起来。医学家研究发现，芬芳扑鼻的鲜花味可以用来治病，特别是对忧郁症、焦虑和恐惧症这些牵涉心理的病症具有特殊疗效。如天竺花香能使人神经安定镇静，促进睡眠，消除疲劳；米兰香味能使气喘病人感到心情舒适；熏衣草花香能使心动过速病人的心率得到缓减；丁香花香对牙痛病人有镇痛安静作用。

6. 读书。“常读书，乐忘忧，脑运动，气血舒，好养生，利康寿”，此话是有道理的。因为读书可以移情易性、振奋精神以增强免疫功能，颇具保健之益。据报道，国外已兴起了别具一格的书籍疗法，德国就有医院为病人开设了专门的图书室，使不少慢性病，尤其是神经系统及心理疾病的患者，沉湎于书中而很快康复。其实，我国古代的文人墨客们早就认识到了这一点。《韩昌黎集》记有一事，唐代元和八年，韩愈染病，头疼脑胀难忍，后李贺送来一本诗稿给他看，读之竟疾去痊愈。清代秦子忱患恶疮，“伏枕呻吟，不胜苦寒”，但一部《红楼梦》竟使他忘了病痛，“近月读竣，而疾亦赖是渐廖”。书读毕，疮已祛，后来还写了一部《秦续红楼梦》。读书与著书一样，随着情绪的表达和转移，能起到调整神态、平衡人体阴阳气血的心理作用。从这个意义上来讲，书是一味养生的妙药。在服刑人员中成立读书小组或把有关的积极意义的书籍作为矫正作业要求服刑人员每天去读，对服刑人员调适心理和自我发展具有重要的意义。

7. 自语。自言自语是十分重要的一种心理行为方式。它可以发泄内心长年所遭受的思想和感情上的压抑，从而获得精神状态和心理状态的平衡协调，达到镇静宁神、陶冶情操的治病目的。这是因为自己声音的音调有一种使人镇静的作用，有一种安全感和人际接触的感受。大声对话可以调整头脑中紊乱的思绪，尤其是在紧张劳累时，可以改善睡眠。矫正工作者应引导服刑人员学会自语，通过自语达到调适心理的目的。

8. 宽恕。服刑人员受到了伤害，长久记恨在心，不能忘怀，怒气深藏在记忆里，总是觉得愤懑。这时只有宽恕才能抑制沉痛的回忆。但是宽恕并不容易，这种行为近乎不自然，可是宽恕确能治愈心理创伤，甚至能恢复友情，和好如初。有人说宽恕是不公道的，因为不应该便宜了做坏事的人。也有人说宽恕不是坚强的表现而是软弱的象征。但是矫正工作者必须让服刑人员明白，报复永远不能消除仇恨，它会造成冤冤相报，永无止境。使服刑人员学会宽恕，可打破痛苦对其心灵的创伤，同时也可使其重见希望之光。

9. 沉思。矫正工作者应帮助服刑人员学会沉思。多位著名的美国医学专家透露，沉思冥想可以预防、甚至治愈多种疾病，包括心脏病、关节炎和癌症等。耶鲁大学医学院外科医生、前医学院教授伯尼·塞格尔说“沉思冥想是松弛思想的行为，这种行为可治愈和预防多重沉疴，甚至可以治愈和预防被视为绝症的艾滋病和癌症。”哈佛大学的赫伯特·本森医生也有同感。他说“沉思冥想带来的完全松弛，在对抗疾病方面是一种强有力的工具。”沉思冥想可预防甚至治愈重病，是因为它会对透过身体传送到免疫系统的化学剂起到一定作用。近年，欧美一些国家，用“想像疗法”治癌颇为流行。患者运用此法，至少可以增强治愈疾病的信心，缓解痛苦，减少折磨。用此法治病，方法简单，便于推广，易为病人接受，是一种较理想的治疗方法。精神心理学研究表明，大脑与人体之间存在着尚未被人了解的渠道，这个渠道沟通着思维活动与免疫之间的联系。通过“想像疗法”可以强化免疫系统的功能，从而能有效地抑制疾病的发展，或使疾病逆转而痊愈。“想像疗法”的秘诀在于给患者建立一种信心，使患者看到希望，增强战胜病魔的勇气。科学家预言：动用“想像疗法”将治愈许多慢性病。

二、服刑人员心理疲劳的消除技术

（一）心理疲劳的概念

疲劳有两层含义：身体疲劳和心理疲劳。心理疲劳的大部分症候，是通过身体疲劳表现出来的，所以往往被人们忽视。心理疲劳是指由于长期的精神负担，在工作、事业开创、人际关系处理和角色扮演，对事业和家庭的不断权衡方面，总是处于一种思考、焦虑、烦闷、恐惧、抑郁的压力之中，使心理陷入“心力衰竭”的状态。

朱智贤教授在其主编的《心理学大词典》(1989年版)中将心理疲劳定义为：心理疲劳是指人体肌肉工作强度不大，但由于神经系统紧张程度过高或长时间从事单调、厌烦的工作而引起的疲劳。它表现为：感觉体力不支，注意力不集中，思维迟缓，情绪低落，并同时伴有工作效率降低、错误率上升等现象。心理疲劳的持续发展，将导致头痛、眩晕、心血管不和、呼吸系统功能紊乱、食欲减低、消化不良以及失眠等。心理是否疲劳，可以进行测量。心理疲劳的测量涉及：心率；大脑皮层诱发电位；反应时；闪光融合频率；主观评定；主作业和辅助作业测定等。

近半个世纪以来，高血压、冠心病、肿瘤等已成为严重威胁人类健康的疾病。这些疾病的病因、病理较为复杂，但一般与精神、心理、社会环境及生活方式等因素有密切关系。世界卫生组织在一份报告中曾指出“工作紧张是威胁许多在职人员健康的因素。”这一结论明确指出了过度劳累对人体的危害。随着经济的高速发展，生活节奏的不断加快，太累、太疲劳已是人们正常生活中的“流行词”了。心理疲劳正在成为现代社会、现代人的“隐形杀手”。

医学心理学研究表明，心理疲劳是由长期的精神紧张所产生的压力、反复的心理刺激及复杂的恶劣情绪逐渐影响形成。如果得不到及时疏导化解，长年累月，在心理上造成心理障碍、心理失控甚至心理危机；在精神上会造成精神萎靡、精神恍惚甚至精神失常，引发多种身心疾患，如紧张不安、动作失调、失眠多梦、记忆力减退、注意力涣散、工作效率下降等，以及引起诸如头痛、荨麻疹、高血压、缺血性心脏病、消化性溃疡、支气管哮喘、月经失调、性欲减退等疾病。

据临床观察，患心因性疾病的服刑人员，绝大多数都有一段较长时间的过程，由于没能及时消除心理疲劳，最后导致心理病患。

(二)服刑人员心理疲劳的症状

具有心理疲劳的服刑人员，在服刑过程或在社区矫正中一般表现为如下症状：

1. 早晨起床后，浑身无力，四肢沉重，心情不好，甚至不愿意和别人交谈；

2. 对学习、劳动或工作提不起精神，什么都懒得做，劳动或工作中错误多、效率低；

3. 容易感情冲动，神经过敏，遇事稍不顺心便大动肝火；

4. 眼睛易疲劳、视力迟钝，全身感到不舒服；晕眩、头痛、头重、背酸、恶心等；

5. 困乏，但躺在床上又睡不着；

6. 没有食欲，挑食，口味变化快等。

心理疲劳表现突出的服刑人员，似乎总是忍受着一种精神痛苦的折磨，心中积压着诸如悲伤、委屈、苦闷、烦恼、不平等抑郁之情，总感到自己生活得很累，期盼能解脱一些。但服刑生活的压力只能由他们承担。

（三）服刑人员心理疲劳产生的原因

服刑人员的心理疲劳是在长期矫正生活中不知不觉潜伏在服刑人员身边的，它不会以较快的速度作用于服刑人员，而是经过长期的积累，到了一定的时间，达到了一定的“疲劳量”，才会引发疾病，所以，在服刑人员服刑中，无论是矫正工作者，还是服刑人员自己，都容易忽视这一问题。

心理疲劳与因连续工作而致使肌体能量消耗的生理疲劳不同，它是人长期从事一些单调、机械的工作活动，伴随着肌体生化方面的变化，中枢局部神经细胞由于持续紧张而出现抑制，致使人对劳动或工作、对生活的热情和兴趣明显降低，直至产生厌倦情绪。心理疲劳常常带有主观体验的性质，并不完全是客观生理指标变化的反映。对于产生心理疲劳的服刑人员，轻者出现厌恶或逃避工作、学习、生活的症状，重者还可出现抑郁症、神经衰弱、强迫行为等，在社区矫正的服刑人员可能会产生吸烟、酗酒等现象。

产生心理疲劳的另一个主要原因是由于服刑人员服刑生活的节奏具有强制性和固定性，由此导致了他们的心理的紧张与疲劳。此外，繁杂的信息轰击、住房拥挤、噪音、工作条件恶劣、疾病、家庭因素、人际关系紧张、遭到挫折等等，也都是诱发服刑人员心理疲劳的重要因素。

（四）消除心理疲劳的具体技术

要解除心理疲劳，矫正工作者必须引导服刑人员学会消除心理疲劳的方法。这主要是：

1. 引导服刑人员对自我有一个客观正确的估计和要求，尤其是矫正目标不能定的太高、太难或过急，凡事要讲求一个适度，根本办不到的事不要硬拼蛮干，避免长期超负荷运转。

2. 若心理疲劳是由于劳动或工作过于单调、机械所致，这说明所从事的劳动或工作并未把自己的价值和潜能充分地发挥出来，使得自己产生了厌烦的心理。在这种情况下，矫正工作者最好提供必要的帮助，改变服刑人员的劳动或工作的性质。

3. 对于心理上的疲劳，矫正工作者应指导服刑人员根据自己的性格和爱好，通过各种富于强烈情绪体验的活动来充实自己的业余生活内容，如可去散散步、看电视、聊天、读书等，从而避免因从事的活动过于单一而产生单调、消极的心境。

4. 服刑人员一旦陷入紧张的心理疲劳，矫正工作者可以辅导其通过按压劳宫穴来解除。劳宫穴在手掌正中的凹陷处。心包经是由植物神经系统所控制的，当服刑人员心理疲劳时，心包经的功能就会紊乱，进而会引起全身的植物神经失调。所以按压劳宫穴，有消除心理上的疲劳之效。

5. 矫正工作者还可以让服刑人员学会下列具体方法来消除心理上的疲劳：

（1）健康的开怀大笑是消除疲劳的最好方法，也是一种愉快的发泄方法。

（2）高谈阔论会使血压升高，而沉默则有助于降压，在没必要说话时最好保持沉默，听别人说话同样是一件惬意的事情。

（3）放慢生活节奏，把无所事事的时间也安排在日程表中。

（4）沉着冷静地处理各种复杂问题，有助于舒缓紧张压力。

（5）做错了事，要想到谁都有可能犯错误，不耿耿于怀，继续正常地生活、学习、劳动或工作。

（6）不要害怕承认自己的能力有限，学会在适当的时候说“不”。

（7）夜深人静时，悄悄地讲一些只给自己听的话，然后酣然入梦。

（8）既然昨天及以前的日子都过得去，那么今天及往后的日子也一定会安然度过，牢记“车到山前必有路”。

三、服刑人员情感困扰调适技术

（一）情感调适的理论框架

从广义上讲，情感是人对客观事物的态度体验。从狭义上说，情感是和人的社会性需要相联系的一种复杂而又稳定的态度体验。

一个人对自我情感的控制，不仅对自身的事业、人际关系等产生影响作用，而且对人的身心健康也有着密切的影响作用。

心理学家和临床医生告诉人们一个十分有趣的现象：许多点火就着、炮筒子脾气的人，身心性疾病的患病率并不高；相反，那些外表看来很文静，成天一声不响，但内心总是不平静、好生闲气、闷气和钻牛角尖者，患身心性疾病的却很多，其原因是和一个人的情感因素：感情势能直接相关。

近年来，西方兴起一门心理学的新理论——感情应力学。它的基本理论认为：外界各种不良刺激作用到人体之后，会日积月累，形成潜在的“能量”——感情势能。人体对这种感情势能的承受能力是有限度的，一旦超过限度，感情势能就会从体内释放出来，使人体的循环、消化、血液和神经系统功能发生紊乱，进而导致发生多种严重的身心性疾病，如冠心病、高血压、消化系统溃疡、哮喘、神经症等。

服刑人员中，那些经常生闷气、生闲气、斤斤计较和好钻牛角尖的，之所以易患身心疾病，原因就在于感情势能中的消极情感不断积累，进而超过人体所能承受的限度，造成对肌体的损害。为此，在矫正过程中，矫正工作者首先要防止服刑人员感情势能的形成和积累，尤其要想方设法不让感情势能在服刑人员体内积累，也就是不让消极情感、情绪存积起来。其次，让服刑人员能及时宣泄自己的不良情绪，使心理恢复平衡。再次，使服刑人员学会宣泄不良情绪、情感的方法，即有效地、科学地把消极情感及时地排解出去。最后，还要使服刑人员认识到过分的或不当的情感宣泄有害自己的身心健康。

（二）宣泄疗法的技术

宣泄疗法就是矫正工作者引导服刑人员把自己心中积郁的痛苦倾吐出来的一种心理调适方法。宣泄疗法在现实心理矫治中有一定的功效。当服刑人员把自己的内心矛盾与痛苦情绪体验宣泄出来时，不仅能减轻心理上的压力，也能减轻或消除他们的紧张情绪，恢复平静的心情。想让服刑人员把内心的痛苦倾吐出来并不是轻而易举的事。因此，宣泄疗法的效果往往取决于服刑人员对矫正工作者的信赖程度。在临床上，不少服刑人员不愿暴露自己所患疾患的真正原因，因此，矫正工作者千万不能操之过急，要真心诚意地向他们讲解清楚，关心他们、尊重他们，逐步与他们建立起关怀的、友爱的、平等的信任关系。这样，服刑人员才能逐渐谈出自己内心真正的心理情绪。

矫正工作者希望服刑人员的不良情绪能尽可能地及时发泄，但要让服刑人员发泄，也要讲究方式方法，要通过正常的途径和渠道发泄和排解不良情绪。矫正工作者要帮助服刑人员澄清：不良情绪之所以能危害身体健康，主要是因为它能刺激体内器官，产生出一定的感情势能，在强烈的情绪突发时或者突然的震惊和极度愤怒时，机体往往能产生超乎寻常的力量。这时机体处于高度兴奋的“应激状态”，交感神经受到刺激也兴奋起来；消化活动被抑制，人体的糖分从肝脏中释放出来，肾上腺素分泌增多等。身体为满足情绪的需要而重新全身动员，做出适应情绪需要的调整。这时如果体内骤增的能量不能得到及时的发泄，便会危害身心健康。不良情绪的发泄在很大程度上也就是这种能量的发泄。比如，有些服刑人员在暴怒时会如雷霆般的发作，大声咆哮、怒吼，甚至暴跳如雷。这实际上是这些服刑人员为了使突然激发起来的能量要得以释放的缘故。为此，矫正工作者对这些服刑人员要持理解的态度，不能采用简单批评等方法，使服刑人员的感情势能被压抑。当然，发泄因怒气而产生的能量，并非一定要采取大发脾气的办法不可，矫正工作者可以引导服刑人员采取其他好的办法来解决。

不良情绪能量的发泄往往来势汹汹，好像不可阻挡，但在有一定控制内的适当宣泄是可以改善服刑人员的情绪健康的。比如，当服刑人员盛怒时，矫正工作者不妨让其赶快跑到其他地方，找一种适合自己体力的劳动干一场。如果找不到活干，那就干脆让其出去跑一圈，或做一些能消耗体力又能转移自己思想的体育运动。当服刑人员累得满头大汗气喘吁吁时，就会感到精疲力竭。相信这时服刑人员的气恼已经基本平静下来，积聚的怒气也已经消失掉一大半。这些活动都能把因盛怒或不恰当而激发出的能量释放出来，不至于淤积在体内产生不良反应，既不至于使怒火郁积心中而危害身体，又不因发脾气而做出过激的举动产生不可挽回的损失。这是发泄突发而又强烈的暴怒情绪的较好的方法。不过值得提醒的是：对于年纪较大的服刑人员，矫正工作者一般不宜让其采取重体力劳动发泄，特别是有心脏病、高血压的服刑人员，过激、活动量过大的运动反而不利于他们的身心健康。矫正工作者让服刑人员选择哪种活动，要量体裁衣，适合他们的身体及能力。过量的运动透支，即使正常的身心也会有一定损伤。所以矫正工作者在让服刑人员进行发泄活动时，在他们感到累了的时候就应该及时叫停。另外要提醒服刑人员注意安全，因为在情绪的控制下，体内有太多冲动，动作往往不能准确和协调，容易造成一定的意外。

哭也是不良情绪的能量发泄的一种方法。哭不仅能释放积聚的能量，而且能调整机体平衡。矫正工作者在面对服刑人员痛苦和悲伤时，不妨让其大哭一场。让服刑人员在宣泄室、家中或无人之处痛哭，是一次纯真的感情爆发，如同夏天的暴风雨，越是倾盆大雨，天越是晴得快。许多服刑人员在痛哭一场之后，觉得畅快淋漓，痛苦和悲伤心情随着泪水的流淌而减少许多。这种方法是有其科学原理的。美国生物学家福雷博士曾选了一批自愿接受试验的自愿者，组织他们观看一些令人悲痛欲绝的电影或戏剧，并要求他们在痛哭时把事先发放的试管放在眼睛下面，将眼泪收集起来。结果发现，一个正常的人在哭泣的时候，流出的眼泪有100～200微升，即使一场嚎啕大哭，眼泪也只有一二毫升左右。哭泣对心动过速，血压偏高者均有不同程度的缓解或减轻的作用。经过对眼泪的化学分析得知，原来在这些渐渐流出的眼泪中，含有一些生物化学物质，正是这些生化物质能引起血压升高、消化不良或心率加剧。把这些物质排出体外，对身体当然是非常有利的。

（三）悲观情绪的排除技术

在矫正过程中，服刑人员的心理活动，可以说没有一刻的平静，忽而兴奋、欢乐，忽而沮丧、消极。情绪乐观的服刑人员也有不幸与烦恼，但善于排遣解脱。但也有一些服刑人员大部分的生活被消极情绪占领，或哀叹后悔、灰心丧气，或牢骚满腹、怨天尤人，不善于解脱排遣。实践证明，要摆脱这种悲观情绪，矫正工作者需要帮助服刑人员学会下面的积极调适技术。

1. 客观看待现实，别盯住消极面。服刑人员对多次受到别人的“抢白”和不公正的待遇可能记得很牢，或总是对自己说“我真倒霉，总被人家曲解、欺负”，致使自己没有一刻的轻松愉快。如果服刑人员把注意力盯在与别的服刑人员、社区居民友善、和好的事物上，并常常告诉自己，误解、敌视毕竟是次要的，把愉快、向上的事串连起来，由一件想到另一件，就可以逐步排遣自怨自弃或怨天尤人的情绪。

2. 客观评价自己，不当欲望的蠢人。乐观的服刑人员常常自我感觉良好，对失败有点可贵的“马大哈”精神。有的服刑人员经常焦虑不安，后悔本应做得更好的事未能做好，对别的服刑人员获得的每一个成就、荣誉都想无条件地取得，企求尽善尽美，最后总是既有无穷的欲望又有无穷的懊悔。为此，矫正工作者应让服刑人员学会客观评价自己。

3. 宽以待人，不要过于挑剔。挑剔的服刑人员常给自己戴上是非分明的桂冠，其实是一种消极的干涉人格。怨恨、挑剔、干涉是心理软弱、心理“老化”的表现。矫正工作者应引导服刑人员学会宽以待人，对任何事或人不要过于挑剔。这有助于他们消除不良情感和情绪。

4. 面对挫折，学会躲避。在服刑人员遇到情绪扭不过来的时候，矫正工作者不妨让其暂时回避一下，打破静态体验，用动态活动转换情绪，可以让他们到心理咨询室或家中听听音乐，让他们跟随欢乐的歌曲哼起来，手脚拍打起来。

5. 与人为善，不要制造人际隔阂。服刑人员在接受矫正中，常会感到别人在背后说自己的坏话，或者轻视、怠慢自己，而觉得不是滋味，故以眼还眼，以牙还牙，结果使自己又多了一个人际屏障，多了一个生活的对头，因此而整日诚惶诚恐，不知他人在背后又要搞什么。对这些服刑人员，矫正工作者要让服刑人员学会：净化自己的诚意，不回避对方，拿出豁达的气量，主动表示友好。

（四）用理性思维克服劣性情绪的技术

从心理学角度看，当机体的生理需要与客观现实产生强烈抵触时，人就会出现劣性情绪，或恐惧，或愤怒，或绝望等。一个缺乏理智的服刑人员往往无法驾驭、控制自己的情绪，进而难以约束自己的行为，直到做出意外的举动。从医学角度而言，劣性情绪对身心的健康也极为不利。对此，当代美国著名的认知心理学家阿尔伯特·埃利斯提出了情绪理性化疗法，即引导当事人运用合乎逻辑的理性思维，加上正面的自我交谈，来减低应激反应和负面情绪。矫正工作者同样可借用情绪理性化疗法来帮助服刑人员消除劣性情绪。该疗法的具体步骤如下：

1. 找出服刑人员引起应激反应的应激源。

2. 分析出服刑人员对应激源有哪些非理性认识，也就是对事物的不合理的评价。

3. 让服刑人员认识到所有不利于健康或事情解决的心理、精神、行为，都是由自己的那些非理性思维所引起的。

4. 整个疗法中最关键的一步是让服刑人员能运用理性的思维方式来消除和代替原来非理性的思维方式。

5. 矫正工作者需要观察服刑人员的情绪状态是否转为正常。倘若效果不明显，必须回到第一至第四个步骤，重新检讨服刑人员的那些思维仍然停留在非理性思维阶段，经过重复纠正后，尽可能将服刑人员的应激反应减少到最低程度。

（五）宣泄情感应适宜

矫正工作者应让服刑人员学会适当宣泄消极情绪和情感，如果宣泄不当，会损害身心健康。这是矫正工作者在服刑人员个案调适时必须注意的问题，不能矫枉过正。

美国研究人员发现，经常发脾气的人容易发生房颤（一种心率不齐），靠发脾气来宣泄个人压抑情感的方式对心脏健康有害。据《循环》杂志报道，研究人员对平均年龄在48岁左右的1769名男性和1913名女性进行了为期10年的跟踪研究，发现那些急脾气、头脑容易发热，在受到批评或在失败时总爱与别人争论的人，其发生房颤的几率比普通人要高出30%，而那些在发脾气后常出现头痛或肌肉酸痛的人出现房颤的几率更高。房颤容易导致人猝死。

研究人员在研究过程中还发现，不仅是心脏病，那些爱生气的人死于任何疾病的几率都比心态平和的人高出20%。

研究人员说，人们一直认为发脾气可以帮助人驱散低落情绪对健康的负面影响，但就这项研究看来，过分宣泄自己的情感并不是一件有利于健康的事。这些研究成果，为服刑人员个案矫正工作提供了科学依据，对引导服刑人员适当宣泄情绪有一定的指导意义。

四、服刑人员心理疾病调适技术

（一）心理疾病调适的理论框架

现代社会文明的发展，使人类越发脱离其自然属性，生活节奏快、污染、紧张、信息量空前巨大、社会关系复杂、作息方式变化、消费取向差异、在公平的理念下不公平的事实拉大、溺爱等，都使心理疾病逐渐增多并恶化。新的医学模式使人们对健康有了新的理解，健康包含了躯体健康、心理健康、社会适应良好和道德健康。躯体健康是人们最熟悉，也是最容易理解的。人们知道，躯体疾病既有感冒发烧这样常见的、轻微的疾病，也有像癌症、心脏病这样的重危疾病。患了躯体疾病的人们都知道应该治疗，且知道到哪里治疗，也能最大限度地得到亲友的同情和帮助。但是，对于心理疾病，由于我国传统文化的影响，人们往往不能正确对待。

对服刑人员而言，由于传统文化、社会习俗、历史发展等方面的原因，对心理疾病缺乏足够的正确认识，存在一定的偏见。对大多服刑人员来说，不知道什么是心理疾病，不明白自己由于心情烦闷、苦恼还需要接受心理指导或心理治疗，即使知道需要帮助也不愿寻求帮助，认为这是见不得人的事情。为此，矫正工作者有必要对服刑人员进行心理学知识的宣传和教育，扫除服刑人员中的“心理健康盲”。

心理疾病的产生有其特定的环境和过程。一般来说，一个人紧张和焦虑的情绪如果长期不能消除时，就会造成心理障碍和心理疾病。祖国医学早在2000多年前就已认识到情感波动过于激烈，可引起人体的阴阳失调，气血不和，脏腑功能紊乱，真气耗损，易受外邪侵入而导致各种疾病，如“怒伤肝、喜伤心、思伤脾、恐伤肾”等。当然，偶尔遇到严重挫折或是亲人突然死亡等事件后，情绪与生理上的负担会逐渐消除，身体也会很快恢复到正常状态，并不一定造成心理疾病。因为恐惧、担忧、悲伤、喜悦等情绪的波动是短暂的，生理上产生的反应也是短暂的，身体内有惊人的稳定性，能应付各种复杂、紧张的生活环境。在高度紧张之后，最好有一段相应的舒缓状态，休息几天就会安全无事的。否则，使应激紧张状态持续下去，就比较容易引起心理障碍和心理疾病。服刑人员的心理疾病包含三个不同阶段：心理不适、心理障碍、心理疾病。一般来说，心理不适可以通过自我调节解决；较严重的心理障碍和心理疾病则需要通过心理医生进行治疗。

从心理不适发展到心理疾病，一般包括以下四种形态：

1. 心理问题。这是近期发生、内容尚未泛化的和反应强度不太剧烈的心理紊乱状态，其主要表现在心境和情绪方面产生一定波动，但思维保持着严密的逻辑性，人格也十分完整。

2. 心理障碍。这类服刑人员不仅有较大的情绪方面的波动，而且会出现违反逻辑性思维或思维逻辑的错误。初始反应强烈，如在暴怒情况下，出现强烈的非理智行为，冲动毁物。心理行为异常持续的时间较长（1个月以上），心理负担难以克服，如"一朝被蛇咬，十年怕井绳"。由于长期的精神折磨，有时可伴有躯体化症状或人格上的问题。

3. 心理疾病边缘状态。这是较严重的一类。这类服刑人员往往带有不很典型的异常精神现象，如注意力涣散、好幻想、意志力减弱、自我评价偏离常态、社会交往和人格方面发生改变等。

4. 心理疾病（精神病性心理紊乱）。常见的有精神分裂症和心境障碍等。这类服刑人员精神活动的完整性、协调性和统一性被破坏，有幻觉妄想等表现，其行为严重影响正常生活、学习和社交，人格明显改变，且往往缺乏对自身疾病的认识能力，拒绝就医和服药。

由此可见，服刑人员由心理问题到心理疾病的过程是一个逐渐加重的病理层次。一般而言，前两类需要进行心理咨询或心理治疗，后两类则适宜以药物治疗为主。

在对服刑人员心理矫治的实践中还发现，有心理疾病的服刑人员，常常不愿被人知晓，害怕被其他服刑人员讥笑。社会歧视和偏见已明显影响了服刑人员的社会适应，而且不利于服刑人员心理疾病的康复。

事实上，心理疾病和躯体疾病一样有多种类型，多种层次，有的好治，有的难治。心理疾病只是一类疾病，矫正工作者不应给它加上道德评判的枷锁。患心理疾病的服刑人员比患躯体疾病的更需要关怀和帮助。

（二）服刑人员心理疾病调适技术

在大多数服刑人员的心目中，对心理疾病存在两种错误认识，一种是对心理疾病过分地害怕和恐惧；另一种是认为心理疾病"可耻"，让人厌恶。正是这两种认识，常使患有心理疾病的服刑人员的心理病态越来越严重。因此，矫正工作者要治愈服刑人员的心理疾病，就必须让服刑人员澄清：

1. 心理疾病是可以治好的，不必害怕和恐惧。尽管造成心理疾病的原因比较复杂，疗程比较长，效果比较缓慢，但治疗心理疾病与治疗生理疾病相比也有其利的方面，如心理疾病通常不容易危害生命，而且大部分都不用吃药，打针就能治好。得了心理疾病，只要善于了解自己，增强治愈的信心，懂得一些有关心理健康的基本知识，掌握和运用一些有效的心理治疗方法，迟早会治好的。

2. 要相信心理疾病是可以预防的。心理疾病主要是由于在生活当中，一些不良的适应成了习惯所造成的，而先天遗传的心理疾病则非常少见。因此，在掌握足够的有关心理健康的基础知识和方法后，完全可以预防心理疾病的发生，增进心理健康。

矫正工作者应当指导服刑人员掌握下列方法预防心理疾病与心理障碍。

(1)遇到不称心的事，要心胸开阔，豁达大度，遇事冷静，从而保持愉快、开朗、平稳的心境。

(2)积极参加文娱、体育活动，培养多种业余爱好，丰富生活情趣，用各种办法转移注意力，从发怒的人或事转到高兴的事物上去，松弛紧张的精神，使情绪得到稳定。

(3)扩大交往范围，结识良师益友。这样可以通过他人的启发、忠告、劝说和帮助，使情绪变稳，减轻心理冲突。

(4)学会自我调整情绪。通过学习心理健康知识，掌握调节方法，自我调节不良情绪，改变不良习惯，纠正某些心理障碍。遇到挫折和精神刺激，要尽量控制自己的情绪，当怒气涌向心头时，要默念"生气是自我惩罚，烦恼是和自己过不去"的警言，或听听音乐、做深呼吸等转移注意力，求得情绪上的缓冲。

(5)正确认识疾病。必须对疾病有一个正确的认识，保持良好的心态。否则，体弱多病时焦虑烦躁、忧心忡忡，甚至怀疑病入膏肓，不仅不利于治病，反而会加速疾病的发展。

3. 要认识到每个人都有可能患心理疾病。心理疾病并不罕见，较轻的心理障碍更为常见。据估计，60%以上的人都患有或曾有过心理障碍。因此，要让服刑人员清楚自己只是众多患病者中的一员，没有什么特殊或值得惊讶的地方。任何人在一定的时间和地点等条件下，都可能会有某种程度的失常表现，可能得心理疾病，只是在某些行为偏差上有程度不同的区别罢了。

4. 患有心理疾病并不可耻，不能歧视或鄙视患心理疾病的服刑人员。对心理失常的服刑人员不应讥笑、讽刺、厌恶、疏远。否则，心理失常的服刑人员就会形成自卑、讳疾忌医，怕人家说他们有病，不愿向别人倾诉他们心中的积郁、烦恼、苦闷，而且对别人戒备、怀疑、恐惧，这就会使他们病态加重。

5. 学会恰当寻找帮助。服刑人员患心理疾病后，能及时主动到监狱或社区的心理咨询机构，向咨询人员寻求帮助，以便在咨询人员的帮助下，及早摆脱心理疾病的困扰，早日恢复健康。

五、服刑人员的心理防护技术

（一）心理防护的理论框架

服刑人员在矫正过程中，不可能一帆风顺、风和日丽。困难、障碍、挫折、压力等，都会影响服刑人员的矫正和身心发展，甚至造成永久性的伤害。因此，矫正工作者帮助服刑人员在矫正过程中免受监狱、社区环境中不良因素的侵害，对于任何年龄层次的服刑人员来说，都是非常重要的。

医学心理学的研究表明：快节奏会产生紧迫感、压力感和焦虑感，引起心理应激反应。这种心理应激反应具有两重性：其一是能使人学会通过各种因素的调节，产生较好的适应能力，提高心理素质，有利于事业的成功；其二是如果持续的劣性应激难于解脱，则易引起身心疾病，影响身心健康。有关专家提出：持续的劣性应激，可导致体内的免疫活性物质（免疫球蛋白A、血清素和多种酶）的生物活性水平降低，机体的生化代谢、内分泌功能和神经调节功能发生紊乱，对很多身心疾病的发生和发展起着推波助澜的作用。因此，矫正工作者帮助服刑人员学会缓解心理上的紧张状态，对服刑人员来说是非常重要的。

所谓心理防护，就是指当人们面临困难、冲突、挫折时，为不至于引起情绪上的过分痛苦与不安，使用一些心理上的措施或机制来进行自我保护。采用的防护方式可以是习惯性和潜在意识的方式，如消除内心焦虑不安与罪恶感，保持自尊的防卫行为，也可以是有意进行的心理调节。

矫正工作者可以指导服刑人员采用“自我欺骗”、“歪曲理解现实”来帮助其摆脱困扰，恢复心理平衡。让服刑人员学会主动采取有益的、适当的心理调节，不仅可以帮助其走出监狱监管、社区监督情境的低谷和人生的困境，保持身心健康，而且可以调动其积极心理机制，激发心理潜能。如果服刑人员不会对自己的矫正生活进行心理调节、自我保护，那么服刑人员就会感到刑罚或矫正期越发沉重，痛苦和烦恼就会侵袭甚至损害其健康。

服刑人员心理防护的功能具体包括以下几方面：

降低情绪冲突；

避免出现危险的冲动；

缓和伤感经验；

减轻失望的情绪感受；

消除个人与情绪间的冲突；

保持自尊。

心理防护可以帮助服刑人员更好地适应监狱监管、社区监督管理的环境，免遭外界因素和不良情绪的侵害和影响，有效地维护身心健康。

（二）服刑人员心理防护的具体技术

矫正工作者应指导服刑人员从以下几个方面着手进行自我心理防护：

1. 要实事求是地确定矫正目标。服刑人员在面对监狱、社区矫正生活时，要能客观认识和评价自己的能力，尤其是要正确把握自己的方位和坐标，脚踏实地地矫正自己，提高自己的心理承受能力，在矫正中保持心理平衡，制定切实可行的矫正计划和矫正目标，不要为自己根本无法实现的矫正目标而徒自伤神，弄得筋疲力尽。

2. 学会机体的协调平衡。在服刑过程中，服刑人员若能平衡地利用身体各部分机能，则是服刑人员心理防护的巨大成功。平衡是多方面的，诸如脑力与体力的平衡；左脑（抽象思维）与右脑（形象思维）的平衡；大脑各神经中枢的平衡；站、坐、走的平衡；用眼与用耳的平衡等。这可使服刑人员的生理和心理的功能潜力得以充分发挥，保持身心健康。

3. 学会自我心理调节。服刑人员在服刑过程中出现烦恼和忧愁是在所难免的，但如果将忧愁痛苦强行积郁在胸中，必然会带来危害。因此，当服刑人员情绪出现反常、心情不好时，矫正工作者应尽量让其学会通过合法途径进行“宣泄”或转移，如到监狱或社区心理咨询室寻求帮助，或在心理宣泄室内或家中大哭一场，使消极情感得以挥发，情绪得以稳定。

4. 培养业余爱好。业余爱好可作为转移大脑“兴奋灶”的一种积极的休息方式，能有效地调节改善大脑的兴奋与抑制过程，进而消除疲劳，调节情绪，从紧张、乏味、无聊的小圈子中走出来，进入一个兴趣盎然的境界。大多数服刑人员均有一定的业余爱好，如音乐、舞蹈、书法、绘画、棋类、写作等，矫正工作者应鼓励他们根据自己的兴趣进行选择，适当“投资”，以调节情趣，缓解紧张感。

5. 养成体育锻炼的习惯。体育活动能有效地增强服刑人员的身体各器官系统的功能。因此，可在矫正方案中安排每天进行一定时间的体育锻炼的矫正作业，养成体育锻炼的习惯。

六、服刑人员的自我心理补偿调适技术

（一）服刑人员的自我心理补偿调适的理论框架

补偿是一种心理适应机制。在心理学上，这种补偿其实就是一种“移位”，即为克服自己生理上的缺陷或心理上的自卑，而发展自己其他方面的长处、优势，赶上或超过他人的一种心理适应机制。正是这一心理机制的作用，自卑感就成了许多人成功的动力，成了他们超越自我的“涡轮增压”。“生理缺陷”越大的人，他们的自卑感也越强，寻找补偿的愿望就越大，成就大业的

本钱就越多。

补偿功能，原是指一种生理现象。当身体的某一器官产生病变或有缺陷时，另一些器官的功能会相应加强，补偿不足。如双目失明的人，其嗅觉、听觉、触觉往往都格外灵敏，在一定程度上补偿了视觉缺陷；又如失去了手的人，脚往往会变得非常灵活。

心理也有这种补偿功能。一个人失去了亲人异常痛苦时，真诚的安抚，在一定程度上可减轻他（她）的痛苦，补偿他（她）失去亲人的不幸，这就是一种取代的方法。还有一种叫转移升华的方法，如在生活中遭遇不幸，就把精力转移到别的事情上，从而得到了补偿。

一些服刑人员，由于在服刑或接受社区矫正前，在其补偿心理支配下，使个人的欲望和需要逆向发展，从而走上了犯罪道路。但是，如果服刑人员在服刑中能使自己的补偿心理正向发展，就可以成为矫正的内驱力。服刑人员的补偿心理是在监狱监管、社区监督管理环境条件下产生的，是服刑人员逆境补偿心理的体现。服刑人员在逆境中运用心理补偿，首先要有正确的矫正目标，然后通过多种多样的途径达到这一目标。同时，逆境是一位严酷的教师，它为服刑人员矫正提供了一个重新认识、评价自己的反思机会。让服刑人员在逆境中运用心理补偿，应当让其看到有利因素，保持自信和乐观态度，在打击和挫折面前，能宽慰自己。犯了罪，被投入监狱或进入社区进行矫正，受到别人歧视，要让服刑人员学会对自己说：犯罪不要紧，只要认识了罪过，并知道怎样去矫正就好。把逆境看成是人生难以避免的一段路，有了心理准备，服刑人员自然就会减轻负担，矫正压力也会减轻。当服刑人员经过反思，认为自己接受矫正的道路没有错，就会产生信心，增强接受矫正和自我矫正的内驱力。

当然，矫正工作者帮助服刑人员在矫正中学会运用心理补偿时，要让服刑人员澄清：自我宽慰不等于自我原谅。宽慰是为了鼓起接受矫正和自我矫正的勇气，而自我原谅则表现出对自己犯罪的放纵和辩解。自我鼓励应恰如其分，要在冷静的自我认识和对环境的充分了解的基础上进行，注意现实条件的可行性，不能盲目赌气地对着干。

矫正工作者要让服刑人员澄清：选择、变通和修正矫正目标不是对整个矫正过程的否定，同时也不要把原来的失败和以后的选择截然对立。在对服刑人员的矫正实践中，具有固执人格类型的服刑人员，其补偿心理十分突出。因为固执是偏执型人格障碍，其主要特点是敏感多疑、好嫉妒、自我评价过高、不接受批评、易冲动和诡辩、缺乏幽默感。现代医学研究表明，固执不但妨碍了健全的精神面貌，而且还会导致神经系统与内分泌系统的功能紊乱，进而影响到其正常生理代谢过程，使免疫能力降低，易患多种疾病，如神经官能症、消化道溃疡、高血压、冠心病等身心疾病，并使人早衰，缩减寿命。针对服刑人员的矫正，有人打了一个颇为形象的比方：服刑人员好似一架天平，左边是心理补偿功能，右边是消极情绪和心理压力，能在多大程度上加重补偿功能的砝码而达到心理平衡，就在多大程度上拥有了时间和精力去从事那些有待完成的矫正任务，并有充分的乐趣去享受人生。

（二）服刑人员的自我心理补偿技术

矫正工作者要帮助服刑人员学会和掌握以下的心理补偿方法：

1. 要有正确的自我评价。情绪是伴随着人的自我评价与需求满足状态而变化的。所以，要让服刑人员学会随时正确评价自己。当某些期望不能得到满足时，要让服刑人员善于劝慰和说服自己。为了能有自知之明，要让服刑人员正确地对待他人的评价。因此，矫正工作者要经常与服刑人员进行沟通交流，为服刑人员的矫正提供足够的帮助。这是服刑人员求得心理补偿的有效手段。

矫正工作者要让服刑人员意识到在矫正中，其所遇到的烦恼是难免的，心理补偿必须建立在理智基础之上。矫正工作者要让服刑人员清楚认识到：没有理智的人喜欢抱怨、发牢骚、到处辩解、诉苦，好像这样就能摆脱痛苦，其实往往是白花时间，现实还是现实；明智的人是承认现实的，既不幻想挫折和苦恼突然消失，也不追悔当初该如何如何，而是想到不顺心的事，别的人也常会遇到，并非是老天跟自己过不去。这样就会使服刑人员减轻心理压力，尽快平静下来，对具体的事件作进一步的分析，总结经验教训，积极寻求解决的办法。在挫折面前可以让服刑人员学会用点“精神胜利法”，即所谓的阿 Q 精神，有助于其在逆境中进行心理补偿。

2. 教育服刑人员面对挫折和失败，唯有乐观积极的心态，才是正确的选择。要让服刑人员澄清：做到坚韧不拔，不因挫折而放弃矫正和自我矫正；注意调整、降低原先脱离实际的“矫正目标”，及时改变自我矫正策略；用“局部成功”来激励自己；采用自我心理调适法，提高心理承受能力。

3. 克服虚荣心，培养高尚的情趣。人无完人，谁都会有缺点和错误，这用不着掩饰。矫正工作者要以真诚的态度来对待服刑人员的矫正，要让服刑人员树立切实可行的矫正目标，追求美好、崇高的东西。

4. 加强自我调控。矫正工作者要指导服刑人员在矫正中学会克制自己的抵触情绪，摒弃与矫正不相宜的行为，对自己的罪错，要主动承认，善于应用幽默，自我解嘲找台阶下，不要顽固地坚持自己的观点。

5. 养成善于接受新事物的习惯。固执常和思维狭隘、不喜欢接受新东西、对未曾经历过的东西感到担心相联系。为此要教育服刑人员养成渴求新知识，乐于接触新人新事，并学习其新颖和精华之处的习惯。

七、服刑人员沮丧情绪调适技术

（一）服刑人员沮丧情绪调适的理论框架

沮丧是由严重失败与挫折而产生的情绪低落状态。这既是消极的情绪体验，也是意志软弱的表现。沮丧的心理成分有灰心、失望、狼狈、难堪等；行为上常伴有泄气、垂头丧气、软弱无力、无精打采等表现。服刑人员沮丧情绪的产生固然和失败、挫折及逆境有关，但更主要的是受个人主观因素的影响，如思想方法片面性、意志薄弱、缺乏理想信念、控制调节自己感情的能力较差等。如果服刑人员沮丧严重，整日忧心忡忡，悲观绝望，自责自罪，会导致抑郁症。

服刑人员的沮丧情绪，一般是精神沮丧，大多处在精神状态不佳的阶段，其具体表现是：

1. 每时每刻都觉得情绪低落。
2. 忧虑不安和容易受到刺激而发怒。
3. 对平日的活动兴趣索然。
4. 常会在天未亮时就醒过来而无法入睡。
5. 食欲减退或丧失、体重下降。
6. 对事物的集中注意力差或难作判断。
7. 感觉孤独无助和一无是处。
8. 希望通过酒精麻醉自己，取得解脱。
9. 死亡和自杀的阴影萦绕不去。

精神沮丧如果长期得不到缓解，压力过大，就会成为一种病状，即沮丧症，又称精神萎靡症。它是一种轻微发作的抑郁症。一般来说，自尊心特别强的、缺乏抑制反应的和对矫正生活缺乏心理准备的服刑人员，都有可能出现沮丧症。

谭家峰在2000年《心理世界》第11期曾撰文对沮丧症进行了以下阐述：

沮丧的主要症状既有生理方面的，也有情绪、思维方面的。如：

精神上持续忧郁，有烦躁感和空虚感，对生活失去信心；

对前途悲观失望，有一种深深的负罪感，认为生活已毫无意义；

不能接受外界的影响，对日常生活，包括性生活已无任何兴趣；

严重的失眠，行为异常；

精力不集中，记忆力衰退或优柔寡断；

周身疼痛，平时有莫名其妙的哭泣等。

沮丧因人而异，男性多于女性，青壮年多于老年人。有些人在一生中，沮丧仅是一个短暂的插曲，而另一些人则可能经常遭受沮丧之苦。更有甚者，沮丧成为沉重的心理负担，可能视自己为行尸走肉。对于病情较轻的患者来说，沮丧表现为持续不断的发作。但病情严重的会进入医学界称之为“两级紊乱或暴发性沮丧”的阶段，其特征是暴怒异常，患者在这一轻一重两个极端中备受煎熬。

应该说，每个人一生中都会不可避免地发生忧郁与悲伤，问题是这些情绪变得强烈并且持续的时间太长，那便越过了忧郁的界线跨入了沮丧，如果不进行积极治疗，这种表现可以持续数年之久，甚至可能导致自杀。当然，如果进行积极的治疗，90%的患者可以康复。

（二）服刑人员沮丧症的特征

患沮丧症的服刑人员，其症状和谭家峰所述的六个方面基本相同，但在具体表现形式上略有差异。这可能与服刑人员所处的矫正环境密切相关。其具体特征如下：

1. 心境悲哀、冷漠。

2. 自我意象消极，时常自怨自艾。

3. 有回避他人的愿望，如一些在社区矫正的服刑人员不愿出家门。

4. 食欲下降，常出现失眠。

5. 觉得自己比平时更敏感、更爱掉眼泪等。

6. 嗜睡懒动。

沮丧是由消极的情绪感或对生活的不满意，或是经常受挫折引起的。沮丧如同感冒一样会影响生活的乐趣。矫正工作者如果对服刑人员沮丧症放任不管，延误治疗会使服刑人员的病情进一步恶化，还极有可能使其转化为慢性抑郁症患者。

（三）服刑人员沮丧情绪的具体调适技术

1. 服刑人员沮丧情绪的调适对策。矫正工作者可以指导服刑人员按下面的对策进行自我矫治，最大限度地缩短服刑人员的沮丧时间。

（1）正确面对矫正生活，主动加强体育锻炼。

（2）增进服刑人员之间、服刑人员与志愿者之间的彼此交往。

（3）对服刑生活持乐观态度。

（4）在矫正中发现自己的优势。

（5）积极想像。

(6)强化自我语言暗示。

(7)多做好事,乐于助人。

(8)回归自然。

2.服刑人员沮丧情绪的自我疗法。沮丧症并不可怕,只要勇敢地承认它并及时治疗,是很快能够治愈的。对于患沮丧症的服刑人员,除了可采用上述八个方面的策略外,还可运用自我疗法,进行自我矫治。矫正工作者应指导服刑人员学会以下几种自我疗法:

(1)自我设问法。通过自己提问,自己回答,寻找产生沮丧症的原因。一旦找到并能做出答复,就有可能突然醒悟,得以解脱。

(2)元气恢复疗法。其原理就是"行动产生情绪"。具体说,在心情特别沉闷时,为了驱散它,就要爽快行事,行动要有自信,不要愁眉不展,而要挺胸、扬眉、谈笑风生,考虑振奋人心的事,提起精神,驱散心头沉闷,直到恢复元气。

(3)自我调整法。服刑人员常因思考方法不对,学习、工作以及生活方式不良而屡遭挫折,感到沮丧。因而要让服刑人员对自己的思考、行为习惯和生活方式等进行适当调整,以适应变化的环境,有效地治愈沮丧症。

(4)色彩疗法。当一个服刑人员感到沮丧时,会觉得眼前一片灰暗。色彩疗法对患沮丧症的服刑人员可以起到心理松弛的作用,有利于控制沮丧情绪。

八、服刑人员空虚感的自我调适技术

(一)服刑人员空虚感自我调适的理论框架

空虚即无实在内容,不充实的意思。对大多数服刑人员而言,服刑生活是空虚而痛苦的。在漫长的矫正生活中,由于空虚而产生烦恼、消极情绪和情感是常见的。同时,空虚也是服刑人员在矫正中需要克服的困难之一,是服刑人员战胜自我的重要内容。

在服刑人员中,为了排解服刑的烦恼和忧愁,为了驱逐服刑的空虚和寂寞,有的整天愁眉不展,有的拼命抽烟,有的寻衅滋事、打架斗殴,有的甚至重新犯罪。精神空虚是一种社会病态。它在服刑人员群体中也是普遍存在的一种病态现象。当服刑人员要为自己的犯罪付出自由的代价时,当服刑人员失去精神支柱时,个人价值被否定或被抹杀时,就容易产生这种病态心理。

(二)服刑人员空虚感自我调适的技术

帮助服刑人员克服空虚感的基本技术就是充实服刑人员的服刑生活。这主要是:

1.调整服刑人员的自我矫正目标。心中的空虚往往是在胸无大志、没有追求、没有理想的情况下，觉得自己的生活没有内容而出现的。因此，服刑人员出现空虚感时，矫正工作者引导其自我调整矫正目标是十分必要的。服刑人员根据个人的具体情况，制定出矫正的长远规划和近期目标，以求实现，从而调动自己的潜力，就会觉得自己的矫正生活非常有意义了。

2. 强化社会支持。当服刑人员处在蹉跎与徘徊之时，特别需要有人给以力量，予以同情、理解和支持，只有在获得支持和帮助时，才能觉得不是孤立无援的。强化社会支持，就是在社会公众的勉励和帮助下，给服刑人员的服刑生活增加活力，带来希望。情感支持是社会支持的重要方面。因此，矫正工作者要帮助服刑人员重构社会支持网络，学会利用社会资源，不断增进接受、自我矫正的动力和信心。

3. 学习文化知识，从书中汲取力量。读书是服刑人员填补空虚的良方。因为书是人类经验的结晶，是知识的源泉。读书会使服刑人员找到解决问题的钥匙，从寂寞和空虚中解脱出来。矫正工作者可在矫正作业中为服刑人员提供一定的书籍或指定一定的必读书目，要求服刑人员在规定的时间内完成阅读和写出读书笔记。

4. 从劳动、工作中获得希望。劳动、工作是服刑人员摆脱空虚的极好措施。因为当服刑人员把精力集中到劳动和工作中时，就会有忘我的力量，而忘却空虚所带来的烦恼，在工作和劳动成果面前倍觉自我价值增加，使人生充满希望，解除不良心态的痛苦。

5. 转移目标，求得乐趣。矫正工作者应指导服刑人员在面对自己的烦恼时，除了劳动、工作、读书外，还可以用转移目标的方法，即通过绘画、书法、音乐、雕刻、养花等方式，使困扰的心境平静下来，从空虚的状态下解脱出来。当服刑人员有了新的乐趣后，就会产生一种新的追求，逐渐完成生活内容的调整，从而感到生活的意义。

九、服刑人员焦虑情绪调适技术

（一）服刑人员焦虑情绪调适的理论框架

所谓焦虑，是指个体由于不能达到目标或不能克服障碍的威胁，致使自尊心与自信心受挫，或使失败感和内疚感增加，形成一种紧张不安，带有恐惧的情绪状态。

有关统计资料显示，随着我国社会的进步，经济的发展，人们的生活节奏明显加快，焦虑作为一种精神疾患呈现明显增多的趋势，并已成为影响人们身心健康的重要“隐患”之一。世界卫生组织的研究表明，焦虑症和抑郁症的发病率呈逐渐上升的趋势。在西太平洋 37 个国家和地区中，每年至少有 20%

的求医者患有焦虑症、抑郁症。一般来说,焦虑可分为三类:一是现实性或客观性焦虑,是由客观上对自尊心的威胁引起的。比如服刑人员渴望获得自由,获得社会认可的法律地位所产生的焦虑。二是神经过敏性焦虑,即不仅对特殊的事物或情境发生焦虑反应,而且对任何情况都可能发生焦虑反应。它是由心理——社会因素诱发的忧心忡忡、挫折感、失败感和自尊心的严重挫折引起的。三是道德性焦虑,由于违背社会道德标准,在社会要求与自我表现发生冲突时,引起的内疚感所产生的情绪反应。

心理学界对焦虑发生的原因说法不一。心理分析学派认为是由潜意识之间的冲突引起的。认知学派则认为是由知觉、态度与信念的冲突引起的。人本主义者认为是由达到自我实现时发生的思想冲突引起的。一般认为,焦虑与学习的关系密切,高度焦虑只有同高度的能力相结合才能促进学习,高度焦虑与低能力或一般能力相结合则抑制学习,把焦虑控制在中等程度,才有利于一般能力水平者的学习。

在服刑人员矫正中,临床观察表明,作为精神疾病之一的焦虑,不仅类型各异,表现也有所不同。其中,有些服刑人员凡是接触到某些情境,触摸或看见某些物品,甚至处在任何场合,几乎都会产生思维和情绪的变化,从而产生焦虑,而且这种焦虑之感常常出现得莫名其妙。虽然服刑人员自己也明知没有必要,但又难以自控和消除,以致十分苦恼。

非常明显,服刑人员焦虑积郁在胸,堵塞了快乐感觉的神经通路,短时的焦虑,事过境迁,不留痕迹;持续的焦虑,可能内化为性格特征。如果一个服刑人员久陷焦虑的情绪而不能自拔,内心便常会被不安、恐惧、烦恼等体验所累,行为上就会出现退避、消沉、冷漠等情况,而且由于愿望的受阻,常常会懊悔、自我谴责,久而久之,形成心理疾病。

焦虑以恐惧为主要的情绪特点,还有其他多种情绪成分,如愤怒、痛苦,以及内疚感、羞愧等。焦虑症的突出特点是常常会持续性或发作性地感到恐惧不安、提心吊胆、紧张焦虑,似乎大祸就要临头。患焦虑症的服刑人员情绪反应之强烈与生活、学习、劳动或工作环境中实际存在的困难很不相称,但却控制不住自己,无法摆脱精神上的痛苦,并且还伴有心悸、胸闷、前心区不适、气短、有窒息感、头晕、怕冷、恶心等某些植物性精神亢进的症状。

(二)焦虑症的自我测定

服刑人员是否患有焦虑症,矫正工作者可以指导服刑人员使用下面介绍的一种简便易行的自我评定量表进行检测。该量表主要是通过心理和躯体的症状来反应焦虑状况。矫正工作者指导服刑人员按照下面每条所说的情况,根据自己是否属于“没有”、“轻度”、“中度”和“重度”四个等级中的某一个等级，进行相应选择，并分别按 1、2、3、4 分进行计分。

1. 我觉得平时容易紧张和着急。

2. 我无缘无故的感到害怕。

3. 我有时觉得心烦意乱甚至惊恐不安。

4. 我认为自己可能会发疯。

5. 我觉得周围一切都不顺眼，担心自己和家人会发生什么不幸。

6. 我经常手脚发抖打颤。

7. 我因为头疼、颈椎痛或背痛感到苦恼和不开心。

8. 我觉得容易衰弱和疲乏。

9. 我的心情不能平静和心平气和，有时坐立不安。

10. 我觉得心跳得很快而且发慌。

11. 我因为一阵阵头晕而苦恼。

12. 有时觉得要晕倒或有过晕倒情况。

13. 我呼气吸气都感到非常困难，有时胸闷不适。

14. 我的手脚发麻和刺痛。

15. 我因为胃病和消化不良而苦恼。

16. 我觉得小便太多。

17. 我的手常常出汗，有时冰冷和潮湿。

18. 我的脸容易发红发热。

19. 晚间入睡困难，有时通宵不眠。

20. 夜间睡觉梦多易醒。

将上面每道题的得分累加起来，如果得分大于 50 分的话，就很可能得焦虑症了。

（三）指导服刑人员正确看待焦虑

无疑，长期高度的焦虑对服刑人员的身心是有害的，这正如弗洛伊德所言：如果一个人个体不能适当的应付焦虑，那么这种焦虑就会变成一种创伤，使这个人返回到婴儿时期那种不能自立的状况。

然而，心理学家又认为焦虑是引起一个人行为中紧张状态的力量，是促使一个人去减少这种紧张状态的动力。也就是说焦虑是由紧张带来的，而每个人在工作和学习中都需要处在一定高度的紧张状态，否则将一事无成。此外，焦虑的反应虽有种种不舒服的症状，但短暂的焦虑反应本身并不会对身体有危害后果。一旦焦虑反应消除，立即会恢复正常的功能，不会引起“心脏病”

之类的永久性躯体病变。所以短暂的焦虑是一种适应性的情绪，只有服刑人员对焦虑本身感到焦虑时，焦虑才具有破坏性。

丹麦著名的哲学家斯隆·契克格达认为，在我们面临发展自己的可能性时，都会产生一种向往的心态，如果没有这种紧张不安、跃跃欲试的冲动，任何成功和进取都是不可能的。回避焦虑不可能使问题得以解决，担忧得以消除，依然要置身于焦虑刺激的状态下，去做胜败未卜的追求或探索，只要坚持去做，到一定时候，就不会产生焦虑了。因此，消除焦虑的最好方法是正视它，并且全身心投入进去。

（四）服刑人员焦虑情绪调适的具体技术

1. 自我心理治疗日记。现代社会的许多快节奏与高度竞争性以及监狱的特定环境，使得焦虑成为服刑人员所普遍和经常体验到的一种情绪状态。不过许多服刑人员在深受这一情绪的折磨时，却常常弄不清自己真正焦虑的是什么，到底值不值得，也没有积极开动大脑，认真仔细地考虑出对付的策略，于是任凭这种情绪肆意蔓延，最后变成为担心而担心、为焦虑而焦虑，不少严重的心理障碍就由此而产生。矫正工作者可以引导服刑人员在焦虑时，采用“心理自我治疗日记”的方法进行调适，即要求服刑人员每天遇到什么令其苦恼的事，产生了什么焦虑，这种焦虑表现为什么样的矛盾心理，统统把它记在一个小本子上。陷于严重焦虑而不能自拔的服刑人员，往往不自觉地通过主观的想像，过于放大所焦虑事物的不良后果。所以在要求服刑人员写心理自我治疗日记时，要引导服刑人员本着实事求是的态度进行客观分析，其结果必然是排除了主观上的“假”，辨明了客观上的“真”，使服刑人员自己的主要精力不再耗费在虚假的幻想上。在矫正实践中，发现服刑人员开始时会有许多想法和实事可记，渐渐地这种日记题材的来源会逐日枯竭。此时，服刑人员就会发现原来在很多方面是自己吓唬自己，而不是那个焦虑事件的本身。

此外，服刑人员遇到了某些焦虑不安的事件，乃至影响了正常的工作、学习和生活时，把可能出现的后果一一写出来，特别是要把可能出现的最坏结果罗列出来，并做好充分的思想准备，然后再针对每一种可能的情况，找出相应的对付策略，那么就会感到事情向越来越好的方向发展。

2. 身心训练。英国一位博士设计了一套将心理与身体训练相结合的独特方法，成功地治愈了几千位患有焦虑的病人。其方法是：

（1）准备。练习者坐在椅子上，脚掌着地，两臂自然下垂，闭上双眼，然后腹式呼吸 3 次。吸气时注意体会各部位的紧张感，注意放松、放松、再放松。

（2）背部放松。身体移至椅边，闭眼，注意背部的感觉。呼气后仰，伸展脊背至不舒服止。再呼气,拱背,向前减缩双肩,然后下垂双肩,肩胛骨靠拢,并肩。轻轻地呼气,垂肩。反复做3遍。

(3)头部放松。呼气,下巴垂至胸前。吸气,头由重力自然支配左右旋转,转到后背时开始呼气,向左经后背绕至胸前。先做3次右绕头运动,再做3次左绕头运动。注意右旋转时左侧脖筋舒展,向后转时,喉部肌肉舒展。

(4)面部放松。先吸气,面部各部分肌肉向内收缩,将紧张压力集中在鼻尖上。然后呼气,口尽量张大,眉毛上挑,脸拉长,如同打哈欠状。

这套身心训练,随时随地都可以做,用两、三分钟即可。它可让服刑人员有效放松身心,除却焦虑情绪,保持良好的身心状态。

3. 残酷疗法:以焦虑对焦虑。美国巴洛医生,主张以焦虑对抗焦虑,不惜"下猛药",你越焦虑害怕什么,就越让你在治疗中体验什么,就像给病人注射"恐惧活性病毒"一般,直到你心理上获得抗焦虑的抗体。巴洛的病人治愈率高达85%,而且至少在两年内不复发。尽管他的医学实践仍被视为另类医学,被指责为太过残酷,但是,医学界专家人士认为,巴洛疗法很可能成为焦虑症以及其他精神疾病治疗的权威和流行疗法,甚至可以成为"精神抗生素"。巴洛治疗焦虑紊乱症的方法简单得出奇,但是它的哲学意义以及临床效果不是那么简单。传统的治疗焦虑症的方法是教病人学会一些放松技巧,但是巴洛疗法却恰恰相反,而是让病人重复面对他最为焦虑的情境,最终适应而达到治愈目的。巴洛宣称,他可以在短短5~8天时间里消除某些病人的焦虑症状。巴洛的中心理念是:人们害怕的不是外在的东西,焦虑症的症结在于内在化的恐惧,之所以出现焦虑感是因为人没有处理好跟内在化恐惧的关系。虽然巴洛目前还没有掌握足够的数据来保证病人的焦虑症不会复发,但是,巴洛疗法可以说是目前心理学界唯一一个具有治愈可能性的疗法。

十、服刑人员矫正中的环境适应调适技术

(一)服刑人员矫正中的环境适应调适的理论框架

人是社会的人,每个人都在特定的社会环境之中生活,环境对人有一定的要求;人对环境也有一定的需要。现实生活中也确实如此。社会环境对人有一定的要求条件,人对环境也并非心满意足,这就需要适应。

要很好地适应现代社会,其实质是人们为了生存而与环境之间发生的调节活动,由此可见,适应水平直接影响了人的生存。社会适应就是个体逐渐地接受现存社会的道德规范和行为规范,对于环境中的一切社会刺激能够在规范允许的范围内做出适度的反应。也就是个体的思想、性格、行为、习惯等与生活环境所要求的社会规范、道德标准、价值观念相符合。一个人如果不能和社会取得适应，就会对周围的一切感到格格不入，不相协调，严重的会引起精神病态。

个体在适应社会的过程中，难免遇到冲突和挫折。为了减轻或防止冲突和挫折可能带来的焦虑、痛苦，个体常采取某些适应挫折的方式。这些适应方式是自我防卫性的，不能真正解决挫折的情境。常见的有以下几种情况：

合理化。为减少焦虑和维护个人自尊心，个人总是对自己的所作所为给予一种合理的解释，有时甚至不惜曲解事实，如俗话说的“酸葡萄”心理。

认同。将自己比拟成某成功的人或是幻想中成功的人，以摆脱自尊受挫折的困境。

代替。将不为社会所接受的动机，引向符合社会标准的方向，也可以将认为可能失败的某种活动由另一种可能成功的活动来代替。

压抑。将不为社会所接受的动机或引起个人痛苦的经验，排除在个人记忆或意识之外，又称为动机性遗忘。

反向。采取与愿望极端相反的心理防卫，如自卑的人处处炫耀自己。

投射。将一种坏的人格特质排除于自身之外，并加之于他人身上的潜意识倾向。如尖酸刻薄的人认为别人也很尖酸刻薄，因此自己对待别人很刻薄，并不为错。

逃避。个体不敢面对自己预感到的挫折情境，而逃避到较安全的地方，或逃避到幻想世界甚至疾病中。

矫正环境适应是服刑者对服刑生活的顺应过程。初次入监、进社区矫正的服刑人员经常感受到对环境因素的不适应，甚至发生消极反应，如监狱器物态的压抑、社区熟人的嘲笑和歧视等。随时间的推移和矫正生活经验的积累，机体对矫正环境因素的感受和矫正环境对机体的不利影响会减少，多数服刑人员逐渐产生矫正环境适应。矫正环境适应具有积极和消极的双重意义，服刑人员因承受过重的心理压力而产生紧张、抑郁的心理状态对矫正是不利的。只有在一定程度上获得了矫正环境适应，才会有一个良好的心境投入矫正。但过度的矫正环境适应将使服刑人员产生不畏惧刑罚的反应，还会受消极因素的腐蚀和毒害。矫正环境适应可以是暂时现象，也可以是持续性的。尤其是对监禁环境的不适应，往往会使服刑人员形成某种监狱人格，在其个性心理和行为方面均染上服刑色彩，如卑躬屈膝，完全听命于人，对任何事情无主见，或怀疑、神经质、过分警觉、双重人格等。持久性的监狱适应甚至伴有机体内部的某些生理变化，如生活节律监狱化、性机能抑制等。因此，矫正工作者必须对刚入监或刚进入社区矫正的服刑人员做好入监、入矫的指导。这种指导，可以是一对一的个别指导，也可以采用团体指导的方式进行；可以口头指导，也可以采用事先编制好的指导书进行指导。指导的内容最少包括：

矫正机构的性质、职能和任务；

矫正工作者的性质和任务；

矫正法律法规和政策以及矫正纪律；

服刑人员的法律地位，权利和义务，权利保护的方式方法和途径，所能获得的求助、救助的方式方法、途径和程序，可利用的资源等；

矫正环境状况等。

服刑人员所适应的环境，就是监狱和社区矫正环境。监狱环境包括器物态环境、制度环境、特殊的人际环境、特定的时间和空间环境等；社区矫正环境主要是人际环境、制度环境、特定的时空环境等。这就要求服刑人员首先必须了解适应监狱、社会矫正环境的形式。总的来说，服刑人员适应监狱、社区矫正环境有两种形式，其一是服刑人员所处的矫正环境。其二是服刑人员自己矫正自己，去适应监狱、社区矫正环境的需要。无论哪种形式，最后都要达到监狱、社区矫正环境与服刑人员自身的和谐一致。

服刑人员自身素质的差异，导致其适应监狱、社区矫正环境的能力也不一样。有的很快适应了监狱、社区矫正环境，使矫正工作顺利起动；有的则相反，处处感到陌生、不习惯被他人管理或监督，不是矫正中出问题，就是人际关系紧张，弄得整天闷闷不乐，陷于苦闷之中不能自拔。

即将出狱或解除矫正的服刑人员同样有一个重新适应社会环境的问题。这对巩固矫正效果具有重要的意义。因此，矫正工作者还必须重视出狱、解矫人员的重返社会的环境适应指导。

（二）服刑人员矫正环境适应的具体调适技术

矫正工作者要使服刑人员很好地适应矫正环境，可采用以下的调适技术。

1. 要让服刑人员主动接触矫正的现实环境。也就是说必须让服刑人员正确认识监狱、社区矫正的客观环境的现实，不逃避现实也不做无根据的幻想，从而把自己置于这个环境之中，了解它、掌握它，并进一步在监狱、社区矫正环境中矫正自己。

2. 要让服刑人员自己积极调整和选择对策。这就是要指导服刑人员从主观上采取积极态度，而不是消极等待，在选择对策时应当审时度势，有条件地选择矫正环境的条件，无条件地选择矫正自身的办法，这样才能既不想入非非，又不自暴自弃，找到最佳方案。如某社区矫正的服刑人员，原系某市直属机关的领导，因受贿被判刑进入社区矫正。在矫正中，担心社区居民和其他受矫正人员的嘲笑,不愿参加公开的义务劳动,不愿参加集体学习等。社区矫正机构的工作者在对他进行教育的同时,让他选择参加义务劳动和学习的时间、方式,结果获得了很好的矫正效果,并随着时间的推移,适应了矫正环境,自愿与其他接受矫正的人员一起参加义务劳动和学习。

3.采用心理防御措施。不论矫正环境还是改变自己,都要有一个转变和考虑的过程,在这个过程中,往往会有某种困扰,为解决这种窘境,不妨采用心理防御措施,达到解脱的目的。

矫正环境不会偏爱某一个服刑人员,服刑人员在服刑中必须学会适应矫正环境,这是服刑人员矫正自我的基石。在服刑人员矫正中,许多服刑人员对自己的处境、自己的矫正生活、自己在社会这个大舞台上所扮演的囚犯角色不满意,因而产生心理不平衡,甚至对生活失去信心,服刑人员的这种心情是可以理解的,但是,矫正工作者必须让服刑人员明白,造成如此局面,是自己应承担的法律责任,只有在适应矫正环境的前提下,真诚矫正自我,才能走出困境,走向新生。

也有一些服刑人员常常报怨社会不公,自己命运不好,矫正条件太差,矫正太难。矫正工作者要使服刑人员明白,任何环境和条件都具有两重性,矫正环境尤其是监狱环境不可能达到每个服刑人员的满意,也不像有些服刑人员所说的一无是处。矫正环境是刑罚执行的法定场所,绝不可能按照每个服刑人员的要求,为每个服刑人员设置现成的、完全适合服刑人员个体主观需要的条件。

对服刑人员矫正而言,重要的不是矫正环境的优势,如关押条件好的监狱或者是进入一个完全陌生的社区进行矫正,而是每个服刑人员接受矫正的态度如何。每名服刑人员都应树立积极适应矫正环境的态度。

(三)服刑人员重返社会的环境适应的调节技术

矫正工作者对即将出狱、解矫的服刑人员,主要采用以下方法,增强他们重返社会的环境适应能力:

1.出监、解除矫正指导。在服刑人员出狱、解矫前,进行下列的指导是必要的:

回归人员保护的法律法规和政策、安置帮教的有关政策;

社会求助、救济的方式方法和途径;

社会变化与适应的方式方法和必要的心理准备性指导;

就业、入学、外出打工等法律、法规和政策支持,如何克服就业、入学打工中的困难以及求助的方法方法、途径和程序等;

如何处理家庭、朋友、社区居民等之间的人际关系和接纳的问题；

法律对出狱、解矫人员的特殊规定等。

2. 合理计划适应期，做好心理准备。在出狱或解矫前，尤其是对出监的服刑人员而言，矫正工作者应在服刑人员出狱前的半年或一年时间内，通过参观、周末假期、组织参加社区活动等方式，使服刑人员逐步适应重返社会的环境，形成心理上的适应和提高社会人际交往能力等。

3. 调适矫正结案后的反应，适时规划跟进服务计划。

本章重要内容

★ 服刑人员个案调适的概念。

★ 服刑人员调适的心理机制。

★ 服刑人员心理保健的理论框架和技术。

★ 服刑人员心理疲劳调适的理论框架和技术。

★ 服刑人员情感困扰的调适技术。

★ 服刑人员心理疾病调适技术。

★ 服刑人员心理防护技术。

★ 服刑人员自我心理补偿的理论框架和调适技术。

★ 服刑人员沮丧情绪调适技术。

★ 服刑人员空虚感调适技术。

★ 服刑人员焦虑情绪调适技术。

★ 服刑人员环境调适技术。

本章思考题

1. 什么是调适？如何理解服刑人员调适的心理机制？

2. 如何调适服刑人员的心理疲劳、情感困扰？

3. 如何应用服刑人员的自我心理补偿调适技术？

4. 如何消除服刑人员的沮丧情绪？

5. 如何消除服刑人员的焦虑情绪？

6. 如何使服刑人员适应环境？

第九章　服刑人员个案心理治疗技术

本章核心提示

● 服刑人员心理治疗是指在良好的治疗关系的基础上，由受过专业训练的心理医生或其他矫正工作者，运用心理学的理论、方法和技术，对患有心理疾病的服刑人员给予诊断和治疗，以缓解和消除症状，帮助服刑人员康复或增进身心健康的服务过程。

● 服刑人员心理治疗主要有个别、集体和诊所治疗三种形式。

● 心理治疗技术是服刑人员个案矫正的基础，是服刑人员个案矫正的介入范式之一，同样包含着矫正工作者的具体介入技术，对提高矫正质量，实现个案矫正技术化具有重要的意义。

● 强化疗法是系统地运用强化手段去增进服刑人员某些适应性行为，减弱或消除某些不适应行为的方法。

● 厌恶疗法就是应用一种惩罚性的厌恶性刺激通过直接作用或间接想像，来消除或减少一种不合意行为的方法。

● 自信训练，就是由矫正工作者扮演服刑人员不敢接触的人，引导服刑人员对他发表意见，把长期压抑的情感、态度和想法，不论是肯定的还是否定的都表达出来，以达到心理平衡。

● 行为功能分析是指在对服刑人员进行行为治疗前对环境和服刑人员本身影响或控制问题行为的因素作以系统分析。

● 暗示疗法是利用言语、动作或其他方式，也可以结合其他治疗方法，使服刑人员在不知不觉中受到积极暗示的影响，从而不加主观意志地接受矫正工作者的某种观点、信念、态度或指令，以解除心理上的压力和负担，实现消除疾病症状或加强某种治疗效果的方法。

● 支持疗法是矫正工作者应用心理学知识和方法，采取劝导、启发、鼓励、说服、保证、消除疑虑等方式，来帮助和指导患者分析认识当前所面临的问题，使其发挥自己最大的潜在能力和自身的优势，正确面对各种困难或心理压力，以度过心理危机，从而达到治疗目的的一种心理治疗方法。

- 生物反馈疗法是指利用现代仪器对人体的生理学指标，如心率、血压、皮肤温度、脑电及肌电等信息加以处理，然后以视听方式显示给人——即信息的反馈，让服刑人员通过训练认识这些信息，并学会有意识地控制自己的生理活动，以达到调整机体功能、防病治病的目的。

- 认知疗法是根据人的认知过程，影响其情绪和行为的理论假设，通过认知和行为技术来改变服刑人员的不良认知，从而矫正适应不良行为的治疗方法。

第一节　认识服刑人员个案心理治疗

一、服刑人员心理治疗的内涵

心理治疗是心理医生（或有关专业医疗工作者）运用心理学知识、方法和技术对患有心理疾病的人进行治疗，以消除、缓解患者心理疾病，帮助患者康复或增进身心健康的治疗过程。严格地说，它有广义和狭义之分，广义的心理治疗就对象而言，包括躯体病人在内的所有病人，甚至可以应用于一般正常人。狭义的心理治疗就对象而言，主要是心因性疾病、神经症性障碍、行为障碍和身心疾病患者。

服刑人员心理治疗是指在良好的治疗关系的基础上，由受过专业训练的心理医生或其他矫正工作者，运用心理学的理论、方法和技术，对患有心理疾病的服刑人员给予诊断和治疗，以缓解和消除症状，帮助服刑人员康复或增进身心健康，以促进服刑人员矫正的服务过程。服刑人员心理治疗是由心理医生或经过专业训练的矫正工作者进行的。

二、服刑人员心理治疗的内容

按照服刑人员心理问题的程度以及心理治疗对服刑人员心理问题进行干预的水平，可把服刑人员心理治疗分为三个层次：[①]

（一）支持性治疗

支持性治疗主要用于矫正适应不良的服刑人员。这类服刑人员因过度的环境紧张刺激，不能恰当地运用防御而导致心理异常，如对矫正没有足够的信心，比较悲观；往往在矫正生活中遇到诸如不能胜任某一角色、人际关系紧张

---

① 何为民主编：《服刑人员矫正心理学》，法律出版社2002年版。

等事件，而长时期感到紧张和焦虑。支持性治疗就是通过对服刑人员的鼓励和支持，发挥其潜能，提高其认识自我和适应环境的能力，最大限度地利用自身的力量战胜心理困扰。

支持性心理治疗的内容在于改善服刑人员的防御机制，维持和加强自我控制，重新建立适应性平衡。所采用的治疗手段包括心理辅导，消除不良环境刺激，给予保证，进行说服、激励、疏导、宣泄、脱敏等。支持性治疗有助于服刑人员减轻焦虑和恐惧，防止精神崩溃，维持其正常的矫正生活。

（二）教育性治疗

教育性治疗以恢复或提高服刑人员的自知力并进而改善其人格的消极面为目的。在服刑人员经历内心冲突，体验到较强的焦虑和紧张情绪时，矫正工作者要帮助服刑人员检查、识别自己与心理症状有关的不良自我观念。如有些服刑人员具有偏执的自我观，一方面认为只有自己的行为才是正确的；另一方面又对管理工作者的批评极为敏感，因此经常感受挫折。矫正工作者通过教育影响帮助服刑人员仔细检查其人格中的消极面，提高其对由于自己的人格缺陷而导致心理困扰的认识和树立改善人格的愿望与信心。

（三）重建性治疗

重建性治疗是相对层次较深的治疗，其目标是使服刑人员获得对自我的全面了解，以最终达到人格的重建。在治疗过程中，矫正工作者不但要了解服刑人员意识层次的认知、观念、态度、情感，而且还要了解服刑人员无意识的冲突和愿望，并帮助服刑人员把冲突和欲望带到意识中来重新加以认识和体验。

按照服刑人员心理问题的表现形式，服刑人员心理治疗主要有：

1. 身心疾病。心理和生理是相互作用、互为因果的。因此，矫正工作者应立足于这二者的结合。中国人常把心理问题躯体化，即心理上的困扰、不适被感知为或表述为各种躯体问题。这是中国文化背景下的普遍心态。有时候，则是生理状况影响心理状况并呈现为心理问题。比如，躯体疾病带来心理上的焦虑不安、情绪抑郁等。这就需要矫正工作者善于分辨，运用辩证统一的观点来分析和对待。服刑人员的心理治疗，对其身心健康有非常重要的意义。这是因为，服刑人员的身心疾病虽然是躯体疾病，但其病因与心理应激有着密切的关系。例如在服刑人员中，发现A型行为模式的服刑人员，即表现为争强好胜、时间紧迫感强和急躁易怒的服刑人员，发生心血管病的机会高于其他服刑人员。

2. 人格障碍。[①] 按照《中国精神障碍分类与诊断标准》（第3版）

---

① 何为民主编：《服刑人员矫正心理学》，法律出版社2002年版。

(CCMD—3)界定:"人格障碍是指人格特征明显偏离正常,使病人形成了一贯的反映个人生活风格和人际关系的异常行为模式。这种模式显著偏离特定的文化背景和一般的认知方式(尤其在待人接物方面),明显影响其社会功能和职业功能,造成对社会环境的适应不良,病人为此感到痛苦,并已具有临床意义。病人虽无智能障碍,但其适应不良的行为模式难以矫正,仅有少数人在成年后一定程度上可有改善。通常开始于童年或青少年期,并长期持续发展至成年或终生。"

根据《CCMD—3》的判断症状的标准,人格障碍在个人的内心体验与行为特征(不限于精神障碍发作期),在整体上与文化所期望和所接受的范围明显偏离,且偏离是广泛、稳定和长期的。这种偏离常常开始于童年、青少年期。

由于人格具有整合性和稳定性的特征,所以在确定一个人是否有人格障碍时,除了上述具体的指标外,还要注意两个方面:一是注意不适应的行为模式是否在知觉、情感、思维、意志行动等主要方面形成了一整套症状型模式,例如,冲动型人格障碍,常表现出认知活动不足,理性思维差,情绪冲动强,情绪不稳定,意志薄弱,自制力缺乏等,在知、情、意等方面的特征显示出某种统一性;二是要注意这种行为模式是否有时间和情境上的一致性,只有长期存在的异常行为模式才能作为诊断人格障碍的对象。

按照《CCMD—3》的分类和诊断标准,现将常见的服刑人员的人格障碍类型和诊断标准介绍如下:

(1)偏执性人格障碍。以猜疑和偏执为特点,始于成年早期,男性多于女性。

(2)分裂样人格障碍。以观念、行为和外貌装饰的奇特、情感冷漠,及人际关系明显缺陷为特点,男性略多于女性。

(3)反社会人格障碍。以行为不符合社会规范,经常违法乱纪,对人冷酷无情为特点,男性多于女性。病人往往在童年或少年期(18 岁前)就出现品行问题。成年后(18 岁后)习性不改,主要表现为行为不符合社会规范,甚至违法乱纪。但反社会人格不等于反社会行为,如涉枪、涉毒、涉黑的服刑人员的行为常常带有反社会行为的性质,但他们中的很多人却表现出正常人格。反社会人格者的反社会行为常常不以反社会本身为目的,所作所为都是为了满足自己的欲望,从不顾及他人。

(4)冲动性人格障碍。以情感爆发,伴有明显行为冲动为特征,男性多于女性。

(5)表演性人格障碍。以过分的感情用事或夸张言行吸引他人的注意力为特点，女性服刑人员较多见。

除以上列举的人格障碍的类型外，还有强迫性人格障碍、焦虑性人格障碍、依赖性人格障碍等，但在服刑人员中相对较为少见。除了人格障碍外，服刑人员中还存在习惯与冲动控制障碍，如病理性赌博、病理性纵火、病理性偷窃等，都是指在过分强烈的愿望驱使下，采取某些不当行为的精神障碍。这些行为系社会规范所不容或给自己造成危害，其行为目的仅仅在于获得自我心理的满足。

3. 神经症。[①] 神经症是一种精神障碍，主要表现为持久的心理冲突，病人觉察到或体验到某种冲突并因之而深感痛苦且妨碍心理功能或社会功能，但没有任何可证实的器质性病理基础。据调查，服刑人员中各种类型的神经症均有存在。神经症是一组主要表现为焦虑、抑郁、恐惧、强迫、疑病症状，或神经衰弱症状的精神障碍。判断标准主要依据《CCMD—3》。

4. 拘禁性精神障碍。[②] 拘禁性精神障碍是指服刑人员在拘禁后或服刑期间发生的精神异常。广义上是指服刑人员因受拘禁后的精神刺激或压力而产生的反应性精神障碍、癔症、精神分裂症或抑郁症。狭义上是指因受拘禁后的精神刺激或压力而产生的反应性精神障碍，又称拘禁反应。

广义拘禁性精神障碍包括由拘禁诱发的拘禁性反应性精神病，其症状的表现和性质与一般的癔症、精神分裂症和抑郁症等基本相同，这里不予重点探讨。这里主要探讨狭义拘禁性精神障碍的表现及治疗。

（1）拘禁性情绪反应。拘禁性情绪反应在拘禁性精神障碍中程度较轻，在被拘禁后急性或亚急性起病，也可发生在接到逮捕证或判决书之后。表现以情绪障碍为主，如抑郁、恐惧、紧张等；言语动作减少或坐卧不安、饮食减少、出现睡眠障碍；可能发生轻度意识障碍和心因性幻觉，如表情恍惚、听到亲属的讲话声等；有的还伴有神经症性身体症状，如失眠、疑病等。

此类服刑人员基本保持一定的自知力，知道自己是由于被拘捕后感到“紧张、恐惧”而起病的。经过精神科检查，并无明显的思维逻辑障碍与妄想症状。此类症状多见于轻度或中度精神发育迟滞、人格缺陷、脑外伤或脑动脉硬化者，尤以案情特别重大者常见。

（2）拘禁性反应性抑郁。常在被拘禁后亚急性或慢性起病，表现为不由自主且无法摆脱地追忆往事、哭泣叹息、情绪抑郁、悲伤、虚弱无力等，伴有食

---

① 章恩友主编：《服刑人员心理矫治技术》，中国物价出版社2002年版。

② 何为民主编：《服刑人员矫正心理学》，法律出版社2002年版。

欲减退和睡眠障碍，也可有抑郁性急性发作，如大喊大叫、对自己抓头打脸等，但很少有自责倾向，常把失败或不幸归咎于他人，为自己辩护，常表现出愁眉苦脸、眼泪汪汪、乞求他人怜悯的样子。少数长期患有严重拘禁性反应性抑郁的服刑人员可能会产生自杀念头，并付诸行动，偶尔还会发生带有冲动性的扩大性自杀行为。

(3)拘禁性反应性偏执。在服刑人员被拘禁后急性发病。表现为在焦虑或恐惧性激情背景下产生的被害和关系妄想，以本人的妄想观念评价周围的一切。还可表现为在轻度意识障碍基础上产生的错觉、幻觉。幻觉常常直接反映拘禁现实中的体验，如听到审讯他、判决他的声音，听到亲属的哭泣声，或听到否定他现有境遇的声音。还可出现精神自动综合症、人格解体，非真实感等精神症状。另外服刑人员在暗示和自我暗示作用下还可出现类妄想性幻想症。

(4)拘禁性反应性意识障碍。在被拘禁后突然发病。患者的意识障碍程度不一。有的表现为情感休克，情感反应突然丧失，意识恍惚，目光茫然，表情淡漠，对周围事物及周围人的言行漠不关心，无动于衷，反应迟钝，应答简单缓慢，可伴有无目的的重复动作。有的服刑人员在情感休克解除后转为情感释放的激情状态，表现为兴奋躁动、言语增多、行为紊乱、易冲动等。有的表现为反应性木僵，不言不语，甚至不吃不喝，对外界刺激毫无反应。有的表现为意识朦胧状态，意识水平降低，意识范围狭窄，时间、地点、人物定向不全，常伴有生动的心因性幻觉或梦样体验，表情紧张恐惧，注意力不集中，答非所问，可能发生冲动毁物或向外奔跑等行为，事后常不能回忆。

三、服刑人员心理治疗的形式

(一)个别治疗

个别治疗的理论和方法起源于精神分析方法。在一个受过专业训练的矫正工作者与心理问题的病人之间，建立一种职业上的联系，可以减轻或改善疾病的症状和行为的方式。目前的各种心理治疗，都是以个别治疗为基础的。

对于服刑人员个别治疗一般是以一位矫正工作者和一名服刑人员组成一个治疗单位，一般不需要第三者参与。矫正工作者应在明确诊断的基础上，制定相应的治疗计划和采用一定的治疗方法。这种治疗的主要内容是：从服刑人员的病史出发，广泛收集有关材料，对有疑问和关键性的问题进行复查核实；通过详细的客观分析，采取启发诱导的方法，帮助服刑人员弄清其发病原因和发病机理，在有关方面的配合下，鼓励服刑人员建立信心，加强自我锻炼，克服病态症状，提高适应能力，最后达到痊愈的目的。这种治疗形式主要适用于某些神经症、心因性疾病和性格障碍基础上的精神疾患。他们都需要施行较为系统的心理治疗。

个别心理治疗除经典的精神分析疗法外，还有行为治疗、认知治疗、患者中心治疗、森田疗法等。治疗方法虽然不相同，差异很大，但有下列一些共同的因素：

1. 矫正工作者要能够接受服刑人员的所作所为，不要急于发表自己的意见，不要动辄就做出正常人的判断，这是不恰当的；必须取得服刑人员的完全信赖。

2. 强调语言的交往，鼓励开放和直接的交流；有所顾忌或秘而不宣，对治疗都不利。

3. 双方通力合作，共同制定一个目标，并通过努力，达到这一目标。为了做到这一点，所定的目标必须是具体的，可观察到的。

4. 避免环境和不正常情感的干扰。

5. 个别治疗必须以提高服刑人员的自知力为媒介，从而改善服刑人员的行为。

（二）群体治疗

集体治疗是把具有类似性质或共同问题的服刑人员结合在一起，以群体为治疗方式。实践证明，通过服刑人员相互之间的交流和帮助，能起到矫正工作者不能起到的良好作用。由于群体有较强的感染力，服刑人员在集体中能彼此互相影响，因而较易为服刑人员接受。同时，这种方法可以解决心理治疗的需要量与矫正工作者人力不足的矛盾，增加服刑人员参加社交活动的机会，有利于提高他们的社会适应能力。

参加群体治疗的对象，以病情相似、文化水平较为接近的神经官能症，心因性反应、各种身心疾病或恢复期精神病服刑人员较为适宜。每次人数一般在10～15名左右，多则50人为一组。治疗前，矫正工作者要有充分的准备，要把服刑人员的具体情况摸清、摸透，并找出他们共同存在的问题，作为讨论的中心主题和进行讲解的基础。治疗过程大体分为以下三个阶段：

第一阶段，以讲座为主，要求服刑人员对疾病有正确的认识。

第二阶段，要求服刑人员能结合自身的情况进行分析，找出致病的各种不良因素，讨论改变病态所应具备的态度和方法。

第三阶段，在以上两个阶段取得成效的基础上，以帮助服刑人员增加社会适应能力为主，订出预防复发的措施，合理安排好工作、学习、生活和休息。解除服刑人员的各种思想顾虑，协助处理实际困难。

以上各个阶段不是截然分开的，可以相互交叉，必要时还要运用个别治疗加以配合。

（三）诊所治疗

目前，有很多监狱开设了心理治疗门诊，一些社区矫正机构也设立了心理治疗室或与社会上心理治疗机构建立了支持性协议。这为服刑人员的心理治疗提供了良好的条件。诊所治疗的特点是通过治疗人员和服刑人员的会谈活动，弄清服刑人员的心理问题症结或心理疾病本质，作出准确的病情判断，并施以相应的心理治疗。同时，诊所治疗对治疗人员或矫正工作者有较高的要求，不仅应具有一般的临床知识和经验，而且还要具备比较全面的心理学知识和心理咨询、心理治疗的专门技能。

四、心理治疗在服刑人员个案矫正中的意义

心理治疗技术是个案社会工作方法的基础之一。正由于心理学的发展和心理学不同流派的形成，促使个案社会工作方法发展并由此形成了不同的具体理论和实践模式，如以精神分析理论、人在情境中理论、沟通理论为基础的心理社会治疗模式；以心理危机干预理论为基础的危机干预模式；主要以行为主义理论为基础而形成的行为治疗模式等。心理社会治疗模式、危机干预模式和行为治疗模式，构成了个案工作方法的三大主流模式。除此以外，随着心理学的进一步发展，个案工作方法又先后出了人本治疗、现实治疗、理性情绪治疗、结构家庭治疗和任务中心等不同的模式等。服刑人员个案矫正作为个案社会工作的具体应用领域，必须充分应用现代不同心理学派的理论和技术，实现矫正的技术化，不断提高矫正的质量。由于现代心理学派的繁多，本书将有重点地介绍几种主要的心理治疗技术。矫正工作者在服刑人员个案矫正中，熟练运用心理治疗技术，对服刑人员个案矫正形成开放的多样化的具体实践模式，实现个案矫正的科学化和技术化，从而满足个别化矫正原则的客观要求具有极为重要的意义。同时，心理治疗也是服刑人员个案矫正的介入范式之一。矫正工作者掌握必要的心理治疗技术，才能不断提高自身的介入能力，即矫正服务的能力，不断提高矫正的质量。

第二节　服刑人员个案心理治疗技术

一、强化疗法

（一）服刑人员强化疗法的理论框架

1. 服刑人员强化疗法的概念。服刑人员心理强化治疗是系统地运用强化手段去增进服刑人员某些适应性行为，减弱或消除某些不适应行为的方法。

强化的方法是建立在操作性条件作用的原理之上的。它认为某一行为若得到奖赏，那么以后这个行为重复出现的频率就会增加；反之，得不到奖赏的行为出现的次数就可能会减少。在强化的时间间隔方面也遵循操作性条件作用原理。

2. 强化的类型。强化有下面四种类型：

一是正强化。为了能建立一个适应性的行为模式，运用奖励的方式，给予一个好刺激，使这种行为模式重复出现，保持下来。

二是负强化。为引发所希望的行为出现，当所禁止的行为出现时，就进行指责，一旦所禁止的行为消失，立即停止指责和批评，达到去掉一个不良行为模式的目的。

三是正惩罚。施加一个坏刺激，就是当不适应的行为出现时给予处罚。处罚往往是给服刑人员一种感到不快的刺激，如批评、扣分、处罚等。这种惩罚必须要使服刑人员明白，受惩罚的原因和意义，以及适应的时间。

四是负惩罚。就是指去掉一个好刺激。这种惩罚比之正惩罚更为常用。即不适当行为出现时，不再给予原有的奖励，比如积极矫正的服刑人员可以被评选为矫正积极分子，但是对于不合格的矫正积极分子，下次落选。

（二）服刑人员强化疗法的具体方法

无论是哪种类型的强化，其具体方法包括以下几种：

1. 行为塑造法。行为塑造，就是在个体已有的行为方式的基础之上去建立新的行为方式。因为个体每一个动作都在数量和质量两个维度上发生变化。一个声音可以有音调和响度上的变化，一个动作可以有方向、方式、力量或持续时间上的变化。矫正工作者对服刑人员的行为塑造，就是要通过选择一个已经存在的反应中的某个变量，对朝向期望方向的变化给予强化，建立起新的行为反应。它由一系列的选择性奖励和消退程序组成。

在行为塑造方法的应用中，要注意制定适当的目标，比如，要塑造服刑人员什么行为，每一步应怎么做，且每一步都制定出可以给予强化的标准。但这一标准要适当，不可过高或过低。另外，要有意构造利于服刑人员出现此行为的环境。同时，对服刑人员行为塑造时还应注意以下几点：

（1）从观察开始，找出服刑人员经常出现的行为反应，寻找这种行为反应的前因和后果，注意可利用的反应的类型和持续时间等变量。

（2）根据观察到的资料，考虑塑造的最终行为目标是否能从服刑人员现有的行为反应中衍生出来。如果答案是肯定的，那么就要考虑朝向最终目标的第一步是什么。

(3)确定出达到第一步的评估标准。在确定标准时,可以将行为反应分为通过和没有通过两个标准。

(4)改变环境条件使服刑人员有表现被期望的反应的最大可能性。如果被期望的反应涉及其他的矫正工作者或管理者,在进行行为塑造时,应该有他们在场。

(5)强化那些通过的行为反应,不强化那些没有通过的行为反应。使用的强化物,对服刑人员来说,应该是最强有力的。

(6)不断地改变中间过程的行为目标,使其接近最终的行为目标。如果一个中间行为目标经过反复强化,总也不能满足通过的标准,就应该考虑适当降低达到这个中间行为目标的难度。

(7)在塑造过程中,应该注意使用言语、姿势和手势等作为线索。

2. 代币管制法。代币管制法是一种利用强化原理促进更多的适应性行为出现的方法。该法适用于治疗监狱环境条件下的矫正服刑人员的不良行为习惯,并建立良好行为反应。这种疗法是使用有形的可以得到的实物奖励的正强化方式之一。代币指的是可以在某一范围内兑换为物品或利益的证券。它可以有许多形式,如小红旗、小铁牌、本子上的记录、奖励分票、亲情电话或特优会见优待券等。矫正工作者用代币作为奖赏物,强化期望的行为,服刑人员可以用挣得的代币在指定的地点换取自己所需的物品或可享受特定的处遇,或者得到某种奖励。

3. 正强化的方法。正强化的方法指的是对某一个行为给予奖赏,以增加该行为发生的可能性。具有奖赏效用的强化物称为正性强化物。在监狱、社区矫正环境中,如食物、钱、支配性、赞扬、感情、减刑、奖励处遇分等,都可以成为正性强化物。在运用过程中,矫正工作者可根据服刑人员的具体情况,用服刑人员个体的高频率行为强化他的低频率行为,使低频率行为的发生次数增加。

在行为的形式上,正强化技术的效用是显而易见的。从斯金纳箱子里的鸽子的啄食反应,到人类生活中最复杂的行为,无不如此。在矫正过程中,不难见到这样的情况:有些服刑人员盗窃成癖,当个人欲望不能满足时,就采取盗窃这一非法手段,即使在监狱环境条件下,也难以改变。如果想改变服刑人员的这种习惯,就对该服刑人员制订一系列的要求,若服刑人员达到某一要求,就给予一定的奖励,如此反复,对新的行为给予持久的奖赏,就会逐步取代旧行为。当然,还必须做到,该服刑人员的旧行为必须得到抑制,若出现必须给予惩罚。

在使用正强化的方法时，应注意以下几点：

(1)被强化的行为应该先出现。

(2)强化要适宜。给服刑人员某些强化时，要注意这种强化物的影响，要能够起到所希望的强化作用。

(3)强化要及时、一致。越及时越好。强化的意义要明确。只有及时、一致的强化，才能发挥强化的最大作用。

(4)在建立行为阶段，应该对期望行为的每一次出现给予强化。

(5)在反应形成阶段，应该采取间隔或部分强化程序。

(6)对一种行为有强化作用的刺激，对另一种行为没有强化作用。

(7)强化的标准要逐渐增高，强化的次数要逐渐减少。当服刑人员的适应性行为稳定地出现时，即可逐渐减少正强化的次数，或只在其又有进步时才予以强化。

另外，强化亦可由实物渐次变为言语，先采用效果明显的强化物，再逐步改为言语的强化。

4. 消退的方法。消退的方法是指对不适应的行为不予注意，停止对该行为的强化，从而使该行为渐渐消失的治疗方法。利用消退方法的假设是：注意是一种强化，许多不良行为是由于受到了注意而加强的，因此，要消除该行为，只要在该行为出现时不再给予注意，就可能使该行为消退。

使用消退方法应把握以下要点：

在消退不良行为的同时，矫正工作者应注意强化服刑人员的好的行为；

消除掉的刺激应该是对服刑人员有强化作用的；

在消退的开始阶段，不良行为可能会更多地出现，以便引起关注，但一定要坚持下去，最终会有效果；

对服刑人员的自我伤害行为或攻击性行为，不宜采用消退的方法，因为消退往往是需要很长的时间。

二、厌恶疗法

(一)厌恶疗法的理论框架

1. 厌恶疗法的概念。厌恶疗法就是用一种惩罚性的厌恶性刺激通过直接作用或间接想像，来消除或减少一种不合意行为的方法。

2. 厌恶疗法的适应症。厌恶疗法常用于治疗酒癖、性行为变态、强迫观念、吸毒、过度吸烟、赌博、犯罪行为等与行为过剩有关的行为矫正。通过对服刑人员的条件训练，使其形成一种新的条件行为，以此消除服刑人员的不良或过度行为。在治疗时，厌恶性刺激应该达到足够强度。通过刺激确能使服刑人员产生痛苦或厌恶性反应。治疗持续的时间应为直到不良行为消失为止。如对强迫观念的服刑人员用拉弹橡皮圈的方法治疗，在头几天，当强迫观念出现时，要其接连拉弹 30 ~ 50 次，才能使症状消失。另外要求服刑人员要有信心，主动配合治疗。当治疗有进步时，要及时鼓励，必要时最好获得服刑人员家人或志愿者的配合。

3. 厌恶疗法的一般原理。厌恶疗法是将某种不愉快的刺激与对服刑人员有吸引力的不受社会欢迎的行为活动联系起来，使得服刑人员最终因感到厌恶而放弃这种不受社会欢迎的行为。例如，酗酒者保持大量的喝酒的习惯，因为酒精的作用能为他带来暂时的愉快。通常的社会化过程对酗酒者来说，不能使他形成有节制的饮酒行为，这就需要特别帮助。对此，可以对他使用呕吐药剂，如服用吐酒石，注射缩水吗啡、吐根碱等。在他即将出现恶心反应时，让他饮酒。如此每日进行 7 ~ 10 次，直到他在没有使用药物的情况下，见到酒也出现恶心反应为止，即形成了对酒的厌恶情绪反应。

（二）常见的厌恶疗法

在行为治疗中，常见的厌恶刺激可分为三种类型：物理刺激、化学刺激和想像中的厌恶刺激。如，电击是一种物理厌恶刺激，药物是化学厌恶刺激。

1. 电击厌恶疗法。电击作为厌恶刺激曾被广泛应用于动物实验中，在临床上也有应用。电击厌恶疗法十分简单，也容易控制产生厌恶反应的精确时间和程度。这一技术可被用于治疗服刑人员中的性变态、酗酒、过度吸烟以及一些神经症症状。

这种方法具体是：

（1）在心理咨询和治疗室，让服刑人员想像某一情境，如开始饮酒。当服刑人员想像清楚这一行为时，抬食指向矫正工作者示意。矫正工作者立即对服刑人员施以电击。然后休息几分钟，再进行第二次。每次治疗的时间为 20 ~ 30分钟，在此期间内反复进行，治疗的次数可以从每日 6 次到每两个星期一次，视具体情况而定。使用中，对服刑人员施加的电击强度须能引起足够的疼痛，但应该是服刑人员能够忍受的。因此，需要根据服刑人员和治疗情况的进展，在治疗前和治疗中，随时调节电击强度。应让服刑人员自己选择决定电击的强度。

（2）在条件许可的情况下，可让服刑人员把电击装置带回监房或家中，让他们在实际情境中自己电击自己。这是因为有的行为，服刑人员在矫正工作者面前进行想像不易做到，如手淫。在监舍或家中，服刑人员可以在独自一个人的情况下想像手淫，自己产生手淫念头，并立即自己电击自己，直到自己对手淫的念头产生厌恶感为止。

2. 药物厌恶疗法。药物厌恶疗法多用于矫正与吃有关的行为障碍。比如,用药物厌恶疗法治疗酗酒的服刑人员,是先让服刑人员服用呕吐药物,如吐根碱等,然后,让其饮酒。这样治疗 7～10 天后,矫正工作者可以为他们提供含有酒精的饮料,以检查治疗的效果。治疗效果好的话,闻到含有酒精的饮料,服刑人员便产生恶心的感觉。在一项关于用药物厌恶技术治疗酒精中毒者的研究报告中,研究者发现,4096 名接受了治疗的病人中,38% 治疗后戒酒达 5 年以上,23% 戒酒达 10 年以上。然而,这种方法需要占去矫正工作者大量的时间,同时由于呕吐反应容易形成对食物的条件反射,因而在实践中应当慎用。

3. 想像厌恶疗法。想像厌恶疗法,也叫内在敏感训练,是指由矫正工作者口头描述的某些厌恶情绪与服刑人员想像中的刺激联系在一起。该种方法可以在服刑人员的日常矫正中加以应用,帮助服刑人员摆脱一些心理上的烦恼。例如,某些服刑人员在其入狱、或接受矫正后,妻子离婚了,或者移情别恋,精神十分低落,内心感到痛苦,不能摆脱感情的苦恼。矫正工作者就可使用内在敏感训练,帮助这些服刑人员形成对妻子的一种条件反射式的反感或厌恶,抑制该服刑人员的妻子对他的吸引力,使这些服刑人员从痛苦中解脱出来。

(三)使用厌恶疗法应注意的问题

厌恶疗法基于它自身所采取的手段和方式,会给服刑人员带来非常不愉快的体验,甚至会产生其他副作用。因此,在决定采用此方法之前,务必向服刑人员解释清楚,在征得服刑人员同意的前提下,方可采用。矫正工作者一般应把厌恶疗法作为最后一种选择,也就是说,在运用其他方法进行治疗不成功之后,或者其他方法不能进行的时候才能运用。同时,在使用厌恶疗法时,应努力帮助服刑人员建立辨别性条件反应,在克服或消除某一不良行为时,不能影响或阻碍相关的良性行为或社会适应性行为。

三、自信训练法

(一)自信训练法的基本理论框架

1. 自信训练的内涵。在矫正过程中,服刑人员与服刑人员之间、服刑人员与矫正工作者、服刑人员与管理工作者之间,在正常的交往上,往往存在着人际关系障碍。有些服刑人员在这种障碍影响下,不敢甚至于害怕与其他服刑人员或矫正工作者、管理工作者交往,害怕自己对事件的反应或者言谈举止,会使其他服刑人员或矫正工作者、管理工作者不悦甚至反感。为此,这些服刑人员会害怕交往,反之,如果采取取悦其他服刑人员或矫正工作者、管理工作者的方法满足自己交往的需要，又感到非常的痛苦。这种内在矛盾冲突，会使服刑人员产生心理障碍甚至心理疾病。行为主义的治疗理论认为：如果一个人有这种矛盾的体验，并影响到自己的生活，他就应该接受自信训练。所谓自信训练，就是由矫正工作者扮演服刑人员不敢接触的人，引导服刑人员对矫正工作者发表意见，把长期压抑的情感、态度和想法，不论是肯定的还是否定的都表达出来，以达到心理平衡。通过这种训练，可以使病人成为有自信心的人，并习得良好的人际反应。①

2. 自信训练法适应症症状。这种方法可以帮助有交往障碍的服刑人员正确地和适当地与他人进行交往，表达自己的情绪、情感。在服刑人员矫正活动中，尤其适用于那些不能表达自己愤怒情绪或者苦闷心情的服刑人员，以及那些很难表达自己积极情感的服刑人员。

3. 服刑人员缺乏自信的表现形式。在矫治实践中，这类服刑人员常见的缺乏自信的表现形式，具体有下几个方面：

(1)觉得自己在服刑中受到了不公正的对待，但又不敢说出自己的意见，不敢为自己说话。

(2)在常态情况下，应该对那些影响他本人或其家人的生活事件做出强烈反应时，不能做出反应，或者做出反应十分困难。

(3)对那些认为在他生活中十分重要的人物需要表达自己的思想情感时表达不成。

(4)认为完全应该与矫正工作者、管理工作者交流一下自己的思想，但又害怕见到矫正工作者或管理者，或者在矫正工作者、管理工作者面前很难或表达不出自己的真实意思。

(5)在他人面前，不敢表达自己的意见。

(二)自信训练的步骤

在矫正实践中，要根据服刑人员的实际情况，决定是否采用自信训练法。矫正工作者要认真观察了解服刑人员是如何与别人进行交往的，交往的频率和方式，以及在交往中所表现出来的焦虑水平，如不适应的面部表情，僵硬的姿势，避免眼睛接触、说话吞吞吐吐，不适当的声调，长时间的沉默不语，不能保持与别人谈话的适当距离等。一旦确认对服刑人员需要进行自信训练，应依照下列步骤循序进行：

1. 确认需要进行自信训练的问题。这一步骤在服刑人员诊断中应该予以

---

① 孙非、金榜主编：《社会心理学词典》，农村读物出版社 1998 年版，第 149 页。

查明。矫正工作者可对服刑人员的个人生活史作详细了解,并对他们进行自信行为合理性教育,尤其对那些自信行为在道德上的合适性表示怀疑的服刑人员。

2. 明确自信训练的动机。自信训练有时涉及服刑人员对于某种事物的态度与看法,所以就需要帮助他们认清自信训练的意义。比如,有些服刑人员由于长期的服刑生活,出现了监狱化,形成了“监狱人格”,因此很难对错误的事情,以及其他服刑人员不适当的要求加以否定,正确地表达自己的观点,发挥自身的主观能动性,并由此而感到不快,认为持否定意见或拒绝就是自己太自私。在这种情况下就需要帮助他们澄清:自私的含义是只顾自己不顾别人的利益,而自信性行为并非不考虑他人的利益。自信行为是在别人提出过分要求时进行拒绝,或当感到自己做不到或者不应该做某事时,才予以否定。

3. 将适当的行为加以明确界定。这一步是与服刑人员共同查明出现问题的领域中的适宜行为。在这一阶段要鼓励服刑人员注意观察他人的有效行为。矫正工作者亦可作为客观的观察者,把自己对服刑人员行为的感想反馈给他。

4. 自信行为的训练阶段。在这一阶段的训练中,可采用角色扮演的方法,使服刑人员在这一过程中主动模仿学习新的行为方式。同时,矫正工作者不仅要帮助服刑人员学会用言语表达自己的感情,而且也要让服刑人员注意视线的接触、身体语言、面部表情的作用,并帮助服刑人员学习非言语的表达方式。矫正工作者可从以下几个方面具体着手:①

(1)与服刑人员共同讨论,得出服刑人员表现自信行为感到困难的情景。这些情景或许有若干个,根据服刑人员的害怕程度将它们排列成等级,就像系统脱敏训练中的恐怖事件层次一样,并且,情景的描述力争做到栩栩如生。

(2)与服刑人员一起,通过角色扮演、模仿和指导,按排列出的情景逐一练习,从害怕程度最轻的情景开始,到对服刑人员在诸如面部表情、姿势、手臂运动、语调、眼睛接触等方面的进步给予强化。

(3)在完成上述阶段后,服刑人员感到掌握了在某些情景中表现的自信行为。矫正工作者应和服刑人员一起讨论在这些情景中一些其他的可能需要的自信行为。

(4)让服刑人员在实际生活中运用学到的自信行为与自信陈述,以便对付所遇到的问题。这一步是比较困难的,要鼓励服刑人员大胆去做,而且最好

① 钱铭怡主编:《心理咨询》,光明日报出版社1989年版。

把自己的行为体验和别人的反应记录下来。这样做可以帮助矫正工作者发现以往不曾考虑到的问题，以便及时解决。

(5)与服刑人员一起讨论在实际生活中表现自信行为时遇到的问题，提出解决的方法。对服刑人员的进步给予强化，鼓励服刑人员继续实践，并记录下体验。

(三)运用自信训练法应注意的问题

在自信训练中，要坚持引导服刑人员学会在适合的场所运用自信，并且以一定不会给服刑人员带来某种消极的后果为原则。同时，还应该注意以下的问题：

1. 不要强迫服刑人员表现出自信行为。对服刑人员任何强制往往适得其反，会使服刑人员变得更懦弱，更不自信。与系统脱敏一样，自信训练应在能够促进学习和成长的治疗气氛中进行。同时，对服刑人员朝向自信行为的变化应给予必要的正性强化，慢慢地一步一步地引导服刑人员表现出所希望的自信行为，并且要允许其有足够长的时间，让这种变化得以实现。因此，自信训练的次数，每周最好不要超过两次。

2. 在进行训练之前，应该向服刑人员解释使用自信训练法的目的。例如，应该向服刑人员澄清：这一技术背后的假设是不自信的行为是习得的，而自信的心理品质会削弱由于习惯而形成的焦虑反应，并对自己适当的行为方式感到满意。

3. 在自信训练开始时，应选择那些对服刑人员不会产生任何恶性后果的情景进行。同时给服刑人员的行为予以强化。在服刑人员进行练习时，还应与他事先讨论可能出现的其他情况，预计出相对应的行为。

4. 自信行为一般不会给服刑人员带来什么不良后果，但是，也会出现有些服刑人员产生不愿接受自信训练的行为。如果遇到这种情况，应考虑使用系统脱敏技术去帮助服刑人员在有关情境中变得轻松一些，还可以先使用想像性自信行为技术，即让服刑人员想像自己在某种情境中做出自信行为表现，并对这种想像行为给予自我强化。

5. 应注意对服刑人员进行多方面的自信训练。因为学会了一种人际交往方面的自信表现，并不能保证服刑人员在其他人际交往方面也表现出自信行为。

6. 在自信训练中，需要与服刑人员共同考虑的另一个因素是服刑人员的生活环境，主要是指那些与服刑人员打交道的其他服刑人员、家庭成员、管理工作者等。例如服刑人员周围的人都蛮不讲理，报复心强，那么服刑人员一定坚持自信就会给他带来更大的麻烦。

四、行为功能分析法

（一）行为功能分析法的理论框架

1. 行为功能分析的概念和理论依据。行为功能分析，也称为功能分析或行为分析。它是在对服刑人员实施行为治疗前对环境和服刑人员本身影响或控制问题行为的因素作以系统分析。它的主要理论依据是行为治疗理论的基本假设：①

（1）人的行为，不管是适应性或非适应性的，都是经过学习而获得的，并由于强化而得以巩固。一般说来，当某一行为的结果不再具有社会适应性时，该行为就会减弱、消退。有些行为则不同，它们在丧失了适应性后仍不消退。这就需借助帮助来加以改变。

（2）通过奖赏或惩罚的强化方式，可以控制行为增减或改变方向。个体可以通过学习消除那些习得的不适应行为，也可以通过学习获得缺少的适应性行为。

由此可见，服刑人员的行为缺陷或不足，是能够通过学习程序来补偿的，行为过剩也是能够通过学习程序来消除。但是，在对服刑人员的问题行为治疗之前，需要对服刑人员的问题行为进行具体细致的调查研究，由此做到对症下药。行为功能分析就是这样一个调查研究的过程。

2. 行为功能分析的一般内容。行为功能分析是一个收集和分析有关服刑人员各种信息的过程。这些信息将被用来指导制定对服刑人员的治疗措施，选择评估手段以及如何进行实际治疗。矫正工作者对服刑人员实施行为治疗的目的在于消除服刑人员的问题行为本身。因此，在行为功能分析的过程中，矫正工作者的主要注意力应放在那些使得引起服刑人员犯罪的问题行为，或不适应的行为上。矫正工作者应该了解和掌握的问题是：服刑人员的这个行为障碍是后天习得的，还是由于其他原因产生的。如果服刑人员病态的行为模式是由于诸如躯体的损伤等生理学上或者器官上的原因造成的，则应该使用生理学的治疗手段，而不是行为治疗。但是，对有些服刑人员因慢性疾病所产生的不良行为习惯的治疗，仍然属于行为治疗的范围。

在矫正过程中，需要行为治疗帮助的大多数服刑人员，是由于他们受到各式各样的神经症的干扰。焦虑状态常常是这些服刑人员的最基本的问题。其中，最突出的问题是刑期焦虑、适应焦虑、拘禁反应、具体事件焦虑等。所以，

---

① 乐国安：《咨询心理学》，南开大学出版社 2002 年版，第 250 页。

行为功能分析应注意围绕引起服刑人员焦虑的因素进行。同时,由于环境可以影响行为,行为反过来可以影响环境,服刑人员的行为后果与引起行为产生的先行环境因素都应该受到足够的重视。

一般地说,行为功能分析包括以下七个方面的内容①:

(1)对问题行为的初步分析。行为功能分析最重要的是决定服刑人员的问题行为表现时的具体条件。服刑人员的问题行为是过剩的还是缺乏的?他表现正常行为的能力如何?在其储备库里,拥有多少行为资产?当然,服刑人员有时可能表现出行为的过剩,有时表现出行为的缺乏,或在表现出行为过剩的同时,又表现出行为的缺乏。在这种情况下,矫正工作者的注意力应集中在其中的基本问题上。

实际上,对大多数问题行为的治疗都涉及建立"新"的行为和消除服刑人员已有的不良行为。在矫正实践中,许多问卷可以被用于探查服刑人员的行为缺陷。

(2)对问题行为出现的情境分析。这一分析包括解释问题行为出现的频率、强度、持续的时间,以及什么因素左右它的出现等方面。例如,服刑人员表现出强迫手淫的仪式性行为,确定这种行为出现的条件是十分重要的。矫正工作者必须弄明白,在强迫手淫出现前,或出现的同时,存在着什么特殊的可见或不可见的刺激;在某种情境下,强迫手淫的次数是增多还是减少。当然,强迫手淫的行为可能有减轻服刑人员焦虑的作用,矫正工作者应留心它是否还会受到其他的强化。

如果认为服刑人员的问题是由于行为缺乏造成的,矫正工作者就应该找出那些所缺乏的具体的行为环节。只有这样,治疗才有希望成功。此外,这种行为缺乏的普遍性的程度也是不可遗漏的。正如前面所说的在探查服刑人员的行为资产时,还应评估他的才能,如服刑人员的智力和特殊能力;也可以评估一下服刑人员的兴趣,因为这些因素可能在治疗中被作为对服刑人员的奖赏因素而使用。

(3)分析动机。为维护某一行为,行为者的动机是非常重要的因素。如果需要在服刑人员身上建立新反应,了解对服刑人员有着强化作用的事物或活动,才能用它们作为奖赏去强化服刑人员发展和形成的新反应。因此,行为功能分析的一个重要的部分就是评估在服刑人员眼中那些讨厌的或愉快的刺激。

---

① 钱铭怡主编:《心理咨询》,光明日报出版社 1989 年版。

(4)注意行为的发展变化因素。服刑人员行为的表现会受到一些发展因素的影响或限制,如疾病、吃药、成熟、内分泌、所处的社会环境的改变等。在对服刑人员治疗的过程中应该了解诸如此类的因素是否存在,小时候是否患过什么疾病或受过什么损伤,他持有的态度是否与他所处的社会文化环境一致。在行为分析时应检查服刑人员的行为与社会常规之间的一致性程度,以及是否缺乏一致性。

(5)服刑人员的自我控制。评估服刑人员的自我控制,是指检查服刑人员曾经对控制自己的问题行为所做的努力,以及这种努力的效果如何。例如,服刑人员中有些人因参加社区义务劳动不适应而焦虑,产生睡眠障碍,被睡眠问题困扰,采取练气功等方式,试图克服睡眠障碍,这就是该服刑人员对自己控制所做的努力。

(6)服刑人员和其他服刑人员以及管理工作者对问题行为的态度。服刑人员、其他服刑人员及管理工作者的态度对问题行为的维持起着重要作用。例如,服刑人员的行为在服刑人员群体中能否得到认同,直接影响着该行为的助长或抑制。

(7)客观存在的物理环境。对物理环境评估的目的是确定物理环境中那些影响服刑人员行为表现的具体细节。服刑人员的心理障碍或心理疾病,在其所处客观环境上不同于一般患者,在监狱、社区的特定矫正环境中,具有不同于社会环境的方方面面。因此,在对服刑人员进行矫正时,必须重视矫正的特定环境影响。

3.需要矫治的目标行为的确立及其影响。服刑人员的非适应性行为往往十分复杂,其中有主要的,也有次要的;有"原发性"的,还有"继发性"的。[1]因此,在行为治疗中,通过初步的行为功能分析,矫正工作者必须确定出整个治疗过程或各个治疗阶段中需要加以改变的服刑人员的问题行为中的具体目标。这些目标行为被称为靶行为。从行为治疗的观点来看,靶行为是一个因变量,随着其他自变量的变化而变化。因此,在确定靶行为之后,矫正工作者的任务便是发现那些能够有效地"操纵"靶行为的潜在因素,然后通过观察、检查,记录下服刑人员非适应性行为的严重程度与出现的频度,并列出治疗前症状表现的基线,作为矫治时的对照指标。

在确定应该加以操纵的行为变量时,可以从下列变量中进行选择:

(1)靶行为或问题行为本身。

---

① 温泉润主编:《矫正人生——心理治疗学》,山东教育出版社1992年版。

(2)靶行为的先行刺激变量,这一变量诱发了靶行为或为靶行为的出现创造了条件。

(3)靶行为所带来的后果,包括其他服刑人员、管理工作者对靶行为的反应。

(4)服刑人员心理上或生理上的变量。

在临床上,上述四种类型的变量难以截然分开。以下逐一进行分析。

靶行为。在考虑服刑人员的靶行为时,应该切记米谢尔的揭示:“在行为功能分析中,重点应放在一个人在某一情境中究竟做什么上,而不是放在对他的总体性的态度的推测上。”也就是说,对服刑人员行为反应的评估应集中在他的问题行为中与情境有关的细节上,包括持续的时间、强度、频率和广泛性等方面的信息。与情境有关的行为也就是靶行为,有时也称之为情境特异性行为。在分析靶行为时,要注意区分反应性行为或操作性行为。反应性行为包括焦虑、抑郁、气恼、性兴奋等情绪性反应,这些反应的后果在维持靶行为中起的作用不大。相反,操作性行为的后果在维持靶行为中扮演着重要的角色。行为治疗中有专门的技术是用于对付这类行为问题的。

靶行为的先行刺激。在服刑人员的心理治疗中,特定的矫正环境是决定其行为的一个重要因素。在考虑靶行为的先行刺激时,应该区别那些诱发非适应的情绪或自主神经系统的反应的刺激和那些诱发非适应的操作性行为的刺激,在对付诸如焦虑和抑郁那样的非适应性的情绪反应时,依据的假设是:某种外界刺激诱发着服刑人员的情绪反应。必须承认:在有的时候,要确定服刑人员生活中诱发他情绪反应的环境因素是极为困难的。有的服刑人员说,他们在任何时候都感到焦虑,或者总是处于抑郁状态。在这种情况下,由于服刑人员的情绪反应太突出,他们不能准确的指出这种情绪反应的先行刺激条件。有些服刑人员能够指出诱发他的情绪反应的一般情境条件,如高墙、电网、严格的管理、社会的否定性评价等。尽管这些描述粗糙但能简化矫正工作者对问题行为的评估任务,对诱发情绪不适应的情境做进一步具体化的分析,是十分重要的。在分析给予产生不良的操作性行为创造条件的刺激时,必须收集有关的情境的真实性质的详细信息,如时间、地点和频率。米谢尔曾令人信服地指出:一个人的反应,不论是变态的,还是正常的,都极大地受到该行为发生于其中的情境的具体性质的影响。因此,正如矫正工作者对诱发不适情绪的情境要做具体分析一样,应该仔细地分析诱导服刑人员不良的操作性行为的环境刺激识别。

靶行为的后果。人们日常生活中的大多数行为,不论是适应性行为,还是不适应性行为，很大程度上是被它们带来的结果所维持的。在考虑某种行为的结果是否会给行为者带来“好处”时，该行为后果的出现时间是一个重要的因素。有时行为后果对行为者会有眼前的好处，但从长远看来，行为者的利益会受到损害。这种现象被称为“神经症悖论”。例如，服刑人员在狱内的盗窃行为、抗改行为、变态行为等就是这样。对靶行为有强化作用的一个常见的正强化物是服刑人员矫正中的矫正工作者对服刑人员行为的反应，赞同和表扬都属于这类的强化。在某种情况下，简单的注意也可以成为很有分量的强化。除了强化的内容和产生的时间外，强化的频率也是一个很重要因素，研究表明，在患抑郁症的服刑人员的生活情境中，他们所得到的正强化比没有抑郁情绪的服刑人员要少得多。

心理上或生理上的变量。环境因素对行为的决定作用固然重要，但是，也必须重视认知因素对服刑人员行为的影响，否则，会严重的限制矫正工作者理解和处理各种行为问题的能力。毫无疑问，服刑人员的态度、信念和期望，常常会随着外在行为的改变而发生变化。但是，有时服刑人员个体的心理变量本身就应该成为治疗的目标。在影响服刑人员的心理变量中，服刑人员对某种情境的期望应该引起矫正工作者予以足够的重视。这是因为，人对事件的分类或命名会极大地影响他们在那些情境中的情绪反应，同时，人们对自己行为反应的理解或命名也会带来问题。另一个重要的认识变量是个人为自己规定的成就标准。有时，尽管服刑人员所达到的成就或表现出的工作能力符合社会标准，但他本人却可能认为自己的成就或工作表现远不如他人或低于社会标准，因而出现心理障碍。在这种情况下，服刑人员的标准是不符合实际的，需要加以改变。在评估服刑人员心理变量的同时，也应该注意是否存在着与服刑人员不良行为有关的生理变量，例如，某种药物的直接或间接的影响，服刑人员的总体能量水平、疲劳的程度等。

（二）行为功能分析法应用过程中应当注意的问题

1. 注意特定的矫正环境。对服刑人员的心理治疗的进度要适当、有序。进度过快，不易使服刑人员适应，易产生各种各样的治疗阻力，欲速则不达。进度太慢，则不易有效地剔除不良行为，或者强化某一行为。

2. 在给服刑人员实施行为治疗的过程中，应结合监狱或社区矫正的整体工作，给服刑人员适当的奖惩。这是因为：奖惩可以向服刑人员传递一种能够刺激其产生兴奋的信息，从而影响他们的心理与行为。奖励是服刑人员心理发展的诱发剂和强化剂，促发服刑人员的感情，诱发其动机，引导其心理活动沿着期望的方向发展。惩罚，则能够向服刑人员传递一种刺激性抑制作用的信息，改变他们固有的、为社会所否认的一些情绪和情感体验，并进一步摒弃不良的心理品质和行为。

3. 应依据每一个服刑人员的实际情况，确定适当的治疗目标，避免无的放矢或诊断有误的情况。无论是监狱矫正，还时社区矫正，均是在一个特定的环境中对服刑人员所进行的矫正。因此，在对服刑人员进行诊断或治疗时，必须充分考虑每个服刑人员的具体情况，且忌照抄硬搬以往的经验模式。

4. 注意培养服刑人员的动机。任何一个服刑人员行为时，都具有自身行为的动机，并基于自身的复杂性，动机也就具有了多样性的特征。因此，注意培养服刑人员的良好动机，有利于行为治疗的有效实施和获得预期效果。

五、模仿学习法

（一）模仿学习法的理论框架

1. 模仿学习的概念。模仿学习，又叫观察学习，是现代社会学习理论的基础之一。行为治疗中的许多学习理论认为，个体在习得行为的过程中并未直接得到过强化。因此，学习的产生是通过模仿过程而获得的。也就是说，一个人通过观察另一个人的行为反应而学习了某种特殊的反应方式。

2. 模仿学习的原理。有研究者认为，人类的大多数行为都是通过观察学会的，并且这一观点已被心理学的研究成果所证实。在模仿学习的有关理论中，班都拉的研究成果最为突出。他认为，模仿学习可以在既没有模型也没有奖励的情况下发生。个体仅通过观察其他人的行为反应就可以达到模仿学习的目的。同时，班都拉也同样重视强化的作用。他指出，虽然个体可通过简单的观察学会某些行为，但为使个体运用这些行为，就必须运用强化手段。

（二）模仿学习法的运用

1. 模仿学习的过程。班都拉曾对社会模仿学习进行分析，将其分为下述四个过程：

（1）注意的过程。人们要向某个模型学习，就必须集中注意力，准确地感知对方的行为。注意过程一方面与要模仿的对象有关，如其行为的有效性、特点及行为价值等；另一方面与观察者本人的特点有关，如其感知的能力、唤醒水平、感知习惯和过去所受过的强化的情况等。

（2）保持的过程。人们为了有效地进行模仿学习，必须能记得所要模仿的行为。这包括了对象和信息的双重存储，通常要利用言语进行编码。保持的目的是能够重新提取出来并付诸行动。

（3）运动的再现过程。在某些阶段，对所要模仿的行为，其言语信息的呈现，需要有一个把它们翻译为有效的行为的过程。影响这一过程的因素有：观察者的生理能力,其反应是否已包括了必要的反应成分在内,以及在尝试采用新的行为时是否具有正确的调适能力。

(4)动机建立过程。学习和操作性行为的一个重要区别,是在从事他们所学来的行为时是否具有明显的动机。观察者在下列情况下更愿意采用他们通过模仿习得的行为:

第一,可以得到内部的奖励;

第二,内心认为是值得的;

第三,已经见到过这种行为给模型带来过好处。

上述四个过程被认为是社会模仿学习必备的过程。

2. 服刑人员模仿学习应注意的因素。在对服刑人员运用模仿学习时,应注意以下因素:

(1)被模仿人的特征。服刑人员对其他服刑人员、管理工作者或其他人员的模仿,首先要考虑的是对方的特征,其中包括双方的相似性,服刑人员要模仿的对方,必须是在态度、信念、价值观和追求目标上大体相似,能一见如故互相吸引。

(2)服刑人员自身的特征。服刑人员如果具有依赖性、从属性、安全感等特征,就会更倾向于模仿他人的行为,模仿学习也就更容易发生。同时,服刑人员自身的心理需要特征,是促使服刑人员是否模仿他人的内在动力。比如,服刑人员的补偿性需要,也极易引发服刑人员的模仿行为。犯罪心理学研究认为,当服刑人员个体处于欲求不满状态,而挫折和焦虑又超过自身耐受力时,对能够适应和满足他们特殊性需要的群体,就会产生渴求和向往。

(3)服刑人员的参与程度。如果服刑人员对被模仿对象的模仿是主动的,那么效果就非常明显,对他影响就非常大。

提倡模仿学习观点的社会学习理论者认为:人们的大量行为都是通过模仿而习得的。事实证明,服刑人员的不良行为也常常是通过这一渠道而形成的。因此,模仿既能够有助于服刑人员学会很多重要的正向行为,也可能在他习得变态行为方面起一定的消极作用。

3. 模仿学习的方式。模仿学习通常采用三种方式:看电影或电视录像;听录音;由矫正工作者做示范。模仿学习的方式不仅被用于治疗与焦虑情绪有关的行为问题,而且也被用于治疗许多类型的行为障碍,如服刑人员中存在的恐怖症、拘禁反应、强迫症、环境不适应行为等。事实上,在行为治疗的许多方法中,都含有模仿学习的成分。如系统脱敏法中,矫正工作者与服刑人员一起去使服刑人员感到恐惧的场所,此时,矫正工作者的言行对服刑人员来说即具有模型的示范作用。在自信训练等方法中亦包括有模仿学习的成分。

模仿学习又分为被动的学习和主动的学习两种。在被动的学习中，服刑人员只是看录像、听录音或观察示范情境，自己并不参与其中。在主动的学习当中，服刑人员不仅要观察，而且要参与行动。应该指出的是，在服刑人员的矫正实践中，服刑人员主动的模仿比被动的观看更加有效。

六、暗示疗法

（一）暗示疗法的理论框架

1. 暗示疗法的概念。暗示疗法是利用言语、动作或其他方式，也可以结合其他治疗方法，使服刑人员在不知不觉中受到积极暗示的影响，从而不加主观意志地接受矫正工作者的某种观点、信念、态度或指令，以解除其心理上的压力和负担，实现消除疾病症状或加强某种治疗效果的一种心理治疗方法。暗示治疗的具体方法很多，临床常用的有言语暗示、药物暗示、手术暗示、情境暗示等。此外，矫正工作者对服刑人员的鼓励、安慰、解释、保证等也都具有暗示的成分。

2. 暗示疗法的一般原理。生理学家巴甫洛夫认为，暗示乃是人类最简单、最典型的条件反射。

实验证明，人的生理活动和心理活动是相互影响、相互作用的。暗示所以能够对人的躯体和行为产生巨大影响，是因为暗示是一种人类所固有的普遍的心理特性，通过言语的联想过程转化为情绪状态，并产生心理活动，直接作用于机体的各种机能和行为活动而发挥其作用。

暗示的作用可以分为两个过程：一是通过语言或动作的刺激，使受暗示的人产生观念的过程；二是在这种观念的基础上引起行动的过程。暗示作用的发挥必须经过这两个过程。第一个过程是给予服刑人员以一定的刺激即他人暗示，是暗示作用发挥的前提条件，而暗示作用的真正发挥，还必须经过第二个过程，把外界刺激转变为自我观念，并把这种观念付诸行动即自我暗示。暗示如果是他人所提供的暗示，只有在受暗示者接受他语言或动作后形成观念，并产生效果，暗示的作用才能得到实现。如果在别人给予刺激的场合下，受暗示者没有接受这种刺激或没有转变为自我观念，暗示也就不会产生效果。因此，在一定意义上可以说，暗示的本质是自我观念转变为行为的过程。

在自我暗示的作用下，一个人可以突然变得耳聋眼瞎。但这种情况下的视力和听觉丧失并不是因为视神经、听神经受损，而仅仅是因为大脑管理视觉、听觉的那个区域的机能受到了干扰，形成了一个病态性的抑制中心，使神经细胞丧失了正常工作的功能。它们不再接受传来的信息，当然也不能对这些信息作出反应。

自我暗示不仅有致病和治疗的作用,还能把人置于死地。据说,一个人走进了冷藏间,被无意关在里面。开始他并不介意,也并未感到寒冷,后来当他抬头看到"冷冻"二字时,顿时心理紧张起来,一种死亡的威胁笼罩在他的心头。他越想越怕,越想越冷,最后蜷缩成一团,在惊恐中死去。事后,人们对冷库进行了检查,发现冷冻机并未打开。他完全是由于自我暗示的作用,因恐惧而导致肾上腺素分泌剧增,心血管系统发生障碍,心机能严重被破坏而死亡。由此可以看出,暗示有着巨大的作用。

3. 暗示疗法的适应症。暗示疗法被广泛地应用于癔症、强迫症、神经衰弱等神经症的治疗,也用于治疗疼痛、高血压、哮喘等身心疾病。暗示疗法的治疗效果往往取决于服刑人员的感受性和对暗示的顺从性。因此,服刑人员对矫正工作者的信任是暗示治疗的基础。

(二)暗示疗法的应用

暗示疗法与催眠疗法有着非常密切的关系。在某种意义上,催眠是暗示的一种形式,即不是清醒状态下而是在催眠状态下对人进行的暗示。所谓暗示,即指人或环境以不明显的方式向个体发出某种信息,个体无意中受到这些信息的影响,并做出相应行动的心理现象。它是一种被主观意愿肯定了的假设,不一定有根据,但由于主观上已肯定了它们的存在,心理上便竭力趋向于这项内容。

1. 在清醒状态下进行的暗示心理治疗,可以分为他人暗示疗法和自我暗示疗法两大类。

(1)他人暗示。即由矫正工作者对服刑人员施加的暗示。它主要是通过矫正工作者在服刑人员心目中的威望,把某种观念暗示给服刑人员,从而改善服刑人员的心理状态,调节服刑人员的行为和机体的生理机能,达到治疗疾病的目的。他人暗示疗法在临床上应用较为广泛。在对服刑人员矫治实践中曾有这样一个病例,一位服刑人员到医院就诊,说他如何不舒服。医生对他进行了全面体检,发现他身体各部位都很健康,没有任何毛病,可是这个服刑人员确实在一天天消瘦下去。后来,某矫正工作者对这名服刑人员,进行了一次煞有介事的彻底检查,然后对他说:"我终于发现了,你患的是某综合症。现在刚试验成功了一种特效药,专治这种病症,注射一剂,保证三天后康复。"打针后三天,服刑人员果然神气活现地好了。其实,矫正工作者注射的仅为葡萄糖水,真正治好病的,是语言的暗示作用。在他人暗示疗法中还有非语言暗示法,如矫正工作者发动服刑人员的家庭或病友运用姿态、表情及环境施与某种影响等。

(2)自我暗示疗法。即由服刑人员通过自己的认知、言语、思维等心理活动过程,以调节和改变身心状态的一种心理治疗方法。

在对服刑人员心理治疗过程中,一方面,矫正工作者的诊疗语言和行为十分重要,应当慎重使用,以免发生消极的暗示作用;另一方面,矫正工作者必须启发和引导服刑人员发挥自我意识的调节能力,消除那些使自己增加精神负担,不利于心理健康的自我暗示,培养积极、乐观的自我暗示,使之朝着符合治疗要求和有益于祛病的方向发展。

2. 运用暗示疗法有直接和间接两种方式。直接暗示疗法是让服刑人员静坐在舒适安静的椅子上,矫正工作者以技巧性的语言或表情,给予服刑人员以诱导和暗示,使服刑人员直接接受暗示,从而改变原有的病态感觉和不良态度,达到治疗目的。间接暗示疗法则是借助于某种刺激或仪器检查的配合,用语言强化来进行的暗示治疗。临床上,可通过对服刑人员的躯体做检查操作,或使用某一仪器或注射某些药物,以及使服刑人员处在某些特定的环境中,再结合矫正工作者的言语态度进行暗示,暗示效果会更加显著。例如,在治疗癔症性肢体瘫痪时,矫正工作者可用电刺激肌肉,同时以均匀有力的语调,用预先编好的暗示语句,如"你的肢体已通电,神经电流已逐渐畅通,肌肉开始逐渐有力"等,对服刑人员进行积极的暗示,可获得良好的治疗效果。

3. 暗示疗法通常结合某些辅助手段以提高疗效。在临床上,暗示疗法主要用于治疗神经症、癔症性截瘫、癔症性黑朦、癔症性失语、癔症性哮喘、强迫症、口吃、运动障碍以及某些身心疾病。在对服刑人员采用暗示疗法时,为提高治疗效果,可同时采用一些诸如给服刑人员服一些无副作用的"安慰剂"、10 毫升 10% 葡萄糖酸钙静脉注射、蒸馏水皮内注射或电针理疗等辅助方法进行治疗。

七、支持疗法

(一)支持疗法的理论框架

1. 支持疗法的概念。支持疗法又称支持性心理疗法、一般性心理治疗法,是一种以"支持"为主的特殊性心理治疗方法。其主要特点是运用医生与患者之间的良好关系,积极运用医生的权威、知识与关心来支持患者,使其发挥自己的潜力,面对现实处理问题,以渡过心理上的危机,避免精神崩溃。

支持疗法与其他心理治疗方法相比,并没有自己本身独特的理论依据,它主要运用心理治疗的基本原则来操作。支持患者应付情感上的困难或心理上的问题,是最普通且最广泛运用的心理治疗方法。

支持疗法是针对“分析性疗法”而产生的。它不必对患者进行“领悟分析”，不必用大量的时间去了解患者的早期经验，也不用去分析患者的潜意识，而主要是支持、帮助患者去适应目前所面对的现实。故又称之为非分析性治疗。

支持疗法的另一含义，是指对患者的人格不成熟、情感脆弱或患有慢性精神障碍、退化性障碍，需要心理医生长期支持与照顾，以降低复发或恶化的可能性，增强患者应付现实的能力。

服刑人员个案支持疗法是矫正工作者应用心理学知识和方法，采取劝导、启发、鼓励、说服、保证、消除疑虑等方式，来帮助和指导服刑人员分析认识当前所面临的问题，使其发挥自己最大的潜在能力和自身的优势，正确面对各种困难或心理压力，以度过心理危机，从而达到治疗目的的一种心理治疗方法。

2. 支持疗法的适应症。支持疗法主要适用于下列症状：

(1)突然遭受严重的挫折或心理创伤，面临精神崩溃，需要依靠他人的支持和帮助，以渡过心理上的难关。

(2)在矫正活动中存在紧张、压抑或心理矛盾所引起的焦虑、抑郁、苦闷等不良情绪。

(3)患有各种身心疾病或得严重的躯体疾病时，对疾病的性质、危害性认识不足，缺乏信心而产生前途渺茫、悲观失望甚至产生自杀倾向。

(4)各类神经症，如焦虑性神经症、强迫性神经症、恐怖性神经症、抑郁性神经症、疑病性神经症、失眠症等。

(5)患有各种顽症、绝症、恶性肿瘤的服刑人员。

(二)支持疗法的治疗原则①

1. 提供适当的支持。当一个服刑人员在心理上受到挫折时，最需要的莫过于他人的安慰、同情与关心。因此，这一原则就是给服刑人员提供必要的心理上的支持，包括同情体贴、鼓励安慰、提供处理问题的方法与要诀等，以协助度过困境，处理问题，应付心理上的挫折。

2. 调整对“挫折”的看法。协助服刑人员端正对困难或挫折的看法，借此来调节并改善其心理问题。检讨自己对问题和困难的看法，调整对挫折的感受，常能改变自己对困难的态度，使自己用恰当的方式去面对困难，走出困境。

3. 善于利用各种“资源”。此原则是帮助服刑人员，对可利用的内外资源进行分析，看是否最大限度利用了“资源”，来对付面临的困难和挫折。所谓

① 檀明山编著：《学会平衡学会调查》，海峡文艺出版社2003年版。

资源，其范围相当广泛，包括家人与亲友的关心与支持、家庭的财源与背景、四周的生活环境及社会可供给的支持条件等。

4. 进行“适应”方法指导。其重点之一就是跟服刑人员一起分析，寻求应付困难或处理问题的恰当的方式方法，并指导服刑人员正确选用。支持法的重点可放在分析、指导服刑人员采用何种方式去处理心理上的困难，并考虑如何使用科学而有效的适应方法。

（三）支持疗法的主要方式①

支持性治疗的主要方式有：悉听倾诉、支持鼓励、分析提示、调整行为。

1. 悉听倾诉。悉听倾诉是治疗的第一步。矫正工作者首先要引导服刑人员谈出其内心的积怨，谈出他们的处境和感受。这样，一方面可以使他们把压抑的感情倾吐出来，缓解其消极情绪；另一方面，可以使矫正工作者了解服刑人员的问题，以便施行帮助和治疗。

2. 支持鼓励。支持与鼓励是支持性心理治疗的核心。矫正工作者要使服刑人员觉得可以依靠和信赖，是他的同盟。首先，要对服刑人员表示关心和同情，使他在孤立无援的时候，感到温暖。其次，矫正工作者要帮助服刑人员看到自己的力量，认识到自己并非一无是处，从而鼓起战胜困难的勇气，从消沉中振作起来。第三，鼓励服刑人员要冷静地看待面临的问题，客观的事实不一定像他想像的那样糟，在人生的旅途上难免会遇到挫折、困难，但“没有过不去的火焰山”，“山穷水尽疑无路，柳暗花明又一村”。对于一些依赖性过强的服刑人员，不宜支持过多，应鼓励他自己提出解决问题的办法，注意发展其独立自主性。

3. 分析提示。在支持鼓励的基础上，要进一步帮助服刑人员分析问题，启发他设想解决问题的具体办法。帮助他拓宽思路，对当前存在的问题，进行辩证思维，既看到不利的一面，同时也要看到有利的一面。

4. 调整行为。有些服刑人员的心理问题是由于缺乏适当的自我控制能力或行为不当造成的，遇到这种情况就需要帮助他调整自己的行为，来改变现有的处境。比如，有些服刑人员在监舍中受歧视，在服刑人员中没地位，对于这类服刑人员就要引导他们分析造成这种状况的原因，适当地调整自己的行为，从而力争改变现状。

（四）支持疗法在服刑人员个案矫正中的应用②

矫正工作者在对服刑人员进行支持性治疗时，常采用个别对话的形式来

---

① 章恩友主编：《服刑人员心理矫治技术》，中国物价出版社2002年版。

② 同上。

进行，具体实施过程如下：

1. 确定服刑人员是否可适用于支持性治疗。

2. 详细收集服刑人员的各方面资料，包括与发病有关的各种因素、生活条件、家庭情况、社会背景、人际关系及个人特点等。

3. 通过详细的体格检查及必要的实验室检查，初步掌握服刑人员目前的疾病状态。

4. 选定安静的小房间，安排时间，进行支持性心理治疗。矫正工作者和服刑人员是一种纯粹的矫正关系，双方应以亲切交谈的形式进行对话。

5. 由服刑人员倾诉病情，包括对发病的看法、疾病的表现以及对疾病的担心等。此时矫正工作者应细心倾听，不要经常打断，必要时可提一些启发性的问题。

6. 根据服刑人员的倾诉及所掌握的资料，对服刑人员进行分析。这时要语言中肯、语义明确、分析深入浅出、明白易懂，并适当使用解释、安慰、鼓励、保证、暗示等方法。在分析过程中，服刑人员如有不同意见，可以保留，矫正工作者切不可与服刑人员辩论、争吵。

每次治疗时间不宜过长，一般以 1 小时为限。每次治疗往往只能解决部分问题，因此，可以反复治疗，但以每周不超过 3 次为佳。整个疗程长短要视服刑人员的病情而定，但一般以不超过 10 次为好。

八、生物反馈疗法[①]

（一）生物反馈疗法的理论框架

1. 生物反馈疗法的概念。生物反馈疗法是指利用现代仪器对人体的生理学指标，如心率、血压、皮肤温度、脑电及肌电等信息加以处理，然后以视听方式显示给人，即信息的反馈，让人通过训练认识这些信息，并学会有意识地控制自己的生理活动，以达到调整机体功能、防病治病的目的。此治疗方法，为无痛苦性治疗，治疗范围广。

2. 生物反馈疗法的原理。生物反馈仪可对各种社会心理因素所致的生理、心理变化进行观察，记录放大，并处理成大脑皮层容易理解的信号，从而起到帮助人们"自我认识"的作用，为各器官（视、听、温度觉）活动与大脑皮层间建立反馈联系，有利于内脏器官的随意调节。通过训练，可改变人们的不良心理、生理反应模式，达到防病治病的目的。它是人们进行"自我认识"和实现"自我调节"的工具。

---

① 武晓梅编著：《中国人民解放军军人心理健康教育教材》，飞华健康网。

3. 生物反馈疗法的适应症。生物反馈疗法的适应症主要有：

（1）神经系统功能性病变与某些气质性病变所引起的局部肌肉痉挛、抽动、不全麻痹，如嚼肌痉挛、痉挛性斜颈、磨牙、面肌抽动与瘫痪、口吃、职业性肌痉挛、遗尿症、大便失禁等。

（2）焦虑症、恐怖症及与精神紧张有关的一些身心疾病。

（3）紧张性头痛。

（4）高血压、心律不齐。

（5）偏头痛。

（6）消化性溃疡、哮喘病、性功能障碍等其他病症。

4. 生物反馈治疗的设备。肌电反馈仪、皮肤湿度反馈仪、脑电反馈仪及脉搏反馈仪等。仪器的操作者需经过专业训练，以保证结果的可靠性和科学性。

5. 生物反馈疗法的种类。生物反馈疗法的种类主要有：

（1）肌电生物反馈。这是目前最成功、最普遍的一种生物反馈技术。一般而言，肌肉紧张程度与情绪焦虑程度呈正相关，而前额部的骨骼肌最有代表性。用体表引导电极置于一定的骨骼肌上，通过反馈仪将肌电信号叠加输出，并转换成服刑人员能直接接受的反馈信息（如数字、声响）。服刑人员根据反馈信息对骨骼肌进行放松训练或瘫痪肌群的运动功能训练。

（2）皮肤温度生物反馈。外周血管的收缩和舒张，决定了皮肤温度的改变。以热变阻式温度计记录指尖（食指或中指腹侧）皮肤温度变化，并转换成声、光、数字信号反馈给服刑人员进行训练，使服刑人员学会控制外周血管的舒缩程度。

该训练用以治疗某些神经血管性功能障碍，如偏头痛、雷诺氏病等。皮肤温度也可视为与松弛有关的指标，用来进行松弛训练。

（3）脑电生物反馈。目前脑电生物反馈常用 α 波和 θ 波作为反馈信息，用声和光等反馈信号指示 α 波的出现，用以治疗癫痫、抑郁症，以及松弛训练和集中注意力训练等。θ 波脑电生物反馈，用于治疗神经衰弱、失眠。

（4）皮肤电反馈。当人的交感神经兴奋时，汗腺分泌增强，导电水平则升高。因此，皮肤电反应与情绪激动有密切关系。记录皮肤电反应信号，主要测量皮肤表面电阻的变化，并将其换成视听信号，供服刑人员进行情绪控制训练。

该训练主要用于治疗焦虑症、恐怖症、高血压、哮喘、多汗症等。

（5）心率和血压反馈。心率和血压反馈主要是用于原发性高血压服刑人员的生物反馈疗法，也有用于其他心血管症状，如心律失常等。近年来，生物反馈用于高血压病的研究越来越多，被记录和反馈的生物信息各有不同，反馈装置、训练程序和指导方法等也各不一样。目前，常用方法可分为两大类：一类是直接记录的生物信息，主要有收缩压、舒张压或脉搏波速度；另一类是间接记录的生物信息，主要是肌电、皮肤电、皮肤温度、呼吸率、脑电波等。训练的目的是达到随意控制自身的紧张度，学会松弛反应而间接达到降低血压的目的。

（二）生物反馈治疗的运用

在实施生物反馈疗法前，必须向服刑人员解释清楚治疗的目的和治疗方法，消除对电子仪器的顾虑，即使服刑人员明白，无电流通过躯体，也无任何其他危险，并说明此疗法主要依靠自我训练来控制体内机能，且主要靠按时练习。仪器监测与反馈只是初步帮助自我训练的手段，而不是治疗的全过程。服刑人员每天练习并持之以恒，才会有良好效果。

生物反馈疗法的治疗步骤：

1. 在非常安静、光线柔和、温度26℃左右的治疗室内，让服刑人员坐在一张有扶手的靠椅、沙发或是呈现45度角的躺椅上，解松紧束的领扣、腰带，穿换拖鞋或便鞋，坐时双腿不要交叉，以免受压。软垫宽椅使之感觉舒服，头后有依托物更好。

2. 第一次治疗与以后每次治疗前的5分钟，记录安装电极所获基线数据（baseline data）或检查服刑人员的"矫正作业"所获成绩。

3. 训练服刑人员收缩与放松前臂肌肉，训练面部肌肉活动令服刑人员抬额、皱眉、咬牙、张嘴，然后一一放松。告诉服刑人员观察肌表面电位微伏器上指针变化及其转动方向，与此同时，倾听反馈音调变化并理解其信号的含义。

4. 给服刑人员增加精神负荷，如连续计算100－7，回忆惊险和痛苦经历。此时观察肌电、皮肤电导、指端皮湿、脉搏血压等的变化，找到最敏感的反应指标，作为下一步训练的选择指标。在精神负荷下无显著变化的生物反应指标，以后训练中亦无法判定疗效，故不宜选择。

5. 全身肌肉放松程序。全身肌肉放松程序依次为上肢、下肢、躯干（腹部、腰部、肩背部）、颈部、面部肌肉。首先作收缩与放松交替的练习。最后作全身肌肉放松练习。

6. 呼吸要求自然、缓慢、均匀。请服刑人员设想鼻孔下面有兔子，呼吸不能吹动兔毛。

7. 尽量让服刑人员保持头脑清静，排除杂念，不考虑任何问题，使自己处于旁观者的地位，观察头脑中自发地涌现什么思想，出现什么情绪，即做被动集中注意。如无法排除杂念,可在每次呼吸时,反复简单数数字如“一、二”,或默念:“我的胳膊和腿部很重,很温暖”,达到自我暗示作用。此时,也可想象躺在有温暖阳光的海滩或乡村草地上,由矫正工作者描述视觉景色及鸟语、涛声与温暖感觉。服刑人员入静好的可达思维停止,万念俱寂。服刑人员可嗜睡,但应避免完全入睡。

8. 矫正工作者注意调节反馈信号,调节阳性强化的阈值,阈值上下的两种信息用红绿灯光或不同频率的音调反馈,务使阈值调整恰当,使服刑人员获得自控生物指标的阳性信号占70%,阴性信号占30%左右。当阳性信号达90%以上甚至100%时,即提高阈值的标准要求;当阳性信号只在50%左右时,降低阈值标准的要求,使训练循序渐进。每次练习完毕,指出所获成绩,布置矫正作业并提出下次矫治练习任务,例如额肌松弛的表面肌电指标,由开始治疗的5微伏,通过每次练习,达到如4.5、4、3.8、3.4微伏等。每一次练习的20~30分钟内,反馈信息亦可中途关闭,只在开始与结束时检查肌电指标。每次治疗结束后,让服刑人员做几次肢体屈伸运动,使服刑人员感到轻松愉快,再离开矫治室。

9. 在没有仪器监测的情况下,要求服刑人员每日做“矫正作业”,在比较方便时(如中午、晚上睡觉前或清晨),自己练习,每次10~30分钟,每日1~2次,并持之以恒。

10. 治疗的一个疗程约10次左右,可以每周2次,其余5天都由服刑人员自己在监舍或家中练习,亦可在开始治疗时每周4次,以后每周一次,巩固并随访疗效,持续3个月到半年。

11. 通过多次练习,各种反馈性生物反应指标,并无明显变动,应该与服刑人员交谈是否已了解治疗的目的与方法,如果不是理解与技术中的问题,应考虑另择反馈性生物指标。还有一种情况是通过治疗,生物反应指标有明显变动,自我调节良好,但临床症状仍无明显进步。例如肌肉松弛甚好,而焦虑依然如故,亦可另择其他生物性指标进行训练,或改用其他治疗方法。但应注意有求全责备性格的服刑人员,以及对现实生活有许多不满或歉疚的服刑人员,包括对疗效的低估,并非治疗实际无效。

12. 治疗前、治疗过程中与治疗结束后,由观察者填写记录单,服刑人员自填症状变化表,这样可作出对比,确定有无疗效。

(三)生物反馈疗法的要求和注意事项

1. 要求。生物反馈疗法的要求主要有:

(1)在生物反馈治疗前,必须由临床心理医生或已掌握本技术的矫正工作者，对服刑人员神经系统、疾病性质、病残情况及可能恢复的程度，作全面的评估，并经心理咨询后可投入治疗。

（2）治疗环境要安静，室内温度保持在20℃左右，让服刑人员处于一个舒适体位，排除一切生理和心理的紧张情绪。良好的心境、和谐的矫正关系，可提高治疗效果。

（3）服刑人员须主动积极配合治疗，对该治疗抱有必胜的信心，要求服刑人员根据自己的意念、感觉和想像，主动进行训练，要有通过仪器的反馈信号来学会自我控制的能力。

（4）服刑人员开始治疗时不要着急，绝不可持一种与仪器竞争或抗衡的心理状态，要以指导逐步对照反馈信号，去体验自己的意念和身体感觉，通过不断地扩大这些效果，以达到预期的治疗目的。

（5）在矫治室接受治疗后，须坚持“矫正作业训练”，即服刑人员自己在监舍或家中练习以巩固疗效，每日2次，即早、晚各1次。

（6）一般每12次为一个疗程，必要时可适当增加。

（7）矫正工作者应耐心、热情，与服刑人员建立友好的矫正关系。每次治疗结束时，应与服刑人员讨论治疗中的体验及疗效，鼓励服刑人员树立战胜疾病的勇气和信心。这对提高治疗效果有积极的作用。

2. 注意事项。在运用生物反馈疗法时要注意以下事项：

（1）治疗的主要目的是让服刑人员躯体肌肉放松和精神状态放松，即任其自然，解除焦虑和其习以为常的警觉过度与反应过度的身心状态。

（2）要求服刑人员的心理处于此时此地的状态，既不对过去念念不忘，也不对将来忧心忡忡，不要把思维集中在解决任何现实性问题上，而应任其无意识地自由飘浮。

（3）松弛状态下可能出现一些暂时性躯体感觉，如四肢沉重感、刺痛感、各种分泌的增加、精神不振、飘浮感等，应事先告知服刑人员，以免引起不必要的恐慌和焦虑。

（4）治疗中继续服用药物，特别是高血压、糖尿病及癫痫的服刑人员，治疗中切勿停药。

（5）服刑人员年龄过大，深度松弛时有可能出现低血压，应注意避免。

（6）避免不适当的训练，如对癫痫病服刑人员不宜用低频率脑电波训练。

（7）对于精神病服刑人员，应选择其恢复期，以更有利于消除焦虑、忧愁和烦恼。

九、认知疗法

（一）认知疗法的理论框架

1. 认知疗法的概念。认知疗法是根据人的认知过程，影响其情绪和行为的理论假设，通过认知和行为技术来改变服刑人员的不良认知，从而矫正并适应不良行为的心理治疗方法。认知疗法是新近发展起来的一种心理治疗方法。它的主要着眼点，放在服刑人员非功能性的认知问题上，试图通过改变服刑人员对己、对人或对事的看法与态度来改变所呈现的心理问题。

2. 认知疗法的理论基础。由于文化、知识水平及周围环境背景的差异，服刑人员对问题往往有不同的理解和认知。"认知"是指一个人对一件事或某对象的认识和看法，对自己的想法，对环境的认识和对事的见解，等等。例如：同样的一所医院，小孩可能依自己的认识和经验，把它看成是一个"可怕的场所"，不小心就会被打针；一般人会看成是"救死扶伤"之地、可帮其"减轻痛苦"；而有些老年人则可能把医院看成是"进入坟墓之门"。所以，关键不在"医院"客观上是什么，而是被不同的人认知或看成是什么。不同的认知就会滋生不同的情绪，从而影响人的行为反应。因此，"认知疗法"强调，一个人的非适应性或非功能性心理与行为，常常是受不正确的认知而不是适应不良的行为。正如认知疗法的主要代表人物贝克（A. T. Beck）所说："适应不良的行为与情绪，都源于适应不良的认知，因此，行为矫正疗法不如认知矫正疗法。"例如，一个服刑人员一直"认为"自己表现得不够好，连自己的父母也不喜欢他，因此，做什么事都没有信心，很自卑，心情也常不好。认知疗法的策略，便在于帮助他重新构建认知结构，重新评价自己，重建对自己的信心，更改认为自己"不好"的认知。

认知疗法常采用认知重建、心理应付、问题解决等技术进行心理辅导和治疗，其中认知重建最为关键。对于如何重建人的认知结构，从而达到治疗的目的，认知疗法的大师们各自提出了自己的看法。艾利斯（Ellis）认为，经历某一事件的个体对此事件的解释与评价、认知与信念，是其产生情绪和行为的根源。因此，不合理认知和信念引起不良的情绪和行为反应，只有通过疏导、说明、教育等方法来改变和重建不合理的认知与信念，才能达到治疗目的。梅钦伯姆（Meychenbaum）认为，人的行为和情绪由自我指令性语言控制，而自我指令性语言在儿童时代就已经内化，虽在成人时意识不到，但仍在控制人类的行为和情绪。如果自我指令性语言在形成过程中有误，则会产生情绪障碍和适应不良行为。因此，治疗包括学习新的自我指令、使用想像技术来解决问题等。贝克也指出，心理困难和障碍的根源来自于异常或歪曲的思维方式，通过发现、挖掘这些思维方式，加以分析、批判，再代之以合理的、现实的思维方式，就可以解除痛苦，使之更好的适应环境。

从另一角度，认知疗法乃是针对心理分析疗法的缺陷而发展起来的。因为在心理分析治疗时，常着重于心理与行为的潜意识和情感症结，而这种潜意识的欲望或情感，往往只是矫正工作者的分析预测，不容易向服刑人员解释，也不容易被服刑人员接受，更不易作为治疗的着眼点来操作。但认知治疗把着眼点放在认知上，它不必去管看不到、也抓不到的潜意识，只要更正这些可用语言描述的观念、想法、信念，处理好非功能的"认知"即可。

认知疗法强调，常见的心理障碍的中心问题是某些歪曲的思维。认知治疗在于向服刑人员提供有效的方法以克服盲目、错误的认知。从广义的角度看，认知疗法包括所有能改变错误认知的方法，如说明、教育、批评、促膝谈心等。但作为一种特殊的治疗手段，相应地有其特殊的方法、技术和程序。首先，矫正工作者要向服刑人员说明一个人的看法与态度是如何影响其心情及行为的。其次，帮助服刑人员去检讨他所持有的对己、对人以及对四周环境的看法，从中发觉跟服刑人员主诉的问题有密切关系的一些"看法"或"态度"，并协助服刑人员去检讨这些看法或态度与一般现实的差距，指出其错误认知的非功能性与病态性。最后，督促服刑人员去练习更换这些看法或态度，重建功能性的、健康的看法与态度，以便借此新的看法或态度来产生健康的心理与适应性的行为。

（二）认知疗法常用的治疗技术

1. 改变服刑人员的现实评价。人在药物作用、疲劳、意识清晰度下降或过分警觉的状态下可以出现感知歪曲，从而影响现实评价，如"杯弓蛇影"、"草木皆兵"。在异常认知方式的影响下，同样可以出现现实检验的错误。如具有偏执症的服刑人员，把别人的一言一行、一笑一颦都认为与自己有关；具有抑郁症的服刑人员，总觉得事事不如人，犹如行尸走肉；具有疑病症的服刑人员，把躯体的任何不适都认为是严重疾病的象征等。

正常人能够区分主观与客观、假设与现实；在接受假设之前，知道先对假设进行检验。但服刑人员常把二者混为一谈，如患焦虑症的服刑人员，任何风吹草动都视为危险信号。还有的服刑人员虽然进行了检验，但只接受与自己观点一致的证据，拒绝与之相反的证据，以致认知评价不能正确反映现实。要帮助服刑人员解决这一问题，首先要让服刑人员充分认识到自己认知的局限性，矫正工作者可直接或间接地向服刑人员运用认识论的原理，解释以下问题：

(1)对现实的感知不同于现实本身,最多也只能接近现实,因为感觉器官的功能有限,不可能完全反映现实,在病态的情况下尤其如此。

(2)对感知的解释依赖于认知过程,如分析、综合、比较、抽象、概括以及概念、判断、推理等。此过程容易出错,任何生理、心理问题都可影响认知过程。

2. 改变信条的技术。人们主要根据自己的价值观念来调节自己的生活方式,人际关系,解释、评论外界事物,解释、评价自我与他人。贝克(Beck)把价值观念称之为信条(rule)。他认为,如果信条定得太绝对,或使用不当,就会产生适应不良,结果导致焦虑、抑郁、恐惧、强迫等现象。常见的信条有下列几种。

(1)危险——安全信条:常常用自己的信条来估计环境的危险性和自己应付危险度,产生不必要的焦虑,使生活受限(如恐怖症、强迫症);如果过低估计危险度,则易发生意外。在临床治疗中,所见到的服刑人员的问题主要是过高估计危险度,主要表现为害怕监狱环境、社区居民歧视、人际敏感等。

(2)快乐——痛苦信条:它所引起的适应不良的主要问题,在于把快乐与痛苦绝对化,非此即彼,达到目标则快乐,达不到则痛苦。

下面是服刑人员典型的信条:

a. 要幸福,必须每件事都成功。

b. 在监狱服刑,无法体现我的价值,人们都应该知道我的价值。

c. 不能减刑,就是失败。

d. 一个人的价值取决于别人如何看待自己。

e. 如果不同意我的看法,就是不喜欢我。

f. 如果现在把握不住机会,以后会后悔的。

持有这些态度的服刑人员,多被其他服刑人员或自己认为是很有才干的人,自尊心强、害怕失败、不满足自己,无休止地驱使自己去“奋斗”,所以神经一直处于紧张状态,当然不会有“满足”而言。如果因某一事件的影响,或某次失败,服刑人员就把此当作灾难,“我没有达到目标……,我是失败者。”服刑人员的自尊顷刻瓦解,而自卑、沮丧、焦虑、抑郁情绪像滚雪球一样越来越强烈。

认知治疗方法包括使服刑人员明确自己的认知,帮助他们判断是信条使自己受痛苦。要服刑人员充分认识到人的能力的局限性,不可能十全十美,事事成功。要正确认识失败,失败并不意味着以后永远不会成功。要给自己留下"后路",就不能事事都"背水一战"。同时要降低自己的目标,降低自己的期望,增加对失败的耐受性。

(3)该与不该信条。即在自己内心中,有一套固定的信条,自己应该怎么样,不应该怎么样,如:

a.我应该沉着应付各种挑战。

b.我应该永远快乐,不伤害别人的感情。

c.我应该知晓、理解和预示未来。

d.我应该知难而进,永远能控制自己的感情。

e.我应该自信,能解决每一个问题。

f.我应该把每一件事都做好。

g.我应该永不疲倦,保持旺盛的精力。

"应该"像无形的鞭子,使"应该者"努力加码,给自己精神上造成压力,给自身矫正增添无数困难,整日为"应该"奔波,当然毫无乐趣可言。

信奉这些信条的服刑人员对自己有很多"不应该"和"应该",他们也同样以这些信条要求他人。别人当然不会根据服刑人员的信条行事,因而造成了很多人际关系紧张,同时加重了服刑人员的负担。

矫正工作者要对服刑人员给予在以下几个方面的帮助:

a.指导服刑人员分析"应该"信条的非现实性,且给自己所造成的压力,它会妨碍重大目标的实现。

b.帮助服刑人员了解人的局限性,不可能所做的一切都成功。

c.让服刑人员了解各人有各自不同的价值系统,没有统一的"应该"模式。你认为应该的,别人不一定认为应该,不能把自我同他人的看法等同起来。

d.引导服刑人员改变"应该"信条,使之更现实、更富有弹性。

一般说来,服刑人员的主要问题若跟非功能性的认知有关,则是根据异常的认知而形成的,如对人的偏见、对自己的自卑、对事情抱有错误或消极的态度等,均适合运用认知疗法来进行治疗。在临床上,认知疗法适应于各种神经症,但主要是用来治疗抑郁症,尤其是内因性抑郁症。

贝克认为,抑郁症的基本特征是"丧失感"。

贝克(Beck)等设计了治疗抑郁症的认知治疗技术。该技术同样可运用到服刑人员个案矫正之中,现简述如下:

(1)每日活动计划表。由于无望、无助、缺乏动机,整日卧于床上痛苦地回忆过去,思索着今后的前途、命运,这只会使抑郁更加严重。重要的是活动起来，看到自己的潜力。因此，制订每日活动计划表，循序渐进，从易到难，逐渐增加活动量和活动的复杂性。

（2）M 和 P 治疗。M 意为掌握、控制，即感到做某件事的难易程度；P 意为愉快，即在做某件事时的愉快程度。

3. 认知重评。本方法主要用于发展适应不良的认知和态度，然后由医患双方共同评价，检验其真实性。由以下步骤构成：找出认知和沮丧的关联；找出认知与自暴自弃的关联；找出这些认知的歪曲性；检查、评价、矫正这些认知。

4. 转换治疗。包含两种方法：改变和换一种方式来解释自己的体验和外部环境。就服刑人员而言，往往存在系统偏差，如果改变服刑人员的解释方式，使服刑人员认识到自己的偏差，就能改变情绪。换一种方式来应付心理和环境问题，即通过讲座和练习，服刑人员会惊奇地发现能够解决自己原来认为不能解决的问题。

5. 角色扮演。矫正工作者与服刑人员间互换角色或扮演其他角色，目的是发现服刑人员认知歪曲和找出解决的办法。如一服刑人员有明显的自杀意图，原因是认为自己一无是处，“白吃饭”，活着没意思，虽然服刑人员也明白自己做了不少的成绩，取得了矫正工作者的信任，但服刑人员认为：“那不算回事。”

认知疗法还可以用于治疗焦虑症、强迫症、恐惧症及有妄想倾向的服刑人员。

本章重要的理论框架和技术

★ 心理治疗的概念、层次和形式。

★ 强化疗法的理论框架和技术。

★ 厌恶疗法理论框架和技术。

★ 自信训练法理论框架和技术。

★ 行为功能分析法理论框架和技术。

★ 模仿学习法理论框架和技术。

★ 暗示疗法理论框架和技术。

★ 支持疗法理论框架和技术。

★ 生物反馈法理论框架和技术。

★ 认知疗法理论框架和技术理论框架和技术。

本章思考题

1. 什么是服刑人员心理治疗？有哪三个层次和治疗形式？

2. 运用各心理治疗方法的具体理论和技术进行实践练习。

第十章　服刑人员个案危机干预技术

本章核心提示

- 危机是一种认识,当事人认为某一事件或境遇是个人的资源和应付机制无法解决的困难。
- 危机干预是对处于危机状态中的个体提供帮助,使其从危机中解脱出来,缓解心理冲突、恢复心理平衡,避免危机行为产生、发展或恶化的一种过程与方法。
- 服刑人员危机是一种特殊机构中的危机,即监狱中的危机。服刑人员个案危机干预是对处在危机状态中的服刑人员实施干预,使其从危机中解脱出来的一种有效的服务方法。服刑人员个案危机干预是服刑人员个案矫正的工作模式之一,也是介入范式之一。矫正工作者掌握服刑人员个案危机干预技术,对提高自身的矫正服务能力,具有重要的意义。
- 能否对服刑人员危机实施有效的干预,取决于对危机及危机干预的科学认识,以及对科学的危机干预方法和技术的掌握。
- 矫正工作者应掌握服刑人员自杀、脱逃、愤怒和哀痛等特殊个案危机的干预技术。

第一节　认识服刑人员个案危机干预

一、认识危机与危机干预

(一)认识危机

1. 危机的含义。关于危机有许多种定义。心理学认为,危机是一种认识,当事人认为某一事件或境遇是个人的资源和应付机制无法解决的困难。除非及时缓解，否则危机会导致情感、认知和行为方面的功能失调。[①]

2. 对危机的理解。危机有一些常见状态，其中最为典型的是创伤后应激障碍，以此为例，可对危机的定义做以下理解。

创伤后应激障碍是一种已构成焦虑性障碍的危机形态。在《美国精神疾病诊断分类手册》的诊断标准中，包含这样一些要素：第一，个体必须经创伤事件，这些事件是紧急的或威胁生命的，或对自己和他人的身心健康有危险的，如躯体或性虐待、严重的车祸、被拘禁、自然灾害、危及生命的疾病等。第二，个体面临这些事件产生紧张、惊恐、无助，逐渐或很快就丧失了个人应付能力，出现了在创伤事件之前没有的长期不断的焦虑性障碍症状，如强迫性地重复与创伤有关的情绪体验，类似事件的条件反射，或极力回避可能引起创伤回忆的人和事，兴趣缺乏并伴有孤独、抑郁，或长期处在高度警觉、戒备状态等等。第三，这些症状导致明显的临床痛苦或在社会、职业以及其他生活领域的功能受损。

3. 危机的表现形态（状态）。[②] 对于危机，人们往往是从以下的表现形态来感觉它的：

创伤后应激障碍（PTSD）；

自杀；

暴力（包括性暴力、家庭暴力等）；

物质滥用（或称药物成瘾、药物依赖）；

丧失亲人（包括分居、离婚和疾病等）；

公共机构中的暴力（如恐怖与人质事件）。

由此可见，危机是因为有危险事件的客观存在。紧张性生活事件（包括应激、应激源、应激体验和应激反应等概念），在这里用危机、危险等词来替代，表明了这类事件对个体的紧急性和严重性。

危机是一种主观状态，其一，个体在认为某一事件威胁到自己需要的满足和有意义的存在，产生紧张反应时，才会进入危机状态；其二，个体面临危机无法应对时，出现心理危机，即心理失衡状态，乃至心理障碍；其三，危机得不到缓解，表现于外，便是行为功能的失调，即危机行为，导致危害性结果。

危机是一个过程，从个体感觉到危险事件的存在，引起紧张反应，无法应对而导致功能失调，时间或长或短，但都有一个发生、发展的过程。

---

① B. E. Gilliland, R. K. James：《危机干预策略》，中国轻工业出版社 2000 年版，第 4 页。

② 同上。

危机并不必然导致心理和行为功能的失衡或失调,如果个体能够依靠自己的力量或在他人的帮助下战胜危机,就有可能预防或解除危机,避免危机行为的产生,或在危机行为出现时及时制止。

事实上,在一个人的生活经历中总会在某个时候遭遇这样那样的生活事件乃至具有危险性的事件,问题在于如何认识这些事件以及如何认识由此产生的紧张反应,能否调动自己的资源或在他人的帮助下依靠自己的力量来积极地应对眼前的困难,战而胜之。如果答案是积极的或肯定的话,危机也许就是个人成熟、成长或发展的契机。因此,吉利克和詹姆斯在《危机干预策略》一书的封面用汉字写下了"危机"两字,并且在前言中指出:"本书封面刻印的两个汉字既意味着'危险',又意味着'机会'。这就是危机——所有文化中都常见的人类困难的基本含义。"

(二)认识危机干预

1. 危机干预的含义。危机干预是对处于危机状态中的个体提供帮助,使其从危机中解脱出来,缓解心理冲突、恢复心理平衡,避免危机行为产生、发展或恶化的一种过程与方法。

从以上分析可以看到,个体对危机作出的反应有三个方向或三种结果:第一种是在理想的情况下,个体能够自己或在他人帮助下有效地应对危机,危机过后,他们产生了积极的变化;第二种情况是个体在他人的帮助下似乎度过了危机,但只是将开始的危机事件压抑在意识之外,问题并没有真正解决,在以后的生活中出现了长期的适应不良或其他慢性症状,危机的不良后果还会表现出来(吉利克和詹姆斯将此称为危机转移状态);第三种情况是个体在危机发生后心理就崩溃了,如果不提供立即的、强有力的帮助,他们就不可能再向前走一步。除非个体能够自己解决危机,否则都需要提供帮助,即实施危机干预。

2. 危机干预模式。针对这些情况,贝尔金等提出以下三种基本的危机干预模式,这三种模式为许多不同的危机干预策略和方法提供了基础。在实际中,更多的是根据需要,将各种理论和方法很好地结合在一起,选择合适的方式。

(1)平衡模式。平衡模式也称为平衡失衡模式。危机中的个体通常处于一种心理或情绪的失衡状态,在这种状态下,原有的应付机制和解决问题的方法不能满足个体的需要。平衡模式的目的在于帮助每个个体重新获得危机前的平衡状态。平衡模式最适合于早期干预,这时个体失去了对自己的控制,分不清解决问题的方向更不能做出适当的选择。因此干预者的主要精力应集中在稳定个体心理和情绪方面。在个体重新达到了某种程度的稳定之前，不能采取也不应采取其他措施。如对处在自杀危机中的个体，最重要的是使其放弃自杀念头，稳定情绪。马上追究自杀原因则没有多少好处。平衡模式也被视为一种短期的心理治疗或即时行为干预模式，一般被应用于危机的起始期。

(2)认知模式。危机干预的认知模式认为：在现实情况中，有些人总是给予自己否定和扭曲的信息，尤其在陷入两难处境时，个体对境遇的自我感知越来越朝消极的方向发展，一直到他们再也不相信在自己的境遇中有积极的成分。因此，危机在于对事件和围绕事件的境遇的错误思维，而不是事件本身或与事件和境遇有关的事实。该模式的基本原则是：通过改变思维方式，认识其认知中的非理性和自我否定部分，强化思维中的理性和自强的成分，使个体能够获得对自己生活中危机的控制。认知模式最适合于从危机中稳定下来并回到了接近危机前平衡状态的求助者。艾利斯等认知改变的治疗观点和方法对这种模式有很大的影响。

(3)心理社会转变模式。心理社会转变模式认为危机与心理、社会或环境等内部和外部的困难有关，"除非影响个体的社会系统也发生改变，或个体与系统适应，或个体懂得这些系统的发展变化规律及它们如何影响个体对危机的适应，否则难以获得持续性的解决。"因此危机干预的目的在于与求助者合作，以测定与危机有关的内部和外部困难，帮助个体选择替代他们现有行为、态度和使用环境资源的方法。结合适当的内部应付方式、社会支持和环境资源以帮助个体获得对自己生活(非危机的)的自主控制。与认知模式相类似，这种模式最适合于已经稳定下来的求助者。

二、认识服刑人员个案危机干预

(一)服刑人员危机状态的表现

服刑人员中常见的危机状态：

自害：包括自杀、自残、自伤；

脱逃；

愤怒：凶杀、伤害、殴打、纵火、劫持人质、破坏等；

焦虑；

哀痛：包括亲人丧失、死亡、疾病、离婚和拒绝交往等。

服刑人员自杀、脱逃以及严重暴力事件在我国监狱属于"严防死守"的一类事件，是监狱安全的重中之重。与一般监管工作所强调的不同，危机干预是对处于危机状态中的服刑人员"提供帮助"，以恢复或维持服刑人员的"安全"，并由此保障监狱的安全。从危机干预的这一性质出发，服刑人员的焦虑以及丧失和哀痛等危机状态也理所当然地成为恢复或维持服刑人员“安全”所要解决的重要方面，因为这些状态不仅对个体身心有极大的伤害，而且也成为自杀、愤怒等破坏性行为的促成因素或转移性后果。

服刑人员危机是一种特殊机构中的危机，即监狱中的危机。监狱的隔离性，特殊的人际关系，对服刑人员行动自由的剥夺等等，当这些监狱的自然因素“自然”地发生作用的时候，很可能就成为服刑人员危机的一个重要的促成因素或背景因素。机构外的诸多因素，如亲人的丧失、失业、离婚等，也因为服刑人员被拘禁于这一机构中而增加了这些因素对服刑人员的刺激频度以及刺激强度（这与服刑人员的敏感性增强有关）。

对于服刑人员，高频度的生活事件来源于监狱，高强度的生活事件来源于家庭。这些因素在实际中往往是综合性地起作用的。

有时候，一个高强度的刺激促使服刑人员进入危机状态乃至产生危机行为，矫正工作者比较清楚地看到了这一行为的原因。但有时候，矫正工作者难以明白究竟是什么因素导致服刑人员自杀或产生其他危险性的不当行为，因为没有一个显见的、突发性的和高强度的刺激存在。事实如此的话，那就是在服刑人员的日常生活中很可能有一些高频度的负性刺激的存在，危机是这些负刺激日积月累的结果。

危机产生又具有内源性，即与服刑人员的主观状态有关，或由于长期忧郁、焦虑、哀痛及适应不良而导致心理严重失衡，或由于突发性的心理冲突而导致精神崩溃。服刑人员的认知在其中起着很大的作用，如非理性的思维与自我否定，等等。

（二）服刑人员个案危机干预的内涵

1. 服刑人员个案危机干预的概念与作用。服刑人员个案危机干预是对处在危机状态中的个体服刑人员实施干预，使其从危机中解脱出来的一种有效服务方法。危机干预是个案社会工作方法的三大理论具体模式之一。在服刑人员个案矫正中具有重要的意义。对服刑人员个案矫正来说，危机干预可说是基本介入范式之一。在服刑人员个案危机干预介入范式中，矫正工作者是干预者、服务者的角色。矫正工作者掌握服刑人员个案危机干预技术，对提高自身的矫正服务能力，具有重要的意义。

服刑人员个案危机干预的作用，表现在两个方面：第一，危机解除，即缓解服刑人员心理危机，制止危机行为的产生、发展或恶化；第二，危机转化，即在服刑人员从危机状态中稳定下来以后对其实施后继干预，使服刑人员心理由消极转向积极，获得良性发展。

从整个过程来看，干预是通过改变服刑人员的认知、调节服刑人员的情绪和调整服刑人员的行为来实现的。因此，实际上服刑人员个案危机干预也就是在特定的情境中，针对服刑人员心理及行为状态特征实施矫正的特殊措施。危机干预的作用，还将延续在此后的矫正活动中。

2. 危机干预与监狱安全。服刑人员个案危机干预与监狱安全方面的作用是相辅相成的。一个良好的监狱环境和稳定的矫正秩序，可以减少紧张性事件的产生或减轻它的影响，也有利于服刑人员危机的干预。服刑人员个案危机干预则可以在紧张性事件难以避免，服刑人员依靠自己的力量难以应对的时候及时地提供帮助，消除服刑人员的危机状态，维护监狱安全。同时，通过服刑人员个案危机干预，可以了解影响服刑人员矫正的一些潜在的或突发性的因素以及它的渊源，进而改进矫正工作。服刑人员个案危机干预的过程，也就是一种特殊的矫正过程，所谓“通过提高矫正质量来保障监狱安全”可以在这里得到体现。

3. 危机干预与心理矫治。服刑人员个案危机干预与其他心理矫治手段相比，其特殊性主要在于它首先考虑的是对处于危机状态中的服刑人员进行紧急调停，帮助服刑人员避免心理崩溃或从心理崩溃中迅速恢复过来，阻止危机行为的产生或减轻危机行为的后果。往往这是一个短暂的甚至是刻不容缓的过程，需要矫正工作者迅速地确定危机的性质，采用简便的行之有效的方法控制和改变服刑人员的行为，缓解和消除当前的危机状态。

如果说危机干预与其他心理矫治手段有什么联系的话，那是在服刑人员心理危机处于萌芽状态时，或正在发生、发展过程中，以及在服刑人员稳定下来以后，应及时地予以心理辅导，并积极地创造条件实施心理咨询和治疗。也就是说，在危机的紧急状态，心理矫治要服从危机行为的干预需要；之前和之后，心理矫治可以根据需要成为干预的主导。在这一点上，也可以看到服刑人员个案危机干预与社会上一般危机干预的一个很大的不同点，即服刑人员个案危机干预不只是在服刑人员求助时或在发现服刑人员处在危机状态时才开始的，也不是在危机消除后就告终的。服刑人员一直处在监狱的控制之中，处在矫正工作者的关注和矫正过程之中，可以凭借在这之前对服刑人员的了解和影响实施早期干预与心理矫治，或增强整个干预过程的有效性，并在危机解除后实施后继干预，将干预结合于整个矫正过程。

在监狱实施服刑人员个案危机干预的主体是监狱矫正工作者，心理矫治的各种思路和方法，可以有机地结合在干预之中。

4. 危机的积极意义。危机对服刑人员具有两方面的作用。危机本身是负性的,具有消极作用。但危机的干预或解除以及结合干预所施加的矫正影响又能产生积极意义。它可以改变服刑人员原有的认知方式或思维定势,唤起新的反应,增强承受挫折的能力以及自我应对新的问题的能力。

从本质上讲,服刑人员个案危机干预是服刑人员个案矫正理念的一种反映。干预者在此时此刻所做的一切努力,将对服刑人员的情感体验、认知倾向、行为方式乃至价值体系产生重要的影响。它可以使许多走出危机状态的服刑人员,由此走向新生。

三、危机干预的原则和策略

(一)危机干预的原则

危机干预的原则包括:

1. 及时引导服刑人员接受有效的帮助,使他们痛苦的体验得到宣泄,而具备摆脱危机的良好的开端。

2. 帮助服刑人员有所作为地对待危机事件,提供建设性的指导意见,采取合适的、行之有效的应付行为。

3. 向服刑人员提供必要的信息,共同分析事件,合理的安排处置计划。

4. 在危机干预的过程中,一定不能怂恿服刑人员将危机发生的原因归咎于他人,否则服刑人员会采取消极和回避的方式,甚至伤及他人。

(二)危机干预的策略

危机干预者对危机进行干预的策略具体包括:

1. 及时给予精神支持,承认和肯定危机者有能力应付危机。

2. 必要措施的情绪宣泄。

3. 在完全了解精神负担之后,给予希望和传递乐观精神。

4. 在干预过程中,始终采取接受、理解、宽容的态度。

5. 有选择的听取和反应。

6. 尊重和理解危机者的情感。

7. 劝告并提出建议。

上述危机干预的原则和策略,同样适用于对服刑人员个案危机的干预。

第二节　服刑人员个案危机干预的一般技术

一、服刑人员个案危机干预的目标

(一)认知、情绪和行为的目标

危机干预首先针对服刑人员的危机行为。为避免或减轻行为后果,在紧急状况下可以采取外力强制干预的方式。但危机干预在本质上是一种通过缓解行为人的心理而使其从危机中解脱出来的措施。行为由认知所支配,受情绪所影响。因此在危机产生时,应以行为干预为首要目标,对引起这一行为的认知或情绪问题施加影响。在服刑人员稳定之后,则将干预的主要目标转向认知、情绪和行为的整体。

(二)基本和扩展的目标

危机干预的基本目标指向个体的危机状态,指向作为这一状态表现形式的行为人的认知、情绪和行为(包括危机行为和心理危机)。而认知、情绪和行为具有连续性,即危机状态中的认知、情绪和行为与危机状态前的认知、情绪与行为有着密切的联系。因此在危机干预的过程中,在危机得以缓解或解除以后,应及时地将干预的目标扩展到服刑人员的整个心理面貌,由此及彼、由表及里,增强干预的效果,促进服刑人员的矫正。

危机干预的扩展目标还包括影响服刑人员危机状态的个体外因素,即社会环境因素。吉利克和詹姆斯指出"危机的症状就像一张网,个体环境的所有方面都相互交叉在一起。一旦危机出现,就会有很多复杂的问题需要危机干预工作者进行直接的干预"。[①] 扩展目标可分为监狱、家庭与社会三个方面。其中有的构成了危机的刺激源,有的则起着间接的作用,应区别对待。

(三)即时、短时和长时目标

危机干预应区分轻重缓急。即时的或首要的目标是调停、制止危机行为;短时的或基本的目标是解除整个危机状态(包括心理危机和危机行为解除),使个体的认知、情绪和行为恢复到危机前的原有功能;长时目标则是危机解除后与整个矫治过程的衔接和发展。关系到危机解除的紧张性生活事件,应列入即时或短时的干预目标,否则,其他相关的社会环境因素则应在以后考虑。

二、服刑人员个案危机干预的步骤

危机干预的具体实施在不同的干预者之间或因被干预者情况的不同而有很大的差异。但仍有规律可循。危机干预的六步法已广泛被专业工作者采纳。前三步分别为:(1)确定问题;(2)保证安全;(3)给予支持,主要是倾听而非采取行动。后三步为:(4)提出并验证可变通的应对方式;(5)制订计划;(6)得到承诺,采用积极的应对方式。

(一)确定问题

危机干预的第一步,是从服刑人员的角度确定和理解服刑人员本人所认

---

① B. E. Gilliland, R. K. James:《危机干预策略》,中国轻工业出版社 2000 年版,第 4 页。

识的问题。在整个危机干预过程中,矫正工作者应该围绕要确定的问题来把握和应用倾听等有关技术。

首先必须确定的事情之一是危机的诱发事件。一旦发现影响服刑人员自主性应付能力的主要原因,那么就确定了问题。

例如:一服刑人员自述:"(1)自被关进看守所直到入监以来,几乎每天都做噩梦,梦的内容大体一致,梦见自己被受害人追赶着,自己在梦中没有地方躲藏,有时人好像一下子掉进深渊,总睡不好。(2)内心感到急躁不安,有时好像很紧张,难以控制自己的情绪。(3)劳动过程中,容易走神,不自觉地会想起自己的犯罪情况和家中的一切,每当此时内心无法平静。"从症状自述可初步确定此服刑人员患有焦虑症。

(二)保证安全

在危机干预过程中,矫正工作者将保证服刑人员安全作为首要目标。这里所讲的服刑人员安全,指确定服刑人员是否有自杀、他杀或其他威胁或伤人的危险性并将它降低到最小可能。虽然将服刑人员安全放在第二步,但在整个危机干预过程中都应该将这一点作为首要的因素考虑。基本原则是"一旦怀疑服刑人员不安全,立即予以帮助。"比如发现服刑人员有躯体伤害的倾向,应提一些直接用"是"或"否"来回答的问题。提问不要犹豫,但要予以同情、理解,明确表示矫正工作者非常关心和愿意帮助他。如上例中发现有自杀倾向,可以问"你已经做了自杀的计划吗"?"你认为这是唯一的选择吗"?"你曾经想过自己了结一生吗"?如果服刑人员回答是肯定的话,矫正工作者必须立即采取诸如"二夹一"、"三联号",甚至是禁闭等外在措施,防止服刑人员发生自杀、行凶等危机行为。

(三)给予支持

危机干预的第三步强调与服刑人员沟通与交流,使服刑人员知道矫正工作者是能够给予关心和帮助的人。矫正工作者不要去评价服刑人员的经历与感受是否值得称赞,或是否是心甘情愿,而是应该提供这样一个机会,让服刑人员相信"这里有一个人确实很关心你"。为此,矫正工作者必须无条件地以积极的方式接纳所有的服刑人员。能够在危机中真正给予服刑人员以支持的矫正工作者,就能够接纳和肯定那些无人愿意接纳的人,表扬那些无人会表扬的人。这对身处危机而又无望中的服刑人员来说是非常重要的。例如上一例中,矫正工作者可以这么说"我想你知道我非常关心你的安全,尤其是现在这样的情况下,我可以帮助你排除你的焦虑。你如果说不让我知道你处于非常危险的境地,我会非常不安的。我真心地希望你能保证一旦安全受到威胁,就及时地告诉我,你能给我做这个保证吗?”

(四)提出并验证可变通的应对方式

多数情况下,危机中的服刑人员不能恰当地判断什么是最佳的选择,有些人甚至认为无路可走了。因此在这一步中,矫正工作者有效的帮助能使服刑人员认识到,有许多可变通的应对方式可供选择,其中有些选择比别的选择更为适宜。应该让服刑人员从多种不同途径思考变通的方式:环境支持,是矫正工作者提供帮助的最佳资源,要让服刑人员知道有哪些人关心他;应付机制,即让服刑人员可以用来战胜目前危机的行动、行为或环境资源;积极的、建设性的思维方式,可用来改变服刑人员自己对问题的看法并减轻应激与焦虑水平。如果能从这三方面客观地评价各种可变通的应对方式,就能够给感到绝望和走投无路的服刑人员以极大的支持。当然,最好的变通方式是帮助服刑人员自己找到合适的方法,而不宜将自己认为合适的选择强加给服刑人员。如上一例中:

矫正工作者:你说你现在感到害怕和焦虑,不知道如何解脱,但好像以前你有过类似情况,后来又解决了,当时你采取了什么方式?

服刑人员:我想我以前从来没有像现在这样糟糕。

矫正工作者:是,可能是这样。不过你怎样解决了呢?

服刑人员:我在心里狠狠地骂自己。

矫正工作者:这次你除了骂自己外,可不可以把它给写下来。

(五)制订计划

这是从第四步发展而来的。矫正工作者与服刑人员共同制订行动步骤来解决其情绪失衡状态。内容包括:确定有另外的个人、团体和机构能够提供及时的支持;提供服刑人员现在能够采用的、积极的应付机制,确定服刑人员能够理解和把握的行动步骤,而且让服刑人员感到没有剥夺他们的独立性和自尊心,如上例中可采用的计划是:要求该服刑人员将自己的忏悔和愧疚以书信的形式向被害人陈述;坚持写日记,倾诉内心的体验。

(六)得到承诺

危机干预的一个重要方面是要得到服刑人员履行计划的承诺。矫正者应该要求服刑人员口述要采取的步骤,以了解服刑人员对计划的认识和保证,并且可以澄清一些误解,为今后的督察做准备。承诺可以激发服刑人员积极应对的动机,同时鼓励和促进服刑人员相信行动步骤会行之有效。如果不能得到服刑人员积极的承诺,那么再好的计划也会失败。

有经验的矫正工作者能够估计服刑人员会付诸多少行动,一般鼓励他们尽可能地保证做到。如果服刑人员不能保证他们能做什么,则需要指定和接受他们哪怕是一小步的努力。

三、服刑人员个案危机干预的形式与技巧

(一)电话危机干预

运用监狱电话热线实施危机干预,比较方便、及时,且经济、保密性强。矫正工作者应迅速地从音调、语气及简洁应答中了解服刑人员所处的境遇和情绪危机,基本策略是先稳定对方的情绪,再听其倾诉,晓之以理。

矫正工作者首先要以同情、平稳的态度来接纳服刑人员,与服刑人员建立心理上的接触与沟通,避免服刑人员挂断电话。要假设打危机热线的人往往是抱最后一线希望或丧失了周围人的支持,矫正工作者必须在最短的时间内了解情况,作出分析与判断,并给予解决问题的知识,给服刑人员以信赖感。说话声音必须平缓、稳重、温和,不要有高声调,所讲的内容不要有不赞成、冷嘲热讽或欺骗的成分。

(二)面谈危机干预

面谈危机干预的基本方法为倾听、评估及干预技术。

1. 倾听。准确和良好的倾听技术是危机干预所必需的,实际上有时仅仅靠倾听就可帮助服刑人员解决问题。干预者必须:

(1)全部的精力集中于服刑人员。

(2)领会服刑人员言语和非言语的交流内容。

(3)发现服刑人员准备与别人、特别是矫正工作者进行情感接触的状态。

(4)通过言语和非言语的方式建立信任关系,使服刑人员相信危机干预的过程。

2. 评估。从问题发生到解决,危机症状评估是中心,贯穿于整个过程。

(1)情绪反应:当事人表现高度的焦虑、紧张、丧失感、空虚感,且可伴发恐惧、愤怒、罪恶、烦恼、羞惭等。

(2)认知反应:注意力集中于急性悲痛之中,导致知觉和记忆的改变,难以区分事物的异同,思维混乱,解决问题的能力受到影响。此种状态与精神疾病不同,因为一旦危机解决即可恢复正常。

(3)行为反应:服刑人员不能完成生产劳动任务,不能专心学习;不与人交往,或采取不寻常努力以使自己不孤单;与他人关系紧张或疏远;拒绝他人帮助;行为和思维、情感不相一致。

(4)躯体反应:失眠、头昏、食欲不振、胃部不适等。

3. 干预技术。干预技术包括非指导性、合作性和指导性技巧。非指导性技巧适用于不十分严重的危机情况。如果服刑人员能够认识到问题并可以自己应对，就应该采取非指导性方式。矫正工作者围绕服刑人员的内心世界，确定其能力、精力、能动性，以及做出合理选择的自主性，帮助其现实地、积极地面对未来。矫正工作者不要说教，不要支配和操纵，也不许诺和保证。矫正工作者起着支持的作用，倾听、鼓励和建议，帮助服刑人员树立起信心，认识到自己的内在潜能，认识到可以靠自己的能力和应付机制很好地处理和解决问题，只是目前暂时做不到而已。

合作性技巧是矫正工作者以平等的身份与服刑人员共同评估问题，选择能够接受的解决问题的方式并采取切实可行的行动步骤。一般来说，适合这一方法的服刑人员比具备能动性的服刑人员危机程度要严重一些，但其完全可以通过合作来确定诱因，验证切合实际的选择，制订行动计划，并保证实施。矫正工作者此时起着会诊、参谋、催化和支持的作用。

指导性技巧适用于缺乏能动性，不能自我应对目前危机的服刑人员。矫正工作者确定问题、选择方法、制订计划，作为指导者、引导者和督促者让服刑人员付诸行动。

第三节　服刑人员特殊危机个案的干预技术

一、服刑人员自杀的干预技术

（一）自杀概述

自杀是一种有意毁灭自己生命的行为。生活在常态中的人们，对自杀问题的严重性一向认识和估计不足。人们从来没有想到全世界每天至少有1000人死于自杀。美国每年死于自杀的有30万人之多。在各种死亡原因中，自杀致死排在第八位，而自杀未遂者为自杀致死者的8～10倍。全球自杀发生率高的国家每年每十万人口中有25人自杀；低发生率的国家每年每十万人口中也有10人自杀。

自杀的人越多，对自杀的原始动因和激励因素就越要摸清。但对于自杀，确实还有许多方面的内容没有搞清楚。也正因如此，自杀的神秘色彩就越来越浓厚。从人性的弱点来说，人人都怕死，可偏偏自杀者却有非凡的勇气想着法儿地寻死。可以说，自杀的原因之一是贫穷，即活不下去了就死，可从统计资料上看，自杀率高的地方往往是文化、经济相对发达的地方。如果说自杀是浪费生命，但生命价值高的人却偏要实施这种浪费。如何来解释这些问题，专家们首先将自杀看成是一种病态。著名的法国社会学家涂尔干说自杀是社会病态。著名的德国伦理学家包尔生说自杀是道德病态。著名的德国精神病学家弗洛伊德说自杀是精神疾患。[①]

还有一种观点认为,自杀是一种疾病。[②] 持这种观点的专家认为:虽然对自杀的研究,需要医学家(精神医学、法医学、预防医学)、社会学家、哲学家、心理学家、法学家等专家的多角度投入,但首先应该肯定:自杀是生理、心理和社会的异常,因此应作疾病处理。这符合世界卫生组织关于健康的定义:"健康不仅是没有疾病或不虚弱,还是在肉体、精神和社会方面的完全良好。"从疾病的角度看,自杀有典型或不典型的前驱症状,如情绪低落、抑郁、思维迟钝、食欲不振、体重下降、人格解体、注意力缺乏、性欲缺乏、失眠等;自杀有病因,如生物、心理、社会的原因;自杀有症状,如创伤、窒息、中毒;当然自杀还有后果,如死亡、残疾或恢复。

由此可以说,自杀是不是疾病,已经不是理论探讨的问题,而是承认不承认的问题。

如果把自杀看成是一种疾病,就应该注意什么样的人容易自杀。自杀者多数患有精神疾病,尤以抑郁症常见。而自杀行为又是精神分裂症和躁狂症的常见症状。临床发现,神经和精神病患者的自杀率较普通人口高;社会地位高的专业人员自杀率较普通人口高。国外调查,自杀与文化水平、生活水平、富裕程度相关。英国名牌大学的大学生,自杀率比普通人口高,但省立大学则否。研究表明,在个体心理方面,绝望是自杀危机形成的关键。精神质及神经质气质的个体,有自杀意念的易感性。

社会的进步,经济的发展,文化的繁荣,使人与人之间的竞争也越来越激烈。这就不难理解为什么在名牌大学里,患有精神卫生疾病的学生比普通大学的学生多。也就可以理解德国19世纪著名伦理学家包尔生的话"懒惰是自杀的最好预防物",进而理解,为什么瑞士、德国、日本这些经济发达国家的自杀率很高,而非洲大陆是自杀率十分低的地区。从这个起点上认识自杀,也许会对自杀持一种平常的心态,进而使人们更从容地对待这一疾病现象,找出预防和干预的有效办法。

矫正工作者确实应该注重自杀预防。事实上,自杀预防不仅是一门科学,而且是一门艺术。美国旧金山的金门大桥,历来被企图自杀者看作是结束生命的风水宝地。在那里,投海自杀者的成功率很高,绝大多数无生还。而在中

---

① 何兆雄:《自杀病学》,中国中医学出版社1997年版。

② 同上。

国南京和武汉的长江大桥，尽管那里的风景也独好，但自杀者跳水自杀成功的只有一半左右，因为这里昼夜有武警官兵巡逻，他们对发现自杀征兆和抢救的技术与组织都有一套比较成熟的经验。

矫正工作者还应该更加注意进行精神卫生疾病发现方面的技术和心态的培训。因为自杀病多有前驱症状以及自杀征兆。这种征兆往往与神经官能症和抑郁症的症状相混淆，尤其是轻度抑郁症在临床上鉴别诊断较为困难，易漏诊或误诊。自杀病征兆也常被患者家属或同事、同伴忽略，如一些暗语或行动不被做进一步的理解。所以，了解有关自杀病学方面的知识，就显得尤为重要。

依据有关资料的统计表明，从全世界范围来看，服刑人员自杀的频率远远高于社会。美国狱中服刑人员的自杀率比社会上的自杀率高出一半以上。在英国，服刑人员的自杀率比社会上的自杀率高出 4 倍以上。我国虽没有对服刑人员自杀现象和社会上自杀现象进行比较研究的数据，但是，就其危害性而言，服刑人员自杀一直是困扰监狱行刑的重要因素。这种行为的发生严重影响了狱内的矫正秩序，影响了其他服刑人员的矫正情绪，给刑罚执行工作带来了障碍。因此，研究服刑人员的自杀心理机制、心理过程、心理因素等心理现象，是极其重要的。

（二）服刑人员自杀的理论框架

1. 服刑人员自杀的心理机制和心理过程。求生存是一切生命物体的共同的本能特征。人类在社会发展过程中用智能克服了自身的弱点，使生存的本能发展为求生的欲望。在正常的社会环境状态下，人类正常的生理和心理需求是求生的欲望而不是求死的欲望，即便是自我完全不能适应社会环境、自然环境，或者心理发生异常，产生强烈的绝望情绪，其求死欲望也比求生欲望微弱得多。那么，服刑人员为什么会发生自杀现象呢？从理论上来说，包括以下两种：一是心理动因论，以弗洛伊德为代表。这一理论认为，自杀是一个人经历强大心理刺激时激发的内部矛盾冲突和斗争直接相关。在特定情景条件下，这种刺激可使一个人倒退到更为原始的自我状态，甚至自我防御机制逆向发展，对来自他人或社会的敌意、侵袭、伤害等进行抑制，致使自我攻击机制向内投射，内化为自杀心理，促使了自杀行为的发生。二是社会学理论，以迪尔凯姆为代表。这一理论认为，决定个体产生自杀行为的决定因素是社会压力和影响，并将自杀分为三种类型：利己性自杀、失范性自杀和利他性自杀。利己性自杀是个体缺乏与群体的整合或区别有关；失范性自杀是由社会规范的一种感知上的瓦解或真正意义上的瓦解所导致的；利他性自杀是与一种感知的或真正的社会凝聚力有关。

现代科学家们通过大量的研究发现，“在自杀者的大脑里有一种新的异常物质，这一发现会导致更好地识别和医治有自杀倾向的人。”①来自纽约大学和以色列魏茨曼科学研究所的研究人员，把12名非服毒自杀者的脑化学物质同12个因其他原因而死的人的脑化学物质进行了比较。研究人员发现，自杀者的脑细胞，含有一种叫做类鸦片素受体的蛋白质，其数量比其他死者脑细胞中这种物质的数目多1～8倍，差别最大的地方是同感觉和运动功能有关的某些大脑区。纽约大学神经生物学家比冈说“我们大概可以找到一批新的对这种受体起作用的药物，以帮助医治沮丧情绪和预防自杀。”②

服刑人员自杀是其个体用残忍的方法毁灭自己肉体存在的行为。服刑人员自杀的心理机制和普通人自杀的心理机制相比，既有共同点，也有自身的特性。其不同之处有：

（1）外围社会环境不同。普通人所处的是自由自在的外在社会，具有法律所赋予的各项权利，而服刑人员所处的则是特定的监狱环境，是国家行使刑罚权的法定场所。由于外围空间的差别，导致心理体验不同。

（2）生活环境和生活方式及生活内容不同。服刑人员的生活环境是国家权力机关事先设定好的，相对固定的，服刑人员个体没有主观选择性，只有被动的适应，生活方式和生活内容则具有法定性。

（3）法律地位不同。服刑人员是被刑罚惩罚的对象，在狱中要接受强制性管理、矫正和教育，行为举止受到严格的限制，具有法律规定的规范性。

（4）对挫折的体验形式不同。普通人的主观挫折感一般比客观挫折感强烈，因此，普通人自杀，往往是感到自己社会适应能力低，无法与社会进行竞争，社会环境不适合自己生存，无法达到自我实现的理想目标，因而感到生不如死，采取自我毁灭的方法，进行自我攻击，以逃避社会现实。而服刑人员自杀，则是客观挫折感占主导地位，服刑人员往往认为，不是自己能力低，不适应社会的需求，而是由于自己生不逢时，命运不好，使自己不能得到充分的发挥，把自己的挫折和自己的欲求不能实现的原因归结为社会和法律的惩罚，主观上产生自卑、怨恨、报复、仇恨等强烈的情绪体验。

从服刑人员自杀的情绪过程来看，服刑人员的消极情感，在各种因素的复合刺激下，经过主体的反复体验，使消极情感不断得到强化，促使人的本能的

---

① 《参考消息》，1990年11月23日，第3版。

② 同上。

防御机制寻找一个释放能量方式，以求得心理上的平衡。然而，服刑人员所处的监狱环境和法律地位，使其无法发泄消极情感，只有用自己的意志把消极情感压抑在心中。当压抑到一定临界度时，大脑化学物质就会失去平衡，发生情绪障碍，产生极大的压抑痛苦。为了从痛苦中解脱出来，就出现了生与死的选择，在求生与求死的动机斗争和矛盾冲突中，最终选择了自杀。

2. 服刑人员自杀的心理因素。服刑人员自杀的心理因素是复杂多样的，每个服刑人员自杀都有其自身的原因，但是，归纳起来看，可以将其划分为浅层次的直接因素和深层次的间接因素。浅层次的直接因素是服刑人员自杀行为产生的直接刺激因素，它强化了服刑人员自杀的决意，使服刑人员的内在自杀意识外化为外在行为，它是服刑人员个体消极情感长期积累的瞬间爆发。因此，直接因素是服刑人员自杀的导火索，其根源在于深层次的间接因素。深层次的间接因素是指服刑人员长期积累起来的并对服刑人员自杀起支配或主导作用的动力因素。服刑人员的消极情感经过长期的积累，并逐步地加以强化，因无法将其释放，而逐步地压抑下来，压抑时间越久，消极情感的能量积累就越多，自杀意识就越强烈，这就形成了一个完善的自杀心理机制。当服刑人员的自杀意识遇到浅层次的直接因素刺激后，自杀意识就转化为自杀决意和自杀行为。因此，矫正工作者分析一个服刑人员自杀的因素，不能仅仅只看到引起服刑人员自杀的直接因素，重在剖析和把握深藏在服刑人员意识领域的或者是信念体系中的深层次的间接因素。

对于服刑人员自杀的心理因素，从不同的角度，可作不同的分析。曹中友在所著的《服刑人员反矫正心理与对策》一书中，对服刑人员自杀的心理因素，归纳为 10 个方面：①

(1) 获得自由与剥夺自由的矛盾冲突强化了求死欲望。

(2) 自我存在与社会不相适应的矛盾冲突导致毁灭自我情绪的增盛。

(3) 旧习气与监狱限制的矛盾而产生求死动机。

(4) 自我实现与客观现实的矛盾而毁灭自我。

(5) 自我生存与亲友存在的矛盾而产生自杀心理。

(6) 刑期长、体弱多病与监狱环境不相适应的矛盾使其失去生存的信念。

(7) 不认罪与处罚不当的矛盾产生强烈地反社会心理而自我毁灭。

(8) 重新犯罪与严厉打击的矛盾产生逃避“惩罚痛苦”而自杀。

(9) 自尊心与处事不公的矛盾引起变态的报复心理。

---

① 曹中友：《服刑人员反矫正心理与对策》，湖北省劳改法学会 1988 年版。

(10)希望顺利矫正与屡遭挫折的矛盾。

3. 服刑人员自杀的人格特征。人格就是一个人的整个精神面貌和适应环境的总体表现。不同的人基于不同的生理基础和不同的外在环境影响,就形成了不同的人格特征。正是由于人格特征的不同,才导致了对外在客观刺激适应能力的差异。对于自杀的服刑人员来说,大多数在人格上都是具有倾向性的,这些倾向性表现在以下几个方面:

(1)性格特征。性格是情绪活动的倾向性和行为形式的总和。对服刑人员来说,正是由于性格特征的稳固性,才导致了在犯罪性质、作案手段、言谈举止等方面的区别。同时,性格特征还使服刑人员在环境适应性,对外界刺激的敏感性上表现出不同的特征,即使同样的环境,同样的外界刺激,由于服刑人员的性格不同,产生的后果却相差甚远。有学者曾对12名自杀的服刑人员(包括自杀未遂者)进行了考查,其中有11名服刑人员是属于或接近于忧虑型(亦叫内倾型)性格的人。由于这种性格的服刑人员心理活动比较隐蔽,多愁善感,外表沉静孤僻,少言寡语,一般不与他犯交往,考虑问题比较偏执,情感和意志比较脆弱,思想消极,主观能动性差,极少向管教工作者或他犯透露自己的真实思想,对外界刺激的承受力极弱,所以,具有这种性格的服刑人员一旦心理发展出现障碍,就极易产生自杀行为。

(2)气质特征。所谓气质,就是人的高级活动类型的心理表现,是一个人的心理活动的动力特征和全部心理体现。气质是一个人生来就有的,不同的人所表现出来的气质也具有各自的独特性。有学者通过对12名自杀服刑人员的研究发现,这些服刑人员在气质特征上都具有共同的或接近一致的特征。他们大都属于抑郁质的类型,其情感发生慢而脆弱,但自身恶习较深,平时极少流露,在矫正中,表现一般化,对狱内的各项活动不很感兴趣,适应环境的心理素质极差。

(3)能力特征。能力是一个人成功地完成某种活动所必须具备的心理特征。平常人发生自杀行为,往往认为自己能力太低,不能适应客观环境,经过努力奋斗也不能在这个世界上生存下去。而服刑人员产生自杀的原因,大多与常人相反,他们往往认为自己的水平高于别人,能力比别人强,之所以不能够得到充分发挥,是由于社会太不公平,没有让他们发挥才能的机会。因此,他们往往在失落感和挫折感支配下"含恨"而自我毁灭。

4. 服刑人员自杀前的行为征象。在矫正服刑人员的具体实践中,不难发现只要是真心自杀的服刑人员,为了达到自杀的目的,其行为一般都是比较隐蔽的。但是,由于自杀是一个人生与死的抉择,死后不能复生。因此,服刑人员在实施自杀行为前,都要经历长时间的动机斗争和矛盾冲突,必然影响其外在行为表现,使其出现反常行为。这种反常行为就是服刑人员自杀前的行为征象。曹中友在其所著的《服刑人员反矫正心理与对策》一书中,对服刑人员自杀前的这种行为征象作了如下总结:[①]

(1)情绪极为低沉、苦闷、寡言少语;

(2)饮食明显下降,经常偷偷倒掉吃不完的饭菜;

(3)劳动没有气力,注意力不集中,经常完不成任务;

(4)经常失眠,头痛、目光呆滞、具有明显的白日梦症状;

(5)注意事物的能力明显下降,感觉反应迟钝,对一些事物漠不关心,缺少热情,有时对管教民警和他犯说的话听而不闻,对别人所见到的能引起强烈情绪反应的事物无动于衷;

(6)爱做错事,但不否认错误,也不反驳批评,常以沉默的态度对待别人的评价;

(7)出现许多反常现象,如平时不注意整洁的犯人特别爱整洁;平时不照镜子的犯人常窥镜自赏面容;平时不爱写字的犯人也常独自写些什么;对同监犯人中原先关系不好的人突然亲近起来;对关系密切的犯人设法赠送东西等;

(8)服刑人员自杀前一般都留有遗书,即使没有遗书,也留遗言,其遗言一般是在自杀前三天之内在给民警或他犯谈话中表述出来的话。其遗书的内容多数是说明自己为什么要离开人世,其次是留给亲友的话或死后的"遗愿"等。

(三)服刑人员自杀危机的干预

自杀危机与其他危机的根本性区别在于自杀一旦成功就是终结性的,而且是对生命的终结,其结果无可挽回。因此,在服刑人员实施自杀行为前就进行有效干预,其重要性是不言而喻的。

干预的前提是了解和掌握服刑人员自杀的影响因素,以及了解和掌握服刑人员自杀的心理过程。前者是对服刑人员的自杀倾向性做出评估,后者是对服刑人员自杀的危险性做出评估。有几种评估的方式:

第一种是量表或问卷的方式。可以参考使用 MMPI、EPQ、16PF、投射测验、焦虑量表、攻击性问卷等测量工具。但要注意这些量表不是针对自杀行为的,只是反映了一些相关因素。国外也有一些量表是专门为预测自杀而编制的,如贝克的自杀量表。

---

① 曹中友:《服刑人员反矫正心理与对策》,湖北省劳改法学会 1988 年版。

第二种是在观察、访谈基础上根据经验做出判断。

二、脱逃的干预技术

（一）服刑人员脱逃干预的理论框架

1. 服刑人员脱逃的概念和行为方式。服刑人员脱逃是服刑人员从监狱逃走，非法恢复其人身自由的行为。脱逃的方式主要有墙外劳动脱逃、伪装监狱工作人员脱逃、暴力脱逃、凿洞脱逃、隐藏在车辆中和攀越围墙脱逃等。

服刑人员脱逃要面对高墙电网和监管，若要成功实属不易，而且一旦被抓，即罪上加罪。因此脱逃是一种高风险行为，是服刑人员面临危机的一种表现。

2. 服刑人员脱逃的原因。服刑人员脱逃的原因在理论上主要有以下的解释：

（1）理论解释。自杀者是在生存和死亡之间选择死亡，脱逃者则是在生存和死亡之间选择生存。对他来说，失去自由无异于"死亡"。用弗洛伊德理论来分析，这也是一种本能。在马斯洛的学说里，则可能是某种需要的缺失而导致的结果。

人际关系的维系对拘禁中的服刑人员有重大影响，一旦破裂，就可能形成强烈的刺激，脱逃是一种刺激反应。但也是一种认知评价，尤其是对脱逃构成犯罪的评价，或无知、或无视、或对立、或扭曲。

（2）因素分析。中国盗窃犯心理调查在问卷调查中设置了一题"你所知道的服刑人员脱逃的主要原因是（最多选两项）"，供选择的答案有 15 个。

A. 小官司难熬；

B. 队长管教不妥违反政策；

C. 入监前有余罪；

D. 服刑中又犯罪；

E. 家人病危、死亡；

F. 家庭婚变；

G. 同犯挑唆；

H. 生产指标完不成；

I. 生活艰苦；

J. 严重违纪被发现；

K. 劳动强度太大；

L. 出去报复；

M. 出去捞钱；

N. 到外面看看玩玩；

O. 其他。

总样本数为 9594 人；其中已婚服刑人员占总样本数的 24. 1% 。

从调查结果来看，服刑人员脱逃既有外部因素的影响，也有服刑人员个体内部因素的作用。在外部因素中，监狱内的人际关系，包括管教者与服刑人员的关系，服刑人员与服刑人员之间的关系，对服刑人员脱逃具有一定的影响。前者表现在管教不妥或者管教者违反政策；后者反映了服刑人员之间的欺压现象。家庭成员死亡、婚变是影响服刑人员脱逃的另一个重要的外部因素。“监狱生活艰苦”既有外部因素的影响，也与服刑人员的主观感受有关。

（二）服刑人员脱逃危机的干预

1. 脱逃倾向性的评估。如果说危机状态是一种紧张状态的话，那么对预谋性脱逃和机会性脱逃来说，这种紧张状态是伴随自由被剥夺而一直存在的，可能没有当前应激事件的存在，也可能不像其他危机现象，一般会呈现抛物线状态，发展到顶峰，出现明显的或强烈的心理危机。应当说对脱逃对象做出倾向评估是比较困难的，但由此可以提示矫正工作者必须保持警觉。

脱逃危机的另一个特点，就是除非自己的密友，一般不会将自己的行为意念流露于外，具有较强的隐匿性，这也给评估带来困难。

但是从上述关于脱逃原因的调查可以看到，因家庭事件的突变、狱内人际关系的紧张、受到打击而引起的脱逃占有一定的比例。这些人的脱逃动机具有较强的紧迫度，伴有明显的焦虑征象。因此通过因素分析、事件测评和表象观察，可以对其脱逃的倾向做出评估。

相对于自杀，脱逃需要一定的条件和相对复杂的方法，因此不管何种类型的服刑人员，若要决意脱逃，或迟或早，他总有一个相对复杂的行为过程，表现出某些征象。关键是他是否在矫正工作者的视线中。

2. 脱逃危机的干预。自杀心理产生的许多因素，也可能是脱逃心理形成的因素。因此，及时了解和掌握影响服刑人员心理的各种应激性生活事件的发生和发展，并对这些事件进行干预，或减少这些事件对服刑人员心理的影响，及在服刑人员产生应激反应时将其列入内控对象，对预防服刑人员脱逃具有重要的意义。在进行心理辅导时可以就“脱逃”做出某种暗示，使那些有“脱逃”意念的服刑人员感觉到矫正工作者正在关注他。当然，重要的还是引导和启发服刑人员自己解决问题。产生心理危机并萌发或形成脱逃意念的服刑人员也会有一个心理冲突的过程，表现出求助的愿望或提出心理求询。尽管不大会袒露自己的脱逃意念，但矫正可以使用“排除”、“投射”等方法来明确问题，进而实施针对性的辅导及其他干预步骤。

在决意脱逃后，脱逃者同样要思考脱逃方式，选择脱逃的时间和地点。此时会有一些非正常的举动，如四处观察、打听，心神不定、反应敏感。有的出现“反向”行为，表现得异常的主动、积极等。一旦察觉此类征象，应予以“严格控制”，加强教育帮助，并做出直接提示乃至告诫。

服刑人员在脱逃过程中若被发现，很可能出现转移性行为，如自杀或对他人使用暴力行为，对此事先应有预案。一旦发生，干预的目标和形式也随之而变。

三、服刑人员愤怒的干预技术

（一）服刑人员愤怒干预的理论框架

1. 认识愤怒。对服刑人员而言，敌意和愤怒是自我矫正的致命弱点。现代医学研究表明，愤怒不仅是强化和诱发心脏病的致病因素，而且是导致其他疾病并发的根源之一。因此，从某种意义上说，发怒是典型的慢性自杀。对服刑人员来说，学会抑制愤怒应是适应矫正的当务之急。

有人曾做过这样的实验，疑心和发怒会引起体内肾上腺素和其他的紧张素加速分秘；随着内分泌的变化，其呼吸加快并且粗重起来；心脏跳得更快更吃力，手足的肌肉就会绷得紧紧的。如果连续出现这种状况，就有可能演变为严重的健康麻烦。

在服刑人员心理矫治中，不难发现有些服刑人员脾气粗暴，动不动就大发雷霆，有些服刑人员则慈眉善目，有一副谦恭待人的好脾气。心理学的研究表明，发怒与“脾气”有关，而脾气则似乎是天生的。心理学把人的气质分为“胆汁质、黏液质、多血质、抑郁质”四种，其中胆汁质的人最大的特点就是爱发脾气，而黏液质的人则较少发脾气。

胆汁质的服刑人员容易发怒。这种服刑人员的性格外向，容易兴奋，反应速度快，但自控能力差，对外界因素的感受性很低，反应的不随意性很高。

弗洛伊德对易发怒的人有一段奇特的论述。他认为儿童在二到三岁的排便训练期如果受到挫折，就容易产生“肛门期固结”，这样的儿童长大以后可能形成的性格之一是“肛门排泄型性格”。这种人的能量容易向外，可能表现为过分的好客，也可能表现为过分的好斗和充满攻击性。另一种可能会形成的性格是“肛门滞留型性格”。这种人的能量容易向内，可能表现为过分的固执或压抑。

2. 发怒与教养有关。在文明社会里，发怒是一种不良的情绪反应，也是一种不良的行为表现。所以矫正目标之一就是培养服刑人员良好的行为习惯，提高涵养。

3. 怒气的去处。仔细分析,不难发现服刑人员的怒气有五个去处:第一个去处是把怒气压在心里,生闷气。这样的服刑人员发怒时,怒发冲冠,青筋暴跳,涨红了脸,咬牙切齿,浑身颤抖,直喘粗气,心口发痛,胃部痉挛,甚至昏厥,但没有攻击行为。第二个去处是把怒气发在自己身上,如自己打自己耳光,自己骂自己,甚至选择自杀的方法以作自我惩罚。第三个去处是无意识地报复发泄。第四个去处也是最过激的,即通常所见的外显的发脾气,大叫、大哭、大闹、大骂、大打,用很强烈的形式把怒气发泄出去。当然,还有一条去处是向其他服刑人员或矫正工作者倾诉,转移自己的注意力以抵消怒气。

(二)服刑人员愤怒的具体干预技术

针对服刑人员易怒的毛病,下面的八条措施矫正工作者可以帮助其完成这一心理、生理转变过程,性格臻于完善。

1. 承认自己的缺陷。即让服刑人员告诉矫正工作者和其他服刑人员,承认自己以往爱发火,决心今后加以改进。请求支持、配合和督促,逐步达到制怒目标。

2. 保持清醒头脑。让服刑人员愤愤不已的思绪在脑海中翻腾时,要提醒自己,保持理性,才能避免短视、恢复远见。

3. 推己及人。让服刑人员把自己摆到别人的位置上,也许就容易理解对方的观点与举动。在大多数场合,一旦将心比心,服刑人员的满腔怒气就会烟消云散,至少觉得没有理由迁怒于人。

4. 嘲笑自己。在那种很可能一触即发的危险关头,还可以让服刑人员用自嘲的方法,从自己多疑的性情中寻找乐趣。“我怎么啦? 像个 3 岁小孩,这么小肚鸡肠!”幽默是抖落猜疑的尘埃和卸掉发怒气管的最好手段。

5. 训练信任。引导服刑人员寻找信赖矫正工作者的机会。让服刑人员认识到事实会证明,不必设法控制任何东西,也会使自己的服刑很顺当,这种认识就是一种意外收获。

6. 反应得体。受到不公正对待时,任何正常的服刑人员都会怒火中烧。但要让服刑人员明白的是,无论发生了什么事,都不可放肆地大骂,而该心平气和、不抱成见地让矫正工作者或其他服刑人员明白,他们的言行错在哪儿,为何错了。这种办法给对方提供了一个机会,在不受伤害的情况下改弦更张。

7. 贵在宽容。帮助服刑人员学会宽容,放弃怨恨和惩罚,使服刑人员明白并随后发现,愤怒的包袱从双肩卸下来,会帮助自己放弃错误的冲动。

8. 立即从自我做起。服刑人员谈及以往,他们常常会说“我过去经常发火。自从得了心脏病,我认识到以前那些激怒的理由,根本不值得大动肝火。”告诫服刑人员不要等到患上心脏病才想到克服爱发脾气的毛病，从今天开始修身养性。

也有人认为，针对易发怒的服刑人员，还可用下列方法指导他们学会制怒：①

1. 认识评定法。一个心智健全的服刑人员是绝不会无缘无故发怒的，发怒总有原因和针对性。这个原因在易怒服刑人员眼中是不可忍受的导火索，但在其他服刑人员看来是不必或不屑为之动气。所以要服刑人员学会制怒必须从提高其对外界刺激的耐受力和对外界刺激的客观评价入手。

第一步，让服刑人员对以往的行为进行一番回忆评价，看看自己过去发怒是否有道理。经过这样一回忆，服刑人员会发现自己有时候是明显的无理取闹。有一个很有趣的故事可以说明问题，一天老板对下属发火，原因是下属工作失误。这位下属不敢对老板生气，回来对妻子乱发脾气，妻子没法，只好对儿子发脾气，儿子对猫发脾气。这一连串的发脾气只有开头老板对下属发脾气是有些缘由的。这后来的一连串发脾气都是无中生有。

如果帮助服刑人员在发怒之前能想一想发怒的对象和理由是否合适，方法是否适当，发怒的次数就会减少 90% 。

第二步，低估外因的伤害性。在服刑人员矫正中，可以观察到，易上火的服刑人员对鸡毛蒜皮的小事都很在意，别人不经意的一句话，会耿耿于怀。过后，他又会把事情尽量往坏处想，结果，越想越气，终至怒气冲天。脾气不好的服刑人员喜欢自寻烦恼，没事找事，惹点祸来闯闯。让这些服刑人员制怒的技巧是：当怒火中烧时，立即放松自己，命令自己把激怒的情境“看淡看轻”，避免正面冲突；当怒气稍降时，对刚才的激怒情境进行客观评价，看看自己到底有没有责任，恼怒有没有必要。

2. 能量转移法。怒气似乎是一种能量，如果不加控制，会泛滥成灾；如果稍加控制，破坏性就会大减；如果合理控制，甚至可能有所收益。

日本老板想出奇招，专辟房间摆上几具以公司老板形象制作的橡皮人，有怒气的职工可随时进去对“橡皮老板”大打一通，揍过以后，职工的怒气也就消减了大半。如果服刑人员生气时，让其出去散散步也与这种方法有异曲同工之妙。脾气暴躁的服刑人员经常发火已成为一种习惯，所以仅让他自己改正往往并不能持久，矫正工作者必须帮其找一个监督员。一旦露出发怒的迹象，监督员应立即以各种方式加以暗示、阻止。矫正工作者可以让服刑人员最

---

① 张源侠、骆丽萍等编：《实用心理自我疗法》，华东师范大学出版社 1994 年版。

信得过的其他服刑人员来担任监督员。这种方法对下决心制怒但又不能自控的服刑人员来说尤为适合。

四、服刑人员哀痛的干预技术

（一）服刑人员哀痛的理论框架

1. 哀痛的概念。哀痛指人对丧失感的反应，比如亲人死亡、离婚、拒绝交往等。当一个人失去他原来所拥有的，所珍惜的人或事物之后，由于这些人或事物都与人有强烈的情感联结，所以失去他们将会令个人难以接受，痛苦万分。相对于难过的情绪，哀痛的情绪强度更强烈也更复杂，常会衍生愤怒、害怕、乃至“痛不欲生”的情绪体验和反应。每个人的哀痛经验都是独特的，对哀痛的反应也因人而异，例如人格特质便与哀痛反应有密切关系，性格内向的人对哀痛反应以逃避居多，外向性格的人对哀痛的反应则较有攻击性，反应激烈。如不及时干预，哀痛可能造成危害性结果，比如自杀或产生暴力行为。

2. 哀痛危机的原因。服刑人员哀痛的原因，在理论上有以下几种解释：

（1）理论解释。从精神分析学说来看，人的一生受早期经历的影响最大，其中一个重要的因素就是亲情，婚姻则可以视作亲情在成年以后的延续。在需要理论中，亲情是个体生存或发展过程中的一种难以替代的最基本的需求，这种需求的缺失会改变人的性格，影响到人的行为方式。用学习理论来解释，哀痛是一种刺激反应，而如何反应与学习有关。

（2）因素分析。引起哀痛的是明显的较大的丧失，如所爱的人死亡、亲密关系的中断，以及离婚等。由于服刑人员与社会、与家庭相隔离，这些丧失所引起的情感创伤比一般人更为强烈。一些在社会正常生活中不是很明显的或者较小的丧失，如亲人或本人的伤病（失去健康），家庭经济或其他方面的利益受到一些损失等等，也因为服刑人员身处拘禁状态而增强影响。

在所有的丧失中，自己所爱的人死亡是情感刺激与打击最大的事件。其次是家人断绝与本人（服刑人员）交往，即使是自己所认可的交往中断或离婚，也会带来挫折、失败和沮丧感。

丧失对人的影响本来就难以消除，可持续多年乃至一生。对拘禁中的服刑人员来说更是如此。早已从哀痛之中解脱出来，可说不定哪一天又会恢复在记忆中，尤其是在遭受某种打击时，或服刑人员自己感到无助时，从而引发哀痛，产生危机。此时旁观者往往难解其由。也不是丧失（明显的较大的丧失）一定引起哀痛，如家庭关系长期冷漠或早已反目为仇。

（二）服刑人员哀痛危机的具体干预技术

1. 服刑人员哀痛危机的评估技术。哀痛的反应可分为初期，剧烈期以及消退或内隐期。哀痛的初期反应是震惊，还可能麻痹，没感觉，整个人仿佛被掏空了，不知如何反应。脉搏、血压、呼吸及肌肉活动度均增加，伴随有突出的恐惧和无助感。一段时间后会有痛苦感和失落感出现，此时人会变得容易流泪、难过、有罪恶感、生气、易怒、焦虑、寂寞等起伏不定的情绪。还会出现如胃痛，失眠、暴饮暴食或食欲不振等生理症状，注意力也很难集中，这段时期旁人要提供支持和安慰则通常会被拒绝。因为哀痛需要一段时间才能慢慢消退，设法加速此过程反而可能收到反效果，这是剧烈悲痛阶段，也可能是心理危机高峰期。随着时间推移，服刑人员的剧烈反应逐渐下降，此时有两种可能：其一，表示服刑人员逐渐接受现实走出危机而进入了消退期；其二，服刑人员不能接受现实而将哀痛内隐在心中。必须关注第二种可能，因为长此以往将导致抑郁症，产生新的危机，哀痛症状的诊断主要采用临床观察。矫正工作者对抑郁症的了解除临床观察外，可对服刑人员使用抑郁自评量表（SDS）进行测评。

2. 服刑人员哀痛危机的具体干预技术。服刑人员哀痛危机的具体干预，主要步骤和方法是：

（1）确定问题。矫正工作者有条件比服刑人员更早了解服刑人员家庭的重大变故，做好预案。

（2）保证安全。服刑人员因丧失而产生哀痛这是正常的，如不哀痛反而不正常。所谓保证安全，是防止其产生过度反应，对自身及监狱安全带来不良后果。

（3）给予支持。悲痛需要释放，应提供机会，在合适的时间和地点让其宣泄自己的感情；让其述说心中的感受和对往事的回忆，从中捕捉下一步的干预点；适时地对其表示同情和理解。

（4）提出并验证可变通的方式。采用服刑人员可以接受的方法使其从剧烈的哀痛中冷静下来，比如引导其写封信劝导同样处于哀痛中的家人；在情绪稳定之后，与他商定应对措施和方法。

（5）制定计划。进一步的干预计划应当将服刑人员家庭包括在其中，并借此时机通盘考虑个别矫正的内容和方法。应当明白对处在丧失状态中的服刑人员进行有效的针对性的帮助，能够起到比平时此类工作大得多的作用，产生积极的效果。服刑人员可以从中感受到矫正工作者的良苦用心，更可能由此学会如何懂得和面对生活，产生和增强自己的责任心，从丧失中吸取有意义的东西，重建自我。

（6）得到承诺。包括对家庭的承诺和对自己行为的承诺。

本章核心概念

★ 危机。

★ 危机干预。

本章重要技术

- 服刑人员自杀干预技术。
- 服刑人员脱逃干预技术。
- 服刑人员愤怒干预技术。
- 服刑人员哀痛干预技术。

本章思考题

1. 什么是危机、危机干预、服刑人员个案危机干预？对服刑人员个案危机干预有何意义？

2. 谈谈服刑人员人身危险与服刑人员危机有何不同？

3. 如何对服刑人员的自杀危机进行干预？

4. 如何对服刑人员的脱逃危机进行干预？

附：

服刑人员个案矫正方案编制参考框架

（一）基本情况

服刑人员王某犯故意伤害罪，判处有期徒刑3年，刑期自2005年11月14日起至2008年11月13日止。

（1）主要犯罪事实如下：王某于2005年9月某日在酒店因争一个特色菜，与另一桌的李某、张某发生争执，在争执的过程中，王某拿起啤酒瓶朝李某头部砸去，致使李某重伤。服刑人员王某曾在17岁时因聚众斗殴被判刑2年。

（2）王某，现年29岁，初中文化，已婚，有一个女儿，住某市水泥厂宿舍，被捕前系某水泥厂下岗工人，家庭生活困难，仰仗父亲的退休工资生活。

（3）王某在日常生活中对妻子非常粗暴，有明显的家庭暴力。

（4）在与朋友的交往中，常常因为难以控制自己的情绪，而使交往关系破裂，一般维持交往关系的时间不长。对自己的这种表现非常不满意，因为自己的情绪坏了多少事、吃了多少亏，他自己都说不清楚，该犯试图改变，但总是不能有好的结果。

（4）王某在上小学之前，因为父母都上班，把他放在外祖母家寄养。外祖父母因忙农活，给他的照顾较少，常把他交给其年长3岁的表哥照料，但却常常受到威胁和欺负。回到家后，常受到父母的责罚和打骂。

（5）目前王某对各种监管制度和监规纪律不能较好地适应和主动服从，主要是不能控制自己的情绪，常常与别人发生冲突和矛盾，在处理冲突和矛盾的时候，常常使用暴力，人际关系非常紧张。

（6）各种测验结果：EPQ测验显示：该犯的气质类型属于胆汁质。这种类型的人一般有这样的特点：情绪非常不稳定，脾气非常暴躁，遇事易激惹。

（二）评估

综合王某的各种信息整体分析判断可以认为，王某的犯罪要因与其性格特点有密切的关系，不能控制自己的情绪，容易产生愤怒的情绪体验，对愤怒的情绪不能很好地解决，与犯罪之间有着直接的因果关系。所以对王某的矫正，应该以对情绪控制为主。

（三）矫正方案

服刑人员王某个案矫正方案（节选）

相关问题	存在明显的暴力倾向；不能很好地控制自己的情绪；容易产生愤怒的情绪体验；对愤怒的情绪体验不能正确地处理。
形成原因	1. 个人缺乏安全感，形成于幼年，在依恋的情感最关键的时期，被送往农村，强制失去父母的爱； 2. 在农村，没有得到很好的照顾，没有父母的替代人物； 3. 受到表哥的威胁、欺负和伤害； 4. 在小学阶段，父母的管教方式粗暴，经常受到责罚和打骂，学会了对自己的情绪不加任何控制地发泄； 5. 在以后的社会生活中因愤怒发泄和使用暴力常能满足自己的安全、自尊需要，使自己的这种行为方式不断得到强化。
矫正目标	总目标：减少攻击行为克服情绪冲动，增强安全感，从而有效消除犯罪要因，把王某改造成为守法公民 阶段性目标：1. 认识到犯罪的要因在于自己对愤怒情绪缺乏控制，难以克服行为攻击性； 2. 全面深刻认识到自己攻击性行为产生的原因和后果； 3. 完成情绪的各种训练项目； 4. 通过训练作业的完成达到能够较好地识别、控制自己的情绪； 5. 对自己攻击行为逐渐减少； 6. 基本上消除。
矫正计划	各项矫正目标计划在 2008 年 9 月底完成，如果能够提前完成，根据完成的情况，可以给予响应的行政。整个计划分三个时期 入监初期：从 2006 年 1 月 5 日起到 2006 年 6 月止。这一时期的主要任务是稳定服刑人员王某的情绪，适应监管改造环境，认识自己犯罪的原因，树立改造信心和改造目标。 服刑中期：从 2006 年 6 月底到 2008 年 9 月底。这一时期的主要任务是完成设定的各项目标，进行情绪和攻击行为的训练，彻底消除王某的犯罪要因。 即将出监时期：从 2008 年 10 月到 2008 年 11 月。这一时期的主要任务是巩固矫正成果，对自己进行全面地总结反省。进行回归适应、就业等相关指导性教育。
矫正过程及矫正技术的运用（措施）①	第一时期：1. 按照入监教育计划，进行入监教育和入监队列训练； 2. 对王某进行心理测验。 第二时期：对服刑人员王某犯罪要因的矫正。 借鉴戈尔茨坦的愤怒控制训练程序，把对王某的矫正分为九个阶段，每个阶段大约 3 个月的时间，可根据王某的训练效果做相应的调整：

① 吴宗宪编：《国外服刑人员心理矫治》，中国轻工业出版社 2004 年版。

续表

	第一阶段　准备 1. 动员、认同，开始参与 主要内容包括：使王某充分认识到自己对情绪难以控制的危害和严重后果，增强王某进行控制情绪训练的信心和主动性；讲解情绪控制训练课程的主要目标、方法、步骤和最终达到的效果；基本的介绍包括：让其反思自己的犯罪行为与情绪控制之间的关系；与之进行交谈，提高对愤怒和攻击行为的消极后果，愤怒和攻击如何使与别人发生冲突、矛盾和各种危害。同时收集大量的正反两方面的事例，提供不同的素材让他学习思考，使他领悟到坚强的自我控制能够使个人有更大的收获，当面对别人的侮辱、挑衅时，如果能够控制自己的行为反应，那么自己就会更有力量，相反如果面对侮辱和挑衅是采取攻击行为，就会使自己受别人的控制。 2. 锁定目标，认同规则 在王某提高认知，有一定积极性的基础上，同他一起制定控制情绪的目标，在实施训练，达到目标的过程中，有什么要求和具体规则。让王某明确个案方案的时间、步骤、主要的方法，特别要求王某要有自己的心灵成长日记。 3. 讲解愤怒的基本常识 要真正让王某了解愤怒的基本常识，使之明白冲突情境产生的三个步骤：一是什么原因引起的某个问题，什么因素加剧这个问题使其演变成冲突。二是在整个过程中你自己有什么反应；三是发生了什么后果（包括对自己和对他人）。 4. 讲解不同的愤怒减弱技术 通过讲解和演示，王某和其他服刑人员的参与，角色扮演、情境再现等形式，让王某认识、熟悉、理解、掌握这些技术。王某要根据心灵成长日记上描述的情境，通过角色扮演的方法练习愤怒控制技术，以便在出现类似的情境时，能够使用愤怒控制技术。 **第二阶段　心灵日记** 主要训练与愤怒激发因素有关的内容。训练的主要内容和先后步骤： 1. 复习第一阶段的内容。提醒王某通过控制自己的情绪发泄和对别人的攻击行为，可以有效增加自己的个人力量。可以举例说明坚强的控制力对成功的重要作用，还要向王某简要重复增强个人力量的途径、有关愤怒的基本常识。然后要求王某认真总结回顾在第一个阶段自己情绪的变化和自己的行为反应。 2. 介绍心灵成长日记。矫正工作者要向王某展示心灵成长日记的样品，朗读其中的不同条款，然后，解释这个日记的重要性；可以再现过去一段时间的发生冲突的精确细节；能够帮助自己了解什么因素会使自己愤怒，自己面对这些情境，心理、情绪和行为是如何应对的，当时别人的反应如何，有什么好的或不好的效果。总结反省自己不妥当的地方。这些信息可以有效地帮助自己发生转变，较难产生坏情绪；心灵成长日

续表

	记可以提供在以后的训练课程中进行角色扮演的内容或者素材。因为使用真正发生过的情境作为角色扮演的素材,会产生更好的效果。 要求王某要在心灵成长日记中填写遇到问题的情境、解决的方法以及在这种情境中如何产生愤怒或者攻击行为的情况。可以通过具体的实际例子,指导王某如何将这个实际的例子填写到心灵成长日记中去,要使王某学会如何正确地填写心灵成长日记,使其能够把自己最近遇到的烦恼填写进去。然后,检查日记,纠正对讲解的错误理解,在事件发生后尽可能地在第一时间内填写。 3. 讨论激发因素。矫正工作者让王某明白,每次的冲突情境都有激发因素:即行为、后果和冲突情境。这个阶段要让王某真正认识激发愤怒的因素,激发因素包括内部因素和外部因素。 外部因素是指一个人为了激怒别人而进行的行为。外部激发因素可以是言语性的,也可以是非言语性的。要帮助王某认真总结在过去一段时间内或以往引起愤怒情绪或者攻击行为的常见外部激发因素;内部因素主要是指个人面临外部因素时产生的思维活动和自我言语。让王某真正理解外部激发因素和内部激发因素相互结合,共同引起高度的愤怒唤醒和攻击行为的产生。 1. 角色扮演。通过示范,帮助王某进行角色扮演,并对王某使用激发因素的情况进行反馈,可以选择王某《心灵成长日记》的问题情境进行角色扮演,在角色扮演的过程中要学会识别内部的激发因素,对这种角色扮演有用的情境,包括体育比赛中犯规行为、同伴和成年人的说谎行为等。 2. 简要回顾。在这个阶段训练快要结束时,要简要回顾训练的内容和成效,要重复心灵成长日记的用法,提醒王某重视心灵成长日记的作用,简要回顾激发因素的含义和种类。 **第三阶段　减弱因素** 这一阶段集中解决和愤怒减弱因素有关的问题,主要内容有: 1. 复习第二阶段的内容,让王某通过填写完毕的心灵成长日记,回顾上一阶段提到的激发因素,要仔细地检查心灵成长日记的填写是否正确,对于能够成功识别内部激发因素的地方,要给以强化。 2. 讨论增强信号,情绪爆发和愤怒的产生以及攻击行为的驱动都有明显的信号,例如肌肉紧张,紧握拳头,咬牙切齿,呼吸改变等。适当地举一些例子,让王某认识到根据身体信号判断是否产生愤怒,以便采取自我控制的措施来减弱愤怒。然后通过角色扮演,识别自己和合作者表现出的身体警告信号。如果能够很好地意识和识别警告信号线索,及时给予肯定、表扬和鼓励以予以强化。 3. 认识减弱因素。在能够识别愤怒警告信号的基础上,可以开始学习使用愤怒减弱技术,以便在发现自己产生了愤怒情绪时,能够用它来降低自己的愤怒唤醒,增加自我控制和个人的力量。 愤怒情绪的减弱因素有三种。 减弱因素:深呼吸。进行缓慢深入地呼吸,可以使人在压力情境中做

续表

	出比较适度的行为反应。可以举例说明深呼吸的作用。例如运动员在临比赛前进行深呼吸。要提醒王某在意识到自己的愤怒信号时,通过深呼吸来缓解紧张,减轻紧张身体的症状。然后,矫正工作者进行示范,让王某进行角色扮演,并根据激发因素 + 身体线索 + 深呼吸的顺序,对角色扮演的情况进行反馈。 减弱因素:倒着计数。在压力情境中减轻紧张、增强个人力量的第二种方法是无声地按照一定的速度倒着计数,如从 20 数到 1。倒着计数是一种自动降低唤醒水平的方式,这种方式的使用可以使个人获得一定的时间,思考如何做出最有效的反应。指导王某在可能的情况下,可以一边倒着计数,一边离开具有挑衅性的人或冲突的情境。可以通过示范,让王某进行角色扮演,并根据激发因素 + 身体因素 + 倒着计数的顺序,对角色扮演的情况给予反馈。 减弱因素:愉快想像。减轻紧张的第三种方法在宁静的场景中进行想像。例如想像正躺在海滩上,阳光温暖,微风拂面。鼓励王某想像能够获得宁静与放松的场景。不断进行示范,帮助王某进行角色扮演,并根据激发因素 + 身体线索 + 愉快想像的顺序,对角色扮演的情况进行反馈。 4. 简要回顾。在这一阶段就要结束时,对识别愤怒的激发因素和身体信号的情况、使用三种减弱因素的表现进行评论。布置作业,让王某在未来的一段时间内,使用三种减弱因素来处理可能会引起愤怒的冲突情境。让王某写好心灵成长日记,在心灵成长日记内描述使用减弱因素处理冲突情景的情况,注明使用了哪一种减弱因素。 **第四阶段　提示语** 在这一阶段要集中解决与提示语有关的问题。主要内容包括: 1. 对上个阶段的回顾。通过布置的作业,回顾上一阶段的愤怒的身体线索和愤怒减弱的因素。对于在心灵成长日记中记录成功地使用了一种或者多种减弱因素的情况要给予积极的反馈和强化。 2. 介绍提示语。提示语是指能够帮助个人成功地应付各种压力情境的自我语言活动。在体育运动和其他许多活动中,都有使用提示语的例子。可以让王某举出一些他自己常用的提示语即自言自语的话。可以举例讲解,在他很难保持平静的情境中,例如受到警察的盘问,出庭受审等场合,提示语可以怎样帮助自己保持镇定。最后可以让王某写出一个清单,列出他在最近的冲突的情境中使用过的提示语,这些提示语可以从心灵成长日记中寻找。一些提示语可以反复使用,适合于所有的愤怒情境。例如:别着急、放松、冷静、镇定等。 3. 示范如何使用提示语。示范如何使用提示语,以便增强自我控制和容人的力量。同时要提醒王某,要避免使用内部激发因素。例如当面对别人挑衅时,要对自己说"冷静!"而不要说:"谁怕谁"最初可以大声地说出提醒自己的话。随着不断地深入,要达到使王某能够无声地说自我提醒的话的目标。可以通过逐渐的训练来实现这一目标。 4. 角色扮演。可以根据激发因素 + 身体线索 + 愤怒减弱因素 + 提示

续表

	语的顺序，示范角色扮演，并让王某根据心灵成长日记中记录的冲突情境，进行角色扮演。在角色扮演中，主要演员要进行如下工作：识别外部激发因素和内部激发因素；识别愤怒线索；使用三种减弱因素；自言自语地说提示语。如果主要演员在说提示语方面有问题，可以在适当的时间平静地提供例子。角色扮演的重点是，要逐渐地从大声说提示语过渡到小声说提示语，最后达到心中无声地说提示语的结果。要根据王某的表现，适当地给予反馈和强化。 5. 简要回顾。在本阶段结束时，对整个阶段进行总结，强调提示语的作用，常见的提示语主要有哪些，在什么情境下使用等。 6. 布置作业。强化记忆提示语，在遇到容易使自己情绪冲动、愤怒和可能产生攻击行为时，主要使用哪些提示语，并要求在心灵成长日记中记录冲突情境和使用提示语的情况。 **第五阶段　自我评价** 这个阶段主要解决与自我评价有关的问题。主要步骤有： 1. 巩固上一阶段的内容。通过检查在过去一段时间内王某使用提示语处理自己情绪冲动和烦恼的情况，对使用提示语的情况进行评价。考查用这样的提示语对自己和他人产生的效果：说提示语到底有没有效果？如果没有效果问题出现在哪里？让王某自己分析，然后给予必要的提醒。 2. 学习自我评价。自我评价的作用在于：判定自己处理某种冲突的情况，如果处理的好就奖励自己；帮助自己发现能够更好地处理冲突的办法。可以提供一些现成的语言，帮助王某借用这样的语言进行自我奖赏，例如："我真的保持了冷静"、"我确实控制了自己"等，或者在冲突情境中不能保持自我控制时可以借用这样的语言来训练自己，例如："我需要更多地关注情绪的激发因素"。可以让王某根据心灵成长日记的记录，写出一系列在冲突情境中可以进行自我奖赏和自我训练的提示语。 3. 角色扮演。按照"激发因素 + 身体线索 + 愤怒减弱因素 + 提示语 + 自我评价"的顺序，进行角色扮演。在示范过程中，要强调自我奖赏性提示语和自我训练的提示语，然后根据王某心灵成长日记中记录的冲突情境，让主要的演员按照下列步骤进行角色扮演：(1)识别外部激发因素和内部激发因素；(2)识别愤怒的线索；(3)使用各种减弱愤怒的因素；(4)提示语；(5)评价自己的表现，进行相应的奖赏和训练。对角色扮演的表现要给予必要的反馈。 4. 复习回顾。在训练就要结束时，要简要回顾总结两类自我评价——自我奖赏和自我训练。然后布置作业，要求在心灵成长日记上记录冲突后的自我评价的提示语。 **第六阶段　事先思考** 这一阶段主要解决与自我评价有关的问题，主要内容有： 1. 复习回顾上一阶段的内容。通过检查在过去一段时间内，使用自我奖赏性提示语和自我训练性提示语处理烦恼的记录，对自我评价进

续表

	行评价。 2. 介绍事先思考。事先思考是通过判断目前的行为可能引起的后果来控制冲突情境中产生愤怒情绪的一种方法。要区别长期效果和短期效果,鼓励王某更多地考虑长期后果,例如:反映短期效果的话是:“我给他一拳,他马上就会闭嘴”;反映长期结果的话是:“如果我给他一拳,我就会被处罚,一个月的成绩全部泡汤”。可以要求王某列出一个清单,记录下在过去两个月内特定的攻击行为对自己和他人产生的短期结果和长期结果。 最后解释攻击行为的内部后果和外部后果。例如:外部后果包括被扣分;受到批评处理;影响与他人之间的关系等;内部后果包括自己的感觉不好,失去自尊等。也可以谈到社会后果,例如:失去朋友,被群体开除等。同时让王某自己列出进行攻击行为的各种消极后果,包括消极的外部后果、消极的内部后果、消极的社会后果等;另外,列举使用自我控制的各种积极的后果。 3. 角色扮演:“如果—那么”式事先思考。使用心灵成长日记中记录的冲突情境,做出“如果—那么”式的事先思考范例,例如:“如果我进行攻击行为,那么就将面临被扣分,受到禁闭等行政处分。”帮助王某进行角色扮演,并根据王某在“如果—那么”式思考表演中的表现,给予必要的反馈,要强调:消极后果是提醒人不进行攻击行为的额外的提醒物。 4. 角色扮演:愤怒控制链。对现在为止已经讲述的愤怒控制链进行示范:“激发因素 + 身体因素 + 愤怒减弱因素 + 提示语 + 自我评价。”然后,指导主要演员按照上述的步骤,对在心灵成长日记中记录的烦恼冲突情境进行角色扮演,尝试使用愤怒减弱因素和事先思考。要根据王某的表现情况给予相应的反馈。 5. 复习回顾。在训练结束时,要评论事先思考的理由、攻击行为的不同后果以及“如果—那么”式事先思考的益处。然后布置作业:在未来的一个阶段,在两种不同的冲突情境中使用事先思考,并将自己在冲突情境中进行“如果—那么”式自我提示的情况记录在心灵成长日记中。 **第七阶段　愤怒行为循环** 这一阶段要集中解决与愤怒行为循环的有关问题,主要内容有: 1. 回顾复习第六阶段的内容。要通过检查在过去一段时间中王某在心灵成长日记中记录的面对冲突情境时使用“如果—那么”式自我提示语的情况,并根据使用的情况给予必要的反馈。 2. 学习愤怒行为循环。所谓的愤怒行为循环是指,一定的情境或人,使王某产生愤怒情绪,王某的表现又使别人产生愤怒或攻击行为。矫正工作者可以列举可能会使人产生愤怒情绪的例子。例如:谩骂别人,拿别人的相貌开玩笑,揭别人的短,在众人面前暴露别人的隐私等。然后,让王某思考并列举多种可以使别人产生愤怒情绪和攻击行为的言语、行为或其他事情。并设计一定的情境进行反复地练习。 可以与王某达成协议:在未来一段时间内,通过使用事先思考程序,

续表

改变这些问题行为。例如："如果我这样做，那么，这个人可能会愤怒，事情会失去控制。"甚至改变某种行为，也可以避免一些冲突，使王某变得受人喜欢或者拥有更多的朋友。

3. 角色扮演

通过角色扮演，演练已经讲过的各种愤怒控制技术。矫正工作者可以按照"激发因素 + 身体线索 + 愤怒减弱因素 + 提示语 + 自我评价"。然后指导王某对在心灵成长日记中记录的冲突情境进行角色扮演，主要演员除了使用别的步骤之外，还要使用各种愤怒减弱因素。矫正工作者可以根据其表现情况进行必要的反馈。

4. 简要回顾。在训练就要结束时，要评论王某识别出来的，往往会惹怒别人的行为，提醒他记住已经达成的协议，在未来一段时间内，至少要改变所识别出的三种行为中的一种。

第八个阶段　完整练习

这个阶段主要解决与完整练习有关的问题，主要内容有：

1. 总结复习第七阶段的内容。要评论愤怒行为循环——除了对别人的行为感到愤怒之外，王某所做的事情也会使别人产生愤怒情绪。与王某一起讨论在上一节课确定的、改变自己的愤怒激惹行为的情况。

2. 技能演示。在将近三个月的时间内，要进行使用各种愤怒控制技术的角色扮演活动，在这些活动中还要使用在技能演示课程中学会的其他一些技术。

3. 评价心灵成长日记。检查王某填写完的心灵成长日记，对使用各种愤怒控制技术以及开始使用技能演示的情况，进行总结、指导和强化。

第九阶段　巩固提高

这一阶段的主要任务是把王某已经掌握的各种愤怒控制技术，能够全面地掌握、熟练地运用，使各项技术成为自己面对各种冲突情境时的应对方式和处理情感危机的行为习惯。

1. 评估愤怒训练的成果。全面梳理和评价王某的心灵成长日记，从中发现王某在面对冲突情境时的各种反应方式；找出常见的对于王某来说容易产生愤怒情绪的各种情况；找出王某的应对的习惯；总结出王某发生改变和进步的地方。

2. 针对王某存在的不足和缺陷，重新制定相应的训练计划，对没有掌握的技术，反复地进行强化训练。

3. 对王某设置不同的冲突情境，进行实地考察。

4. 对王某在服刑期间和其他服刑人员进行交流和处理控制情绪的情况予以全面地考察。

第三时期：即将回归时期

这一时期的主要任务是为王某提供大量的回归指导：如回归后各项手续的办理程序、方法、地点等；目前就业的形势、经济的发展，国家新出台的法律和政策；王某家乡的新变化等。

其次，对王某进行回归心理健康指导，克服心理焦虑。可以根据王某

续表

	的意愿安排三到四次心理咨询。 最后,按照有关的规定正常参加出监教育。根据出监教育的效果和服刑人员矫正质量评估的结果,形成对王某的回归鉴定书。
强化措施	根据对情绪控制能力改变量,给予不同的奖励或惩罚: 根据每个阶段任务的完成情况给予不同的奖励和惩罚;如果没有完成每个阶段的作业可以视为没有完成矫正任务,适当扣分,如果能够很好的完成作用,可以给予一定的加分奖励。 根据每个阶段王某对自己情绪的控制情况,分别给予不同的奖励和惩罚。如在一个阶段,遇到情境冲突,王某能够按照所学的控制技术,进行控制自己的情绪,没有发生攻击行为,可以给予必要的加分奖励,如果在与别人相处的过程中,又因各种原因发生冲突,产生情绪爆发或攻击行为,可以扣分。 根据一定时期的训练成果,当王某达到规定标准时可以给予行政奖励或法律奖励。 根据目标的实现情况,可以给予不同的等级处遇,在文化娱乐、通讯会见、自由活动的时间和空间等方面给予不同的兑现。
备注	

参 考 文 献

1. 中国就业培训指导中心、中国心理卫生协会组织编写:《国家职业资格培训教程　心理咨询师》,民族出版社 2005 年版。

2. [美]Sherry cormier, Paula S. nurius:《心理咨询师的问诊策略》,张建新等译,中国轻工业出版社 2005 年版。

3. 于爱荣主编:《服刑人员改造质量评估》, 法律出版社 2004 年版。

4. [美]G. H 埃尔德:《大萧条的孩子们》,田禾、马春华译,译林出版社 2002 年版。

5. [日]山根清道编:《犯罪心理学》,张增杰等译,群众出版社 1984年版。

6. 司马云杰:《文化价值论》,陕西人民出版社 2003 年版。

7. [美]B. E. Gilland, R. K. James:《危机干预策略》,肖水源等译,中国轻工业出版社 2000 年版。

8. 邱国梁:《犯罪动机论》,法律出版社 1988 年版。

9. 朱眉军、文军主编:《社会工作实务手册》,社会科学文献出版社 2006 年版。

10. 孙晓雳编:《美国矫正体系中的服刑人员分类》,中国人民公安大学出版社 1992 年版。

11. 张金桑、于广胜主编:《中国监狱现代分类制度理论与实践研究》,金城出版社 2001 年版。

12. [日]青井和夫:《社会学原理》,刘振英译,华夏出版社 2002 年版。

13. 翟进、张署编:《个案社会工作》,社会科学文献出版社 2001 年版。

14. 陈雄编:《个案社会工作》,华东理工大学出版社 1999 年版。

15. Sherry Cormier, Paula S. Nurius:《心理咨询师的问诊策略》,张建新译,中国轻工业出版社 2004 年版。

16. [美]B. E. Gilliland, R. K. James:《危机干预策略》,肖水源等译,中国

轻工业出版社 2000 年版。

17. [奥地利]康拉德·洛伦茨:《文明人类的八大罪孽》,徐莜春译,安徽文艺出版社 2000 年版。

18. [美]艾尔·巴比:《社会研究方法》,邱泽奇译,华夏出版社 2005 年版。

19. [美]乔斯·B. 阿什福德、克雷格·温斯顿·雷克劳尔、凯西·L. 洛蒂:《人类行为与社会环境:生物学、心理与社会学视角》,王宏亮、李艳红、林虹译,中国人民大学出版社 2005 年版。

20. [英]Christine Lister-Ford:《咨询和治疗中的沟通分析技术》,黄峥译,中国轻工业出版社 2005 年版。

21. 徐光兴主编:《西方心理咨询经典案例集》,上海教育出版社 2003 年版。

22. [英]Phil. Joyce, Charlotte. Sills:《格式塔咨询与治疗技术》,叶红萍等译,中国轻工业出版社 2005 年版。

23. Noel. W. Smith:《当代心理学体系》,郭本禹等译,陕西师范大学出版社 2005 年版。

24. [法]米歇尔·福柯:《规训与惩罚》,刘北成、杨远婴译,三联书店 2003 年版。

25. 陈兴良:《刑法的价值构造》,中国人民大学出版社 1998 年版。

26. [荷兰]J. J. Fter 拉克:《心理诊断》,陈会昌译,华文出版社 2000 年版。

27. 周晓虹:《现代社会心理学》,上海人民出版社 1997 年版。

28. [法]卢梭:《论人类不平等的起源和基础》,李常山译,商务印书馆 1962 年版。

29. [美]Judith S. Beck:《认知疗法:基础与应用》,翟书涛等译,中国轻工业出版社 2001 年版。

30. [美]R. G. Miltenberger:《行为矫正的原理与方法》,胡佩诚等译,中国轻工业出版社 2001 年版。

31. 陈兴良:《刑法哲学》,中国政法大学出版社 2000 年版。

32. [意]切萨雷·龙勃罗梭:《犯罪人论》,黄风译,中国法制出版社 2000 年版。

33. 鲁洁:《教育社会学》,人民教育出版社 2001 年版。

34. 李晓文、王莹主编:《教育策略》,高等教育出版社。

35. 章伟民、曹揆申:《教育技术学》,人民教育出版社 2000 年版。

36. 宋林飞、朱力主编:《社会工作概论》,南京大学出版社 2002 年版。

37. 吴宗宪:《当代西方监狱学》,法律出版社 2005 年版。

38. 吴宗宪:《国外罪犯心理矫治》,中国轻工业出版社 2004 年版。

39. 钟安惠:《西方刑罚功能论》,中国方正出版社 2001 年版。

40. [美]理查德 · 霍金斯、杰弗里 · P. 阿尔珀特:《美国监狱制度——刑罚与正义》,孙晓雳、林遐译,中国人民公安大学出版社 1991 年版。

41. [意]菲利:《实证派犯罪学》,郭建安译,中国政法大学出版社 1987 年版。

42. 何兆雄编:《自杀病学》,中国中医学出版社 1997 年版。

43. 张源侠、骆丽萍等编:《实用心理自我疗法》,华东师范大学出版社 1994 年版。

44. 章恩友主编:《服刑人员心理矫治技术》,中国物价出版社 2002 年版。

后　　记

随着我国监狱工作的法治化、科学化和社会化的推进，以及社区矫正试点工作的展开，如何进一步提高服刑人员的矫正质量，减少和预防犯罪，构建和谐社会，已成为社会、监所民警和社区矫正工作者的普遍诉求。编写一本适合监所管理、社区矫正专业高职教育和适用于监所民警、社区矫正工作者和志愿者培训用的个案矫正技术实用教材，已成为迫在眉睫的事。由于我国监所和社区矫正工作个案矫正实践的不足，理论研究相对零碎而缺乏系统，就专门研究服刑人员个案矫正技术的系统理论著作更是难以找寻，编写一本以服刑人员个案矫正技术为核心内容的应用性、实用性的教材，无疑是非常困难的。本书以一种前瞻性的视野，进行了大胆的探索，不求理论的系统，只求能培养学员的矫正能力，能启发、激发监所和社区矫正工作者、志愿者有所实践和进一步去研究。理论的前瞻性，实践的创新和可操作性，是本书编写的立足点，也是本书的特点。

本书的主要内容由三部分组成。第一部分主要是对刑事个别化和服刑人员个案矫正进行了理论概述；第二部分对服刑人员个案矫正中的相关环节要素及核心技术进行了描述；第三部分对服刑人员个案矫正的主要介入范式进行了介绍。

全书由江苏省司法警官高等职业学校副教授宋行同志策划，并提出编写大纲和总体思路，在与副主编讨论后对参加撰稿的同志进行了分工。参加本书初稿撰写的撰稿人和分工是：江苏省司法警官高等职业学校副教授宋行（第一章，第二章，第三章第一节，第四章，第五章第一节，第六章第一节、第三节、第五节，第七章第二节和第九章第一节）；河南省司法警官职业学院副院长、副教授李玉成（第八章）；河南省司法警官职业学院副教授 连春亮（第九章第二节、第十章）；新疆兵团警官高等专科学校高级讲师唐新礼（第五章第二节、第七章第一节）；江苏省监狱管理局干部、河海大学博士生杨春平（第五章第三节、第七章第二节);江苏省彭城监狱民警、国家三级心理咨询师彭元春(第三章第二节);江苏省镇江监狱民警、国家三级心理咨询师刘满兴(第六章第二节、第四节)。一些撰稿人还撰写了原定大纲计划的相关章节的初稿,由于全书的结构、篇幅和风格要求等原因,最终未纳入。在此,对这些同志的辛勤劳动深表感谢。

全书由宋行同志负责统稿、修改和审定,并对各章做了核心提示、重点归纳和练习设计。

本书在编写过程中,得到了江苏省司法警官高等职业学校、河南省司法警官职业学院、新疆兵团警官高等专科学校和黑龙江省司法警官职业学院的大力支持。本书也得到了法律出版社总编室杨克主任的热心支持。江苏省监狱管理局罪犯改造质量评估办公室也为本书的编写提供了一些最新研究资料。在此一并深表谢意。

由于本书编写时间仓促、水平有限,加之对服刑人员个案矫正技术尚处于探索起步阶段,疏漏错误之处在所难免,敬请专家同行、监所民警、社区矫正工作者及学员批评指正。

宋　行

2008 年 3 月

图书在版编目(CIP)数据

服刑人员个案矫正技术/宋行主编.—北京:法律出版社,2006.9(2014.1 重印)
ISBN 978-7-5036-6635-3

Ⅰ.服… Ⅱ.宋… Ⅲ.犯罪分子—监督改造—研究—中国 Ⅳ.D926.7

中国版本图书馆 CIP 数据核字(2006)第105624号

服刑人员个案矫正技术 | 宋 行 主编 | 责任编辑 王 扬 装帧设计 汪奇峰

开本 720毫米×960毫米 1/16 **印张** 22 **字数** 361千
版本 2006年9月第1版 **印次** 2014年1月第4次印刷
出版 法律出版社 **编辑统筹** 独立项目策划部
总发行 中国法律图书有限公司 **经销** 新华书店
印刷 三河市龙大印装有限公司 **责任印制** 张建伟

法律出版社/北京市丰台区莲花池西里7号(100073)
电子邮件/info@lawpress.com.cn 销售热线/010-63939792/9779
网址/www.lawpress.com.cn 咨询电话/010-63939796

中国法律图书有限公司/北京市丰台区莲花池西里7号(100073)
全国各地中法图分、子公司电话:
第一法律书店/010-63939781/9782 西安分公司/029-85388843
重庆公司/023-65382816/2908 上海公司/021-62071010/1636
北京分公司/010-62534456 深圳公司/0755-83072995

书号:ISBN 978-7-5036-6635-3 **定价**:48.00元
(如有缺页或倒装,中国法律图书有限公司负责退换)